聖經研究叢書

馬可福音：敘事鑑別與神學詮釋

曾思瀚、鄧紹光 著
曾景恒 譯（翻譯曾思瀚部分）

MARK

基道出版社

▼

聖經研究叢書

馬可福音：敍事鑑別與神學詮釋

Mark: A Narrative-Theological Commentary

作者
曾思瀚 Sam Tsang、鄧紹光 Andres S.K. Tang

譯者
曾景恒 Vivien Tsang (翻譯曾思瀚部分)

責任編輯
沈靜筠、吳國雄

裝幀設計
奇文雲海．設計顧問

■

出版 / 發行
基道出版社
香港沙田火炭坳背灣街 26 號富騰工業中心 1011 室
LOGOS PUBLISHERS
Unit 1011, Fo Tan Ind. Centre, 26 Au Pui Wan St., Shatin, Hong Kong
電話：(852) 2687-0331　傳真：(852) 2687-0281
網址：http://www.logos.com.hk

承印
陽光(彩美)印刷公司

●

6/2016 初版
Cat. No. LP196
ISBN: 978-962-457-519-4

刷次	10	9	8	7	6	5	4	3	2	1
年份	2025	2024	2023	2022	2021	2020	2019	2018	2017	2016

曾序

近年，關於馬可福音的著作可謂多不勝數。然而，在統一馬可福音理論的研究上，並沒有太大突破。其實，這個範疇的研究甚至比以往更加複雜。在華人學界裏，近年出版了兩本註釋書，其一是由精於敘事研究的孫寶玲博士所著。孫寶玲博士的研讀方法，有部分按主題來研讀：基督論、作門徒，以及國度。[1]這個主題研讀的進路與敘事發展的結合是十分合理的，然而，我們為此還要多下功夫。有眾多馬可福音的著作出現，可能是因為難以確定耶穌故事背後的目的或其修辭上的原因。論到新約的敘事，馬可福音可說是個好例子，能夠擴大我們在詮釋學上的領域。

普遍來說，在學者當中，有頗多研究馬可福音的詮釋方法：有些學者會按著馬太福音和路加福音的歷史鑑別資料來詮釋馬可福音，而打從公元十九世紀開始，這種策略一直備受關注。其他學者嘗試把馬可福音歸入不同的體裁，然後按其體裁來詮釋馬可

---

1. 孫寶玲：《馬可福音——福音之始》（香港：明道社，2011），頁15～20。

福音。但是，這只會陷入一片僵局：有太多可供選擇的詮釋，卻沒有充分的解釋。因此，本書只會專注於馬可福音敘事的文學發展，並視這些敘事為單一、獨立的單元。本書不會涉及來源和編修的討論，因為這些討論已經有人討論過了。為甚麼我們不去好好享受這個故事，而硬要把它抽絲剝繭，將之與其他福音書作比較呢？

我希望本書在兩方面對華人學術界有裨益。在說明這兩個貢獻之前，讓我先指出一點：本書在對馬可的意義以及對馬可讀者的意義之間遊走不斷（這是我慣常的詮釋風格）。馬可讓他的聽眾得見耶穌在試探裏的私人世界。[2] 只有敘事者和馬可知道耶穌的真正身分。反之，故事中的人物並不知道耶穌的真正身分；[3] 只有馬可的聽眾知道。[4] 至於那兩方面的貢獻是：第一，本書以一個獨特的敘事進路為目標，使之能突破眾多令人混亂的詮釋策略。今天有很多「敘事」進路，當中有些進路注意到，馬可福音的空間描述正是書卷各分段之處。我認為，我們以往對空間的研究並未足夠，因為我們以現代地理科學的思維方式去研究聖經中的敘事空間。我們要將一個書卷歸類為敘事，它必須要有以下三個元素：場合（occasion）、地點（location）和人物（character）——但是這樣的歸類，只不過是敘事研究的冰山一角。雖然很多敘事進路會平均、平等地處理這三個元素，但我認

---

2. Stephen Ahearne-Kroll, "Mysterious Explanations: Mark 4 and the Reversal of Audience Expectation," in *Between Author and Audience in Mark: Narration, Characterization, Interpretation*, ed. Elizabeth Malbon (Sheffield: Sheffield Phoenix Press, 2009), 69.
3. Ahearne-Kroll, "Mysterious Explanations," 67.
4. Ahearne-Kroll, "Mysterious Explanations," 71.

為本書以地點為焦點，必能使我們獲益良多，因為地點並非只是一處地方(place)而已。有別於今天的地理科學，在公元一世紀，地點象徵著不同的東西，而釋經應該以這個社會結構為基礎。

本書的第二方面的貢獻是神學反思。不同研究範疇之間甚少緊密合作，但是我相信這是值得做、必須做的詮釋練習。文本要應用於今天的世界，必須連於詮釋學的反思。在西方某些角落裏，早已有人嘗試這個跨學科的進路，但卻不一定取得成功；在東、西方，仍有一些未經啟蒙的黑暗角落，那裏的學者的研究十分狹窄，以致他們會提出一些完全不相關或狹窄的解說。現在很多這樣的學者繼續研究個別的樹木，卻忽略了整片森林。我很感恩我曾在雪菲大學就學，那是跨學科研究的聖地，我在那裏學懂不要忽略那片更廣闊的學術森林。自從我加入了香港浸信會神學院的教授團，曹偉彤院長一直鼓勵我們要做跨學科研究。對於這一點，我很樂意照辦。當然，我一直確信，富創意的跨學科研究是在這個資訊世代的惟一出路，這亦可見於我過去的著作。雖然之前有些系統神學家的神學詮釋有點偏離聖經文本，又或是純粹以經解經（這是所有聖經學者都感到懊惱的事），本書卻在寫作過程中試圖取得平衡：神學詮釋是在釋經之後才進行的。本書嘗試說明，我們可以怎樣透過釋經來進行神學詮釋，其間並不需要單單訴諸於聖經神學或系統神學，而是可以透過獨特的釋經方法，把釋經與神學詮釋兩者結合。本書嘗試展示出跨學科的研究不單是必須的，也是十分有用的。

除了以上兩方面的貢獻，本書還有一個額外的貢獻，那便是兩位作者既分屬好友，也是同事，我們互相認識對方的學科，能夠連貫地對話；因此，本書與其他由同一學科的同儕所寫的系列文章，或是由兩個作者各自研究、截頭去尾的合著有點不同。本書的釋經部分由我執筆，神學詮釋的部分則由我的同事鄧紹光博士撰寫。我相信，我們的努力標誌著聖經研究和神學視野的融合，這兩個學科不單需要對方，也能夠互補不足。盼望我們的努力對我們自身和整體來說，都是有意義的突破！

鄧序

對於很多弟兄姊妹，甚或神學院的老師來說，「神學釋經」就是把神學的教義，如三一論、基督論等教會在大公會議所決定的並透過制定信經所表達出來的，讀進聖經的書卷之中。因為「讀進」的緣故，就自然經常受到批評，特別是來自聖經學者那方面的批判。

事實上，聖經學者就聖經的研究，對教會在閱讀聖經一事上有很多貢獻，這些貢獻是不可低估、不可或缺的。這主要是因為自啟蒙時代以來，歷史的意識抬頭，現代跟古代不同，兩者的距離使得我們在了解古代文本的時候，不能以今釋古，而需要借助許多鑑別工具來進行閱讀。聖經學者就是這方面的專家。

然而，聖經學者很多時候容易忽略一個神學或信仰的問題：究竟聖經是一卷怎麼樣的書卷？這是關乎性質的問題。當然，這樣的提問，是站在基督教的立場來發出的，而跟人文科學、社會科學不同。基本上人文及社會科學拒絕視聖經為上帝透過先知和使徒所寫成的，而僅以之為人的作品。即或如此，這並不表示我們要全然否定聖經學者對聖經本質的看法，而是要作出修正，在認信聖經為三一上帝所聖化而使用其來溝通的情況底下，肯定其所具有的受造特性。

這就是說，聖經不單是人的作品，更是三一上帝感動先知與使徒寫成的作品。聖經各個書卷以及聖經整體作為一卷，固然有自身的具體歷史、文化、社會、經濟、宗教的處境，並對應其處境的信息，但是信仰羣體在閱讀聖經的時候，卻不能單單只是仔細探究並重建當時的具體處境，便以為可以充分掌握上帝要跟我們溝通的心意。除了古今的距離之外，更嚴重的是涉及這種研究及呈現所研究的成果，很多時是把聖經拆解分析，正如許多註釋疏解流於煩瑣，沒有進一步就整卷書卷甚或整卷聖經作出一種通盤的講解。此外，如果聖經學者視聖經只是人手的作品，則自然不會認為其信息是來自信仰羣體所認信的三一上帝，但是當基督徒的聖經學者長久浸淫在這種學習和研究氛圍與實作之中，他們又是否容易醒覺，輕易擺脱其枷鎖？

「神學釋經」(theological interpretation)固然認為聖經是上帝要跟我們溝通的書卷，但並不因此否定其為人手作品而具有種種特殊的歷史、文化、社會、經濟、宗教處境，我們需要就此作出認識研究。此外「神學釋經」也沒有因為聖經是上帝跟我們溝通的書卷，而倡議強行把神學的教義讀進聖經各書卷之中去。這樣的閱讀很容易掉進「斷章取義」的陷阱，也引致忽略聖經所展示的上帝介入歷史的重要性，而高抬非時間性的教義真理。從這一個角度來看，則聖經學者的研究就不可忽略過去了。這裏涉及的是上帝在人間歷史之中的介入、參與，而聖經各書卷正正是對此的不同記載與見證，指向上帝在世的故事/歷史。

「神學釋經」至少要在閱讀上首先確認，聖經是上帝向我們言説祂在世的歷史及其中所含有的心意，並帶著這樣的確認來進入這個聖經世界之中，在必要時借用聖經學者的研究成果，或是自行挪用聖經學者的研究工具，親自了解這個世界的特殊處境，進而更好地認識上帝在世的故事，以及這一故事對我們的意涵。而種種信徒羣體的教義，都由此而得到印證。

曾思瀚博士與筆者合作《馬可福音：敍事鑑別與神學詮釋》，就是同時著重聖經研究與神學閱讀，而不有所偏廢。筆者的神學閱讀是以曾博士的紮實聖經研究為基礎而進行的。這種閱讀是一種重新閱讀，把曾博士的研究成果整合進去，而以今日的語言再重新講述。韋伯斯特（John Webster）就表示，基督教神學是「聖經的理性思考」（Christian theology is biblical reasoning）。「聖經的理性思考」可以細分為兩部分：「釋經的理性思考」（exegetical reasoning）與「教義的理性思考」（dogmatic reasoning）。神學的理性思考首先是「釋經的理性思考」，其首要的工作，是致力追隨先知與使徒在文本之中所傳遞的上帝那活潑的聲音，是一種理智重複（intellectual repetition）、「手抄」再現文本（cursive representation）的工作。[5]

至於「教義的理性思考」，即就理智的重複、「手抄」的再現，作出概念的再現（conceptual representation），則是藉著創造普遍的或撮要的概念，從文本表面抽離出來，而可以按照諸主題作出分類處理。[6] 這種概念的再現必須預設手抄的再現，而手抄的再現則導致概念的再現。筆者在此所作的努力乃是前者而不及後者，希望首先能夠在曾思瀚博士的敍事鑑別成果之上，對馬可福

---

5. John Webster, *The Domain of the Word: Scripture and Theological Reason*（London/New York: Bloomsbury T & T Clark, 2012）, 129 ~ 130.
6. Webster, *The Domain of the Word*, 131.

音作出理智的重複與手抄的重現。

然而，「神學釋經」在此並未完成，最後一步是更上層樓，使用概念來綜合地闡述馬可福音之中的三一上帝及其工作，並這個世界的面貌。不過，既然曾博士跟筆者已經走了三分之二的路程，也就把餘下的三分之一的路程留給我們的信仰羣體。到底，閱讀聖經不能只是個人的，更是羣體的。願三一上帝使用這一著作，造福閱讀聖經的信仰羣體。

目錄

縮寫表

Dial.	《與特來弗對話錄》(*Dialogue with Trypho*)
JW	《猶太戰記》(*The Jewish War*)
HE	《教會歷史》(*Historia Ecclesiastica*)
Adv. Marcion.	《反駁馬吉安》(*Adversus Marcionem*)
Ad. Her.	《反駁異端》(*Against Heresies*)
Annals	《編年史》(*The Annals*)
JR	《宗教期刊》(*The Journal of Religion*)
Hist.	《歷史》(*The Histories*)
AJ	《猶太古史》(*Antiquitates Judaicae*)
BJ	《猶太戰記》(*Bellum Judaicum*)
Sert.	《塞多留里亞斯》(*Sertorius*)
De gloria	《論雅典的榮耀》(*De Gloria Atheniensium*)
De legatione	《致該猶書》(*De Legatione ad Gaium*)
Flacc.	《反駁弗拉克斯》(*In Flaccum*)
Spec. Laws	《論特殊法律》(*On the Special Laws*)
Od.	《奧德賽》(*Odyssey*)
Vit.	《約瑟夫生平》(*Autobiography of Flavius Josephus/ Vita*)

第一章：導論

一

馬可福音的背景

1. 作者和聽眾的身分

根據早期教會傳統，這卷福音書是由馬可所寫的。「福音書」一名，在任何教會組織、團體或領袖正式承認之前早已被流傳著。[1] 在初期教會，有關馬可福音的傳說是：馬可從彼得那裏取得資料，並且將之記錄下來（參殉道士游斯丁〔Justin Martyr〕的《與特來弗對話錄》〔*Dial.* 106.3〕）。在現階段，我們對馬可福音的抄本的認識是，早期的馬可福音抄本都是殘缺不全的，當中整卷齊全的抄本，就是公元四世紀呈送羅馬皇帝的那一份。[2] 在一百份新約的早期蒲草紙（papyri）抄本中，只有一份包含了馬可福音（P^{45}）。[3] 在芸芸新約的書卷中，馬可福音

---

1. Martin Hengel, *The Four Gospels and One Gospel of Jesus Christ*, trans. John Bowden (Harrisburg: Trinity Press, 2000), 48 ~ 58.
2. Antoinette Wire, *The Case for Mark Composed in Performance* (Eugene: Cascade Books, 2011), 21.
3. Wire, *The Case for Mark Composed in Performance*, 31.

的抄本有最多異文（variations）。[4] 據柯美安（Antoinette Wire）引述，高威爾（Ernest Colwell）在《方法論研究》（*Studies in Methodology*）中指出，馬可福音的 P^{45} 抄本內有少許的異文，為作説明用途，[5] 這好比現代的意譯。而鑑別學研究的興起，令很多人已經棄絕這個簡單易明的看法。究竟哪一個看法才是正確的呢？

柯美安近年在古代著作上的研究，可以給福音書的成書問題一點啟迪。馬可福音是由兩類作品集結而成的：口述傳統和筆錄作品。口述傳統總是由人來演示的。[6] 馬可這位原初「讀者」以口述的方式，將文本的信息讀給他的原初「聽眾」聽。[7] 當人在口述文本時，文本的聲音比其形式更加重要。[8] 其他同樣以口述方式寫成的宗教文獻，也能幫助我們明白馬可怎樣撰寫他的著作。從《可蘭經》的證據，表明口述演示有著某種神聖的權柄。[9] 在米示拿（Mishnah）的口傳妥拉（oral Torah），乃是他勒目（Talmud）在一個新處境下的啟示，[10] 因此，米示拿的應用就有著固定的啟示性權柄。柯美安的論點是，馬可福音是經過長年累月才寫成

4. Wire, *The Case for Mark Composed in Performance*, 31.
5. Wire, *The Case for Mark Composed in Performance*, 35 ~ 36.
6. Wire, *The Case for Mark Composed in Performance*, 5.
7. Mary Beavis, *Mark* (Grand Rapids: Baker Academic, 2011), 7; Eugene Boring, *Mark: A Commentary, New Testament Library* (Louisville: Westminster John Knox Press, 2006), 14.
8. Wire, *The Case for Mark Composed in Performance*, 5 ~ 6.
9. Wire, *The Case for Mark Composed in Performance*, 12.
10. Wire, *The Case for Mark Composed in Performance*, 11；可讀 Martin Jaffee, *Torah in the Mouth: Writing and Oral Tradition in Palestinian Judaism 200 BCE ~ 400 CE* (Oxford: Oxford University Press, 2001)。

的，[11] 成書過程是否需要花很長時間，值得在這個研究以外作出更多的討論。現存抄本中的異文展示出，當朗讀員向一羣抄寫員誦讀時，抄寫員要將之筆錄出來，是何等困難的事。雖然新約聖經的書卷平均每頁有四點四個異文，馬可福音卻是平均每頁就有十點三個異文。[12] 很多傳統敍事的出現，都是到危機出現時，才會迫使作者寫下敍事（參約瑟夫〔Flavius Josephus〕的《猶太戰記》〔*JW*〕）。[13] 作者作為口述演示的長期聽眾，他最後也可以演示同樣的敍事。[14] 然而，在傳統社會裏，任何口述演示都不會一模一樣。因此，字字相同的重演既不可能，也不重要。

而且，要協調所有福音書與馬可記錄的事件，也是不可能的，所有類似的努力都不過是推測而已。這些協調工作的假設是：「只有一個是真的。真理只可以是單一〔版本〕的。」[15] 普遍的詮釋者都不接受張力，他們會嘗試解決它。本書並不會作出任何協調的工作。無論是保守的或是批判性的學者，他們幾乎在所有協調工作上的努力都是推測性的。

根據最早期的教會文獻記載，優西比烏（Eusebius）在《教會歷史》（*HE* 3.39.15）最為詳盡地引述位於小亞細亞的城市希拉波立（Hierapolis）的主教帕皮厄斯（Papias）的話：「馬可成為彼得的詮釋者，他將他自己對基督言行的記憶，準確地記錄下來——雖然不依次序——因為馬可從未親耳聽過主的話，也從

---

11. Wire, *The Case for Mark Composed in Performance*, 21.
12. Wire, *The Case for Mark Composed in Performance*, 32.
13. Wire, *The Case for Mark Composed in Performance*, 49.
14. Wire, *The Case for Mark Composed in Performance*, 50.
15. Luke Johnson, *Living Jesus: Learning the Heart of the Gospel* (San Francisco: Harper, 1998), 121，引號為筆者所加。

未跟隨過祂。但是，就如我所說，他之後跟隨了彼得。彼得為配合他聽眾的需要，修改了祂的教導；而他也無意把主的講論一一緊密結連起來。因此，馬可根據彼得所講的把一些事物記錄下來時，沒有任何失誤，因為他很在意一件事：不要遺漏他聽過的任何東西，也不要錯誤地記錄它們。」[16] 作這見證的帕皮厄斯是可靠的第三代基督徒。使徒似乎是為耶穌作見證，並多次把這些見證傳給其他跟隨者。優西比烏寫的這個故事肯定涉及一件事，就是福音書的記載是準確的。使徒多次作見證，其重點是要令口述演示的準確性可以得到保證。[17] 這背後的邏輯是：愈多見證，就愈是準確。雖然帕皮厄斯的話或可被證實，但是我們也必須小心評鑑優西比烏這句帕皮厄斯的引文，因為優西比烏寫的是護教著作，目的是為了駁斥類似今天的無神論者，嘲諷信仰異端者。當然，除了護教之外，優西比烏也有一個神學向度，就是以

16. Philip Schaff and Henry Wace, eds., *Nicene and Post-Nicene Fathers, Second Series*, vol. 1, trans. Arthur Cushman McGiffert (Buffalo: Christian Literature Publishing Co., 1890). Revised and edited for New Advent by Kevin Knight. "Church History (Eusebius) Book III" [information on-line]; available from the New Advent website (http://www.newadvent.org/fathers/250103.htm); accessed 2016；Hengel, *The Four Gospels and One Gospel of Jesus Christ*, 66；單單因為這裏所討論的是記憶，於是這裏便較為負面地評鑑帕皮厄斯的言論。亨格爾（Martin Hengel）很可能假設了馬可依賴他的記憶，於是這可能會削弱福音書的可靠性；而且，也可能還有其他更加可靠的記載。惟有當我們接受現代人對「準確性」的理解，這個評鑑才算是正確的。有關馬可沒有錯謬的言論，足以斷定帕皮厄斯並沒有負面地評鑑這卷福音書。

17. Joanna Dewey, *The Oral Ethos of the Early Church: Speaking, Writing, and the Gospel of Mark* (Eugene: Cascade Books, 2013), 5；杜衞（Joanna Dewey）指出，大部分新約學者的假設是，馬可時代的人廣泛有讀寫能力，但這些學者並沒有顧及，當時的福音書文本是以口述傳遞給普羅大眾的。此前，我的保羅著作（中文著作），都已經提及這點，即使我們只是口頭上認同這點。根據詮釋學上的方法，我們不要停留在這種口頭上的認同，我們應持續專注在文本身上。我的看法，正如杜衞的結論——透過保羅書信來了解書信的著作。

基督為中心／以教會為中心的終末論。

外證顯示，除了優西比烏之外，很多人都信賴帕皮厄斯的見證。近年的佼佼者是著名的包衡（Richard Bauckham），尤其值得一提的是他影響深遠的著作《耶穌及見證人》（*Jesus and the Eyewitnesses*）。[18] 包衡把帕皮厄斯的著作理解為一種標示（indicator）：初期基督教見證人恆常傳遞、增訂和糾正耶穌的故事。[19] 帕皮厄斯本身，似乎也是從那些認識使徒的人身上如此得悉耶穌的故事的。當然，帕皮厄斯論到耶穌與門徒一起的日子時，至少有點護教的意圖；但是就如包衡指出，帕皮厄斯並沒有誇大他的護教理據。[20] 否則，為甚麼優西比烏會這樣詳盡地引述他的說話呢？包衡的貢獻，不僅根據波里比烏斯（Polybius）、皮里紐（Pliny）和昆提利安（Quintilian）在歷史編纂學（historiography）上的習俗和用語，表明帕皮厄斯是個相對可靠的見證人；他的貢獻還在於他指出了福音書的傳統是怎樣傳遞的，從而叫一些質疑帕皮厄斯的資料的準確性的人閉嘴。[21] 我們對馬可和他的福音書所知的大部分資料，都來自信賴記載於優西比烏著作裏帕皮厄斯的見證。帕皮厄斯展示了傳遞福音書的途徑，而傳統的鑑別學學者嘗試展示出由公眾想像出來的福音信息。事實上，這些故事並非憑空想像，而是透過第一手的跟隨者

---

18. Richard Bauckham, *Jesus and the Eyewitnesses: The Gospels as Eyewitness Testimony* (Grand Rapids: Eerdmans Publishing, 2006).
19. Bauchkam, *Jesus and the Eyewitnesses*, 15 ～ 16；更多討論見 Craig Evans, "The Implications of Eyewitness Tradition," *Journal for the Study of the New Testament* 31 (2008): 211 ～ 219。
20. Bauckham, *Jesus and the Eyewitnesses*, 20.
21. Bauckham, *Jesus and the Eyewitnesses*, 23 ～ 24.

的見證而來的，他們忠心地把耶穌的故事和教導流傳下去。在口述傳統的社會，文本是過去和將來的演示(performance)。[22] 這種演示當然不同於今天的舞台劇表演，但口述傳遞仍可能被視為是某種演示方式。而沃克(Brandon Walker)正確地主張，福音書中的神蹟事件應是由口述傳遞開去的。[23] 我們要留心一些元素，例如整個故事的固定慣用語和理想框架(ideal framework)。[24] 斯坦頓(Graham Stanton)的主張較為簡單：福音書的見證人講述故事，而教會就把它當作資料來源，以某些形式將之記錄下來。[25] 那麼，Q 來源又怎樣真實地存在呢？按斯坦頓的解釋，他認為透過公眾想像出來的口述傳統只是次要的，寫作傳統才是首

---

22. Elizabeth Alexander, *Transmitting Mishnah: The Shaping Influence of Oral Tradition* (Cambridge: Cambridge University Press, 2006), 23；我未能完全認同相反的立場，見 Chris Keith, "Early Christian Book Culture and the Emergence of the First Written Gospel," in *Mark, Manuscripts and Monotheism: Essays in Honor of Larry W. Hurtado*, ed. Chris Keith and Dieter Roth (London: Bloomsbury T & T Clark, 2015), 22～39。我深信羅馬書也是被人誦讀出來的書卷。但因抄寫出來的文本數量有限，誦讀者的誦讀也會受到限制，未能參與誦讀的人，只好聆聽文本。另一部值得深思的著作是 Whitney Shiner, *Proclaiming the Gospel: First-Century Performance of Mark* (Harrisburg: Trinity Press, 2003)；這本著作將有關演示的概念，作出延伸的討論；而這些討論，均帶出一些正面且關鍵的評論。在 Shiner, *Proclaiming the Gospel*, 49～59 中，夏納(Whitney Shiner)認為，教會可研讀耶穌生平中很多特別事件，從而有助理解教會的一些特別時刻(如：聖週、浸禮)。然而，馬可福音的成書時間並不是與敘事發生的時間一樣的；而敘事中的那些特別時刻的宗教儀式，或許不是與馬可時代的宗教儀式一樣的。因此，對於我們是否要認同夏納的觀點，我仍有保留。
23. Brandon Walker, "Performing Miracles: Discipleship and the Miracle Tradition of Jesus," *Transformation* 32 (2015): 4。沃克將這主張的演示，與使徒行傳的聽眾的見證作比較。對於神蹟事件是否老是用這種方式去傳遞，我是有所保留的。
24. Alexander, *Transmitting Mishnah*, 38～39。或許對福音書的作者來說，他們比其他書卷的作者有更多口述傳遞信息的見證人。
25. Graham Stanton, *Jesus and Gospel* (Cambridge: Cambridge University Press, 2004), 186～191.

要的，因為他有很多豐富證據，都是自前基督教到基督教時期的寫作資料。[26]

論到馬可有否從彼得那裏取材時，包衡提供了一個最有力的證據：彼得的名字在馬可福音出現的次數比其他福音書多。[27] 這個數據可以有不同的理解：我們可以說，馬可的來源記載了大量彼得的名字；然而，我們早已經在優西比烏的著作和特土良（Tertullian）的《反駁馬吉安》（*Adv. Marcion.* 4.2.5）中，找到另一個展示出馬可與彼得的關係的證據，表明馬可成為了彼得的闡述者或彼得的希臘文翻譯員。[28] 質疑此證據的人或會說，優西比烏為了解釋彼得名字的頻密出現才會如此寫。不過，在一個口傳社會裏，這種「次數」可能不足以令優西比烏去作出解釋。最有可能，也最自然的理解是，馬可從彼得那裏知道很多故事。當然，雖然馬可並沒有把資料來源局限於彼得，但他可能以彼得為他的主要來源，並將其他來源或見證人的資料合併起來，填補當中缺漏之處，從而擔當彼得真正的詮釋者（就如記載於優西比烏的著作有關帕皮厄斯的言論所言）。包衡也注意到，文本本身往往從門徒的角度講述馬可福音的故事，這可能直接出自第一手的見證人。

一位重要的註釋家博寧（Eugene Boring）也加入評論，他引

---

26. 一個簡單、最新和易讀的口述傳遞理論見於 L. Michael White, *Scripting Jesus: The Gospels in Rewrite* (San Francisco: HarperOne, 2010), 88 ～ 105。懷特（L. Michael White）將焦點放在一種口述演示：偏離了從一人傳給另一人的純口述傳遞的口述演示，將寫作傳統與人要背熟的古代課本作出比較，但是這個過程並非只涉及口傳，而是結合了口傳和筆錄。
27. Bauckham, *Jesus and the Eyewitnesses*, 148 ～ 149, 155.
28. Bauckham, *Jesus and the Eyewitnesses*, 206.

述大量取自上述兩位重要教父的證據，以及公元二世紀的愛任紐（Irenaeus）和公元三世紀的特土良的證據。[29] 這證明了一直到優西比烏的時代（《教會歷史》6.14.6～7；6.25.5），人們持續（也可能是正確的）信賴帕皮厄斯的見證。從那時開始，大部分在前鑑別學（pre-critical）時期的討論，其焦點乃是：以不同方式使馬可成為合法見證人，不論馬可是否曾合併或簡化馬太和路加的資料，又或者馬可福音是否獨立的著作。雖然大部分學者都同意優西比烏是位能幹的學者，但他的著作傾向回應君士坦丁（Constantine）的議題。然而，這段內容似乎並沒有任何支持君士坦丁的政治味道，但它依然未能給予鑑別學學者所希望找到的準確答案；畢竟，已受啟蒙的現代思維又怎能相信馬可是無謬誤的呢？根據優西比烏的記載，馬可怎樣成為無謬誤的？而馬可又是怎樣的無謬誤呢？

我們需要先約略看看馬可福音的整體面貌，才能找到答案。讓我們先看看馬可似乎出錯了的地方。從種種證據來看，按照現代觀念，我們稱馬可為無謬誤似乎無法成立，尤其馬可福音的地理記載，表明馬可並不熟悉巴勒斯坦一帶。查浦曼（Dean Chapman）在為馬可的地理認識作出辯護時，總結了鑑別學學者所指出的主要地理錯誤：[30]（1）馬可把格拉森置於加利利海沿岸（可五1）；（2）耶穌經過西頓，從泰爾（編按：《和合本》譯作「推羅」）去到加利利海的行程（可七31上）；（3）馬可把加利利

29. Beavis, *Mark*, 7; Boring, *Mark*, 10.
30. Dean Chapman, "Locating the Gospel of Mark A Model of Agrarian Biography," *Biblical Theology Bulletin* 25 (1995): 24.

海置於低加坡里「當中」(可七 31 下);(4)明顯地把猶太的境界和約旦河外放在一起(可十 1);(5)往耶路撒冷時,伯法其和伯大尼的次序(可十一 1)。要解決這個問題,最容易的方法是:作者就是傳統上所認為的馬可,他在羅馬執筆,並不熟悉巴勒斯坦的地理環境。[31] 這個支持「馬可在羅馬」的解決方法,必須解答一個問題:他既然不熟悉巴勒斯坦,為甚麼又要記載這麼多關於耶穌在巴勒斯坦的故事(涉及很多地名)?再者,馬可雖曾身處羅馬(彼前五 13),但我們無法肯定他是否在羅馬執筆。畢竟,他可以四處遊歷!根據馬可記載地理位置的方式,查浦曼認為馬可身處於耶路撒冷的一個加利利信徒羣體當中。[32] 很多研究古代文本的「人類學—地理學」(anthrological geographical approach)進路,否定以純「科學」進路批判馬可福音的不準確之處,以致反對馬可的地理鑑別學(geographical criticism)可能無法清楚說明馬可到底是身處羅馬,還是身處巴勒斯坦。雖然有很多註釋家引經據典支持或反對成書地點是在羅馬或巴勒斯坦,但我認為我們還是無法肯定這卷書的成書地點。

好些論據進一步促進作者身分的討論。有些主要以優西比烏和一些教父著作為基礎的學者主張,當彼得身處羅馬時,馬可從他那裏取得資料,因此馬可身處羅馬寫書的說法是值得注意的。[33] 至於公元三至四世紀較後期的傳統,則把馬可福音連於亞

31. 見 Ivan Head, "Mark as a Roman Document from the Year 69," *Journal of Religious History* 28 (2004): 240 ~ 259。
32. Chapman, "Locating the Gospel of Mark A Model of Agrarian Biography," 35.
33. John Wenham, *Redating Matthew, Mark and Luke: A Fresh Assault on the Synoptic Problem* (Downers Grove: InterVarsity Press, 1992), 136 ~ 182,這本書詳細討論羅馬理論(Rome theory);Benjamin Bacon, *Is Mark a Roman Gospel?* (New York:

歷山太(Alexandria)。[34] 考慮到安提阿、加拉太一帶和哥林多(加一 17～21；林前一 12)的人都認識彼得，他的確可能去過那些地區。但是，他是否曾在那些地區傳信息給馬可，與馬可是否身在羅馬寫書，兩者並沒有必然的邏輯關係。[35] 此外，大部分的歷史建構都以《彼得行傳》(*Acts of Peter*)這部傳奇著作為基礎。然而，有一點是肯定的，彼得是周遊四方的使徒，他的影響力遍佈小亞細亞(彼前一 1)。然而，雖說彼得周遊甚廣，甚至遠達羅馬，但我們仍然無法肯定馬可一直留在羅馬，並且單單從彼得那裏取得資料。根據溫翰(John Wenham)的看法，馬可不單與羅馬的基督徒有聯繫，甚至亞歷山太的基督徒也聲稱馬可在他們當中事奉。[36] 這樣的聲明，與初期教會為了確定其教會權威，因而聲稱有著名的門徒在他們當中事奉十分一致(這亦表示初期領袖很可能多次周遊四方)。

因此，我們有一位熟悉猶太普遍地區的「馬可」，而且，他更熟悉耶路撒冷，他甚至與羅馬(雖然我們無法肯定)和亞歷山太有點聯繫。然而，文本本身的內容，比馬可最終在何處寫成福音書更加重要。根據初期教會的宣教模式，馬可很可能多次上路，周遊不同地區，並從口傳來源取得關於地理位置的資料。因此，即使是一些他從未去過的地方，他也能掌握可靠的資料。接著，馬可把整幅地圖置於以耶路撒冷為中心的世界觀裏，並講述

Kraus Reprint Co., 1969)，這本書是這方面的經典著作；Hengel, *The Four Gospels and One Gospel of Jesus Christ*, 130，這本書也是一樣。

34. Beavis, *Mark*, 9.

35. Wenham, *Redating Matthew, Mark and Luke*, 156～160；這本書提供了彼得傳統的有力論據。

36. Wenham, *Redating Matthew, Mark and Luke*, 173.

一個以耶路撒冷為中心的故事，因為在那處發生了一件最重要的事件：耶穌被釘十字架。

根據以上所論，足以否定馬可是這卷福音書的作者嗎？有關馬可的資料實在太少，其實這個問題幾乎是沒有意義的。我們從上述討論得知，不管馬可有沒有親自到過那些地方，他確實取得了耶穌在不同地區的故事。再者，根據馬可在這卷福音書中的地理記載，這位馬可的敍事是包含著特定的神學議題。如此建構作者的理解，在方法論上有著重要的影響。有關方法論的討論，我們會在稍後的篇章提及，現在讓我們先看看聽眾的身分。

我們難以確定這卷簡短而沒有連貫性的福音書的原初聽眾是誰。但現在也出現了不少理論，有些理論以猶太聽眾為焦點，有些理論則以外邦人為焦點，這往往視乎詮釋者是否相信文本的用詞能直接反映聽眾的情況，以及在何處反映出這些聽眾的情況。[37] 基於近年有關福音書文獻在信仰羣體中的演示的研究，我們能大概推斷出成書日期和環繞著那個日期所發生的事件，但我們也難以確定是其聽眾。此外，對於要以哪種方法和前設來推斷馬可聽眾的身分，亦一直未有共識。近年的趨勢傾向視之為信仰

---

37. Adela Collins, "Mark and His Readers: The Son of God among Jews," *Harvard Theological Review* 92 (1999): 393～408；其中一個好例子，就是這本書對「上帝之子」的稱呼的研究。另見 Adela Collins, "Mark and His Readers: The Son of God among Greeks and Romans," *Harvard Theological Review* 93 (2000): 85～100。柯林斯（Adela Collins）的研究，說明了這個概念可以源於亞蘭文的來源，但是可能為了配合外邦聽眾而被處境化了。而最後的答案，就要視乎詮釋者在詮釋時採取甚麼立場了。另見 Elizabeth Malbon, "Text and Contexts: Interpreting the Disciples in Mark," *Semeia* 62 (1993): 81～120。馬爾本檢視文本內和文本之間的文學處境，以及文本內外的社會歷史處境。這四個不同的看法得出不同的詮釋。她稱這個過程為「處境飽和」（contextual saturation；頁 98～99）。

羣體中普遍的聽眾，[38] 有些人（例如：亨達臣〔Ian Henderson〕）嘗試建構出一羣獨特的聽眾；同樣地，威爾斯（Garry Wills）認為文本中某些細節標誌著敘利亞人受逼迫的情況；[39] 包衡則深信，即使福音書中有提到個別聽眾（例如：路加和提阿非羅），這卷書也是給予普遍聽眾的；[40] 馬爾本（Elizabeth Malbon）沒有確定該是哪羣獨特的聽眾，但她試圖找出原初聽眾聽到的信息；[41] 亨達臣嘗試結合獨特和普遍的聽眾，他最終的研究結果是：一方面指向耶穌跟隨者這普遍聽眾，另一方面指向有追求心志的信仰羣體領袖。[42] 亨達臣的努力卻不無困難，因為他基本上是說所有基督徒都是聽眾：當中有些人是跟隨者，有些人是領袖。這並不是甚麼新洞見！在所有福音書中，馬可福音可能是最難確定其原初聽眾的福音書。包衡在其甚具影響力的文章〈福音書是為誰而寫的〉（"For Whom Were the Gospels Written"）中，花了頗長的篇幅處理原初聽眾羣體的具體特色。[43] 要選擇哪

---

38. 見 David Rhoads, Joanna Dewey, and Donald Michie, *Mark as Story: An Introduction to the Narrative of a Gospel* (Minneapolis: Fortress Press, 2012), 146 ～ 152。
39. Garry Wills, *What the Gospels Meant* (San Francisco: Harper, 2008), 21。即使在新約聖經文獻裏，也能見到在不同地方都會有逼迫。
40. Richard Bauckham, "For Whom Were the Gospels Written," in *The Gospels for All Christians: Rethinking the Gospel Audiences*, ed. Richard Bauckham (Grand Rapids: Eerdmans Publishing, 1998), 14。包衡完全反對把路加的聽眾局限於提阿非羅。
41. Elizabeth Malbon, "Echoes and Foreshadowing in Mark 4 ～ 8: Reading and Rereading," *Journal of Biblical Literature* 112 (1993): 228 ～ 230.
42. Ian Henderson, "Reconstructing Mark's Double Audience," in *Between Author and Audience in Mark*, ed. Elizabeth Malbon (Sheffield: Sheffield Phoenix Press, 2009), 6 ～ 26.
43. Bauckham, "For Whom Were the Gospels Written," 9 ～ 48；對包衡的回應，如預料中的那樣，混雜著不同的回應，可參 Mike Bird, "Bauckham's *The Gospel for All People* Revisited," *European Journal of Theology* 15 (2006): 6 ～ 11；這是一個極為重要的概述。

一個答案，端賴我們認為優西比烏和他的資源有多可靠、文本怎樣反映聽眾的情況，以及初期教會的使徒怎樣為歷史的耶穌（historical Jesus）作見證。

到最後，我們只有甚少關於歷史馬可本人、他的處境和他的聽眾的資料，這使我們似乎已經走進一個死胡同。就詮釋學而言，有甚麼解決方法呢？讓我們暫時先跳出歷史鑑別學的框框，好使我們能夠找到敍事的解決方法。這個敍事的解決方法並非要否定文本的歷史層面，卻可顧及到在馬可時代的普遍聽眾羣體。歷史資料應該源自馬可時代，而這些資料來源都含有獨特的焦點。由於一般社會在前現代時期較少作出改變，我們只需概略理解公元一世紀的社會便可。這幅概略的圖畫應會成為我們的基礎，讓我們進行敍事詮釋。我們暫時不需要有任何新構思，可以單單依靠榮辱文化（honor-shame）與恩庇侍從制度（patron-client）的模式來理解馬可和他的聽眾。

2. 成書日期

普遍來説，學者接受馬可福音在公元一世紀六十年代成書；但近年溫翰把成書日期定於公元四十二至四十四年左右，就是在馬可開始與巴拿巴一同宣教之前。[44] 這個較早的成書日期應

44. Wenham, *Redating Matthew, Mark and Luke*, 182。類似的有 G. M. Lee, "Mark xv 21, 'The Father of Alexander and Rufus,'" *Novum Testamentum* 17 (1976): 303；C. P. Thiede, "Ein wichtiges Argument für die Datierung der Evangelien. Wurde das Markusevangelium vor 50 verfasst?" *Theologisch-praktische Quartalschrift* 133 (1985): 345 ~ 346；James Crossley, *The Date of Mark's Gospel: Insight from the Law in Earliest Christianity* (New York: T & T Clark International, 2004)。

源於帝國膜拜盛行的日子。那時候，該猶（卡利古拉）（Gaius〔Caligula〕）不單拆除了希臘神明雕塑的頭部，把自己的頭像加在其上，也建議把類似的東西放在耶路撒冷（蘇埃托尼烏斯〔Suetonius〕的《羅馬十二帝王傳》〔*The Twelve Caesars*〕中的《卡利古拉傳》〔*Caligula* 22〕；卡西烏斯〔Dio Cassius〕的《羅馬史》〔*Roman History* 59.28〕）。[45] 該猶是首位公然宣揚自己是神明的羅馬皇帝，自稱為宙斯（Zeus）、太陽神阿波羅（Apollo）或海神波塞冬（Poseidon），他最後在公元四十一年被謀殺。他的性情之所以自大自誇，可能是受那些想在社會政治階梯上拾級而上的人吹捧（和阿諛奉承）所致（例如：蘇埃托尼烏斯的《維特里烏斯傳》〔*Vitellius* 2.5〕）。他的「福音」就此終止了，而馬可福音則慶賀該猶之死。那不同的成書日期又有甚麼分別？——溫翰和比較傳統的成書日期是根據愛任紐的《反駁異端》（*Ad. Her.* 3.1.1～2），當中記載馬可在保羅（甚或是彼得）離世後撰寫他的福音書。於是，這把馬可福音的成書日期推到公元一世紀六十年代後期，即是尼祿（Nero）的逼迫期間（塔西圖〔Tacitus〕的《編年史》〔*Annals* 15〕）。有些學者（例如：伊斯格那利〔Brian Incigneri〕）甚至把馬可在羅馬成書的日期推至公元一世紀七十年代，他們把馬可福音理解為特定羣體反對羅馬人（特別是維斯帕斯安〔Vespasian〕）的修辭辯論，將耶穌描述為赦免人的殉道者。[46] 而伊斯格那利則假設了彼得在使徒行傳的事件發生後不久

---

45. Stanton, *Jesus and Gospel*, 24.
46. Brian Incigneri, *The Gospel to the Romans: The Setting and Rhetoric of Mark's Gospel* (Leiden: Brill, 2003), 184～184, 301, 366。在這兩個時期之間的，可參考亨格爾這本著作：Martin Hengel, *Studies in the Gospel of Mark* (London: SCM Press, 1985)，

就去了羅馬，為要避開當地的逼迫。與此同時，馬可也身處羅馬，與彼得對話。將這些因素結合起來，便會得出較早的成書日期。我們必須強調，上述種種因素的結合，必須完全正確，我們才能得出溫翰那較早的成書日期的說法。然而，假如我們細看公元七十年之前的寫作情況，就會發現當時羅馬正逼迫基督徒，之後耶路撒冷便被圍困，根本無法讓人好好坐下來寫作。[47]

上述的討論其實尚有很多推想的空間，從而可以得出不同的成書日期，而且這些成書日期全都要加上諸多前設。即使馬可最初從彼得那裏得到他的資料，我們也無法證明他最後執筆的時候，必定是接近彼得離世的日子而不是之後的日子。成書日期的爭議，無論最終定於尼祿上任前的時期，還是定於尼祿上任之後的日子，其實是視乎我們怎樣「處理」成書日期和地點。經馬可福音的學者眾多討論之後，我們還是無法得到肯定的答案。當中眾多的假設，視乎我們是否認為馬可如實反映了他當時的歷史情況；又或者那只不過是抽離了作者處境的情況的敘事，他只是在憶述耶穌在世的日子而已。又或許兩者也涉於其中，只是我們實在難以判斷和區分。

我們難以找出馬可的確實聽眾。很多人(例如：包衡)為普羅大眾。根據上述的討論，本書依從傳統的馬可福音成書日期(即是公元一世紀的下半葉)，並以那個時期的普遍情況為背景。有些人可能會問：在半個世紀裏，社會景況會否有急劇的轉變？

他認為這卷福音書是在公元六十九年左右寫成的。

47. 見 Head, "Mark as a Roman Document from the Year 69," 422～431。他在文章中花了很長篇幅去討論可能的情況和歷史背景，甚至與約瑟夫(Flavius Josephus；一位公元七十年之後的作者)作比較。

那個時代並沒有現代化的印刷術、便利的交通系統與電子傳訊，改變應是很緩慢的。最有可能的情況是，那個時代的社會景況沒有太大變化，發展緩慢。由此，我們能夠大概掌握公元一世紀的社會情況。這樣，我們的詮釋就應該沒有甚麼大問題了。

3. 體裁

體裁（genre）是甚麼呢？有一個定義是這樣的：「體裁並非一種分類法——這與科學上的分類法不同。它反而是一種嘗試——把某個作品連於其他持續參與相同對話的作品。」[48] 當學者比較馬可福音與其他希羅和猶太傳統的當代著作時，他們就會發現馬可福音用上了不同的體裁。根據上述討論，我們很容易就會排除某個特定的聽眾與馬可的著作有任何直接的關係。當我們要討論著作的體裁，我們理應要思考一下著作的寫作過程，而體裁便是與這個寫作過程相關的。馬可寫的並非保羅書信。有別於短時間內寫成的保羅書信，作者要寫成一卷福音書，要經過三十多年的資料搜集，以及對那些由可靠（第一手？）的口傳來源所得來的資料作出修正。由於當時的人要待有空才會四處遊歷，而那時候也沒有帝國性的郵政系統，因此資料搜集甚為需時。[49] 當時的信息傳遞可能是這樣的：提供資料的人說：「某人從

48. Michael Vines, *The Problem of Markan Genre: The Gospel of Mark and the Jewish Novel* (Atlanta: Society of Biblical Literature, 2002), 64.

49. Michael Thompson, "The Holy Internet: Communication between Churches in the First Christian Generation," in *The Gospel for All Christians: Rethinking the Gospel Audiences*, ed. Richard Bauckham (Grand Rapids: Eerdmans Publishing, 1998), 51；這篇文章論到傳遞資料的細節。

認識使徒的人那裏得知這事，並告訴了我。」接收信息的人繼而會將所知的寫下來，並且會在那位使徒或從那位使徒那裏得知這事的人途經當地時，找他確認信息的真偽。由於當時的人不會在冬季乘船旅行，因此，信息只能是間或才被傳遞出去的。當然，假如旅行者有時間沿著羅馬大道而行，他就可以廣發信息了。然而，當時的人並不會為了度假而四處遊歷，他們通常都有要事要辦！我們可以想像，這種傳遞過程有多緩慢！因此，昔日的成書過程好比今天做研究的人搜集資料，只是前者更加緩慢。湯普遜（Michael Thompson）嘗試證明馬可很快就在羅馬取得他的資料，[50] 但三十年怎也稱不上「快」吧。

另一個關於體裁的關鍵問題，並不是馬可福音的寫作方式，而是馬可福音的演示方法。亞歷山大（Loveday Alexander）正確地指出：「古代希羅的主要出版方式是口述演示。」[51] 而我對口傳的研究和著作證實了亞歷山大的說法。[52] 總括來說，有了上述關於信息傳遞、成書與故事演示的討論，我們現在可以開始進入體裁的討論。

當代學界對於馬可福音有以下各種理解：希羅式的傳記、天啟性的戲劇、希臘悲劇、希臘化的浪漫故事、悲劇—喜劇（tragedy-comedy）。[53] 由於這部分並無意處理所有涉及體裁的問

---

50. Thompson, "The Holy Internet," 68.
51. Loveday Alexander, "Ancient Book Production and the Circulation of the Gospels," in *The Gospel for All Christians: Rethinking the Gospel Audiences,* ed. Richard Bauckham (Grand Rapids: Eerdmans Publishing, 1998), 86.
52. 曾思瀚：《羅馬書解讀——基督福音的嶄新視野》，吳瑩宜譯（台北：校園書房，2009），107～114。
53. William Telford, *Writing on the Gospel of Mark* (Dorset: Deo Publishing, 2009), 379～

題，我只會選擇以現代人慣用的測試方法去比較文學進路和歷史進路。我不會討論上述提及的所有體裁，因為當中每個理論都已經有很多具代表性的研究了，假如讀者想詳細了解，可以參考註腳的書目。[54] 相反，我將會處理近年與體裁有關討論——從(較為

383；這列出了一系列關於這個討論的著作。對於「傳記」的真正定義，見 Richard Burridge, *Imitating Jesus: An Inclusive Approach to New Testament Ethics* (Grand Rapids: Eerdmans Publishing, 2008), 24 ～ 32。伯理奇（Richard Burridge）的博士論文專門研究古代傳記，這是與現代的傳記截然不同的。古代傳記受到蒲草紙卷的長度所限，因此只能記錄一部分的生平。另見他已出版的整份論文：Richard Burridge, *What Are the Gospels?* (Cambridge: Cambridge University Press, 1992)。他的題目基本上說明了古代傳記蘊含倫理的層面，透過記載不同人物，邀請人以他們的德性為榜樣。從現代人的角度來看，古代傳記是關於不同人物的道德故事。

54. 有關天啟著作的體裁討論，見 Adela Collins, "Genre and the Gospels," *The Journal of Religion* 75 (1995): 241；Adela Collins, *Is Mark's Gospel a Life of Jesus* (Milwaukee: Marquette University Press, 1990)。至於 Vines, *The Problem of Markan Genre*, 148 ～ 149，它以但以理書為例，得出與柯林斯同樣的結論，卻把馬可福音定為是一部猶太小說（他聲稱這好像但以理書、蘇撒拿傳〔*Susanna*〕和多比傳〔*Tobit*〕），是源於災難時期（有天啟著作的意味？）。柯林斯對於天啟著作的考慮，與韋恩斯（Michael Vines）聲稱這是在危難的日子以小說來回應，兩者的論述都是一樣的。而兩者都同樣考慮到猶太人的情況。另見 Michael Bird, "Tearing the Heavens and Shaking the Heavenlies: Mark's Cosmology in Its Apocalyptic Context," in *Cosmology and New Testament Theology*, ed. Jonathan Pennington and Sean McDonough (London: Bloomsbury T & T Clark, 2008)。懷特引人注目的著作 White, *Scripting Jesus*, 26 ～ 29，這部分也是以天啟著作為耶穌故事的背景，卻未有討論相關的體裁問題。至於希臘悲劇，Stephen Smith, "A Divine Tragedy: Some Observations on the Dramatic Structure of Mark's Gospel," *Novum Testamentum* 37 (1995): 209 ～ 231；這是一篇精彩的文章，論到類似的情節/結構元素和情景（例如：察覺到耶穌身分的一幕）。史密夫（Stephen Smith）的詮釋也有一些弱點，其中一個弱點，便是他的詮釋進路，是與古典修辭來詮釋保羅書信的進路一模一樣的：出奇不意地加上悲劇大綱，硬要把馬可福音套進去。更多關於悲劇與馬可福音的討論，另見 Gilbert G. Bilezikian, *The Liberated Gospel: A Comparison of the Gospel of Mark and Greek Tragedy* (Grand Rapids: Baker Book House, 1977)。Ronald F. Hock, J. Bradley Chance, and Judith Perkins, eds., *Ancient Fiction and Early Christian Narrative* (Atlanta: Society of Biblical Literature, 1998) 這本著作，強調這是個希臘化的浪漫故事。Graham Stanton, *Jesus and Gospel* (Cambridge: Cambridge University Press, 2004), 194 ～ 206 則主張這是一本實用的手冊。我能夠理解這樣的手冊有可能在早期的禮儀資料中出現，但是這並無法回答很多在此所提出的問題。斯坦頓最好的觀察是：新約聖經作者可能沒有在默示中領受到從羅馬帝國

歷史性的)傳記到(較為非歷史性的)古代史詩的論點。這樣的討論將會展示出馬可福音的體裁是多麼的難以確定,多麼的令人苦惱。

論到傳記,沃陶(Clyde Votaw)採納了歷史進路,認為在撰寫福音書的過程中,必然把歷史性傳記包含在內。[55] 著名的聖經敘事專家塔爾伯特(Charles Talbert)根據他對原初聽眾的理解,也主張這是一本傳記。[56] 這樣的評估與把馬可福音理解為純史料不同,因為古代傳記蘊含道德上和倫理上的教導,而不只是記載某人的生平。[57] 伯理奇(Richard Burridge)的重要著作《福音書是甚麼?》(*What Are Gospels?*)也確認了史料和傳記之間有著

膜拜而來、單一的「福音」和其用法的觀念,而是領受到要執筆反對它(Stanton, *Jesus and Gospel*, 2)。斯坦頓的研究十分重要,因為它探討了「福音」一語在公元一世紀的真正意思。近期的研究,探討馬可與保羅之間的關係所帶來的神學上的影響,這種研究,是按照傳統來假設的:保羅在羅馬被處決前,他與馬可關係上得到復和。(參提後四11)參 Oda Wischmeyer, David Sim, and Ian Elmer, eds., *Paul and Mark: Comparative Essays Part I Two Authors at the Beginnings of Christianity* (Berlin: Walter de Gruyter, 2014)。有關馬可的資料如何影響保羅書信,可參考 Eve-Marie Becker, Troels Engberg-Pederson, and Mogens Muller, eds., *Mark and Paul: Comparative Essays Part II For and Against Pauline Influence on Mark* (Berlin: Walter de Gruyter, 2014);這裏的文章,當然是涉及保羅如何神學地影響馬可。Anne Vig Skoven, "Mark as Allegorical Rewriting of Paul: Gustav Volkmar's Understanding of the Gospel of Mark," in *Mark and Paul*, 13～27,探討公元十九世紀的學者(如禾格馬〔Gustav Volkmar〕,他們主張馬可福音是一種保羅的敘事神學。

55. Clyde Votaw, "The Oxyrhyncus Sayings of Jesus in Relation to the Gospel-Making Movement of the First and Second Centuries," *Journal of Biblical Literature* 24 (1905): 88～89.
56. Charles Talbert, "Once Again: Gospel Genre," *Semeia* 43 (1988): 53～73.
57. Talbert, "Once Again," 54～56。同樣地,伯理奇的著作 Burridge, *What Are the Gospels?*, 66 ,也認為傳記有部分內容是由其他資料(例如:道德哲學和史料)組成。因此,傳記比其他次要的體裁為先。有別於現代的傳記,古代傳記受到紙張的大小所限,只能夠不按比例地去記載某人生平中的「重要」事件,而不是平均地記錄所有事件 (Burridge, *What Are the Gospels?*, 164～167)。有別於 Mary Tolbert, *Sowing the Gospel: Mark's Work in Literary-Historical Perspective* (Minneapolis: Fortress Publishers, 1989), 58～59,她根據現代的定義(即是從出生到死亡的故事),而力言這是一部傳記。

這種分別。[58] 塔爾伯特正確地指出，主要的神學重點並不在於根據公元一世紀社會中的傳記體裁來將福音書歸類，而是考慮到傳記體裁可以造成的修辭震撼力（rhetorical shock）。[59] 藉著把整個傳記連於它所針對的社會情境，就能得出很多道德教導。戴歌德（Gerd Theissen）在香港中文大學崇基學院神學院的傳經講座中，同意這類著作很大部分都是為了影響信仰羣體的。[60] 因此，馬可福音也不如形式鑑別學（form criticism）學者所主張的，即那純粹是初期教會羣體的產物；相反，作者撰寫這部「傳記」，是為了回答關於已經離開了的領袖 —— 耶穌 —— 的身分和道德教導的問題，因而搜集不同的故事。若是這樣，為了這緣故而寫的任何傳記，甚或是歷史，都具備了詮釋的元素 —— 也可能會反對其他詮釋（例如：《多馬福音》〔*Gospel of Thomas*〕）。[61] 在討論體裁時，詮釋者無法避開成書過程的討論。這樣討論下去，結果便進到學術上的範疇了：從純事實到純虛構，而我們則以此來審視馬可福音的體裁。

麥克唐納（Dennis MacDonald）比較荷馬史詩與馬可福音的某些元素，他對路加福音—使徒行傳也如此行。[62] 麥克唐納認

---

58. Burridge, *What Are the Gospels?* 63.
59. Talbert, "Once Again," 67, 70.
60. 戴歌德：《福音書與初期教會政治：社會修辭的研究進路》，周健文譯（香港：香港中文大學崇基學院神學院，2006），4。然而，戴歌德的關注與塔爾伯特截然不同。
61. Talbert, "Once Again," 64.
62. Dennis MacDonald, "The Past as Legacy: Luke–Acts and Ancient Epic," *The Journal of Theological Studies* 54 (2003): 701 ～ 704；見 Dennis MacDonald, "Secrecy and Recognition in Odyssey and Mark: Where Wrede Went Wrong," in *Ancient Fiction and Early Christian Narrative*, ed. Ronald Hock, J. Bradley Chance, and Judith Perkins (Atlanta: Society of Biblical Literature, 1998), 121 ～ 153.

為，馬可創造的「荷馬式基督」(Homeric Christ)，表明了耶穌比源自希臘或猶太傳統的希臘神明更加超越。[63] 麥克唐納的研究指出，馬可福音的「模仿」(imitation)風格借用了荷馬史詩的情節，這講法部分出於形式鑑別學的分析，但更重要的是透過平行詞彙的研究，而麥克唐納亦小心辨別兩者的異同。[64] 無論我們怎樣理解麥克唐納的研究，他正正是嘗試把馬可福音的敍事理解為希羅傳統的一部分。[65] 當然，麥克唐納的討論有一點值得讚賞，就是他將特定用法連於其特定傳統，而不是把馬可福音歸類為戲劇、悲劇或喜劇。有趣的是，塔爾伯特和麥克唐納從兩個不同的角度出發，卻得出類似的結論，均認為馬可福音(或對塔爾伯特來說，任何一卷福音書)的比喻蘊含著重要的教導。原因很簡單，因為傳記蘊含道德教導，它將最理想的狀況呈現出來，這好比荷馬(Homer)的神話體裁(或是荷馬風格的馬可福音)。

著重馬可福音「神話式」人物的形式鑑別學進路並不合保守派學者的胃口。但是卡林比斯(Paul-Gerhard Klumbies)為了要將馬可福音視為一本具神話色彩的著作，一味強調馬可福音的文學特色，卻貶低其他解決方法(大部分是神學方面的)。[66] 雖然在福音派當中，「神話」(myth)一詞具負面的涵義，但這個詞彙在

63. Dennis MacDonald, *The Homeric Epic and the Gospel of Mark* (New Haven: Yale University Press, 2000), 83。換言之，麥克唐納跳過了傳統的來源，直接進入馬可的虛構創造。很明顯，另一個選擇是：認為馬可在述說耶穌的故事時，按著荷馬式的情節來編修一些資料。但是毫無疑問，麥克唐納的大量證據實在令人讚不絕口。

64. MacDonald, *The Homeric Epic and the Gospel of Mark*, 7；指出詩歌與散文、神話英雄與歷史英雄、眾多神明與一位神等等之間的分別。

65. 這固然暗示著，那些力言馬可的聽眾主要是外邦人的說法是正確的。

66. Paul-Gerhard Klumbies, *Der Mythos bei Markus* (Berlin: Walter de Gruyter, 2001), 60.

學術界中（尤其是李維史陀〔Claude Levi-Strauss〕在結構人類學〔structural anthropology〕中使用它的方式）純粹是指到用超自然的故事，講述比超自然事件本身更加重要的真理；而這些超自然故事只是與歷史事件有關——但這歷史事件往往又是未經證實的。[67] 這歷史事件實際上是甚麼一回事？我們既無法證實這些事件，即使使用文學進路，「神話」這標籤依然令人存疑。卡林比斯的文學、神學，甚至是其形式鑑別或編修鑑別學（redaction criticism）上的洞見，可能只是帶來更多問題。

在我之前的著作裏，我已經討論過公元一世紀的歷史。我不想在這裏再詳述，只會略作交代。研究古代文本的學者對「歷史學家」的定義與普羅大眾的理解有所不同。正確來說，學術界所理解的「歷史學家」（historian），是一位根據約瑟夫、希羅多德（Herodotus）與塔西圖的傳統而記錄古典史料的人。希臘歷史學家波里比烏斯（約公元前 200～118 年）進一步指出，雖然在他的時代，歷史蘊含著道德教導，卻不會因此而不算為歷史（《歷史》〔*Hist.* 1.14.6〕）。事實上，其著作似乎蘊含了道德的層面。我們不是認為古代歷史學家並不在乎追求客觀這理想，因為他們與現代歷史學家一樣（例如：塔西圖的《編年史》1.1），都會努力嘗試（卻往往失敗了）。他們很在意準確性。希臘歷史學家希羅多德（約公元前 484～425 年）論到見證人的重要（《歷史》2.99～106, 147；4.81）、審慎的判斷（《歷史》2.24；5.3）和認證（《歷史》2.19, 44, 75, 113, 118）。[68] 單單因為一些「事實」並不符合現代人

67. Klumbies, *Der Mythos bei Markus*, 94.

68. A. W. Mosley, "Historical Reporting in the Ancient World," *New Testament Studies*

對「準確」的理解，而否定這種「歷史」體裁，並不公平。這同樣適用於馬可福音。

從上述討論可見，很多研究古代歷史的其他學者都同意，在古代記錄歷史與現代大學的歷史研究並不相同。古時候缺乏文字記錄，因此歷史並不是收藏資料的資料庫。把文本錯誤地理解為收藏資料的資料庫，只是出於深受「蘇格蘭常識哲學」(Scottish common sense philosophy) 影響的現代主義罷了。歷史文本有其目的，它的價值並非純粹基於它所記錄的事實，更基於它當中的教導。任何敍事的重點並不在於敍事有否提供知識，而在於它要傳遞甚麼知識。

根據上述的討論，馬可福音(以及所有早期的福音書)可能並不屬於任何特定類別，卻包含了不同體裁的特色。[69] 根據古代史料所制定的體裁準則，福音書專家布拉克(Clifton Black)支持馬可是位歷史學家。他寫到：「馬可——不是路加——遲遲未有被承認為第一位基督徒歷史學家……」[70] 布拉克繼續指出，這個歷史(或是對它的詮釋)是以承認耶穌是彌賽亞為基礎，[71] 我們實在不得不同意他的說法。現代歷史學家愈來愈留意

---

12 (1964～65), 11.

69. 有關這個討論，見 Erich Auerbach, *Mimesis: The Representation of Reality in Western Literature* (Princeton: Princeton University Press, 1953), 45 ～ 46；艾爾伯（Erich Auerbach）在頁 46 也指出，很多古代體裁都會欠缺大量直接講論的特色，而這在所有的福音書裏都十分普遍。

70. Clifton Black, "Mark as Historian of God's Kingdom," *Catholic Biblical Quarterly* 71 (2009): 66.

71. Black, "Mark as Historian of God's Kingdom," 66；Bart Ehrman, *The New Testament: A Historical Introduction to the Early Christian Writings* (Oxford: Oxford University Press, 2008), 77；雖然葉爾曼（Bart Ehrman）在他這本著作裏曾說，彌賽亞受苦的概念可能要到耶穌那時才出現可能是正確的，但是受膏的彌賽亞和受苦

到：不單是古代歷史，連「史料」的整體標籤也是十分概括的，因為它並沒有提及馬可福音到底是怎樣的歷史。在我們結束這部分的討論時，我傾向認同亨格爾（Martin Hengel）的說法：他安於使用「敘事的福音」（narrated gospel）這個標籤，這「敘事的福音」反映了馬可福音一章 1 節的標題，並反映出初期教會的教導方式之一，是透過見證來進行的。[72]

4. 結構

大家對馬可福音的結構並未有共識。杜衛（Joanna Dewey）指出，要確定這卷書的結構幾乎是不可能的，因此視馬可福音如一幅由絲線交錯織成的織錦。[73] 艾索爾（Bastiaan van Iersel）察覺到，馬可的敘事有一些無法解決的問題，因此他認為這卷書是由宏觀和微觀的語句交錯排列法（chiasmus）寫成的。[74] 馬可福音的結構不一定是按時序且如實反映耶穌三年事奉中的所有事件。根據約翰福音，耶穌顯然在三年的事奉中多次上耶路撒冷。馬可

僕人（無論我們怎樣詮釋這個概念）的概念都早已經存在。耶穌受苦建立了難以想像的聯繫。

72. Hengel, *The Four Gospels and One Gospel of Jesus Christ*, 141 ～ 157；亨格爾（頁 145 起）成功展示耶穌的敘事甚至成為保羅向初期教會宣講的一部分（例如：林前十五 1 ～ 11）。

73. Joanna Dewey, "Mark as Interwoven Tapestry: Forecasts and Echoes for a Listening Audience," *Catholic Biblical Quarterly* 53 (1991): 224.

74. Bastiaan van Iersel, "Concentric Structure in Mark 1:14 ～ 3:35 (4:1) with Some Observations on Method," trans. W. H. Bisscheroux, *Biblical Interpretation* 3 (1995): 75 ～ 98；一系列的交錯排列法的問題是，這樣的結構既主觀，又概括。Joanna Dewey, "Literary Structure of the Controversy Stories in Mark 2:1 ～ 3:6," *Journal of Biblical Literature* 10 (1981): 29 ～ 33，杜衛也嘗試把較小的結構分析加在馬可福音二章 1 節至三章 6 節上。

以迅雷不及掩耳的方法，記載一條從加利利到耶路撒冷的筆直路徑。就算是帕皮厄斯的見證，也反映了馬可的事件次序不甚準確。[75] 我們怎能要求所有細節是依次記錄下來的呢？畢竟，馬可乃是根據彼得等見證人的資料，把耶穌的故事編織起來，為要帶出他自己信息的。我之所以說「編織起來」，是因為假如我們看看其他福音書，尤其是約翰福音，就會發現耶穌在祂三年的事奉中，曾多次上過耶路撒冷和到過鄰近的地區。因此，這個地理上的旅程有其神學上和意識形態上的意義，絕非一個純粹記錄耶穌腳蹤的周遊故事——就像很多極為保守的福音書文學詮釋者所主張的。

戴歌德主張，要以三種認信為基礎，並以文學的進路把馬可福音分為三個部分：

第一部分：施洗約翰宣佈將有一位更大的要來（一 7 起），以及從天上來的聲音確認耶穌為上帝的兒子（一 11）。
第二部分：彼得的認信：「你是彌賽亞」（八 29），以及從天上來的聲音向門徒確認耶穌是上帝的兒子（九 7）。
第三部分：百夫長確定一個已死的人是上帝的兒子（十五 39），以及天使在空墳墓的信息：「祂已復活」（十六 6）。

戴歌德的觀察很值得我們留意，並應該視之為敘事情節的一部分。但是，他的觀察似乎沒有處理馬可福音中那些有力的地理鋪排，因此，我們不得不觀察這些地理位置。博寧在其甚有權威

75. Bauckham, *Jesus and the Eyewitnesses*, 226 ~ 228.

性的馬可福音註釋中所提出的地理結構，是頗有說服力的：[76]

序（一 1 ～ 15）
在加利利的事工（一 16 ～ 八 21）
在往耶路撒冷路上的事工（八 22 ～ 十 52）
在耶路撒冷的事工（十一 1 ～ 十五 47）
跋（十六 1 ～ 8）

不過，即使是認同以地理位置來定大綱的人，也有分歧。舉例來說，懷特(L. Michael White)的分段與博寧的分段有點不同：[77]

天啟性的宣告（一 1 ～ 13）
耶穌在加利利的事工（一 14 ～ 六 6 上）
在加利利以外的事工（六 6 下 ～ 十 52）
在耶路撒冷的事工和逾越節的敘事（十一 1 ～ 十六 8）

只要我們看看全卷書結構（尤其是敘事的結構），就能解釋這裏的分歧。

毫無疑問，很多馬可福音的註釋家普遍都會同意這卷書是以地理為主題的。按此，我們可以看到，馬可福音約有三分之一的篇幅記載了耶穌最後一星期的事件。這個重要的事實，導致一些人把這卷福音書理解為一個神學敘事：從釘十字架開始，然後倒

---

76. Boring, *Mark*, v ～ ix.
77. White, *Scripting Jesus*, 268 ～ 269.

序回溯。換言之，受難的敘事有一段很長的引言。[78] 這個結構讓我們明白，原初的成書過程有著某個神學向度。換言之，馬可福音內的一切都是指向十字架的。

雖然十架神學可以是個普遍的神學詮釋起始點，但我們還是必須細看每個段落。舉例來說，馬可福音四至六章與六至八章記載了平行的神蹟事件，而這兩部分的高潮都是餵飽眾人的神蹟。這些平行事件應是經過細心安排的情節，是與每段敘事的地點環環相扣的。平行的記載是這樣的：平靜風浪（四 35～41）、趕鬼（五 1～20）、醫治（五 23～34）、使睚魯的女兒復活（五 21～24、35～43）、餵飽五千人（六 30～44）//在水面上行走（六 45～52）、趕鬼（七 24～30）、醫治（七 31～37）、醫治（八 22～26）、餵飽四千人（八 1～10）。[79] 這些在主題上平行的記載合理地表明，馬可並非只是根據地點和場合來寫這卷書，也是按著主題來鋪排這卷書的結構。

根據敘事結構、神學向度、結構式主題，以及更重要的地理資料，本書將會採用以下的大綱：

序（一 1～13）

在加利利的事工（一 14～六 44）

呼召跟隨者（一 14～20）

迦百農：受歡迎的指標（一 21～45）

迦百農（一 21～28）

加利利的總結（一 29～34）

---

78. White, *Scripting Jesus*, 106.
79. White, *Scripting Jesus*, 163.

- 耶穌獨處（一 35～39）
- 醫治（一 40～45 上）
- 耶穌獨處（一 45 下）

富爭議性的工作（二 1～三 12）：湖跟會堂的對比

- 耶穌第一次自我啟示（二 1～12）
- 醫治非肉身的病患（二 13～22）
- 禮儀上的爭議（二 23～三 6）
- 使鬼魔閉嘴（三 7～12；參一章 25 至 26 節）

偏袒哪方：新羣體和別西卜（三 13～35）

- 呼召門徒（三 13～19）
- 別西卜與家庭（三 20～35）

用四個比喻來說一個比喻？（四 1～34）

耶穌掌管大自然、鬼魔、病患與食物供應（四 35～六 44）

- 掌管大自然（四 35～41）
- 掌管鬼魔（五 1～20）
- 掌管病患（五 21～43）
- 事工附錄（六 1～29）
- 掌管食物供應（六 30～44）

往耶路撒冷路上的事工（六 45～十 52）

耶穌身分與宗教禮儀的爭論（六 45～八 26）

- 掌管大自然（六 45～56）
- 禮儀附錄（七 1～23）
- 掌管鬼魔（七 24～30）
- 掌管病患（七 31～37）
- 掌管食物供應（八 1～10）
- 瞎眼（八 11～26）

非肉身上的瞎眼（八 11～21）

肉身上的瞎眼（八 22～26）

預言受難（八 27～九 1）

預言的引言（八 27～30）

預言受難（八 31～九 1）

國度的異象（九 2～13）

最大的和大的（九 14～十 52）

醫治被鬼附的孩子（九 14～32）

論最大的爭論（九 33～37）

趕鬼的爭論（九 38～41）

卑微的為大（九 42～50）

離婚的爭論（十 1～12）

卑微的人（十 13～16）

富有的人（十 17～31）

偉大的犧牲（十 32～34）

論最大的爭論（十 35～45）

醫治卑微的巴底買（十 46～52）

在耶路撒冷的事工和逾越節的敘事（十一 1～十五 47）

耶穌的權柄（十一 1～十三 37）

耶穌展示權柄：進城（十一 1～11）

耶穌展示權柄：直接譴責聖殿制度（十一 12～25）

耶穌展示權柄：與宗教領袖的直接衝突（十一 27～十三 37）

受苦週（十四 1～十五 47）

預備上十字架（十四 1～42）

受審與十字架（十四 43～十五 47）

跋（十六 1～8）

我們需要解釋為甚麼在六章44節而不是在六章6節分段。很多註釋家對「上耶路撒冷的旅程」有不同理解，實在難以取捨。我選擇在六章44節分段，是基於四至六章與六至八章之間的平行主題，因為基本上馬可福音是把故事的主題與地理交織在一起的。

5. 詮釋方法

每段敘事都有以下的元素：地點、場合與人物。而且，敘事者也會讓讀者知悉一些故事人物所不知道的資料，從而引導故事的發展。[80] 場合和地點塑造了事件的源起，而人物則在他們對事件的反應中賦予事件意義。本書會以地點和場合為焦點，因為它們賦予整個敘事意義。雖然這看似十分明顯，但我的讀者很快就會看到，以地點為焦點尤其會使人更清楚理解馬可的故事，甚至得出一個相當不同的理解。

查浦曼以地理學的詮釋進路來理解馬可的資料，這值得我們細看。他使用空間知覺（perception of space）的概念。此概念的發展，由最初從地形學（topology）去理解的直覺階段（intuitive stage），去到最後的投射階段（projective stage），結果他得出了「所有空間都在適當位置」的一個「思維坐標方格」（mental grid）。[81] 換言之，人會在最後階段把空間概念化，不單視之為地點，而且是連於其他意念的概念。舉例來說，假如

80. Rhoads et al., *Mark as Story*, 42～43；稱之為「敘事旁白」（narrative asides）。
81. Chapman, "Locating the Gospel of Mark A Model of Agrarian Biography," 28.

我要描述一所在美國中部的教會，我會畫一間有尖頂的房子。查浦曼稱之為「智性上的實在論」(intellectual realism)。[82] 這是涉及概念化的智性思考過程，即不是詳細地描述一物或一地，而是概念化地(或是神學地/意識形態地)描述 。在這種描述裏，查浦曼描繪出自我中心、不合比例的世界鳥瞰圖。[83] 由於古代作者缺乏工具去繪製準確的地圖，他們心裏便出現這種圖像。

在我的啟示錄著作中，我已經討論過有關地方和地點(甚至是物件)的觀點，以及這些觀點對公元一世紀社會的象徵意義，跟我們今天社會有哪些差異。[84] 我不會在此重複背後的理論，只會簡略提出幾個重點，而它們與查浦曼的討論不謀而合。莫理斯(Ian Morris)指出，近年的地中海研究顯示，地理學(geography)與其他學科(例如：人類學和人種學〔ethnography〕)有密切關係。[85] 為甚麼呢？這是因為地理學可以是一種社會概念，就如它在古代文本(而不是科學性的地圖)中出現那樣。社會地理學家(social geographer)一直注意到古代的地點和現代的地點的重要象徵意義。卡斯勞(Vincent J. Del Casino Jr.)在其社會地理學導論中使用了現代例子來說明。[86] 舉例來說，在從前曾實施種

---

82. Chapman, "Locating the Gospel of Mark A Model of Agrarian Biography," 29.
83. Chapman, "Locating the Gospel of Mark A Model of Agrarian Biography," 31.
84. 曾思瀚、吳瑩宜：《啟示錄的刻劃研究——英雄、女性與國度的故事》(香港：基道出版社，2009)，264～272。
85. Ian Morris, "Mediterraneanization," in *Mediterranean Paradigms and Classical Antiquity*, ed. Irad Malkin (London: Routledge, 2005), 30~37；與之相近的有 Neville Morley, *Theories, Models and Concepts in Ancient History* (*Approaching the Ancient World)* (London: Routledge, 2004), 8～9。
86. Vincent J. Del Casino, *Social Geography: A Critical Introduction* (Oxford: Wiley-

族隔離政策的南非，黑人知道自己在白人居住的地方是不受歡迎的。[87] 對他來說，基於社會規範，地點就成為某道界線。有時候，政治規範也很重要。舉例來說，屬於某國的人是那國的公民，這會把他們與敵國的公民分別出來，形成「我們—他們」的心態。[88] 前美國總統喬治．布殊（George Bush）稱北韓和伊朗為「邪惡軸心國」就是個很好的例子。劃分界線的因素可以來自權力關係、政治取向、種族與忌諱等。[89] 這些因素將地理位置塑造成現在的樣式。不但如此，這樣的塑造是不斷持續的。[90] 地點的詮釋者需要細讀或研究可靠的資料，找出地點對當事人在某段時間有甚麼象徵意義。

大部分人都有看過不同版本的《四福音合參》（*Harmony of the Gospels*），那是不同的學者嘗試把四卷福音書整合，為要得出一致的耶穌生平。雖然我並不認同這樣的重構（主要因為這樣的工作是不可能的，看看這些合參有多少不同的版本就能略知一二），但是有一點十分清楚，就是耶穌並未有如馬可所主張的，只一次從加利利往耶路撒冷去。事實上，耶穌可能多次上耶

Blackwell, 2009).

87. Del Casino, *Social Geography*, 3.
88. Paul Cloke and Ron Johnson, "Deconstructing Human Geography's Binaries," in *Space of Geographical Thought: Deconstructing Human Geography's Binaries*, ed. Paul Cloke and Ron Johnston (London: Sage Publishing, 2005), 3.
89. Vincent J. Del Casino Jr. et al., "Introduction" in *A Companion to Social Geography*, ed. Vincent J. Del Casino Jr. et al. (Oxford: Wiley-Blackwell, 2011), 3.
90. Tim Hall, *Urban Geography* (London: Routledge, 2006), 5; Yi-Fu Tuan, "Cultural Geography: Glances Backward and Forward," *Annals of the Association of American Geographers* 94 (2004): 729; Yi-Fu Tuan, "Perceptual and Cultural Geography: A Commentary," *Annals of the Association of American Geographers* 93 (2003): 878; Yi-Fu Tuan, "Images and Mental Map," *Annals of the Association of American Geographers* 65 (1975): 205～213.

路撒冷。因此，馬可未有根據耶穌實際的行程來作記錄，而是把這些旅程整合為一個統一（卻大大刪節了）的旅程。馬可的目的，與我們對重構歷史耶穌多次旅程的關注，並不相同。他旨在以這個旅程來帶出一個神學故事，而他正正是透過「地點」達到他的目的。馬可和他的聽眾會怎樣稱呼加利利、迦百農、耶路撒冷或馬可福音裏的其他地點呢？這個問題值得探討。

為了方便我們從第二聖殿時期的猶太著作中整理出一個地理焦點，我會借用一個很好的資料——《馬可福音對比手冊》（*A Comparative Handbook to the Gospel of Mark*）。[91] 這本書有很多針對不同範疇的第一手資料，而在這些資料當中，我們會找到富象徵意義的地理資料分類。讓我先略談一些可能的例子和我的詮釋，這將會清楚説明如此詮釋地理資料可以怎樣直接影響這卷書的信息。我倡議的是：事件發生的地點與馬可福音中所發生的事件，同樣重要。根據有關地理的討論，讓我按著馬可福音中一些主要的地點，為這卷書勾勒出一幅意識形態的地圖。這幅略圖的主要資料，是取自昆蘭（Qumran）和約瑟夫的著作，因為這兩個來源（事實上昆蘭著作可能有多個來源）都代表著第二聖殿時期的很多議題。[92]

在馬可福音裏，加利利是耶穌主要和第一個活動的地點。在耶穌的時代，加利利的形勢十分緊張。加利利人猶大（Judas the Galilean）因著納税的問題，發起了反對羅馬的叛變（《猶太古

---

91. Bruce Chilton et al., *A Comparative Handbook to the Gospel of Mark: Comparisons with Pseudepigrapha, the Qumran Scrolls, and Rabbinic Literature* (Leiden: Brill, 2010).
92. 我不想引用拉比資料，因為這些作者是在耶穌和馬可的時代之後才寫作的。

史》〔*AJ* 20.102〕）。把耶穌置於加利利，馬可肯定是要描繪出一位革命者基督來。加利利與耶路撒冷也形成了強烈對比，因為前者動盪不安，後者則較為太平。雖然到了馬可執筆之時，耶路撒冷可能也有很多政治爭論，只是這些紛爭並非只局限在耶路撒冷，而是已經擴展到鄰近地區。在耶穌的時代，耶路撒冷的傳統宗教尚算安穩。加利利北部的迦百農似乎也十分重要（例如：二14）。斯坦頓指出：「迦百農是發達的商業和農業的中心，當中部分由漁業支持著。約有一千人居住在那裏……迦百農位於重要的經貿路線，與希律安提帕斯（Herod Antipas）所統治的加利利和比利亞（Perea）邊境地區，以及他兄弟腓力（Philip）在約旦河另一邊的地區，只相距五千米。」[93] 雖然難以追溯，但是比維斯（Mary Beavis）將以下兩個旅程作出這樣的平行：以色列人經過約旦進入應許之地的旅程與耶穌從約旦河走上十字架的旅程。[94]

在馬可福音裏，除了以上所提及的加利利，這裏要提及的是耶路撒冷的角色。要討論耶路撒冷，就必須提到它在政治上的重要角色。耶路撒冷是耶穌和馬可時代的猶太教中心。與此同時，那時的人對耶路撒冷的評價也十分混雜。由於重建聖殿的很大部分工程都涉及外邦人，這使得昆蘭羣體並不認為聖殿是聖潔的。再者，當時聖殿由外邦人看守，於是很多人質疑該處是否潔淨。昆蘭的反對聲或許不是佔大多數，但如此負面的理解，讓我們得悉關於聖殿的一些重要討論。在一些死海文獻中，理想的禮

93. Graham Stanton, *Gospel Truth?: New Light on Jesus and the Gospels* (Valley Forge: Trinity Press, 1995), 115.

94. Beavis, *Mark*, 12.

儀實際上可能來自耶路撒冷聖殿的條例，並且混雜了一些對舊約聖經某些禮儀教導的詮釋。事實上，死海古卷對聖殿的重要性作出討論，這不單展示出聖殿的重要性，也展示了聖殿對昆蘭盟約者（Qumran covenanters）所代表的神學上的意識形態。因此，讓我們先討論一下聖殿。

聖殿應該是潔淨的地方。對聖殿來說，潔淨是重要的議題。關於用哪一種水、要從哪裏取水的條例，能確保哪些水可以作潔淨用途。其中一份死海古卷文獻《大馬士革文獻》（*Damascus Document* 10.10～13）提到，水源不夠深的水會含有沙泥和不易除去的雜質。這些沙泥和雜質的問題令人關注，以致獻祭的灰燼要在聖殿之外處理。而不潔的東西（例如：人類的排泄物和體液）都必須留在聖殿之外（《聖殿卷》〔*Temple Scroll*[a] 46.11～16〕；《猶太戰記》〔*BJ* 2.148～149〕），不潔的動物（例如：狗）則不能進入聖殿範疇內（死海古卷中的《哈拉卡書信》〔*Halakhic Letter*[a] 4.8iv:8～12m〕，又稱為 4QMMT）；此外，有殘障的（例如：瞎子或痲瘋病患者）也不能進入聖殿（《聖殿卷》〔*Temple Scroll*[a] 45.12～14；46.16～18〕）。由於外邦人是不潔的，即使他們歸信了猶太教，依然是不完全潔淨的。因此，必須把他們隔離在外邦人的院子裏，不可進入以色列人的院子（《詩選》〔*Florilegium* 1～2i, 21：2～7〕）。不潔和不完全，象徵著禮儀上的忌諱，是不能觸犯的；只要有這樣的不潔和不完全，就會玷污聖殿了。我們懷疑這是因為猶太人對不潔的觀念有偏執，致令這觀念遠超舊約聖經所記錄的條例，這可能源於他們認為有一位完全的上帝居於聖殿之內，住在祂的子民當中，如同所羅門時代那樣。因此，聖殿就代表著猶太教的宗教復興運動，也代表著經濟活動。聖殿是宗教中心，這驅使猶太人和羅馬帝國各處的歸信者奉獻給它(《猶太古史》17.6.2～4；20.8.8)。在一些情況下，人會送禮物給上帝；但是很多時候，他們都別有用心：這些人把金錢獻給上帝，猶如存款於銀行，使得沒有人能動用那些金錢；人若要動用那些金錢，就必須向聖殿繳付額外的費用。而聖殿會拿這些不動產去投資，賺取更多的金錢(《猶太古史》4.69)。除了恢復真正的宗教，聖殿也富有濃厚的神學象徵意義。它的位置及其有相關的象徵都帶有終末的向度，表示耶和華會透過以色列和聖殿作工。

我們既然開始了宗教體制的討論，接下來必須要討論的地點就是猶太會堂。最早關於猶太會堂的資料，來自公元前三世紀的埃及。[95] 多利買三世尤雅基提(Ptolemy III Euergetes)賦予猶太人某程度上的保護。[96] 會堂最初是源於家庭聚會，但到了耶穌時代，它就成了公共建築。[97] 它的主要功能是教導，以及就律法事項作出判決，並且也為窮人提供支援。很多關於會堂的條例也涉及聖殿條例。艾凡斯(Craig Evans)根據豐富的古代銘文和文獻的證據，指出這個時代的會堂已是一個有特別用途的地點，而不只是在被擄後時期才開始用作聚會的地方。[98] 艾凡斯的觀察與我們的研究頗有關係，因為他的論點是與地點有關的。而在會堂聚會的人，肯定以潔淨為焦點。再者，會堂也代表著一個社會—政治—宗教互動的地方。有些人認為會堂是祈禱的地方，

95. Chilton et al., *A Comparative Handbook to the Gospel of Mark*, 568.
96. Chilton et al., *A Comparative Handbook to the Gospel of Mark*, 568.
97. Chilton et al., *A Comparative Handbook to the Gospel of Mark*, 569.
98. Craig Evans, *Jesus and His World: The Archaeological Evidence* (Louisville: Westminster John Knox Press, 2012), 40～41.

是從小學習和銘記妥拉的地方。由於會堂是宗教領袖詮釋律法的地方，它也支配著猶太人的社交生活。雖然現代人認為有讀寫能力是理所當然的事，但公元一世紀的人卻不一定需要有讀寫能力。當然，會堂領袖懂得讀和寫，但一般信徒並不需要親自閱讀妥拉，他們可以透過重複的口述傳遞，記下大部分的妥拉。一般信徒並沒有日常閱讀文字的機會。因此，那些在會堂體制內工作的人，即是那些有讀寫能力的人，就可以控制大眾的社會生活方式。這樣的等級制度使會堂十分受人尊重，而在一些情況下，甚至會賦予會堂很大的權力。每個會堂的規例各有不同，這取決於會堂裹的詮釋者，而且這些詮釋者依然有很大的權力去決定社會當關注甚麼事。由於上述的種種情況，我們很容易會誤解猶太教為冷漠、無情的宗教，他們並不關心患病和貧窮的人；不過，我們必須明白，以上這些問題大多是因為人嘗試忠於妥拉。事實上，會堂的豐富資源，不僅用來支付他們的領袖，也用來是給予羣體中有需要的人。它的事工直接有助它的社會，而不是依賴羅馬的恩惠。因此，負面來看，會堂是個控制社會的地方；正面來看，它是提供社會福利的地方。

在馬可福音中，曠野——只有野獸居住的地方和郊區——跟有人居住的其他地區是有差異的。根據我們現有的一切資料，我們應該怎樣理解曠野呢？曠野明顯跟以色列人出埃及時在曠野漂流的歷史有關，它充滿了神學意義。馬可福音那個有關曠野的教導，肯定是源於先知書的（賽四十3）。當然，假如大部分關於拯救的猶太觀點是以出埃及的故事為基礎，那麼基督教的理解也不應例外。馬可的聽眾應該對其拯救故事直接的象徵意義了如指掌。我在這裏使用「基督教」一語，是時代錯置的（anachronistic）。更加準確的說法，可能是稱之為馬可所信的彌賽亞式的猶太教，或是使用路加的詞彙——彌賽亞式的「道路」。這道路涉及以某種形式沿著以色列人所走過的路去走。在出埃及的故事裏，曠野是與上帝應許的迦南地隔絕的地方，曠野是以色列羣體為自己付代價的地方。他們無法在曠野中耕種，四處漂流，所到之處均要面對野獸和其他大自然的挑戰。在一些宗教傳統中（例如：昆蘭羣體），曠野也是鬼魔居住之地（《智者之歌》〔*Song of the Sage* 1.4～8〕）。事實上，昆蘭羣體自我放逐到曠野去過敬虔的生活，表示曠野是等待耶和華終極拯救的地方，是測試以色列人的信心之地。一些昆蘭盟約者會有這樣的邏輯：假如耶路撒冷真的如此敗壞，那麼行在利未祭司和猶大正義君王之路的真正光明之子，就會使自己與別人分別出來，而這些光明之子進入曠野，為要準備與敗壞的祭司作戰（《戰卷》〔*War Scroll* 1.1~3〕）。上述的勾勒讓我們明白，從以色列的歷史可見，曠野代表著正負兩方面的掙扎之地：負面是指它是測試之地；正面是指在第二聖殿時期，它成為上帝應許之地的避難所，使以色列人離開錯謬與虛謊。換言之，在第二聖殿時期，曠野的象徵意義有所逆轉。當我們闡釋馬可福音時，我們將會看見正、負兩方面的象徵意義之間的張力。

在曠野的討論中，馬可也不時提到田野。田野有著各類飛鳥、野生植物和樹木。在這個情景中，樹木是遮蔭的地方（《詩卷》〔*Hodayot*^{a} 14.15～16〕）。耶穌舉出了很多關乎田野的例子，因為人可在這些地方觀看大自然生息不斷。

在地理位置的討論中，馬可也多次提及水。在最基本的層面，水有潔淨的功用（《聖殿卷》〔*Temple Scroll*^{a} 49.5～21〕）。水可以是正面或負面的（《社羣紀律卷》〔*Community Rule* 3.4～5〕）。從正面看，水本身有潔淨的功用，這可從耶路撒冷的考古發現得知。在富裕人家的房子裏，有自己的禮儀沐浴間（每所房子往往有超過一個沐浴間）。[99] 在河裏或海裏施洗，也可以是禮儀上的洗淨罪惡。除了宗教層面，水也是漁夫捕魚的地方，他們靠著對這水域和水中生物的認識以維持生計。此外，水也有政治涵義，海洋代表著羅馬已佔領地中海周圍三片主要的陸地（《哈巴谷書註釋卷》〔*Pesher Habakkuk* 或 1 QpHab 5.16～6.8〕）。從負面來看，對馬可的讀者來說，水代表著困難。風暴和海邊的故事，在聖經內外的文本也是十分普遍的。對那些航海的人來說，水代表著不可知的危險。

然而，還有更多關於水的討論，因為水面上還有船隻。在馬可福音裏，船隻就像講壇一樣：船隻包含濃厚的象徵意義，因為作門徒就如捕魚（一 17）；船也一貫地象徵著耶穌作教導的地方。船就是耶穌的講壇，祂在這裏教導了很多關於國度的重要信息。馬可筆下的耶穌一直延續著一章 17 節作門徒的象徵意義，祂主要透過教導和神蹟來教導門徒怎樣捕魚。馬可如此鋪排，實非偶然。

我們討論了很多在地上的事，馬可也偶爾論到天上的事。古人稱為「天」（heaven）的地方，是神明所訂立的自然定論實施的地方（斐羅〔Philo〕的《神佑》〔*Providence* 2.50〕），也是出現預兆的地方。在猶太─基督教的說法當中，「天」象徵著啟示事件所表明的上帝計劃（徒二 19～20）。記號（sign）對異教徒與基督徒同樣重要。更重要的是，天是神明居住的地方（不論是眾多神明或是獨一的上帝）。看過地理學和地點（location）在敍事的象徵意義後，我們應該再看看另一個或能解決一些細微釋經問題的

99. Stanton, *Gospel Truth?*, 116.

次要觀點：馬可的轉接技巧。

讀馬可福音時，我們會留意到，在較長的段落之間會有一些較短的段落作連接。在古代修辭中，作者往往會使用較短的軼事來作道德指引。包衡在馬可福音中找到類似的做法。[100] 而這些軼事可能來自彼得。重要的是，這些「橋梁」扮演著轉接的角色，填補兩個主題之間的空隙。我們必須留意這些關於耶穌生平簡介的轉接，並要留意這些簡介怎樣將較長的敘事連接起來。

讓我們總結上述關於理解馬可福音的討論。研讀敘事的時候，我們必須留意幾點：第一，我們必須留心不同的人物，尤其是敘事者和耶穌與彼得。由於彼得是馬可的第一手主要資料來源，包衡有力地指出，彼得能夠代表著門徒的觀點，尤其是當敘事混合著單數與複數，特別是由複數轉為單數的時候（一 21、29～30，五 1～2、38，六 53～54，八 22，九 9、14～15、30、33，十 32、46，十一 1、12、15、19～21、27，十三 3，十四 18、22、26～27、32）。[101] 因此，這與帕皮厄斯的推斷一樣，彼得必定佔一重要角色，而不只是故事中的一個人物而已。第二，我們應該根據敘事者的敘事，留意每個地方其地理上的象徵意義。我們需要結合以上這兩個視野。假如不同的主題是由一些簡短的軼事連接起來的，我們就需要回答以下問題：「這個簡短的軼事怎樣成為一道橋梁？它連接著甚麼？」這確保我們尊重馬可的成書過程和發展，而不只是靜態地研讀文本。換言之，本書在詮釋耶穌的故事時，會結合人物刻劃和人類學的地理學

100. Bauckham, *Jesus and the Eyewitnesses*, 216.
101. Bauckham, *Jesus and the Eyewitnesses*, 168.

（anthropological geography），不會忽略全書結構的特色。本書主張一種獨特的敘事進路——以人物刻劃、人類學的地理學和敘事結構為優先。這些元素會在闡述馬可福音的過程中不斷出現。

地點	象徵意義
耶路撒冷	耶路撒冷象徵大衞之城，乃是上帝與祂的子民立約的地方。而這個猶太教的中心，已被羅馬佔領了。
加利利	加利利是一個種族混雜的地方，當中有外邦人和猶太人。在那裏，猶太人的黨派之間會有鬥爭。這種派別鬥爭，有時會撓擾羅馬人，甚至有時黨派之間會彼此撓擾。
海	門徒被耶穌呼召前，會在海上捕魚為生。海是門徒很熟悉的地方，因這是他們賴以為生的地方。除此之外，在海上，他們經歷了無法預測的暴風雨，令他們感到不安。
會堂	猶太人會在會堂裏進行不同的活動：如社會活動、宗教活動，以及偶爾一些政治活動。這個地方使猶太人憶記他們業已離開的聖殿這個主要的敬拜中心。
聖殿	在第二聖殿時期，希律王想完成聖殿擴建計劃。羅馬人在聖殿的北面建了一座堡壘，用來監察整座建築物。這種用來監察的建築物，提醒猶太人，他們是處於羅馬的殖民管治之下。聖殿是恢復獻祭的地方，並且是外邦人能夠敬拜上帝的地方。

二

神學詮釋：釋經的理性思考

這本作品的任務是對馬可福音作出詮釋。但是要詮釋馬可福音，首先要弄清楚這是一本怎樣的作品。這樣的提問並不是針對其文學類型或文學體裁而發出的。那麼，這是一種怎樣的提問？也許當我們嘗試解答這個問題的時候，這個提問的性質就會自然地浮現出來了。

固然，馬可福音是自成一卷的，但是它卻被置於基督教所尊崇的權威經典新約聖經之中，是其中不可分割出來的一部分。由於基督教同時以其所稱的舊約與新約為聖經正典的內容，那麼馬可福音就屬於聖經正典之中的一卷作品，與其他正典之內的書卷，享有同等的權威地位。然而，這種權威的地位是如何獲取的呢？其根源是甚麼呢？這些問題對於基督信仰羣體是重要的，因為這些問題的答案，決定了我們以甚麼態度與方式來閱讀和詮釋它。

馬可福音是一卷怎樣的作品？因為馬可福音是屬於聖經正典的，所以要回答這個問題，首先要問的是：聖經是一本怎樣的作品？在基督信仰羣體之中，聖經這本包含了三十九卷統稱為舊約書卷與二十七卷統稱為新約書卷的著作，向來被視為上帝的話語。只是，當我們聲稱「聖經是上帝的話語」(The Bible is the Word of God)，究竟是甚麼意思？並且，這樣的聲稱，對我們閱讀和解釋聖經有甚麼作用、影響？

在這裏，我們不能仔細討論「聖經的本性(being)」，卻有必要作出初步的確定。很多時候，我們會把「聖經是上帝的話語」這句說話中的「是」(is)，理解為「等同」。可是，細心思想之下，兩者如何可以「等同」起來？聖經如何可以跟上帝的話語「等同」起來？「上帝的道成肉身」是我們信仰核心之一，但卻沒有「上帝成了聖經」的講法或宣認。因此，我們需要很小心解釋這句說話，以確定聖經的本性，從而恰當地解釋聖經，以免落入敬拜聖經的錯謬之中。

在基督信仰之中，道成肉身之後，聖子還是上帝，只是祂以肉身的方式出現，這是保羅在腓立比書二章7節所說的「取了奴僕的形像，成為人的樣式」。但是聖經從來沒有說：「上帝以聖經/成文的經典的方式出現」，若然如此，則會出現如下難以接受的結論：聖經這部成文經典具有上帝本體的神聖特質(divine being)。以此為判準，我們也會拒絕任何方式使得聖經分享、分有上帝那異於一切受造物的神聖本體，否則就會落入在本性上神聖化聖經的錯謬之中。這是一種把聖經偶像化的舉動，因為在基督信仰之中，按著三一上帝從無造有的確信，若不是創造主上帝，就是受造物，所以在上帝之外的聖經，其本性絕對不能跟上帝等同起來。

然而，我們馬上需要作出提醒，避免大家落入另一陷阱之中，就是把聖經之寫作完全從三一上帝的經世活動之中抽離出來，使得聖經成為純粹人的作品，三一上帝只扮演一個自然神論式(deistic)的起動角色，而沒有持續介入整個成形的過程。這樣子了解聖經，就會把聖經跟一切人類的作品在性質上置於同一層次，彼此之間的分別只是智慧程度的不同。這樣，即或是以聖經為經典，但也不過是人類智慧的結晶，跟其他的宗教、文化的經典，並沒有質的差異，而可以等量齊觀。這樣對聖經的看法，明顯跟新約聖經作者的看法，以及教會信仰的傳統，很不一致。

新約聖經提摩太後書三章16節上半部分這樣說：「聖經都是上帝所默示的」，這正正表示上帝介入聖經書卷的寫作。雖然這節經文所講的聖經主要是講舊約的書卷，但是若把上文三章14及15節勸勉提摩太所要持守的所學和所信，理解為使徒所傳的福音，那麼接著的16節所講的「聖經全部/全部聖經」，極有可能包括舊約經卷和使徒傳講的福音信息。這樣一來，舊約聖經與新約聖經一共六十六卷書卷，就都是上帝所默示的。

那麼，「聖經都是上帝所默示的」又當何解？這句經文對聖經的本性與繼後解釋聖經又有甚麼重要性？怎樣解釋這節經文才不會把聖經的存有/本性予以神聖化？這亦會繼而涉及如何解釋「聖經是上帝的話語」這句信仰/神學的宣稱。新約除了以「默示」(原文意思是上帝的呼氣)來講上帝對聖經的作用，還有「感動」這個詞語，彼得後書一章21節：「人受聖靈的感動，說出從上帝而來的話。」(《聖經新譯本》)根據韋伯斯特(John Webster)這位英國神學家的看法，無論「默示」(inspiration；或譯感通)或「感動」，都應被置於上帝「聖化」(sanctification，分別為聖而非神聖化的意思)之下來了解。這對我們了解聖經的本性非常有幫助。

韋伯斯特就聖經之本性，有如下的說話：

聖經之所是，作為被聖化的和被感通的產物，乃是神聖啟示的活動之一種功能，而神聖啟示活動，乃是上帝的三一存有在其外在的導向、在其朝著創造物所作的恩典的及自我賜予的轉向。[102]

三一上帝的神聖啟示，是向其創造物的恩慈性溝通行動，在這個溝通行動之中，祂聖化了並感通/感動了聖經，而使之可以被上帝使用。韋伯斯特指出：「聖化是**使之**（making）聖潔。」[103] 這包括了分別、揀選，以及聖潔的聖化，上帝這些作為「並非廢棄受造物，而是創造及保存之。在這樣的意義下，聖化的作品（*sancta scriptura*）的聖化，便是流出賜予（*infusa*）」。[104] 從這個意思來了解聖經，則引申出兩個重要的確信：

首先，因為它們被聖化了，諸文本不單只是「自然的」東西，不能全然地以此來定義和解釋。它們是聖靈公佈上帝知識的活動場所。第二，因為聖化沒有消除受造物性，諸文本在神聖經世活動中的位置，無須從人的過程領域中撤離。諸文本是以其**作為**（as）受造物的實在之身分，而不是**儘管**（despite）是受造物的實在，來服事上帝的。[105]

是以，從聖化的角度來看聖經，則聖經不能是「自然的」東

102. John Webster, *Holy Scripture: A Dogmatic Sketch* (Cambridge: Cambridge University Press, 2003), 9；中譯：韋伯斯特：《聖經：一個教義式的勾畫》，鄧紹光譯（香港：基道出版社，2010），頁 9。

103. Webster, *Holy Scripture*, 27；韋伯斯特：《聖經》，頁 30。

104. Webster, *Holy Scripture*, 27；韋伯斯特：《聖經》，頁 30。

105. Webster, *Holy Scripture*, 27～28；韋伯斯特：《聖經》，頁 30～31。

西，但又沒有消除了其「受造物性」。這就表示不能把聖經看為純粹是出於人的創作，像其他一般的文本那樣。[106]「但是由於這聖化不是變質（transubstantiation），[107] 並非「把神聖的特質毫不含糊地歸於文本」，[108] 因此，不能把聖經「神聖化」。

韋伯斯特持著這樣的聖化觀念來解釋感動/感通的本性，進而對彼得後書一章 21 節提出四點概念性的演示。「首先，任何對感通的解釋，其指導性主題必定是 ἀπο θϵοῦ（從上帝而來）：感通，首先不是文本的特質，而是神聖的運動並因而是一種神聖的感動（a divine moving）。」[109]「第二，這『從上帝而來』帶著一否定：『預言不是出於人意的』（οὐ...θϵλήματι ἀνθρώπου；《聖經新譯本》）。對感通的言說指出，生產聖經文本的動力不在於人的自發性。」[110]「第三，這『被感動』特別是適用於聖靈。」[111]「第四，聖靈生出語言。」[112] 在這種了解底下，韋伯斯特進一步講述先知和使徒在書寫聖經諸文本時的角色：「先知和使徒都不是『僅僅被動的踐行者，在思想上和意志上毫不主動、猶如傳音筒那樣服事聖靈……雖然先知被聖靈所感動或驅使，他們**自己**亦說話……他們自己的活動並沒有因聖靈的感動而被懸擱，反而被提升、激活和溝通』。」[113]

106. 參 Webster, *Holy Scripture*, 28～29；韋伯斯特：《聖經》，頁 31～32，41。
107. Webster, *Holy Scripture*, 28；韋伯斯特：《聖經》，頁 31。
108. Webster, *Holy Scripture*, 28；韋伯斯特：《聖經》，頁 31。
109. Webster, *Holy Scripture*, 28；韋伯斯特：《聖經》，頁 40。
110. Webster, *Holy Scripture*, 28；韋伯斯特：《聖經》，頁 41。
111. Webster, *Holy Scripture*, 28；韋伯斯特：《聖經》，頁 41。
112. Webster, *Holy Scripture*, 28；韋伯斯特：《聖經》，頁 41。
113. Webster, *Holy Scripture*, 28；韋伯斯特：《聖經》，頁 43。

這樣一來，我們就可以明白「聖經是上帝的話語」這句宣稱的意思了。一言以蔽之，聖經是上帝感動／感通先知與使徒來向我們説話。因為在這個過程之中，先知與使徒自己亦説話，所以我們在閱讀與解釋聖經諸書卷的時候，不能懸擱甚或廢去他們在這中間的具體實在的介入、參與。另一位英國神學家根頓（Colin Gunton, 1941～2003）提出了同樣的看法。他提醒我們必須避免兩種對等卻相反的錯誤：「其中一種是假設聖經的這些書卷純粹是宗教文化的產物，因此跟其他類似的人類文化的產物等同」，[114]「另一個與此相反的錯誤是，聲稱聖經這種真理會對其作為人類文化產物這一特徵作出否認。」[115]

根頓對聖靈在聖經作者身上的工作的看法，跟韋伯斯特一致，他並不同意「聖經的文字是直接透過〔聖〕靈默寫出來而並非作者的文字」，因為這「是要否認〔聖〕靈能夠透過促使人去言説上帝及其工作這方式而作工」。[116] 論到默示，他這樣寫道：「聖經的默示是指到，〔聖〕靈促使那些接受神聖言説和行動的作者組成聖經的書卷，在回應啟示的前題下，這些書卷就是上帝的啟示——透過作者本身的人類方式去傳遞給隨之而來的世代。」[117] 聖經被默示／感動／感通而寫成，乃係回應神聖的啟示：上帝「在獨特的歷史脈絡中，去跟獨特的人類進入位格性的關係裏，而且明確地祂在耶穌裏讓人認識自己——耶穌就是上帝在位格裏的

114. Colin Gunton, *The Christian Faith: An Introduction to Christian Doctrine* (Oxford: Blackwell Publishing, 2002), 52；中譯：根頓：《如此我信：基督教教義導引》，趙崇明、鄧紹光譯（香港：基道出版社，2009），頁 62。

115. Gunton, *The Christian Faith*, 52；根頓：《如此我信》，頁 63。

116. Gunton, *The Christian Faith*, 52；根頓：《如此我信》，頁 63。

117. Gunton, *The Christian Faith*, 52；根頓：《如此我信》，頁 63。

啟示。」[118] 據此，根頓得出結論：

> 這本聖經**既是**人類文化的一種形式，我們能夠用跟其他人類產品相同的方式去分析它；它**同時又是**人類文化的一種形式，能堅持超越這種分析，因為它所言說的事物一般上是超越人類的能力的。[119]

根頓這段說話，指向了解釋聖經的兩個不能互相分割的路向。一方面我們需要像閱讀和解釋其他人類古代文獻那樣來接觸聖經；另一方面我們又不能受限於這些分析，因為其言說的內容不是人所能創作的。從這個角度來看，聖經作為人類文化的一種形式，需要援引、挪用鑑別方法（critical methods）來幫助我們閱讀，但對於聖經所傳遞給我們的內容，卻需要採取孩童式（childlike）的態度來接收。這涉及信仰的本性：直接的信／非反思的信，抑或是間接的信／反思的信。

韋伯斯特借助德國神學家潘霍華（Dietrich Bonhoeffer, 1906～1945）的著作《行動與存有》（*Act and Being*），指出：「孩童向我們展示信仰中基本的東西，即『沒有反思』（without reflection）地朝向基督，〔……〕孩童形象化了『直接的信』（*fides directa*），這詞語是新教正統觀念用來表達信仰的客觀性（而非反思性）導向。」[120] 但韋伯斯特卻同時表明：「這並非必須全然

118. Gunton, *The Christian Faith*, 52；根頓：《如此我信》，頁 63。
119. Gunton, *The Christian Faith*, 52；根頓：《如此我信》，頁 63。
120. Webster, *Holy Scripture*, 105；韋伯斯特：《聖經》，頁 124。

放棄挪用任何歷史性探究的工具。」[121] 他關心的是這些工具的限度，亦即這些工具能否培養對文本作孩童式的閱讀。[122] 明顯地，**挪用**恰當鑑別方法是必要的，但**恰當地**挪用鑑別方法更是關鍵所在。若按照根頓的講法並結合韋伯斯特的關心，我們大概可以這樣說：就聖經作為人類文化的一種形式而言，我們需要使用鑑別方法來閱讀；就聖經作為上帝向我們言說的內容而言，我們需要對文本作孩童式的閱讀。這兩種閱讀方式固然不可以互相否定，但是應該怎樣了解這兩者之間的關係？簡單來說，如果聖經是上帝感動／感通先知與使徒以人類文化的一種形式來向我們說話，那麼相應地我們需要以孩童式的態度來挪用恰當的鑑別方法以閱讀聖經。

因此，如果馬可福音是聖經正典之一，那麼這書卷就應當被視為上帝所感動／感通的，一方面我們要以直接相信其為上帝的話語來閱讀，而無須先行證明及辨認其歷史與神學之可靠性，但另一方面又需要在這相信的態度上，借助恰當的鑑別方法把馬可福音這卷在特定時空文化底下寫成的作品，予以分析，以便深度地透入上帝的話語而有所得著。

我們（特指曾思瀚博士，下同）在導論這部分所作的研究，正是確定馬可福音這卷著作的具體寫作形式和特性，仔細來說，包括了如下部分：作者和聽眾身分、成書日期、體裁、結構、詮釋方法。廣義來說，頭三部分屬於歷史鑑別法的研究，從而決定了繼後的解釋方法。在作者和聽眾身分方面，我們最後得出結

121. Webster, *Holy Scripture*, 105；韋伯斯特：《聖經》，頁 124。
122. Webster, *Holy Scripture*, 105；韋伯斯特：《聖經》，頁 124。

論：「我們只有甚少關於歷史馬可本人、他的處境和他的聽眾的資料」（頁 15），而提出轉向敘事研究，但這種轉向並非否定文本的歷史層面，卻是顧及馬可時代的普世聽眾羣體、公元一世紀的社會文化。至於成書日期也因為猜測空間甚多，所以採取較為傳統的成書日期，即公元一世紀下半葉，並由此而以這個時期的普遍情況為背景。

最值得注意的是我們對體裁的研究，得出古代記錄歷史與現代記錄歷史很不一樣的看法：前者同樣追求準確的記錄，但卻十分在意教導：「歷史文本有其目的，它的價值並非純粹基於它所記錄的事實，更基於它的教導。」（頁 25）我們引述布拉克的看法：「馬可『這個歷史（或是對它的詮釋）以承認耶穌是彌賽亞為基礎』」，又認同亨格爾的說法：「安於使用『敘事的福音』（narrated gospel）這個標籤。」（頁 25 ～ 26）這研究進一步反映出，初期教會的教導方式之一，是透過見證來進行的。

這種內置教導的古代歷史體裁，使得我們不需也無法把馬可自己要帶出的信息分別出來。馬可「根據見證人的資料，把耶穌的故事編織起來，為要帶出他自己信息的」（頁 27）。這樣，「編織」就涉及「結構」了。那麼，馬可是怎樣編織馬可福音的？我們十分重視學者對馬可福音中地理結構的注意，但卻表明「馬可並非只是根據地點和場合來寫這卷書，也是按著主題來鋪排這卷書的結構」（頁 29）。這就是「編織」的結構了，把地理學與神學主題結合交織一起，使得耶穌三年的地理上的旅程記錄，並非純粹所到之處的記錄，卻是滲透著豐富的神學涵義。這種歷史的寫作，正是古代歷史的特色，寓教導於記錄之中。

馬可這種地理學與神學的交織結構，並非無中生有的寫作方法。這涉及了地方的象徵意義，而這則是社會地理學家的研究成果。透過昆蘭和約瑟夫著作與馬可福音之中相對應的地方，我們勾畫了耶路撒冷、加利利、海、會堂、聖殿等不同地方的象徵意義，從而進一步確定詮釋馬可福音的方法。在確定馬可福音為敍事福音的情況之下，首先必須留心不同的人物，其次是根據敍事者的敍事，留意每個地方的地理象徵意義。

換句話說，我們必須尊重馬可在其歷史文化的獨特處境之下其說故事的方式。要能明白、掌握馬可說故事的方式，就不能不具體地以馬可福音的文本為分析對象，藉著考察其作者與聽眾身分、成書日期、體裁、結構，從而推導出恰當的詮釋方法。詮釋方法並非無中生有，而是出自馬可福音本身所身處的特殊歷史時空、其所具備或蘊含的內容和思路，因此，詮釋方法是嘗試掌握馬可福音本身說故事的方式，進而可以聆聽其中上帝藉著馬可對我們要說的話語。我們這樣研讀和解釋馬可福音，是因為我們相信上帝藉著聖靈感動馬可，讓他進入真理明白啟示，並提升與激發其寫作及溝通的能力，從而寫下馬可福音，傳遞上帝對我們要說的話語。

第二章：序（一 1～13）

經文

施洗約翰傳道

1 1上帝的兒子，耶穌基督福音的起頭。2正如先知以賽亞（有古卷沒有以賽
亞三個字）書上記著說：

看哪，我要差遣我的使者在你前面，

預備道路。

3在曠野有人聲喊著說：

預備主的道，

修直他的路。

4照這話，約翰來了，在曠野施洗，傳悔改的洗禮，使罪得赦。5猶太全地
和耶路撒冷的人都出去到約翰那裏，承認他們的罪，在約旦河裏受他的洗。6約
翰穿駱駝毛的衣服，腰束皮帶，吃的是蝗蟲、野蜜。7他傳道說：「有一位在我
以後來的，能力比我更大，我就是彎腰給他解鞋帶也是不配的。8我是用水給你
們施洗，他卻要用聖靈給你們施洗。」

耶穌受洗

9那時，耶穌從加利利的拿撒勒來，在約旦河裏受了約翰的洗。10他從水
裏一上來，就看見天裂開了，聖靈彷彿鴿子，降在他身上。11又有聲音從天上

來，說：「你是我的愛子，我喜悅你。」

耶穌受試探

[12]聖靈就把耶穌催到曠野裏去。[13]他在曠野四十天，受撒但的試探，並與野獸同在一處，且有天使來伺候他。

一

開始（一1～3）

1. 敘事鑑別

詮釋一卷書的兆始是非常重要的。我會在下文的討論說明原因何在。

這卷福音書以不尋常的序言開始全書，立即就提到「福音的起頭/'Αρχὴ τοῦ εὐαγγελίου」。一些學者（例如：詹姆士．艾略特〔James Elliot〕）認為，馬可福音一章1至3節是後加的。[1]這種看法絕對是有可能的，因為它澄清了整個詮釋框架，說明這是一個怎樣的故事。其他人則可能簡單地視之為馬可所寫的序言，提供研讀這個故事的範例。以上這兩個理論都是可行的。另外，有些學者假設，保羅在他的事奉的最後階段，與馬可的關係密切，因此，那個與福音相關的片語，看來是受著保羅神學

1. James Elliot, "Mark 1.1 ～ 3: A Later Addition to the Gospel?," *New Testament Studies* 46 (2000): 584 ～ 588；這樣理解有很好的原因。有關第一節的異文討論，見 Tommy Wasserman, "The 'Son of God' Was in the Beginning (Mark 1:1)," *The Journal of Theological Studies* 62 (2011): 20 ～ 50。

的影響而構成的。[2] 比維斯（Mary Beavis）指出，一章 1 節的「福音」與保羅的宣教活動的概念，並不相同。[3]「福音的起頭」此片語甚少在新約聖經中出現。而馬可福音一章 1 節的「福音」的重點是：這是一個開始。這「福音」正正預告了，耶穌受洗、登山變像與受死時對其身分的三個宣告（一 11，九 7，十五 39）。[4] 事實上，這三個關於耶穌身分的宣告，將馬可福音的宏大敘事的大綱清楚表明出來。「打從開始，福音書的作者就向讀者／聽眾揭示一件很多人早已知道的事：耶穌是彌賽亞。」[5] 換言之，要詮釋馬可福音，我們必須假設整個「福音」都是以「對耶穌是彌賽亞的認知」為基礎的。馬可並不是說：「耶穌是彌賽亞。」不！馬可是說：「你知道耶穌是彌賽亞，但是那又如何？現在我就要回答這個問題。」

馬可福音是惟一一卷稱它的內容為「福音」的福音書，也

---

2. Michael Theophilus, "The Roman Connection: Paul and Mark," in *Paul and Mark: Comparative Essays Part I Two Authors at the Beginnings of Christianity*, ed. Oda Wischmeyer, David Sim, and Ian J. Elmer (Berlin: Walter de Gruyter, 2014), 53；Gerd Theissen, "'Evangelium' in Markusevangelium," in *Mark and Paul: Comparative Essays Part II For and Against Pauline Influence on Mark*, ed. Marie Becker, Troels Engberg-Pederson, and Mogens Muller (Berlin: Walter de Gruyter, 2014), 63～86。當我認為這觀點在歷史上是有可能時，這樣便會變成預表解讀：將文本視為一面鏡子，反映出初期教會的教義發展。當然我們不能抹殺這可能性，但對於文本所記載的，以及它是否受到這些教義發展影響，我們都不能太過肯定。因此，對於福音的用詞，我們應持著一種不可知的心態。Joel Marcus, "Mark - Interpreter of Paul," in *Mark and Paul*, 29～45，這裏指出馬可的十架神學與保羅的十架神學之間的平行之處，這些平行是與沃納（Martin Werner）的論點剛剛相反的。沃納認為，保羅與馬可純粹採用同樣的資料。可惜的是，沃納在一九二三年的作品是以德文寫成的，這令很多英語的讀者不能理解這部作品。
3. Mary Beavis, *Mark* (Grand Rapids; Baker Academic, 2011), 32.
4. Beavis, *Mark*, 33.
5. Beavis, *Mark*, 33.

是惟一一卷有非基督教文學特色——蘊含預言信息——的福音書。與馬可福音相類似，色諾芬（Xenophon）也用上了「起頭」來表示預言應驗的開始（1.12.3）。[6] 馬庫斯（Joel Marcus）證實，「起頭」和「福音」都出現在普南城（Priene）裏那塊描述奧古斯都（Augustus）的碑文上。[7] 這些用語並不如現代人所想那般，只是宗教或神學詞彙，相反，它們有濃厚的政治意義。這些用語可能大大影響了後期的教父，令他們稱另外三卷書為福音書，而不是採用「耶穌著作」或「耶穌生平」等類似的標籤。我們必須注意，經文只是說這是福音的開始。換言之，整卷書都是福音——那並不是指其體裁，而是指其內容。何蒙娜（Morna Hooker）說：「馬可福音的意圖十分清楚，整卷馬可福音要帶出的信息並不是要『好消息的起頭』，而是好消息本身。」[8] 一章 1 至 3 節描述的，只是好消息的起頭，而馬可福音餘下的部分，將要透過敘事闡明和發展這個好消息。馬可福音一開始的這句陳述，並非要闡明何為福音文學（gospel literature），而是要透過打後的敘事，詳述何為好消息。

福音最先和最重要的是耶穌基督。耶穌基督本身便是拯救信息。[9] 值得注意的是，「福音」是單數名詞而非複數名詞。或許，在這裏以傳記形式敘述的耶穌生平是好消息。雖然中文聖經（甚

---

6. Ronald Hock, "Why New Testament Scholars Should Read Ancient Novels," in *Ancient Fiction and Early Christian Narrative*, ed. Ronald Hock, J. Bradley Chance, and Judith Perkins (Atlanta: Society of Biblical Literature, 1998), 127.
7. Joel Marcus, *Mark 1 ~ 8* (New York: Doubleday, 1999), 146.
8. Morna Hooker, *The Gospel According to St. Mark* (Peabody: Hendrickson Publishers, 1997), 33.
9. Martin Hengel, *The Four Gospels and One Gospel of Jesus Christ*, trans. John Bowden (Harrisburg: Trinity Press, 2000), 92, 94.

至很多英文版本）在這裏譯作「上帝的兒子，耶穌基督」，但不少抄本卻沒有「上帝的兒子」這片語。[10] 這並非表示馬可不認為耶穌是上帝的兒子，而是意味著，假如真的沒有這個片語，即馬可原初並沒有在這裏要加上這個強調，那麼，耶穌是彌賽亞就是重點了。然而，支持有「上帝的兒子」這片語的抄本十分有力，足以讓我們保留這片語。因此，福音關於一個人，而非一系列的命題；它是關於耶穌基督是上帝的兒子。這將會成為理解這個敘事的部分指引原則，而這樣的評論也是敘事者對故事本身的註釋。敘事者的註釋通常都是十分重要的，因為它讓聽眾一瞥作者的思路或見解。這卷書餘下的部分會以敘事來說明耶穌怎麼是上帝的兒子，以及耶穌是上帝的兒子怎麼是好消息。故此，這卷書餘下的部分將會闡明一章 1 至 3 節。

上帝的兒子與福音到底有甚麼關係呢？這是一個難以置信的政治聲明！「上帝的兒子」與福音有直接的關係。在馬可的日子，羅馬皇帝開始聲稱自己是神明的兒子，擁有神聖的身分。事實上，比馬可福音成書日期更早的皇帝卡利古拉（該猶；約公元 38 ～ 49 年），也積極將自己打造神明。這些皇帝的跟隨者和仰慕者（以及那些想爬上社會階梯的人）也宣稱這些皇帝是神明的兒子（例如：維吉爾〔Virgil〕的《埃涅阿斯紀》〔*Aeneid* 6.791 ～ 793〕）。這些皇帝的帝國信息就是帝國的福音、帝國的好消息，而帝國是以神明的兒子 —— 皇帝 —— 為首。[11] 基於帝國的改變

10. 抄本 ℵ[a]、B、D、L、W 等都有「上帝的兒子」。好些抄本（例如：A、K 等）在「上帝的兒子」中的「上帝」之前有個冠詞。但是，也有一些抄本和一些教父著作都省略了「上帝的兒子」。《和合本》則選擇保留「上帝的兒子」。

11. 這類帝國主題，導致一些註釋家把馬可的著作定於某個日期。Adam Winn,

和發展，福音會變得多樣化。然而，在馬可福音一章 1 節的「福音」前面的冠詞，正正表示這個福音與別不同，有別於馬可時代各式各樣的福音。這個福音宣稱耶穌是真正的上帝之子，有別於其他「某人是神明的兒子」的宣稱。因此，耶穌建立了一個國度、某種政治體系，是有別於祂那個時代的樣式的。

附記：公元一世紀的「福音」

我認為我們需要按著公元一世紀對「福音」一語的理解，正確評估馬可想表達的意思。馬可頗常使用「福音」一語（八 35，十 28～29，十四 9 等）。[12] 我會在這裏花多一點（卻不是太多）篇幅來討論這個課題，因為很多華人學者，對「福音」在公元一世紀原初處境中的真正意義彼此間缺乏對話；而那「真正意義」是與我們的理解截然不同的。[13] 時代的差距，是更加深入分析、反思現代基督教對「福音」的宣稱的關鍵。普遍華人基督徒欠缺這樣的反思，因為他們對耶穌基督福音的原初處境，沒有任何概念。

斯坦頓（Graham Stanton）就「福音」一語在古代處境（而不是普遍現代的基督教）的意義，寫了頗多有意思的著作，他的話準確反映了我之前在保羅研究中的理解：「雖然帝國膜拜並非初期基督教常用詞彙的來源，但它卻是一種背景資料——特別是當人在搜尋和首

The Purpose of Mark's Gospel: An Early Christian Response to Roman Imperial Propaganda (Tubingen: Mohr Siebeck, 2008), 178～204；這本書認為馬可的主要攻擊對象是維斯帕斯安，因此成書日期大約是公元六十九至七十年。

12. Hengel, *The Four Gospels and One Gospel of Jesus Christ*, 92.
13. 我對保羅和羅馬書的研究，可參看 Sam Tsang, "Talking Back to the Empire: An Imperialistic Background for Romans," *CGST Journal* 47 (2009): 135～156。

次聽到某個基督教用語時。」[14] 我們必須緊記，帝國膜拜是敬拜死去的君王的靈魂；而帝國膜拜的文獻所用的字眼，我們也能從聖經中找到。當我們綜合「福音」這個用語於典外著作的用法，就會發現只有一種用法是與宗教有關的：這好消息是由宙斯給予他的敬拜者的。事實上，這個字的用法在很多情況下都頗具政治意味。在普魯塔克（Plutarch）的《塞多留里亞斯》（*Sert.* 11.4）中，塞多留里亞斯的英勇事迹讓他得以控制和佔領伊伯利亞（Hispania；西班牙地區）。而這次的佔領事件便是「好消息」了（參《塞多留里亞斯》26.3；《阿格西萊》〔*Agesilaus* 33.4〕；《論雅典的榮耀》〔*De gloria* 3〕）。雖然今天我們談論和平的國度，在基督教圈子裏甚是流行，尤其是主張和平主義的基督徒，但是古代的好消息不一定是和平的。普魯塔克和其他人所用的戰爭詞彙十分一致，也反映了那時代的人的心態（參色諾芬的《希臘史》〔*Hellenica* 1.6.37〕）。好消息有時候是很概略的，不帶任何政治意味（阿里斯托芬〔Aristophanes〕的《普魯特斯》〔*Plutus* 765〕）；別的時候，好消息是與經濟情況有關（阿里斯托芬的《武士》〔*The Knights* 624〕）。因此，耶穌的和平國度與其他國度的好消息時常處於對立狀態。

為甚麼在古代的政治體系裏，「勝利」是福音呢？這是因為不論福音是指經濟增長還是沒有戰爭，古代的社會體系都必須依靠穩定的社會才能興旺。當這個體系的恩庇者（即是凱撒和他的支持者）成功時，社會就會很富裕。在那樣的處境中，福音全視乎恩庇者是否成功。在恩庇者底下的臣民，他們會在恩庇者的權力與外來的欺壓之中

14. Graham Stanton, *Jesus and Gospel* (Cambridge: Cambridge University Press, 2004), 2.

選擇前者。因此，好消息不一定是最好的消息，卻是那時代的世界體系能賦予臣民的最好情況。斯坦頓從斐羅和約瑟夫中找到這種「福音」的證據。在斐羅的《致該猶書》(*De legatione* 18)的記載中，該猶(公元一世紀中葉的皇帝，第一位自稱是神)病癒是個好消息。[15] 在約瑟夫的記載中，百姓為了新皇帝維斯帕斯安在公元六十九年登基的「福音」而大肆慶祝(《猶太戰記》〔*BJ* 4.618，656〕)。[16] 更重要的是，斯坦頓觀察到約瑟夫引述的兩段記載都使用了複數的「福音」，[17] 表示有多種的好消息，而更加重要的是，這個複數的福音應該與新約聖經——尤其是馬可福音一章 1 節——提到單數的好消息成為強烈對比。

除此之外，好消息也可以是帝國宣傳的強制性工具。斯坦頓總結了近年在小亞細亞普南城中發掘到的普南城碑文(又或斯坦頓所說的「曆法碑文」〔the Calendar Inscription〕)的研究。[18] 這個研究很重要，因為碑文的修辭和用語能為我們提供很多資料。[19] 碑文本身大約是公元前九年的產物，是羅馬省長馬克西姆斯(Paulus Fabius Maximus)與政治機構之間的信函。他要求政治機構把沿用的曆法改為羅馬曆法，為要尊崇奧古斯都。碑文的修辭目的是要小亞細亞的居民改變他們的曆法，跟隨羅馬猶流曆(Roman Julian Calendar)，以奧古斯都的生辰九月二十三日為新一年的開始。它的用語包括「福

---

15. Stanton, *Jesus and Gospel*, 28.
16. Stanton, *Jesus and Gospel*, 29.
17. Stanton, *Jesus and Gospel*, 29, 33n70；碑文還有其他使用複數的例子。這些好消息可以來自恩庇者或是皇帝。百姓往往會因為好消息而向神明獻祭。
18. Stanton, *Jesus and Gospel*, 30～33；這份碑文存放在柏林博物館(Berlin Museum)。
19. 有關馬可福音和新約聖經研究的影響，見 Craig Evans, "Mark's Incipit and the Priene Calendar Inscription: From Jewish Gospel to Greco-Roman Gospel," *Journal of Greco-Roman Christianity and Judaism* 1 (2000): 67～81。

音」一語（《東方的希臘碑文選輯》〔*Orientis Graeci Inscriptiones Selectae* 458〕）。[20] 對我們來說，最重要的片語是「因為神明（即是奧古斯都）的生辰是世界的『福音』的開始」。[21] 更加震撼的是，碑文清楚表明這個福音的一個拯救用語：[22] 奧古斯都是「救主／σωτὴρ」。其實從希臘化（耶穌之前）時代一直到耶穌的時代，皇帝被稱為救主是十分普遍的（例如斐羅的《反駁弗拉克斯》〔*Flacc.* 74〕）。很多註釋家（包括斯坦頓在內）都說，這樣的宣稱必定令基督徒咬牙切齒。[23] 然而，這樣的宣稱，其實是把事情反轉來看的：與其說我們看見了一羣膽小怯懦的基督徒，更加準確的說法是，我們看見耶穌和祂的跟隨者使用政治用語來作出大膽的政治宣稱，這叫在小亞細亞——就是這個碑文的來源地——一羣忠心的羅馬公民變得怯懦。羅馬的支持者或會大聲疾呼，高叫這是叛國、造反之事！把碑文中的任何拯救論和終末論論述解讀為一種政治修辭，是錯誤的（就如斯坦頓等現代詮釋者把碑文的意識形態基督化了）。其實整件事很簡單：更加準確的解讀是，耶穌和祂的跟隨者盜用了帝國的詞彙，以此來表達另一種敘

---

20. 可以從這個網站取得碑文的內容，尤其是第 35 至 40 行。"Priene 6" [information on-line]; available from the Packard Humanities Institute website (http://epigraphy.packhum.org/inscriptions/main?url=oi%3Fikey%3D252886%26bookid%3D520%26region%3D8%26subregion%3D29); accessed 17 July 2012。有關碑文的圖片，見 Adolf Deissmann, *Light from the Ancient East : The New Testament; Illustrated by Recently Discovered Texts of the Graeco-Roman World*, trans. Lionel Strachan, reprinted from 1927 (Peabody: Hendrickson Publishers, 1995), 366～367。
21. 這份碑文的翻譯和文本複製版，見 Craig Evans, *Mark's Incipit and the Priene Calendar Inscription* [document on-line]; available from Professor Craig Evans website (http://craigaevans.com/Priene%20art.pdf); accessed 17 July 2012。艾凡斯（Craig Evans）的馬可福音和碑文用語的比較可能無法說服所有人，但是碑文中完全一樣的片語，卻回答了斯坦頓提出帝國文化和馬可用語之間的關係的問題。
22. 見第 49 行："Priene 6"〔information on-line〕。
23. Stanton, *Jesus and Gospel*, 31.

事——一個顛覆帝國故事、指向相反方向的敘事。馬可福音指出，耶穌的敘事是有別於帝國的敘事。

研讀上述文本時，往往會傾向某些詮釋。有些人只會在這些文本中找到政治上的涵義，其他人則只會找到宗教上的涵義。真正的涵義視乎每個情況想強調的重點。在查考過的證據中，好消息（即是「福音」）很多時候都會導致人向神明獻祭。因此，耶穌時代的政治和宗教（至少是文明的宗教），並不如現代社會般（例如：美國）完全分開。然而，我們必須很小心，不要用現代基督教去解讀耶穌時代的社會景況。耶穌時代的政治宗教或宗教政治，是與皇帝的恩庇和帝國有莫大關係的。要理解箇中用語的意思，關鍵是帝國主義，而不是將宗教與政治二分。福音一語的希臘文詞彙（εὐαγγελίου）與現代社會的個人敬虔沒有任何關係，至於人向神明獻祭，是愛國者的責任。這是公開、正式的行動，而不是個人私人的委身。我並不是說那些愛國者相信那些神明存在，只是他們的想法，與猶太教的位格上帝（與人建立關係的上帝）和那些跟隨耶穌的人的想法不可同日而語。

在我自己的研究中，我注意到新約聖經——一系列的文獻結集——經常出現「福音」這個詞彙，這比起同時期、同篇幅的希羅著作頻密得多。在新約時期之後、君士坦丁之前的基督教著作中，這個詞彙的重要性，在其出現次數和特定的宗教意義上（例如優西比烏的《教會歷史》）都持續增加。根據數字上的統計，當人把好消息定義為軍事戰爭和政治改革時，不太多是好消息。這些所謂的好消息，其實是來自軍事上和政治上的控制；只有隨著戰爭勝利而來的和平，才是真正的好消息。上述簡短的討論，影響著我們怎樣詮釋馬可福音的好消息和國度。我們並非在討論一些屬靈上的烏托邦；這個國度是政治性的，與這個世界名為羅馬帝國的國度對立。更加重要的是，在最初兩個世紀的基督教著作中，耶穌的福音永遠是單數的，因此，對最初的信徒來說，只有一個獨特的福音，那是與其他的福音截然不同的。亨格爾（Martin Hengel）對「福音」的解釋為上述討論下了最好的總結：雖然有四個不同的傳記敘事，但是只有一個福音，就是耶穌的拯救。[24]

緊接著這句福音簡單聲明的，便是馬可福音一章 2 至 3 節的瑪拉基書三章 1 節和以賽亞書四十章 3 節引文。這兩節經文不能算是敘事的一部分，因為它並沒有任何地點和場景；相反，它只是將引言作出總結。這是個重要的總結，因為它包含了所有詮釋馬可福音的關鍵。一章 2 節的「正如／Καθὼς」表示它與 1 節有密切關係。作者為餘下的敘事訂立了自己的詮釋範例，並以以賽亞書四十章和瑪拉基書三章為他的神學宣言。馬可可能無意把瑪拉基書三章 1 節混入在這個引文裏，又或者可能是因為這個詮釋上的普遍傳統：兩段很類似的經文放在一起，即以一段經文來詮釋另一段經文。馬可福音一章 3 節直接引述《七十士譯本》的以賽亞書四十章 3 節。[25] 由於馬可似乎以以賽亞書為主要資料來源，我們應以以賽亞書為準；馬可多次使用以賽亞書的主題，也表示他的羣體很熟悉以賽亞書。

我要清楚指出，在新約聖經裏，以賽亞書的重要性從來都不會是言過其實的。要詮釋這段經文，我們必須問：馬可的外邦聽

24. Hengel, *The Four Gospels and One Gospel of Jesus Christ*, 5, 48 ～ 58.
25. 當然，並沒有「單一」的《七十士譯本》，它也是現代文本鑑別者和學者的產物。但是，以賽亞書四十章 3 節並沒有太大的文本問題或異文。

眾是否熟悉以賽亞書？他們又理解多少呢？事實就擺在眼前：保羅多次引述這卷書。死海古卷向我們展示了一卷完整的以賽亞書，表示那是一卷十分重要、獨立的作品；昆蘭羣體早已把「在曠野」視為應驗以賽亞書四十章的一部分（1QS 8.14）。[26] 何蒙娜對一個較舊的論題作出假設：有些舊約經文是專門用於基督教敬拜的，並因此而集結起來。[27] 保羅多次的引述表明了一點，也就是那些與會堂有關的外邦聽眾，他們對以賽亞書的認識足以讓他們理解保羅的話。以賽亞書在被擄後的羣體中有著很大的文學上的影響力，以致它可能成為會堂時常誦讀和教導的書卷。那些透過會堂而相信耶和華的外邦人，他們很可能在歸信保羅的彌賽亞式的猶太教之前，早已多次聽過這卷書。因此，在那個處境下，馬可的引文是完全合理的。

在一篇給聖經文獻學會（Society of Biblical Literature）的甚具影響力的文章中，道特（Sharyn Dowd）指出，馬可不僅直接引述以賽亞書，還多次旁徵博引，這對馬可福音帶來了深遠的影響。[28] 她也同意我上述的前設：以賽亞書對所有初期教會的猶太—基督教活動有很大的影響力。[29] 她認為，以賽亞書的信息是以色列的旅程的一部分——以色列要復興它的國和它與上帝的

26. Robert Stein, *Mark* (Grand Rapids: Baker Academic, 2008), 43.
27. Hooker, *The Gospel According to St. Mark*, 55；原本的論題源自 Charles Dodd, *The Apostolic Preaching and Its Developments* (London: Hodder and Stoughton, 1965) 和 Charles Dodd, *The Old Testament in the New* (Philadelphia: Fortress Press, 1963)。
28. Sharyn Dowd, "Reading Mark Reading Isaiah," *Lexington Theological Quarterly* 30 (1995): 133.
29. Dowd, "Reading Mark Reading Isaiah," 136.

立約關係。[30] 基本上，馬可福音的旅程反映了以賽亞書所描述的旅程，而這個旅程也談論到上帝的兒子與上帝的子民一同踏上這旅程。

這段引文似乎是米大示（midrash），意思是指：雖然馬可予人的印象是他直接引述以賽亞書，但馬可福音一章 2 節的引文卻不一定是與以賽亞書一模一樣的。因此，我們必須參看以賽亞書四十章的原本處境，因為引述本身已經是一種詮釋；同時我們務要留意，在那個以口傳為主的社會中，人可能會背誦整段經文，亦不會像我們今天的兒童主日學那樣，抽取某節經文來背誦（當時的經文亦沒有分章節）。因此，我們必須考慮以下幾點：第一，我們必須考慮經文在以賽亞書原本處境中的意思。第二，我們應該考慮這節經文在馬可福音一章 1 至 3 節中的意思。第三，我們必須考慮這節經文對理解這個文本的猶太人的意思。第四，我們必須考慮這節經文在希羅文化中的意思，而好消息是來自帝國體系，大部分都與戰爭和經濟有關。

首先，我們要看看文本在以賽亞書原本處境中的意思。對很多舊約聖經學者來說，以賽亞書四十章屬於第二以賽亞（Deutero-Isaiah）的部分。無論我們視以賽亞書有一、二或三個部分，以賽亞書四十章都是一個重要的段落。一般認為這是一個轉折點，上帝在祂復興的作為中，把咒詛變為祝福，而四十章這裏就是復興的開始。以賽亞書大部分是以詩歌體裁撰寫，它講述上帝在咒詛祂不忠的子民之後會帶來拯救。這個段落講述被擄到巴比倫的日子結束，上帝透過先知的話預備了道路。以賽亞書

30. Dowd, "Reading Mark Reading Isaiah," 137.

四十章 3 至 4 節論到，上帝會為被擄的人之回歸作好準備。這個預備十分戲劇性：為了預備道路，甚至連地勢都要改變。當然，這個誇張的地理改變，在以色列被擄歸回時並沒有發生，但是作者以戲劇性的、比喻的用語來表達上帝驚天動地的工作。這工作似乎前無古人。假如一切山窪都要填滿，大小山岡都要削平，那麼這道路就會修平，跨過一切障礙，目的是展示出上帝的榮耀（賽四十 5）。這是很重要的概念，因為以賽亞書四十章 1 至 5 節似乎是一個段落。我不會在這裏詳述以賽亞書四十章 1 至 5 節的結構，但是我們必須留意，整個段落支配著馬可福音一章 3 節中所引用的以賽亞書四十章 3 節，因為猶太人羣體很可能背誦了整個段落。再者，就如我之前提過，馬可的聽眾應該很熟悉以賽亞書的敘事，因此，那段以賽亞書的敘事應該與這個引文連起來。

第二，我們應該考慮這節經文在馬可福音一章 1 至 3 節中的涵義。毫無疑問，馬可福音引用的這段以賽亞書四十章的經文，引入了下一個關於施洗約翰的簡短敘事。這段敘事的開始是否在顛倒以色列進入迦南地這段歷史——如比維斯所想：以色列從猶太地和耶路撒冷回到約旦嗎？[31] 施洗約翰的打扮像以利亞嗎（參一 6；王下一 8）？[32] 耶穌之後在一章 12 節的曠野主題中成為終末的以利沙、以利亞的繼承人。[33] 有別於吻別父母的以利沙（王上十九 20），耶穌並沒有立即回到拿撒勒，而是在一章 16 至 20 節立即往西岸去開始祂的服事。[34] 鴿子是猶太寓言中的靈鳥

31. Beavis, *Mark*, 34.
32. Beavis, *Mark*, 34.
33. Beavis, *Mark*, 39.
34. Beavis, *Mark*, 47.

（斐羅的《論特殊法律》〔*Spec. Laws* 4.22〕）嗎？[35] 比維斯的創意解讀似乎有點過火。研讀這個文本的最好方法，還是以以賽亞書四十章的引文為基礎。要正確地詮釋，我們必須假設，以賽亞書四十章的處境與馬可嘗試表達的信息之間，有一種敘事上的關聯。假如以賽亞書四十章的文本與被擄有關，那麼被擄就必定與施洗約翰的敘事有關。馬可似乎嘗試指出，被擄的以色列人正預備得蒙救贖，就如以賽亞的日子一樣。假如馬可福音一章1節是福音的開始，那麼以賽亞書四十章的引文就十分重要了，因為它顯示出，馬可福音是一個關於被擄者能得以歸回自己地方的復興故事。與此同時，在馬可的敘事中，這條道路的領袖達到祂的使命目標之前，祂將要跨越重重障礙。馬可記載祂怎樣跨越障礙（這是上帝計劃的一部分），帶領祂的子民回到祂想他們去的地方。

第三，我們必須考慮這節經文對理解這個文本的猶太人的意思。對猶太人來說，他們生活在羅馬殖民地的法律之下。他們生活的地方並沒有自由，雖然猶太人從被擄歸回，但是羅馬人控制了那個地區。猶太人必定很想脫離羅馬人的管治，自己管理他們的國家，享有完全的自由。若非這樣，猶太人就不會多次叛變，反對羅馬，且最後在馬可的時代，在耶路撒冷發生了一次嚴重的叛變。猶太人盼望能像被擄的人一樣，可以在曠野中找到回歸真正自由的道路，但是他們找不到。結果他們就發動了多次叛變，為要嘗試實現這個夢想。

第四，我們必須考慮這節經文在希羅文化中的意思：好消息來自帝國體系，大部分都是與戰爭和經濟有關。以賽亞書四十章

35. Beavis, *Mark*, 36.

的論旨是政治性的。在那個處境中，上帝像皇帝一樣，祂差派使者預備被擄的人歸回。這會怎樣影響羅馬帝國的文化呢？這節引文本身質疑羅馬帝國主義的管治——以敬拜人類皇帝和絕對忠誠為最重要的社會價值。這節引文是一個顛覆政治的行動，把所有別的權威和勢力都歸在掌管歷史的耶和華全能的統治之下。被擄的人歸回時，以賽亞書四十章的引文早已在以色列歷史中應驗了，耶和華作王的歷史事實早已證實了。藉著引述一個在歷史中早已被認識的文本，馬可表明耶穌的來臨和祂走上那條「道路」，正是上帝第二次證明祂的王權勝過其他帝國。沒有任何帝國可以在耶穌面前站立得住。當耶穌走上這條道路，上帝的王權就會顯露出來。我在導言中曾提及，傳記可以在修辭上震撼人心——對凡接納羅馬帝國管治或接納任何政治管治的人而言，這是他們首次的心靈震撼。耶穌在這個世上的道路並非偶然；相反，上帝早已為了祂的目的和榮耀(以賽亞書四十章 5 節中提到的榮耀)，特意預備了這條道路。

我們可以為這個特別的序言下甚麼結論呢？假如我們看看馬可用以賽亞書被擄者回歸的神學作類比的方式，就會發現施洗約翰就是預備道路的先知。換言之，馬可借用以賽亞書來類比耶穌將要做的事。博寧(Eugene Boring)甚至稱馬可福音是根據以賽亞書來寫的。[36] 博寧的研究與他的立論相距不遠。耶穌就像從被擄歸回的以色列，走上以色列的道路。耶穌代表著真正的以色列，不只是為了自己或基督教內某種很常見、以自我為中心的拯

36. Eugene Boring, *Mark: A Commentary, New Testament Library* (Louisville: Westminster John Knox Press, 2006), 35.

救論，更是為了兩方面的反對：一方面反對猶太人以武力對抗羅馬，另一方面反對羅馬帝國所宣揚的福音。兩者都是表達愛國的情操，但是耶穌顯然別有用心。馬可將要揭示這個計劃，而該計劃之首要特色就是上帝的榮耀（賽四十5）。在希伯來文化裏，「榮耀」有「重要」的意思。而在馬可的序言中，他想向人表達的是，上帝（而非有權勢的人類）極其尊榮。我們知道這個計劃似乎顛覆一切、無法預計。上述有關馬可福音一章1至3節的討論十分重要，因為很多註釋家都認為耶穌的經歷就像以色列的經歷，卻未有清楚交代原因。我們必須在這個序言中嚴謹、明確地找出馬可福音的神學敘事，這樣，我們才能在作進一步思考或詮釋之前，準確地理解他到底要帶出甚麼信息。

反思及應用

馬可把耶穌的生平置於上帝在歷史中更大的作為的宏大模式裏。馬可的這個記載模式可以追溯至出埃及的日子，並且延續至被擄的人歸回的第二次出埃及。這是一幅拯救的圖畫，這幅圖畫不是抽象的描繪，而是按著後裔和地土來描述的。那些歸回的人好像當年的以色列人一樣，在上帝最初應許他們的地上生養眾多。這些都是重要的歷史時期，上帝從而清楚顯明祂的拯救計劃。隨著耶穌的到來，歷史的新一頁開始了，就好像羅馬帝國的擁護者，認為每一位君王的出生都標誌著帝國的繁榮昌盛那樣。

從馬可的神學向度而得的應用十分簡單。耶穌來到世上，就是揭開歷史的新一頁。祂以上帝子民領袖的身分走上上帝子民的道路。而祂的子民、屬靈後裔都應該走上同樣的路。馬可的敘事表明了走上耶穌的道路是甚麼意思。我們之後將在本書的稍後部分看見當中的明確教導，我們現在只知道這條路成為了福音，而這條路的開始（即是福音的開始）是由約翰來預備的。耶穌的工作顛覆一切。這並非一項舒適的工作，能配合由社會—政治體系所訂立的世界模式或價值觀。那些跟隨耶穌的人必須知道這條路並不易走。它挑戰信仰羣體內、外的現狀，內是指信仰羣體，外則是指教會居於其中的世界。這是一條嶄新的道路。

若讀者有留意上述的闡釋，就會發現我花了很多時間來討論福音在過去（而非今天）的意思。現在，讓我談談它在今天有何涵義。福音固然並非單單關乎一套命題，而是關乎我們將耶穌基督這人，跟使徒權威以外所提倡的福音作出比較；嚴格來說，福音是超然的，甚至要抨擊其他敍事。談到福音的同時，我們也在反思福音不是甚麼。財富一直都是中國歷史中的主要福音，我們如何得知？很簡單。每當農曆新年來到，我們會彼此祝賀「恭喜發財」，這在我們的文化中根深柢固。我們也愛「面子」，在我們的文化中，成功的「外表」十分重要。試想想，台灣和香港有多少年輕人把薪金都花在名牌物品上？這類表面上的成功可說是一種流行病，而表面上的成功與貪愛金錢是致命的組合。一位朋友曾經告訴我，他的中產教會在「旺角魚蛋革命」後舉行祈禱會：教會祈求平安，並為香港過去的平安和富庶而感謝神。不過，顯然並非所有人都是富庶的，因為香港的貧富懸殊問題十分嚴重。換言之，過去的富庶乃是建立在窮人的勞苦之上。那是怎樣的敍事？假如一間教會接受這一套世界觀，那它的福音肯定是屬世而非屬基督的。因此，當我們要檢視耶穌的福音時，我們要知道它既向我們的文化說話，也「反對」我們的文化。我相信，耶穌的福音今天依然繼續反對我們的文化，甚至反對教會的文化。

2. 神學詮釋：釋經的理性思考

所有作品都有個起頭、開始，從次序上來説，一卷書的第一句話就是這卷書的起頭、開始。當然，我們並不知道這第一句話是作者最先寫下來的，還是最後加上去的。無論是哪一種情況，在昔日口傳的溝通習慣底下，聽眾在聆聽故事的時候，總是從第一句開始，不像今天那樣可以翻到印刷文本的中間開始閱讀。但是，即或從中間開始，最後讀者還是需要回到這個故事的起頭，從第一句句子讀下來，方才可以對他最先讀到的有一更全面更深入的了解。

序言，可以是後加的，也可以是先寫的，無論是後加或先寫，都可以是深思熟慮方才下筆的。馬可福音的序言：一章1至13節，其寫作方式，提醒我們要注意的反倒是這個序言的內容，要傳遞的信息。馬可這個序言迫使他的讀者不得不從這書卷的起頭、開始來閱讀，因為他寫道：「上帝的兒子耶穌基督的福音是這樣開始的。」(《新漢語譯本》)

「是這樣開始的」就意味著「不是那樣開始的」。馬可福音的第一句話，就帶有一種宣告的口吻與力度，表明了要從他跟著要講的故事，去了解、認識「上帝的兒子耶穌基督的福音」。馬可是在挑戰他的聽眾、讀者：「你知道耶穌是彌賽亞/基督，但那又如何？現在我就要回答這個問題。」馬可福音以這樣的説話來起頭、開始，不正是叫聽眾、讀者留心聆聽、細看跟著要講的故事嗎？而且，這還是「福音」/「好消息」的故事。

馬可不單一開始就以此預告他要講的故事是甚麼，並且帶著宣告的口吻指出，以下所聽所讀的故事，才是耶穌基督的「福音」/「好消息」。馬可在這卷書的起頭，至少表明了，耶穌這彌賽亞/

基督、上帝的兒子，是帶來那與別不同的「福音」的那一位。這「福音」殊異的地方，首先是相對於公元一世紀原初處境而言的；馬可福音中這裏單數的「福音」，不單是針對那些在數量上複數的「福音」、多種的好消息，更含有「惟一」的意思，使得其有別於馬可那個時代各式各樣的「福音」，而為與別不同、惟一真正的好消息。

這樣的「福音」，肯定會因為其顛覆特性，而招徠公元一世紀羅馬帝國的注意、收編，甚至打壓。這是因為在當時的古代處境之中，「福音」在很多情況之下都是指到政治上的勝利，具體來說，這是指帝國的君主這位恩庇者對內的統治與對外的擴張或保衛都成功，帶來社會穩定、經濟增長。在這樣的世界之中，種種的福音／好消息，都不外建基於強制性的政治權力與軍事力量，更甚者是這位恩庇者君主被冠以救主的稱號，這更表明了帝國的「福音」是「拯救的」福音。對於這種種政治意義上的「福音」，馬可福音的第一句話，提出了挑戰：那惟一的福音、與別不同的好消息，是來自耶穌這位基督／彌賽亞、上帝的兒子。

馬可提出了這個叫人震撼的預告與宣告，馬上把它跟以賽亞書四十章與瑪拉基書三章連繫起來，表示了這個惟一的福音、與別不同的好消息，可不是無中生有的。馬可用上了「正如」一語，把今日的福音／好消息與昔日耶和華藉著先知所作的預告，作出緊密的聯結，引導聽眾與讀者從這兩節先知的經文，去解釋、明白馬可福音頭一句說話的意思，甚至整卷馬可福音的意義。這就無形中隱含了上帝介入歷史的延續性：上帝不單在昔日預備拯救，也在今日預備拯救。

昔日，猶太人被擄於巴比倫，渴望著回歸，脫離被擄的景況，他們又豈不同時在幼發拉底河邊，追想昔日列祖在埃及也是為奴時的景況？而今日，是羅馬帝國管治這個上帝應許猶太人的地方，那甚麼時候他們才會像昔日為奴的人、被擄的人，可以回歸真正的自由？昔日，上帝藉著先知以賽亞帶來了應許的盼望：「有人聲喊著説：在曠野預備耶和華的路，在沙漠地修平我們上帝的道。」(賽四十3)並且這樣的應許成就了。今日，身處公元一世紀的猶太人仍然活在羅馬帝國的殖民統治之下，他們在哪裏可以得聞上帝那與帝國絕不一樣的福音/好消息？

今日的情況，正如昔日的情況；今日將會如何，正如昔日已經發生的那樣。馬可講述這個福音/好消息的方法，是以古釋今；他告訴我們，上帝昔日怎樣作工，今日也怎樣作工。上帝昔日藉著先知以賽亞宣告並預告猶太人被擄於巴比倫的日子將會結束，回歸道路的一切大小攔阻都要被移除清理，而果然上帝這翻天覆地的工作成就了。公元一世紀的猶太人——上帝的子民，雖然像昔日那樣子落在殖民統治的景況之中，但是他們所信靠的上帝，仍是昔日那位拯救他們祖先脱離奴役與被擄的上帝；那位昔日在他們祖先中間施行奇事的上帝，今日也會在他們自己中間繼續作出叫人驚訝的新事。

然而，我們需要留意，馬可福音在這裏引述以賽亞書來作類比，告訴他的讀者，也讓我們知道，固然上帝昔日施行拯救、釋放，今天也施行拯救、釋放，但是卻要同樣跨過許多障礙。馬可福音引述的以賽亞書，當中的四十章4節説到：「一切山窪都要填滿，大小山岡都要削平。高高低低的要改為平坦，崎崎嶇嶇的必成為平原。」上帝要在公元一世紀帶來那叫猶太人回歸自由又叫羅馬帝國感到顛覆的福音/好消息，祂的道路卻是充滿艱難、險阻、障礙，這豈不是預告這位上帝的兒子耶穌基督的道路，正是一條清理障礙的道路，但也因為這樣，祂就免不了會遇上重重險阻，甚或遭遇生命的危險。

馬可一開始，就告訴他的讀者——昔日的讀者、今天的讀者，上帝的福音/好消息，將是一個充滿盼望但又滿是危難的故事。那麼，上帝應許將要帶來的這個勝過羅馬帝國的福音、沒有任何帝國可堪比擬的好消息，是難以想像的。耶穌需要面對的兇險、攔阻，究竟是甚麼？祂會怎樣去克服、勝過這一切的障礙？這一切都將告訴我們，耶穌，究竟是怎樣的彌賽亞；耶穌，究竟是怎樣的上帝的兒子。那麼，耶穌，祂走上的道路，會是怎樣的道路？

二

在人羣中的耶穌／離開人羣的耶穌（一4～13）

1. 敍事鑑別

整段敍事包括了活動——地理上的活動，這活動是始於施洗約翰在曠野的工作和耶穌回到曠野。有趣的是，耶穌早已在曠野，但是聖靈在一章12至13節再次催祂到曠野去。這段敍事顯然十分奇怪，也十分諷刺。

地理位置正是諷刺之處。馬可如此描述約旦河地區（一9）：沙漠地帶或某種曠野。但並非所有約旦河沿岸的地區都是曠野，約旦河本身從加利利區南部流入死海，曠野可能只是接近死海的約旦河地區南部。

從地理來看，一章5節記載人從猶太的郊區和耶路撒冷來到約旦河。那包括了所有地區，但都是指人能夠居住的地方。整段敍事都是為了凸顯這個對比。有些人從耶路撒冷來到約翰那裏，是值得我們探討的。就如我之前提過，耶路撒冷是一個潔淨的地方，人按著猶太教潔淨條例的方式去取那裏潔淨的水，便可以在聖殿中進行各樣潔淨禮儀。耶路撒冷也是一個宗教中心。然而，有些人嚴厲批評耶路撒冷假裝敬虔和在宗教上是不潔的

（例如：昆蘭羣眾）。很諷刺地，耶路撒冷是猶太地居民敬拜的地方，但是耶路撒冷並未能吸引民眾前往該地。耶路撒冷擁有一切宗教狂熱人士所需的設備和體系，但是民眾反而轉往一個未如耶路撒冷般方便的地方。雖然一章5節的他們「出去」是過去未完成時態動詞，但他們「認罪／ἐξομολογούμενοι」卻是一個現在時態分詞，這現在時態分詞清楚表明了那裏有很多人認罪。這個活動應該在耶路撒冷或會堂中進行，但如今竟然在曠野進行！多麼諷刺啊！

約翰並沒有單單為眾人施洗，他也在一章7節宣告關於耶穌的預言。很多學者曾經指出，「施洗」一詞本來沒有宗教意味，直到新約聖經才有宗教含義。這個觀察可能只是部分正確。這個詞彙的意思是「浸」，而約翰乃是進行有宗教意味的潔淨禮儀，這並非如今天教會正式進行的浸禮。這個詞彙不過是用來形容與潔淨有關的禮儀而已。後來的基督徒繼續使用同樣的詞彙來形容他們進入信仰的禮儀。約翰是否知道耶穌就是那個特別的人，就留待學者作無止境的討論吧！[37] 很明顯，這裏的重點並非約翰是否知道耶穌就是那個特別的人。約翰在一章8節的宣告是關乎施洗的禮儀，為要將用水施洗和聖靈的工作作出對比。即使人意識到耶路撒冷和猶太全地的不足，且來到約翰那裏，整個處境依然是不夠好的：眾人可能對聖靈有些概念，但他們很可能沒有足夠資料去明白聖靈到底要做甚麼。在第二聖殿時期，對於耶和華的靈扮演著甚麼角色，有很多不同的詮釋。約翰在這裏的重點是，

---

37. 我並不是說，學者們無止境地討論約翰和耶穌是否知道他們之間的關係。根據路加福音一章，他們顯然認識對方，因為他們是屬於同一個家族的。

更大的事將會成就，這事比眾人從猶太教潔淨之地來到曠野行宗教禮儀更大。

戲劇性的高潮在耶穌受洗時出現，一章 11 節記載天上有聲音稱祂為「我的愛子」。祂來自加利利的拿撒勒，但是必須來到曠野受洗。祂的身分並非連於祂的家鄉或是耶路撒冷的宗教體制，而是連於那些從猶太全地和耶路撒冷出去到曠野的人。祂的受洗，展示出祂認同那些出來反抗制度的人。這把從天上而來的聲音值得我們留意，因為另一番類似的話也出現在九章 7 節。很諷刺地，九章 7 節也記載耶穌離開了城，上了某座高山。於此，地點這個元素再次值得我們留意。在耶穌受洗時，這把從天上來的聲音不單展示出耶穌是誰，也認同耶穌反對制度化的工作。

一章 12 至 13 節的地理描述同樣奇怪，大部分學者都不斷推測四十天到底有甚麼含義。這肯定是耶穌受試探的記載中最短的一段，而撒但亦不是太顯眼。馬可並沒有交代原因，可能他想介紹其中一個敵對勢力，以及耶穌勝過這些勢力，藉此展示福音的大能。為甚麼聖靈要催耶穌到曠野受撒但的試探呢？這兩節經文對比兩個人物——約翰和耶穌。假如耶穌早已在曠野受洗，為甚麼這段經文又要説聖靈把祂帶到曠野呢？這個比較是個鮮明的對比。雖然約翰的工作很重要，但是耶穌所做的事是約翰沒有做的。耶穌在人羣當中，但是祂也離開了人羣。有關野獸的陳述，引來了很多關於耶穌是否代表著以色列人四十年漂流的猜測。[38] 我認為我們需要透過不同的方法繼續推測。然而，籠統來

38. 張永信：《馬可福音（卷上）》（香港：天道書樓，2010），97。張氏似乎認為四十年是代表著四十年的漂流。

說，我刻意把一章12至13節連於上文有關受洗的記載，並非因為它們是同一件事，而是因為當中重複了「曠野／ἔρημος」一語（一4、12）。馬可刻意重複這個詞彙，為要將整個故事的思路連繫起來：由以賽亞書的引文，到開始提及耶穌的服事（一1～13）。

這段經文提到野獸，似乎有點多此一舉。假如那是曠野，自然會有野獸。張永信有趣地把這個記載連於亞當：耶穌像亞當一樣，要與野獸待在一起。[39] 比維斯似乎認為「那位」撒但被位格化——宣教的敵人。[40] 當然，敵人很快就會出現。我認為這裏的意思很簡單，尤其是整段經文都重複著曠野的主題。當中的重點是甚麼呢？就是要強調耶穌被聖靈催去的地方是很荒蕪的。聖靈指定了那個地點，並把耶穌催到那裏。野獸的記載，是要證明耶穌去的地方是個荒蕪的曠野，以致祂需要天使來伺候祂。對野獸的詮釋，就是如此！因此，當中並沒有任何屬靈意義或象徵意義，這段經文只是顯示出聖靈開始在耶穌身上工作，表明上帝准許人離開耶路撒冷，進入曠野之地。聖靈在耶穌受洗時作工，也會在其他人受洗時作工的。有關這段經文的更深層意義，是來自地理記載和舊約聖經的文本互涉。

看過諷刺的地理記載和其所代表的價值觀後，我們現在必須把這段經文連接到一章1至3節整體詮釋的範例。很明顯，這段經文是完全被連接到一章1至3節，這連接有助我們理解馬可想我們怎樣詮釋餘下的故事。除了以賽亞書這主題明顯已經應驗之外，一章3節（即是賽四十3）所強調的曠野，也與這段敘事連

---

39. 張永信：《馬可福音（卷上）》，98。
40. Beavis, *Mark*, 38.

接得好。這樣的強調是合情合理的，因為猶太人正在曠野中，準備回到猶太地。人要上路，好像那些被擄中的人一樣（一3下）。同樣地，這段經文中的活動與以賽亞書四十章的整體敘事完全一樣。人先出到曠野，好像那些被擄的人一樣。而且，沒有證據顯示人會在曠野建立永久的羣體。因此，人會各自回家，不會與施洗約翰同住。他們會歸回，好像昔日猶太人歸回一樣。馬可乃是為這個地理上的移動（geographical movement）作出神學詮釋。在一章4至13節的簡短段落中，馬可只是重演舊約聖經裏被擄與歸回的一幕。

在這個地理上的移動中，馬可將耶穌描繪為關鍵人物——使祂出去曠野一事變得有價值。耶穌本身藉著聖靈的參與，重演了這個移動。這個移動並不支持耶路撒冷的宗教體制。耶穌認同施洗約翰的移動，把他的事奉合理化，但約翰反而將焦點指向耶穌而不是自己。那麼福音到底是甚麼呢？福音始於重演耶穌生平，反對耶路撒冷和猶太地不足的宗教體制。這裏並不是說猶太教全都是不足的，而是針對最普遍的宗教體制而言。這樣的爭論並非馬可福音獨有，其他著作（例如：死海古卷）同樣提出類似的批評。然後，馬可參與了這場對比耶穌的事工和猶太地／耶路撒冷的爭辯。在馬可的時代，耶路撒冷的聖殿若非開始腐敗，就是已經在猶太戰爭中被摧毀了。因此，最大的問題應該是：人是否需要去聖殿敬拜。這個爭論漸漸熾烈起來，而耶穌明確表示，真敬虔並不一定需要聖殿。

這段經文對羅馬聽眾有甚麼影響呢？支持上帝兒子的宣告的記載（一11）肯定會發揮影響力，因為它把我們帶回一章1節。這證明了一章1至13節的整段敘事應該一併來看。耶穌並未自稱為上帝的兒子，因為沒有見證人的宣稱只不過是自吹自擂。有別於自我誇耀、自稱為上帝之子的羅馬皇帝，耶穌得到來自天上的肯定。這個屬天的聲音，促使馬可的聽眾留意上帝在曠野諷刺地設立君王，同時也促使人要效忠這位君王。

反思及應用

這段敘事不是一個普通的故事，馬可描繪它為：耶穌領導上帝子民第二次出埃及，朝向上帝的應許。這件不尋常的事，與上帝的部分拯救歷史很相似。從神學角度來說，它描繪出一幅拯救的圖畫，但這並不是一般的個人拯救，而是上帝子民的集體拯救。

馬可藉著闡述猶太地在宗教上的敗壞，作出了地點上的強烈對比，從而將他的神學信息表達出來。而這信息向今天的教會提出了一個問題：信仰羣體需要的到底是簡約的曠野，還是奢華的耶路撒冷？馬可將城與曠野作對比，有其倫理上的影響力。今天的教會令人聯想到禮儀和現代化的建築物，但是馬可福音一章 4 至 13 節的描述並不是這樣！那裏只有簡單的禮儀，而且一座建築物也沒有；相反，那裏只有聖靈、撒但和野獸。雖然現代教會要有好的設備和設施，本是無可厚非，但馬可的敘述卻向今天的信仰羣體提出一個不能迴避的問題：教會是甚麼？

這個簡短的敘事提及「與人同在」和「離開人羣」的地理距離。假如馬可的地理資料是有意識形態、神學，甚至倫理上的意味的，那麼我們就必須在應用經文時，從那些角度來思量。最近流行一句常見的慣用語（尤其是在雨傘革命之後）——「離地」。這原是用來表示地理或方位的慣用語，現意指漠不相關、高高在上，不再觸及地面，即不在地。很多人都會用這個慣用語在政治對話中貶低對手。此外，為避免「離地」，很多基督徒領袖（包括一些學者）都會「抽水」，讓自己繼續「貼地」。這個趨勢既可笑，又沒意義。我們社會今天正面對失去集體思考的危機！耶穌的地點既與人同在，又離開人羣；換言之，並非每個真理都與我們孤芳自賞的需要「相關」，我們對實在（reality）的範式也不一定總是正確的。「在地」不代表一定站在真理那邊。耶穌所身處過的地點指出，福音包含了超然和迫近兩個層面，就好比神子的超然和即將再臨。有時候，我們需要學懂欣賞這種超然性，免得我們的福音淪為一種狹隘的意識形態。有些真理是超然的，為要使我們脫離這個困苦的世界，從罪的捆綁得釋放。有時候，真理真會予人「離地之感」。在如此混亂的時代，我們需要的不只是行動，我們也需要更多神學反思。留待誰去做呢？答案應是我們的「應用」！

2. 神學詮釋：釋經的理性思考

昔日，被擄的猶太人在異邦的統治底下生活，就好像他們列祖出了埃及進入曠野那樣子，還沒有進到耶和華為他們所預備的家園之中。以賽亞先知宣告曠野將會出現耶和華的路、沙漠地上帝的道全被修平（賽四十3），耶和華的拯救、釋放將會從曠野開始，那裏將有道路回歸耶和華為祂的子民所預備的家園。今天，上帝藉著馬可引用以賽亞昔日的宣告，再次對公元一世紀的猶太人説話，也對以後屬於祂的子民説話，讓我們知道，上帝拯救、釋放的作為要在曠野之中來開展。

因此，馬可要講述的故事，首先就在曠野之中發生；在施洗約翰的故事與耶穌的故事互相對比的講述底下，馬可率先為他的聽眾與讀者，提供了整個福音故事的序幕，同時也具有典範的作用，預告餘下故事發展的主題：被擄與歸回。

施洗約翰來了，然後是耶穌出場。施洗約翰在曠野出現，吸引了「猶太全地和耶路撒冷的人」，就是有人居住的地方的人，都跑到約旦河那裏去領受約翰那悔改的洗禮。這是一個信仰的潔淨行動。可是，猶太人的信仰潔淨行動，怎麼不是在耶路撒冷進行的？耶路撒冷才是猶太人宗教信仰的中心，因為聖殿就在那裏；要按著潔淨的條例取用潔淨的水舉行潔淨的禮儀，耶路撒冷這個被視為潔淨的地方，就是最恰當的。現在怎麼連住在耶路撒冷的人，都跑到曠野施洗約翰那裏，去領受他那潔淨的禮儀？這是一個強烈的對比，反映出耶路撒冷所代表的宗教制度已經腐敗，為人所厭棄。

施洗約翰，看來將會隨著耶路撒冷的沒落而興起，曠野看來不久之後會成為新興的信仰羣體的聚居之地。可是，馬可很快告訴我們，施洗約翰在曠野的出現，並不是故事的核心情節；他沒有單單為眾人施洗，更為重要的是，他指向隨之而出場的耶穌。他對耶穌的宣告揭示了他自己所做的，並不足夠：他只是用水來施洗潔淨，耶穌卻是用聖靈來施洗潔淨。耶路撒冷不能讓人得釋放得自由，要在曠野方才可能。但是，這並非因為施洗約翰在曠野給人用水施洗，而是在於他所宣告的隨後而來的耶穌。耶穌用聖靈施洗，才能成就更大的事，祂不單較耶路撒冷潔淨之城的宗教制度能力更大，也比在曠野約旦河用水來施行潔淨之禮的約翰能力更大。擁有這更大能力，又將要以此能力成就比之前更大的拯救和釋放的耶穌，究竟是誰？

耶穌是誰？耶穌並不是來自耶路撒冷，祂不屬於這宗教體制；但讓人感到奇怪的是，為甚麼他要來到約旦河受約翰的洗？究竟祂來自哪裏？屬於哪個地方？當耶穌從水裏上來，叫人驚訝的是，有聖靈降在祂的身上，又有從天上而來的聲音，這就同時表明了祂的身分，也肯定祂與猶太人一起受洗的作為。在這裏發生的事情，透露了耶穌身分的兩個向度。一方面祂沒有前往耶路撒冷這個潔淨之城去，而是來到曠野的約旦河；祂沒有跟耶路撒冷的宗教體制認同，而是跟約旦河領受潔淨禮儀的猶太人認同。祂站在施洗約翰的這一邊，批判另一邊耶路撒冷的宗教體制。另一方面，耶穌這一領受約翰的洗的舉動，受到了聖靈及天上的聲音所肯定，表明祂藉著受洗而對耶路撒冷的批判，以及跟受洗的猶太人認同，是正確的。在這肯定之中，我們知道耶穌是那位住在天上的上帝的兒子，並且跟聖靈有密切的關係。

這樣的耶穌，藉著聖靈的加力，深入曠野荒漠之地；這個只有野獸而渺無人迹的曠野，正是祂展開釋放那些被擄的人的起點，讓他們可以被拯救歸回自由的家園。耶穌要成就的、帶來的，是前所未有的福音/好消息，因此祂面對的困難是施洗約翰所不曾遇上的。能力愈大，要對付的險阻也愈大，祂需要聖靈的幫助，以迎向這關鍵的障礙、最強的敵人：撒但的試探。曠野，因此是一處除去困難、險阻、障礙的地方；在施洗約翰來說，那是潔淨罪污的地方；在耶穌來說，那是靠著聖靈開始對付撒但的地方。這將是一場漫長的戰爭，卻在曠野之地，拉開了戰幔，預告要來的故事。馬可的聽眾，要洗耳恭聽了；馬可的讀者，要拭目以待了。

第三章：在加利利的事工

（一14～六44）

經文

開始在加利利傳道

1 [14]約翰下監以後，耶穌來到加利利，宣傳上帝的福音，[15]說：「日期滿了，
上帝的國近了。你們當悔改，信福音！」

呼召四個漁夫

[16]耶穌順著加利利的海邊走，看見西門和西門的兄弟安得烈在海裏撒網；
他們本是打魚的。[17]耶穌對他們說：「來跟從我，我要叫你們得人如得魚一
樣。」[18]他們就立刻捨了網，跟從了他。[19]耶穌稍往前走，又見西庇太的兒子雅
各和雅各的兄弟約翰在船上補網。[20]耶穌隨即招呼他們，他們就把父親西庇太
和雇工人留在船上，跟從耶穌去了。

一個污鬼附身的人

[21]到了迦百農，耶穌就在安息日進了會堂教訓人。[22]眾人很希奇他的教訓；
因為他教訓他們，正像有權柄的人，不像文士。[23]在會堂裏，有一個人被污鬼
附著。他喊叫說：[24]「拿撒勒人耶穌，我們與你有甚麼相干？你來滅我們嗎？
我知道你是誰，乃是上帝的聖者。」[25]耶穌責備他說：「不要作聲！從這人身
上出來吧。」[26]污鬼叫那人抽了一陣瘋，大聲喊叫，就出來了。[27]眾人都驚訝，

以致彼此對問說：「這是甚麼事？是個新道理啊！他用權柄吩咐污鬼，連污鬼也聽從了他。」[28]耶穌的名聲就傳遍了加利利的四方。

治好許多病人

[29]他們一出會堂，就同著雅各、約翰，進了西門和安得烈的家。[30]西門的岳母正害熱病躺著，就有人告訴耶穌。[31]耶穌進前拉著她的手，扶她起來，熱就退了，她就服事他們。[32]天晚日落的時候，有人帶著一切害病的，和被鬼附的，來到耶穌跟前。[33]合城的人都聚集在門前。[34]耶穌治好了許多害各樣病的人，又趕出許多鬼，不許鬼說話，因為鬼認識他。

在加利利各會堂傳道

[35]次日早晨，天未亮的時候，耶穌起來，到曠野地方去，在那裏禱告。[36]西門和同伴追了他去，[37]遇見了就對他說：「眾人都找你。」[38]耶穌對他們說：「我們可以往別處去，到鄰近的鄉村，我也好在那裏傳道，因為我是為這事出來的。」[39]於是在加利利全地，進了會堂，傳道，趕鬼。

潔淨長大痲瘋的人

[40]有一個長大痲瘋的來求耶穌，向他跪下，說：「你若肯，必能叫我潔淨了。」[41]耶穌動了慈心，就伸手摸他，說：「我肯，你潔淨了吧！」[42]大痲瘋即時離開他，他就潔淨了。[43]耶穌嚴嚴地囑咐他，就打發他走，[44]對他說：「你要謹慎，甚麼話都不可告訴人，只要去把身體給祭司察看，又因為你潔淨了，獻上摩西所吩咐的禮物，對眾人作證據。」[45]那人出去，倒說許多的話，把這件事傳揚開了，叫耶穌以後不得再明明地進城，只好在外邊曠野地方。人從各處都就了他來。

治好癱瘓病人

2 1過了些日子，耶穌又進了迦百農。人聽見他在房子裏，2就有許多人聚集，甚至連門前都沒有空地；耶穌就對他們講道。3有人帶著一個癱子來見耶穌，是用四個人抬來的；4因為人多，不得近前，就把耶穌所在的房子，拆了房頂，既拆通了，就把癱子連所躺臥的褥子都縋下來。5耶穌見他們的信心，就對癱子說：「小子，你的罪赦了。」6有幾個文士坐在那裏，心裏議論，說：7「這個人為甚麼這樣說呢？他說僭妄的話了。除了上帝以外，誰能赦罪呢？」8耶穌心中知道他們心裏這樣議論，就說：「你們心裏為甚麼這樣議論呢？9或對癱子說『你的罪赦了』，或說『起來！拿你的褥子行走』，哪一樣容易呢？10但要叫你們知道，人子在地上有赦罪的權柄。」就對癱子說：11「我吩咐你，起來！拿你的褥子回家去吧。」12那人就起來，立刻拿著褥子，當眾人面前出去了，以致眾人都驚奇，歸榮耀與上帝，說：「我們從來沒有見過這樣的事！」

呼召利未

13耶穌又出到海邊去，眾人都就了他來，他便教訓他們。14耶穌經過的時候，看見亞勒腓的兒子利未坐在稅關上，就對他說：「你跟從我來。」他就起來，跟從了耶穌。15耶穌在利未家裏坐席的時候，有好些稅吏和罪人與耶穌並門徒一同坐席；因為這樣的人多，他們也跟隨耶穌。16法利賽人中的文士（有古卷：文士和法利賽人）看見耶穌和罪人並稅吏一同吃飯，就對他門徒說：「他和稅吏並罪人一同吃喝嗎？」17耶穌聽見，就對他們說：「康健的人用不著醫生，有病的人才用得著。我來本不是召義人，乃是召罪人。」

禁食的問題

18當下，約翰的門徒和法利賽人禁食。他們來問耶穌說：「約翰的門徒和法利賽人的門徒禁食，你的門徒倒不禁食，這是為甚麼呢？」19耶穌對他們說：「新郎和陪伴之人同在的時候，陪伴之人豈能禁食呢？新郎還同在，他們不能禁食。[20]但日子將到，新郎要離開他們，那日他們就要禁食。[21]沒有人把新布縫在舊衣服上，恐怕所補上的新布帶壞了舊衣服，破的就更大了。[22]也沒有人把新酒裝在舊皮袋裏，恐怕酒把皮袋裂開，酒和皮袋就都壞了；惟把新酒裝在新皮袋裏。」

安息日的問題

[23]耶穌當安息日從麥地經過。他門徒行路的時候，掐了麥穗。[24]法利賽人對耶穌說：「看哪，他們在安息日為甚麼做不可做的事呢？」[25]耶穌對他們說：「經上記著大衞和跟從他的人缺乏飢餓之時所做的事，你們沒有念過嗎？[26]他當亞比亞他作大祭司的時候，怎麼進了上帝的殿，吃了陳設餅，又給跟從他的人吃。這餅除了祭司以外，人都不可吃。」[27]又對他們說：「安息日是為人設立的，人不是為安息日設立的。[28]所以，人子也是安息日的主。」

治好枯乾了一隻手的人

3 [1]耶穌又進了會堂，在那裏有一個人枯乾了一隻手。[2]眾人窺探耶穌，在安息日醫治不醫治，意思是要控告耶穌。[3]耶穌對那枯乾一隻手的人說：「起來，站在當中。」[4]又問眾人說：「在安息日行善行惡，救命害命，哪樣是可以的呢？」他們都不作聲。[5]耶穌怒目周圍看他們，憂愁他們的心剛硬，就對那人說：「伸出手來！」他把手一伸，手就復了原。[6]法利賽人出去，同希律一黨的人商議怎樣可以除滅耶穌。

海邊的羣眾

[7]耶穌和門徒退到海邊去，有許多人從加利利跟隨他。[8]還有許多人聽見他所做的大事，就從猶太、耶路撒冷、以土買、約旦河外，並泰爾、西頓的四方來到他那裏。[9]他因為人多，就吩咐門徒叫一隻小船伺候著，免得眾人擁擠

他。10他治好了許多人，所以凡有災病的，都擠進來要摸他。11污鬼無論何時看
見他，就俯伏在他面前，喊著說：「你是上帝的兒子。」12耶穌再三地囑咐他
們，不要把他顯露出來。

設立十二門徒

13耶穌上了山，隨自己的意思叫人來；他們便來到他那裏。14他就設立十二
個人，要他們常和自己同在，也要差他們去傳道，15並給他們權柄趕鬼。16這
十二個人有西門（耶穌又給他起名叫彼得），17還有西庇太的兒子雅各和雅各
的兄弟約翰（又給這兩個人起名叫半尼其，就是雷子的意思），18又有安得
烈、腓力、巴多羅買、馬太、多馬、亞勒腓的兒子雅各，和達太，並奮鋭黨的
西門，19還有賣耶穌的加略人猶大。

耶穌和別西卜

20耶穌進了一個屋子，眾人又聚集，甚至他連飯也顧不得吃。21耶穌的親屬
聽見，就出來要拉住他，因為他們說他癲狂了。22從耶路撒冷下來的文士說：
「他是被別西卜附著」；又說：「他是靠著鬼王趕鬼。」23耶穌叫他們來，用
比喻對他們說：「撒但怎能趕出撒但呢？24若一國自相紛爭，那國就站立不
住；25若一家自相紛爭，那家就站立不住。26若撒但自相攻打紛爭，他就站立不
住，必要滅亡。27沒有人能進壯士家裏，搶奪他的家具；必先捆住那壯士，才
可以搶奪他的家。28我實在告訴你們，世人一切的罪和一切褻瀆的話都可得赦
免；29凡褻瀆聖靈的，卻永不得赦免，乃要擔當永遠的罪。」30這話是因為他們
說：「他是被污鬼附著的。」

耶穌的母親和兄弟們

31當下，耶穌的母親和弟兄來，站在外邊，打發人去叫他。32有許多人在
耶穌周圍坐著，他們就告訴他說：「看哪，你母親和你弟兄在外邊找你。」

33耶穌回答說：「誰是我的母親？誰是我的弟兄？」34就四面觀看那周圍坐著的
人，說：「看哪，我的母親，我的弟兄。35凡遵行上帝旨意的人就是我的弟兄
姊妹和母親了。」

撒種的比喻

4 1耶穌又在海邊教訓人。有許多人到他那裏聚集，他只得上船坐下。船在
海裏，眾人都靠近海，站在岸上。2耶穌就用比喻教訓他們許多道理。在
教訓之間，對他們說：3「你們聽啊！有一個撒種的出去撒種。4撒的時候，有
落在路旁的，飛鳥來吃盡了；5有落在土淺石頭地上的，土既不深，發苗最快，
6日頭出來一曬，因為沒有根，就枯乾了；7有落在荊棘裏的，荊棘長起來，把
它擠住了，就不結實；8又有落在好土裏的，就發生長大，結實有三十倍的，有
六十倍的，有一百倍的」；9又說：「有耳可聽的，就應當聽！」

用比喻的目的

10無人的時候，跟隨耶穌的人和十二個門徒問他這比喻的意思。11耶穌對
他們說：「上帝國的奧祕只叫你們知道，若是對外人講，凡事就用比喻，12叫
他們

看是看見，卻不曉得；
聽是聽見，卻不明白；
恐怕他們回轉過來，就得赦免。」

解明撒種的比喻

13又對他們說：「你們不明白這比喻嗎？這樣怎能明白一切的比喻呢？14撒
種之人所撒的就是道。15那撒在路旁的，就是人聽了道，撒但立刻來，把撒在
他心裏的道奪了去。16那撒在石頭地上的，就是人聽了道，立刻歡喜領受，17但
他心裏沒有根，不過是暫時的，及至為道遭了患難，或是受了逼迫，立刻就跌

倒了。[18]還有那撒在荊棘裏的，就是人聽了道，[19]後來有世上的思慮、錢財的迷惑，和別樣的私慾進來，把道擠住了，就不能結實。[20]那撒在好地上的，就是人聽道，又領受，並且結實，有三十倍的，有六十倍的，有一百倍的。」

斗底下的燈

[21]耶穌又對他們說：「人拿燈來，豈是要放在斗底下，牀底下，不放在燈台上嗎？[22]因為掩藏的事，沒有不顯出來的；隱瞞的事，沒有不露出來的。[23]有耳可聽的，就應當聽！」[24]又說：「你們所聽的要留心。你們用甚麼量器量給人，也必用甚麼量器量給你們，並且要多給你們。[25]因為有的，還要給他；沒有的，連他所有的也要奪去。」

種子長大的比喻

[26]又說：「上帝的國如同人把種撒在地上。[27]黑夜睡覺，白日起來，這種就發芽漸長，那人卻不曉得如何這樣。[28]地生五穀是出於自然的：先發苗，後長穗，再後穗上結成飽滿的子粒；[29]穀既熟了，就用鐮刀去割，因為收成的時候到了。」

芥菜種的比喻

[30]又說：「上帝的國，我們可用甚麼比較呢？可用甚麼比喻表明呢？[31]好像一粒芥菜種，種在地裏的時候，雖比地上的百種都小，[32]但種上以後，就長起來，比各樣的菜都大，又長出大枝來，甚至天上的飛鳥可以宿在它的蔭下。」

耶穌用比喻講道

[33]耶穌用許多這樣的比喻，照他們所能聽的，對他們講道。[34]若不用比喻，就不對他們講；沒有人的時候，就把一切的道講給門徒聽。

平靜風和海

[35]當那天晚上，耶穌對門徒說：「我們渡到那邊去吧。」[36]門徒離開眾人，耶穌仍在船上，他們就把他一同帶去；也有別的船和他同行。[37]忽然起了暴風，波浪打入船內，甚至船要滿了水。[38]耶穌在船尾上，枕著枕頭睡覺。門徒叫醒了他，說：「夫子！我們喪命，你不顧嗎？」[39]耶穌醒了，斥責風，向海說：「住了吧！靜了吧！」風就止住，大大地平靜了。[40]耶穌對他們說：「為甚麼膽怯？你們還沒有信心嗎？」[41]他們就大大地懼怕，彼此說：「這到底是誰，連風和海也聽從他了。」

治好格拉森被鬼附的人

5 [1]他們來到海那邊格拉森人的地方。[2]耶穌一下船，就有一個被污鬼附著的人從墳塋裏出來迎著他。[3]那人常住在墳塋裏，沒有人能捆住他，就是用鐵鍊也不能；[4]因為人屢次用腳鐐和鐵鍊捆鎖他，鐵鍊竟被他掙斷了，腳鐐也被他弄碎了；總沒有人能制伏他。[5]他晝夜常在墳塋裏和山中喊叫，又用石頭砍自己。[6]他遠遠地看見耶穌，就跑過去拜他，[7]大聲呼叫說：「至高上帝的兒子耶穌，我與你有甚麼相干？我指著上帝懇求你，不要叫我受苦！」[8]是因耶穌曾吩咐他說：「污鬼啊，從這人身上出來吧！」[9]耶穌問他說：「你名叫甚麼？」回答說：「我名叫『羣』，因為我們多的緣故」；[10]就再三地求耶穌，不要叫他們離開那地方。

[11]在那裏山坡上，有一大羣豬吃食；[12]鬼就央求耶穌說：「求你打發我們往豬羣裏，附著豬去。」[13]耶穌准了他們，污鬼就出來，進入豬裏去。於是那羣豬闖下山崖，投在海裏，淹死了。豬的數目約有二千。[14]放豬的就逃跑了，去告訴城裏和鄉下的人。眾人就來，要看是甚麼事。[15]他們來到耶穌那裏，看見那被鬼附著的人，就是從前被羣鬼所附的，坐著，穿上衣服，心裏明白過來，他們就害怕。[16]看見這事的，便將鬼附之人所遇見的和那羣豬的事都告訴了眾人；[17]眾人就央求耶穌離開他們的境界。[18]耶穌上船的時候，那從前被鬼附著的

人懇求和耶穌同在。[19]耶穌不許，卻對他說：「你回家去，到你的親屬那裏，
將主為你所做的是何等大的事，是怎樣憐憫你，都告訴他們。」[20]那人就走
了，在低加坡里傳揚耶穌為他做了何等大的事，眾人就都希奇。

睚魯的女兒和血漏的女人

[21]耶穌坐船又渡到那邊去，就有許多人到他那裏聚集；他正在海邊上。
[22]有一個管會堂的人，名叫睚魯，來見耶穌，就俯伏在他腳前，[23]再三地求他，
說：「我的小女兒快要死了，求你去按手在她身上，使她痊癒，得以活了。」
[24]耶穌就和他同去。

有許多人跟隨擁擠他。[25]有一個女人，患了十二年的血漏，[26]在好些醫生
手裏受了許多的苦，又花盡了她所有的，一點也不見好，病勢反倒更重了。
[27]她聽見耶穌的事，就從後頭來，雜在眾人中間，摸耶穌的衣裳，[28]意思說：
「我只摸他的衣裳，就必痊癒。」[29]於是她血漏的源頭立刻乾了；她便覺得身
上的災病好了。[30]耶穌頓時心裏覺得有能力從自己身上出去，就在眾人中間轉
過來，說：「誰摸我的衣裳？」[31]門徒對他說：「你看眾人擁擠你，還說『誰
摸我』嗎？」[32]耶穌周圍觀看，要見做這事的女人。[33]那女人知道在自己身上所
成的事，就恐懼戰兢，來俯伏在耶穌跟前，將實情全告訴他。[34]耶穌對她說：
「女兒，你的信救了你，平平安安地回去吧！你的災病痊癒了。」

[35]還說話的時候，有人從管會堂的家裏來，說：「你的女兒死了，何必
還勞動先生呢？」[36]耶穌聽見所說的話，就對管會堂的說：「不要怕，只要
信！」[37]於是帶著彼得、雅各，和雅各的兄弟約翰同去，不許別人跟隨他。[38]
他們來到管會堂的家裏；耶穌看見那裏亂嚷，並有人大大地哭泣哀號，[39]進到
裏面，就對他們說：「為甚麼亂嚷哭泣呢？孩子不是死了，是睡著了。」[40]他
們就嗤笑耶穌。耶穌把他們都攆出去，就帶著孩子的父母和跟隨的人進了孩子
所在的地方，[41]就拉著孩子的手，對她說：「大利大，古米！」（翻出來就是
說：「閨女，我吩咐你起來！」）[42]那閨女立時起來走。他們就大大地驚奇；

閨女已經十二歲了。43耶穌切切地囑咐他們，不要叫人知道這事，又吩咐給她東西吃。

拿撒勒人厭棄耶穌

6 1耶穌離開那裏，來到自己的家鄉；門徒也跟從他。2到了安息日，他在會堂裏教訓人。眾人聽見，就甚希奇，說：「這人從哪裏有這些事呢？所賜給他的是甚麼智慧？他手所做的是何等的異能呢？3這不是那木匠嗎？不是馬利亞的兒子雅各、約西、猶大、西門的長兄嗎？他妹妹們不也是在我們這裏嗎？」他們就厭棄他。4耶穌對他們說：「大凡先知，除了本地、親屬、本家之外，沒有不被人尊敬的。」5耶穌就在那裏不得行甚麼異能，不過按手在幾個病人身上，治好他們。6他也詫異他們不信，就往周圍鄉村教訓人去了。

耶穌差遣十二門徒

7耶穌叫了十二個門徒來，差遣他們兩個兩個地出去，也賜給他們權柄，制伏污鬼；8並且囑咐他們：「行路的時候不要帶食物和口袋，腰袋裏也不要帶錢，除了枴杖以外，甚麼都不要帶；9只要穿鞋，也不要穿兩件褂子」；10又對他們說：「你們無論到何處，進了人的家，就住在那裏，直到離開那地方。11何處的人不接待你們，不聽你們，你們離開那裏的時候，就把腳上的塵土跺下去，對他們作見證。」12門徒就出去傳道，叫人悔改，13又趕出許多的鬼，用油抹了許多病人，治好他們。

施洗約翰的死

14耶穌的名聲傳揚出來。希律王聽見了，就說：「施洗的約翰從死裏復活了，所以這些異能由他裏面發出來。」15但別人說：「是以利亞。」又有人說：「是先知，正像先知中的一位。」16希律聽見卻說：「是我所斬的約翰，他復活了。」17先是希律為他兄弟腓力的妻子希羅底的緣故，差人去拿住約

翰，鎖在監裏，因為希律已經娶了那婦人。18約翰曾對希律說：「你娶你兄弟
的妻子是不合理的。」19於是希羅底懷恨他，想要殺他，只是不能；20因為希律
知道約翰是義人，是聖人，所以敬畏他，保護他，聽他講論，就多照著行（有
古卷：遊移不定），並且樂意聽他。21有一天，恰巧是希律的生日，希律擺設
筵席，請了大臣和千夫長，並加利利作首領的。22希羅底的女兒進來跳舞，使
希律和同席的人都歡喜。王就對女子說：「你隨意向我求甚麼，我必給你。」
23又對她起誓說：「隨你向我求甚麼，就是我國的一半，我也必給你。」24她就
出去對她母親說：「我可以求甚麼呢？」她母親說：「施洗約翰的頭。」25她
就急忙進去見王，求他說：「我願王立時把施洗約翰的頭放在盤子裏給我。」
26王就甚憂愁；但因他所起的誓，又因同席的人，就不肯推辭，27隨即差一個
護衛兵，吩咐拿約翰的頭來。護衛兵就去，在監裏斬了約翰，28把頭放在盤子
裏，拿來給女子，女子就給她母親。29約翰的門徒聽見了，就來把他的屍首領
去，葬在墳墓裏。

耶穌給五千人吃飽

30使徒聚集到耶穌那裏，將一切所做的事、所傳的道全告訴他。31他就說：
「你們來，同我暗暗地到曠野地方去歇一歇。」這是因為來往的人多，他們連
吃飯也沒有工夫。32他們就坐船，暗暗地往曠野地方去。33眾人看見他們去，
有許多認識他們的，就從各城步行，一同跑到那裏，比他們先趕到了。34耶穌
出來，見有許多的人，就憐憫他們，因為他們如同羊沒有牧人一般，於是開口
教訓他們許多道理。35天已經晚了，門徒進前來，說：「這是野地，天已經晚
了，36請叫眾人散開，他們好往四面鄉村裏去，自己買甚麼吃。」37耶穌回答
說：「你們給他們吃吧。」門徒說：「我們可以去買二十兩銀子的餅給他們吃
嗎？」38耶穌說：「你們有多少餅，可以去看看。」他們知道了，就說：「五
個餅，兩條魚。」39耶穌吩咐他們，叫眾人一幫一幫地坐在青草地上。40眾人
就一排一排地坐下，有一百一排的，有五十一排的。41耶穌拿著這五個餅，兩

條魚，望著天祝福，擘開餅，遞給門徒，擺在眾人面前，也把那兩條魚分給眾
人。[42]他們都吃，並且吃飽了。[43]門徒就把碎餅碎魚收拾起來，裝滿了十二個籃
子。[44]吃餅的男人共有五千。

一

呼召跟隨者（一14～20）

1. 敘事鑑別

我們來到了耶穌的事工的一個重要兆始。一章 14 至 20 章的故事開始了耶穌的事工的主要段落——在加利利的事工。這個故事的起源值得稍作討論。一章 14 節表明約翰被下在監裏，卻未有交代原因。為甚麼呢？豈不是因為馬可的聽眾早已經知道答案嗎？除了其他福音書，約瑟夫也有記載這個歷史事實。大家的解釋各有不同：從約翰明確地得罪希律安提帕，到希律安提帕害怕約翰那巨大的影響力（太十四 3～12；約瑟夫的《猶太古史》18.116～118）。但是，最重要的是，馬可的聽眾早已經知道答案了。因此，馬可的解釋要到六章 14 至 29 節才出現，並且他有別的目的。我會在解釋六章 14 至 29 節時才討論這一點。我認為，我們都會因為馬可延遲記載約翰被囚和被處死一事而感到驚訝。馬可的聽眾可能早已經知道箇中原因，因為就連約瑟夫——與馬可同期的非基督徒——的記載也論及約翰被處死一事（《猶太古史》18.116～118）。因此，約翰被處死顯然是人所共知的事。

耶穌在一章 14 節的職事是連於約翰的職事，在約翰被囚「之後」才發生的。一章 14 至 15 節包含了片語「宣傳上帝的福音」，這片語鮮見於福音書，但它卻多次在保羅書信中出現（例如：羅一 1，十五 16 等）。[1] 這個敘事按時序記載。約翰早於耶穌出現，以致耶穌得以進入約翰在曠野所修直的道路。耶穌第一步是宣傳「福音」，那是馬可在一章 1 節早已使用過的詞彙，當中包含了「當悔改，信福音」的意思。這是否關於上帝的好消息？那是從上帝而來的好消息嗎？這關於上帝作王的日子近了嗎？[2] 福音到底是甚麼？這消息有甚麼好呢？單單根據一章 15 節，它可能解作「上帝的國近了」。「福音」一語如此頻密地出現，馬可的讀者必定注意到。務要留意的是，假如國度的臨近是好消息，那麼我們就需要在馬可往後揭開敘事時，細看這個主題。

在馬可福音中，悔改的用語只在這裏出現，同樣的信息卻在馬太福音三章 2 節中出自施洗約翰的口。馬太和馬可可能採用了相同的資料來源，被同樣的資料影響。或許耶穌和約翰的宣講是參考和依據相同的信息來源，但是馬可區分了他們的角色和他們的服事模式。究竟「悔改」和「信」是甚麼？威里斯（Lawrence Willis）在《新約猶太註釋》（*The Jewish Annotated New Testament*）中的定義甚好：「悔改並非關乎個人罪行，而是指『回到上帝那裏』。」[3] 耶穌所指的「信」很可能是指「要忠心」，但是這裏的「悔改」和「信」，希臘文原文都是現在時態命令語態動詞。這裏的現在時態，表明這是個持續不斷的過程，而不只是

---

1. Mary Beavis, *Mark* (Grand Rapids: Baker Academic, 2011), 43.
2. Beavis, *Mark*, 44.
3. Lawrence Willis, "Mark," in *The Jewish Annotated New Testament*, ed. Amy-Jill Levine and Marc Brettler (Oxford: Oxford University Press, 2011), 59.

如一些現代基督教復興運動中的那種情感高漲的過程。假如悔改涉及認信（參一5），那它肯定涉及持續不斷承認自己的不足和罪行。但是，那是甚麼罪行和不足呢？我們可以把猶太人未有忠於上帝的約，理解為這個悔改信息的一部分；我們也可以緊隨經文中的地點，把猶太人的不忠心理解為與耶路撒冷控制著的宗教體制有關，就好像以色列被擄去巴比倫之前的情況那樣。假如施洗約翰、民眾和耶穌的集體行動驅使他們去到曠野——反對耶路撒冷和猶太地的宗教中心，那麼，從這段敘事開始，耶穌以說話的方式來作出譴責。真正悔改的罪人會察覺到自己在禮儀上的不足，並會跟隨耶穌出到曠野，為要脱離宗教上的被擄。在這個處境中，耶穌出到曠野去，並尋找那些會跟隨祂的信息的人。整個「旅程」的概念（參八27，十52）似乎為初期基督教的定義鋪了路——稱福音為「道路」。

根據馬可福音，上帝的國度是這樣的：第一，它的莊稼會在人不察覺的情況下長成（四27～28）；第二，它是屬於小孩子的（十14～16）。還有其他相關的討論和用語，我會在往後討論到那些經文時加以說明。一章14至15節的重要之處在於，它乃是整個敘事的引言，總結了耶穌在加利利所做的事；在15節，當中有一個包含悔改和相信的口述公式，這與約翰的悔改和受洗的信息的間接記載有點相似。馬可把片語和子句合併，總結出一個更加複雜、涉及由口述演示寫成的信息。[4] 這信息回答了「在耶穌出到曠野和約翰被囚之後，祂正在做甚麼？」這條問題。耶穌

4. Antoinette Wire, *The Case for Mark Composed in Performance* (Eugene: Cascade Books, 2011), 81.

按照上帝在以賽亞書四十章 1 至 5 節和馬可福音一章 1 至 3 節的計劃，把國度的工作帶到下一個階段。不過，我們難以單單解釋一章 14 至 15 節本身的意思，因為這兩節經文是整個事工的引言。一個適切的解釋，還需要得到往後段落的支持。

假如這條道路是福音的開始，耶穌的服事就是這個更大的福音的一部分。耶穌的福音工作，第一步就是呼召跟隨者。這一步證明了耶穌的服事的重要一環，就是呼召門徒——好像學校的老師呼召學生一樣。耶穌的服事最常被人忽略的一點，就是祂建立了一所新的門徒「學校」。一般講員甚少如此宣講：「耶穌創辦了一所新的學校！」但是馬可透過呼召表達了「學校」的概念的重要性，因為作門徒的主題在這卷福音書中十分突出。馬可的描述最終會帶來很大的張力，因為他即將展示出：雖然耶穌是一位有很多跟隨者的老師，但祂卻不只是一位老師。葉爾曼（Bart Ehrman）也說過，這個描述展示出，耶穌是滿有權柄的上帝之子。[5] 畢竟，有誰會膽敢叫別人放棄自身的職業和生活？再者，又有誰有這樣的權柄，在作出這樣瘋狂的呼召後，叫人跟隨自己？伯理奇進一步說：「凡是想接受教育的年輕猶太人，都會選擇一位拉比，這是猶太人的習俗。」[6] 這樣看來，耶穌是一位主動出去的呼召者，而不單是一位被動的老師。祂違反了很多慣常的社會習俗。

在一章 16 至 20 節的簡短記載中，耶穌呼召了西門、安

---

5. Bart Ehrman, *The New Testament: A Historical Introduction to the Early Christian Writings* (Oxford: Oxford University Press, 2008), 78.
6. Richard Burridge, *Imitating Jesus: An Inclusive Approach to New Testament Ethics* (Grand Rapids: Eerdmans Publishing, 2008), 47.

得烈，米亞（John Meier）在其有力的著作《邊緣猶太人》（*A Marginal Jew: Rethinking the Historical Jesus*）中指出，耶穌呼召門徒的方式，在公元一世紀是十分特別的。[7] 馬可在他的描述中，亟欲分享他對作門徒的特別要求。呼召的地點是在加利利海旁（一 16），這是捕魚的場景。馬可為甚麼會稱這個湖為「海」？這可不是海。麥克唐納（Dennis MacDonald）列出一些與荷馬的航海業故事平行的重要記載。馬可把加利利海擴張為「海」，為要與其他航海業的故事平行，藉此表明耶穌的偉大和英雄質素。[8] 航海業在古代是一項很龐大的工程。當我們小心察看這樣的一個地點，會想像到漁夫們正在自己的船上往湖裏撒網。這段呼召的敘事分為兩個階段：第一階段是西門和安得烈捕魚的時候，第二階段是西庇太的兒子雅各和約翰正在他們的船上補網和準備捕魚的時候。敘事的焦點是第一階段，因為耶穌借用了捕魚的場景來說明這些人若要跟隨耶穌，他們將要做哪類型的工作。在第二階段，耶穌並沒有提到捕魚，而馬可也沒有記載耶穌呼召雅各和約翰時對他們所說的話。

為甚麼耶穌將焦點放在西門和安得烈的第一個呼召呢？答案似乎很簡單，因為捕魚的場景為耶穌提供了一個完美的隱喻來形容祂期待的國度工作。耶穌在一章 17 節提到，祂要使門徒成為「得人的漁夫／ἁλιεῖς ἀνθρώπων」，這句話可以譯作「我要使你

---

7. John Meier, *A Marginal Jew: Rethinking the Historical Jesus*, vol. 3 (New York: Doubleday, 2001), 52；米亞進一步指出，在所謂的拉比與耶穌之間，當中有很多的平行記載，都是來自公元一世紀後的資料。

8. Dennis MacDonald, *The Homeric Epics and the Gospel of Mark* (New Haven: Yale University Press, 2000), 57.

成為得人的漁夫」。這個事工究竟是甚麼性質的呢？我們必須看看捕魚在整個敘事裏——包括雅各和約翰的第二個呼召——的角色。捕魚是人類維生的途徑，是門徒和他們家人賴以為生的生活方式。[9] 這段敘事提到西庇太，表示這是一門家族生意。因此，耶穌可能不單是指要得魚或得人，也意謂著這些人的整個新生活方式——包括了離開他們舊有的家庭——都要向耶穌效忠。這個呼召是徹底的，因為門徒若要成為得人的漁夫，就先要回應耶穌的呼召。不過，我們要留心，這與很多華人非基督徒父母聲稱的「假如他們的兒女信耶穌，就會失去他們」無關。馬可在這裏要強調的其實是另一回事。古代的家庭並不只是局限於血緣關係，而是整個社會體系，這與帝國的法律架構有著密切的關係。離開那個家庭，門徒就要離開那個社會體系，過全新的生活。馬可其實是在說：呼召門徒就是顛覆了一切常規。由於整個敘事屬於一章1節的福音的一部分，這個顛覆的行為是馬可詮釋福音的一部分。我們不必懷疑馬可的迫切性，因為他不單在一章18、20節使用了「立刻／καὶ εὐθὺς」，甚至在整卷福音書中，每當他要透過敘事者去表達那種迫切性時，都會使用這樣的表達。人需要立刻行動，因為上帝的國近了（一15）。耶穌的行動乃是為了彰顯上帝的國度，而祂邀請人一同參與這個運動。這個敘事不只戲劇化，也十分「合理」。

9. Blake Wassell and Stephen Llewelyn, "'Fishers of Humans' the Contemporary Theory of Metaphor, and Conceptual Blending Theory," *Journal of Biblical Literature* 133 (2014): 630～631, 638；這文章論到，耶穌呼召人跟從祂的信息，乃融入了捕魚的文化背景。而此文的作者亦提及這段敘事的平行之處：漁夫是以魚為目標，而門徒是以人為目標。即使門徒不斷失敗，他們能在其中操練忍耐，就如漁夫等待他的漁獲一樣。

反思及應用

上文提及的那種呼召的迫切性，往往被直接應用在我們今天的呼召上，即上帝的呼召是十分迫切的。然而，根據馬可福音一章的敘事世界的神學涵義，兩者並不相同。這段經文的詮釋需要更加著重神學層面，而非只是「今天它可以怎樣應用在我身上」。如此迫切的呼召，展示出耶穌的工作是何等截然不同 —— 祂只有一段很短的時間（即是三年）去完成它。

這個呼召門徒的敘事本身需要從神學角度來詮釋。耶穌呼召門徒，為要建立一所「學校」。然而，祂並不是單單呼召他們去建立一所學校。祂那奇怪、徹底的呼召，把祂置於那位呼召自己子民的以色列的上帝的位置上。卡達科爾（Simon Gathercole）也注意到耶穌工作這個重要的面向。[10] 因此，耶穌扮演了單單屬於舊約聖經的上帝的重要角色。

人往往認為，上帝透過這種呼召的敘事去呼召他們參與事奉，但事實不一定是這樣的。事實上，這種詮釋會把焦點從耶穌轉移到門徒身上。雖然門徒的角色在這件事中十分重要，但是這事件要反映的，是一章 15 節耶穌的國度信息的迫切性。耶穌的國度事工十分迫切，因為我們將會發現，祂在三年後被釘十字架。這與今天的情況不同。與其在此刻把門徒看為「我們」，

---

10. Simon Gathercole, *The Preexistent Son: Recovering the Christologies of Matthew, Mark, and Luke* (Grand Rapids: Eerdmans Publishing, 2006), 54～55. 然而，卡達科爾認為這些經文是上帝之子的先存性理論，我實在無法接受卡達科爾這個理論。雖然新約聖經（尤其是約翰和保羅的著作）清楚表示耶穌的先存性，但是以馬可福音為論據，這點實在無法成立。

較好的做法是，藉著把重點放在這位極其重要的救主身上，從而看到這個呼召是多麼的徹底。由於經文未有交代例如西庇太的兒子怎樣離開家庭等事情，我們不應把這個敍事簡單應用在自己身上。離開家庭是件複雜的事，人不能說走就走，說不定西庇太批准他們離家，踏上這趟全新的冒險旅程！但畢竟我們無法得知事實是否如此。因此，我們對這段經文的神學詮釋只能針對耶穌和祂的信息。一個可能的應用是，把這段經文理解為一個徹底旅程的開始。馬可只提供最基本的資料，為要表示這國度徹底的一面。如此，這趟旅程並不關乎個別人對呼召的回應，而是關乎一羣人一同踏上作門徒的旅程。這條路崎嶇不平，要走得徹徹底底，並不鼓勵人安於現狀。環顧今天的教會，我們需要去問：「我們是否安於現狀？」

2. 神學詮釋：釋經的理性思考

約翰在曠野施洗，但他卻預告耶穌的出場，然後耶穌來了。約翰施行潔淨的職事被迫停止，因為他被逮捕，下在監裏，不能再給猶太全地與耶路撒冷的猶太人施行潔淨之禮，即使這是在曠野邊緣地方發生的事情。然後耶穌開始祂的職事。耶穌離開了曠野，祂並沒有直接前往耶路撒冷，卻跑到北面的加利利工作。約翰的施洗事奉遭受阻撓，耶穌接續來到，並要以更大的能力工作、用聖靈施洗，祂會不會同樣遭遇困難，並且會比約翰所遇上的，更為嚴重、險峻？約翰的命途，是否某程度上預告了、指向了耶穌日後的道路？

耶穌在加利利，開宗明義的宣講「上帝的福音」。但是這「上帝的福音」是甚麼？馬可在故事開始、起首的時候，就告訴他的聽眾、讀者，他要講的正是那惟一的福音、與別不同的好消息。然後他講到約翰出場，約翰又指向了耶穌；耶穌在曠野經歷過撒但的試探，在約翰被捕下監之後，他來到加利利這個地方，宣講「上帝的福音」，但是他要講的「上帝的福音」是甚麼？馬可福音在這裏第一次要告訴他的聽眾、讀者，福音的內容是甚麼；他透過耶穌來講述福音的內容。

耶穌沒有多講，祂只是說：「日期滿了，上帝的國近了，你們當悔改，信福音。」由此，「上帝的福音」意指的是：「日期滿了，上帝的國近了。」面對這好消息，耶穌要求我們作出恰當的回應：「你們當悔改，信福音。」耶穌沒有講論，上帝的國是怎樣臨近的？或是，上帝的國是由誰帶到大家之中的？祂只是宣告：「時候到了，上帝的國臨近了」，然後要求回應，而不能甚麼也不做，只是如常生活、繼續工作，靜靜地等候上帝的掌權在地上完全實現。

耶穌的要求是：「你們當悔改，信福音。」全心信靠「上帝的國近了」、「上帝的完全掌權臨近了」，是一種忠信的表現。對上帝的國度將要在地上完全實現，深信不疑，並且以之為大前提來生活，自然要求悔改。在這脈絡之中，耶穌所要求的悔改，並非指個人的罪行這方面，而是更為徹底的，涉及那叛離上帝的全幅生命，悔改是指「回到上帝那裏」。悔改預設、包含認罪；若不承認自己背離上帝，也就不必回轉歸向上帝了。耶穌要求人持續地堅信上帝國度的臨近是好消息，並要持續認罪悔改，整個生命回轉歸向上帝。耶穌要求人對這好消息作出忠信與悔改的回應，這是一生不斷的回應，而非一時三刻的回應。這是全幅的生命改變，整個生活方式的回歸。

從施洗約翰出來在曠野施行潔淨的禮儀，就開始表明了以耶路撒冷為代表的宗教體制，已經不能幫助猶太人忠於他們與上帝之間所立的約，更加可能因著腐敗而使得猶太人背離上帝，因為單單只是禮儀而不涉及全幅生命的回轉歸向上帝，固然表面，更易自欺欺人。到曠野施洗約翰那裏的猶太人，都期望尋求真正的釋放與自由。約翰之後，耶穌來了。祂從曠野出來，來到加利利，帶著不一樣的宣告：「日期滿了，上帝的國近了」，要求：「你們當悔改，信福音。」這把聲音所發出的，豈不是對猶太人的呼召嗎？豈不是對猶太人作出那生命全然回轉的呼召嗎？耶穌從曠野出來，來到加利利，石破天驚地作出了前所未有的宣告與呼召，揭開了祂此後道路的序幕，也道出了祂此後整個事工的路向。耶穌的道路，是要讓人得到真正的生命釋放與自由，因為上帝的國度、完全掌權，要臨近了。

由此，真正的生命釋放與自由，是來自耶穌的宣告與呼召，而這具體的呼召，馬上可以見於耶穌在加利利海邊，對西門與安得烈、雅各與約翰這兩對兄弟的呼召。叫人驚奇的是，耶穌呼召的舉動，並非公元一世紀猶太社會的慣常習俗。一位老師，並不會主動去招收學生；年輕人想要接受教育，他會自己選擇一位拉比去跟隨。但是耶穌卻主動呼召門徒跟隨祂，由此可見，耶穌並不只是老師，雖然許多人稱呼祂為「拉比」。更為重要的是，耶穌的呼召，是整個生命的改變。甚麼人能有這個權柄？耶穌的呼召，是叫人來跟隨祂。甚麼人能有這個權柄？耶穌，不只是老師，那麼祂是誰呢？這就讓人想起馬可福音起頭的說話：「上帝的兒子，耶穌基督福音的起頭。」耶穌，祂是上帝的兒子，擁有這個不一樣的特殊權柄，呼召人過完全不一樣的生活。

耶穌這個叫公元一世紀的猶太人驚訝的特殊呼召舉動，彰顯了祂是主動的那一位，表達了生命的全然改變其關鍵乃在於耶穌自己的呼召，而首先並非人自己的任何作為。固然，人的回應是重要的，但這回應乃是對呼召的回應，而非無中生有的舉動。這呼召是來自人以外的他者，是從外面而來的異己聲音，叫人走出自己固有的捆綁，進到另一個釋放與自由的世界。這個釋放與自由的世界，是跟現在過著的生活完全不一樣的。

耶穌的呼召舉動，就如一位古代揚帆航海的英雄人物；加利利湖成了加利利海，在這裏要展開一個偉大的航海事業的故事，探索前所未知叫人驚訝的新世界。耶穌就在這「海」邊呼召「船員」，跟隨祂一起「起航」，經歷前所未有的生活，闖進從沒有進入過的世界。這不免叫人期望，耶穌宣告的那個將臨近的上帝國度，會是一個意想不到的奇異新世界。要進入這個奇異新世界，體會個中與別不同的生活，只有全然地、徹底地跟原來的生活中的一切告別，才得以可能。這裏只能二者任擇其一，或是留駐萬有的世界，或是勇闖新奇的世界，就是不能二者兼得。耶穌走在加利利海的海邊作出呼召，正是叫人告別原來的生活，頭也不回地踏上新的旅程。

耶穌的呼召，先是西門和安得烈，後是雅各和約翰。這兩次呼召是互相平行的，但卻以前者為參照點，因為前者詳細，後者概括。而後者沒講的細節都由前者補足了。後者的簡要概述也重複強調了耶穌的呼召與門徒的跟隨。

耶穌呼召西門和安得烈：「來跟從我！我要叫你們得人如得魚一樣」（一 17），是非常顛覆的。捕魚不只是一個人的事業，而是整家人賴以為生的生活方式。撇下魚網，就是離開原有的家庭；離開家庭，就是離開那個社會體系，不再在家庭及其所在的社會體系之中來生活。跟隨耶穌，在這樣的情況下，就是徹底的跟現在的生活告別，去過完全不一樣的嶄新生活。這在古代公元一世紀的世界，是極其顛覆，不可想像的。這種情況之所以顛覆，是在於以一種新的生活方式、新的社會／社羣體系，來取代現存的生活、現存的社會／社羣體系。

耶穌來到加利利海的海邊，開始祂的旅程；這個旅程以具體的呼召來開始，祂陸續呼召不同的人跟隨祂，這些人形成一個門徒羣體，要過另一種的生活，要走不一樣的道路。這些門徒，在回應耶穌的呼召時，都是立刻的。耶穌所具有的不一樣權柄，再次在門徒的即時回應來跟隨祂這事件上表露無遺。在耶穌那不可抗拒的呼召底下，他們就開始踏上一段另類的人生旅程。他們將要得人如得魚，在這敞旅程之中招聚更多人跟隨耶穌，一起走上這條要求認罪悔改捨棄現有生活的顛覆性道路。這條道路的顛覆情況，馬可在續後的故事將會一一告訴我們；福音，是一個顛覆的福音；上帝的國度，顛覆地上任何一個國度，包括公元一世紀權傾一時的羅馬帝國。

二

迦百農：受歡迎的指標（一21～45）

1. 敍事鑑別

迦百農位於加利利海北部。為甚麼我要把這個段落標題為「受歡迎的指標」? 因為這個段落緊接著呼召門徒的記載，全面展示出一章 15 節上帝國度的面貌。這是耶穌在一章 3 節按著以賽亞書四十章 3 節的引文離開曠野，進入應許之地的一部分。我們也在這裏見到，耶穌的服事是以扼要的方式呈現出來的。與此同時，作者使用了不同人物和地點去帶出一個重要信息：耶穌立刻深受歡迎。

根據敍事者的評論，經文頗常提到耶穌深受羣眾歡迎。敍事者在一章 28 節告訴我們，雖然耶穌的工作剛在迦百農開始，但是有關祂的消息已經傳遍加利利。在一章 37 節，當耶穌不在時，民眾四處找祂；在一章 45 節，耶穌太受歡迎了，以致祂要留在城外，但民眾還是去到那裏找祂。

研讀這個段落的地點時，我們會留意到「特定」地點（即迦百農）與鄰近地區（即加利利或是加利利全地）之間的張力。耶穌在鄰近地區，當有特定的作為，只是馬可或許不知道事發的確實地點；但無論怎樣，更重要的是，也許馬可根本不在意這些細節。馬可更加關心的是，他要以某個特定地點來象徵著耶穌力所能及的事。耶穌不只是漸漸受人歡迎，更是前無古人地走上了舞台，因為上帝的國近了！迦百農成為加利利事工的總結。

迦百農發生了甚麼事呢？一章 21 至 28 節為我們提供了一些資料。根據 21 節，那是安息日，場景是在會堂裏。這個明確的地點值得我們注意，因為會堂是猶太人的社交—宗教中心，那理應是正統的宗教中心。在這次事件當中，發生了好幾件事，可以總結耶穌整個服事：教導和趕鬼。這個場景實在引人入勝，因為這場景的地點是在會堂裏，而且這次事件是頗不尋常的。一般來說，律法師是有權柄作教導和趕鬼，而這些宗教領袖理應辨認出耶穌是彌賽亞。但是，耶穌卻取代宗教領袖履行他們的職責，像在責難他們的無能。這個敘事沒有明顯提到這些宗教領袖在場，這正是馬可貶低他們身分的方式。這個故事可以歸類為認識耶穌身分的場景，眾人至少稍為認識到耶穌是誰。

那麼，認識耶穌的甚麼身分呢？首先，眾人認識到耶穌是勝過律法師的。律法師是文士，主要有兩個職責：抄寫和研讀聖經。抄寫和研讀其實是同一件事，因為文士要準確地抄寫，必須熟悉聖經。諷刺地，一位闖進這場景的木匠，竟然比那些畢生學習和教導聖經的人更有權威！馬可把耶穌描述為「有權柄的」老師，不像那些文士，這實在十分諷刺。而且，耶穌與文士的這種對比，不是「對仗」的，因為正常的對比應該是耶穌像有權柄的老師，文士是沒有權柄的老師；但是馬可並沒有說文士是「沒有權柄的人」，彷彿會堂中的聽眾早已深知這個事實。透過這個諷刺的描述，馬可顯示出耶穌的聽眾確實認識到耶穌展示權柄的方式十分特別。除了祂的教導，有甚麼東西能證實祂的權柄呢？認識耶穌身分的另一個層面，可帶給我們較為不同的信息。

有關祂的權柄的第二個層面來自一章24至26節。這一次，污鬼辨認出耶穌是「拿撒勒人耶穌」。比維斯（Mary Beavis）指出，一章24節稱耶穌為「上帝的聖者」。在彌賽亞身上套用這個稱呼並不常見，這個稱呼令人想起列王紀下四章9節以利沙被稱為「神人」。[11] 與此同時，即使與以利沙的文本互涉是正確的，我們可以相信污鬼的話嗎？這個身分的確認與一章9節的記載一致，因此我們實在難以完全負面地理解這個身分的確認。透過指出耶穌是拿撒勒人，作者暗示了一幅與普羅大眾想法相反的圖畫，因為根據艾凡斯（Craig Evans）的估計，拿撒勒只是一個有二至四百人口的小鄉。[12] 不過，雖然它是個小鄉，卻非與世隔絕。在這個認識耶穌身分的事件中，主要負面的地方很可能是：見證人是污鬼，這或會產生反效果。但是，連污鬼也辨認出耶穌的身分！而這個「污鬼見證人」更是耶穌使命之路上的障礙，是祂必須跨過的。與此同時，在馬可的整個計劃裏，污鬼辨認出耶穌的身分，成為對那些不認識耶穌的人的責備：他們比污鬼更差勁！這段污鬼的記載，回應了羣眾的希奇和欠缺知識——污鬼甚至比人類知道更多。另一個值得留意的重點是：地點。會堂的社會—宗教文化無法使人免於被鬼附。在馬可福音，「污鬼」這個用詞和主題是很突出的：明確指向有關潔與不潔的潔淨條

---

11. Beavis, *Mark*, 52.
12. Craig Evans, *Jesus and His World: The Archaeological Evidence* (Louisville: Westminster John Knox Press, 2012), 13～14；今天的拿撒勒約有六萬人居住。

例（一23、26、27，三11、30，五2、8、13，六7，七25，九25）。[13] 即使在進行潔淨禮儀的會堂，即使是會堂裏的宗教，也無法避開污鬼。污鬼詢問耶穌是否要來滅他（一25），馬可的聽眾也應該提出同樣的問題。我們將會從所有與鬼魔有關的記載中得到答案。

讀到污鬼那條別有洞見的問題「你來是否……」時，我們需要留心這段敘事的微妙之處。馬可加插了這個片段，不單為了記載耶穌趕鬼的歷史事迹，事實上，污鬼的問題也是馬可自始至終要回答的問題——耶穌重複解釋祂為何來到（一38，二17，十45等）。換言之，這個問題的答案其實貫穿了整卷馬可福音。馬可視污鬼為神學的陪襯品，為要闡明耶穌的服事。與此同時，雖然耶穌破壞污鬼的工作，並幫了無能的宗教領袖一個大忙，但是宗教領袖並沒有出現或向祂道謝。雖然這裏需要文士和法利賽人，但是他們在這個敘事中並沒有出現；相反，他們往後會來消滅耶穌。[14] 同一時間，這班宗教權威保持緘默，耶穌亦叫污鬼不要做聲，可耶穌的名聲卻很快就傳遍四方。[15] 這正是馬可福音諷刺之處。

當我們看看「認識耶穌身分的事件」和「耶穌的服事」時，

13. Steffen Jöris, "The Markan Use of 'Unclean Spirit': Another Messianic Strand," *Australian Biblical Review 60* (2012): 49～66；這篇文章指出，不潔的主題和撒迦利亞書的牧人故事是這些故事的背景，但問題是，撒迦利亞書在馬可福音中並不顯明。

14. Eugene La Verdiere, *The Beginning of the Gospel: Introducing the Gospel According to Mark*, vol. 1 (Collegeville: Liturgical Press, 1999), 69.

15. Alan Culpepper, *Mark: Smyth & Helwys Bible Commentary* (Macon: Smyth and Helwys Publishing, 2007), 57.

我們必須留意耶穌不是隨意行這些事的。馬可要指出的是，耶穌教導和趕鬼的目的是要人辨認出祂的彌賽亞身分。馬可在一章 27 至 28 節的結語指出了耶穌依次行的兩件事：有權柄的教導和趕鬼。按一章 27 節的用語，耶穌有著類似軍隊司令的權柄。馬可這裏使用了與權柄有關的用語，因為耶穌就是宣佈上帝國度的那一位，而權柄在國度中十分重要。最後，艾凡斯在一篇甚有洞見的文章中，指出了與趕鬼相關的權柄和能力的重要性，尤其以兩約之間時期的傳統和文獻為佐證（例如：《十二族長遺訓》〔*The Testaments of the Twelve Patriarchs*〕、《摩西升天記》〔*Assumption of Moses*〕）。[16] 在高舉巫術和魔法的世界裏，靈掌管著人類的狀況。耶穌重複展示祂勝過鬼魔的能力，足以表明祂的大能和權柄。祂並沒有單憑話語來展示能力；相反，祂藉著話語和行動來展示能力。耶穌勝過鬼魔的能力，展示耶和華在以色列生命中的戰士屬性。耶穌不過是表明祂勝過靈界的王權，並藉此展示祂的權柄。一章 28 節的總結提到耶穌的名聲傳遍加利利而非迦百農。因為迦百農只是代表著耶穌在加利利所做的一切。

離開迦百農之後，耶穌在加利利的一連串服事很快就在一章 29 至 34 節接續下去。一章 29 節以馬可典型的語法「καὶ εὐθὺς」開始，這可譯作「立刻」。馬可在敘事中多處使用「立刻」來表示連續性和加快敘事的速度，[17] 他有可能嘗試仿照希伯來文的「連意連接詞」（waw consecutive）以表示行動的後果。在這裏，馬

---

16. Craig Evans, "Inaugurating the Kingdom of God and Defeating of the Kingdom of Satan," *Bulletin for Biblical Research* 15 (2005): 49～75.
17. Wire, *The Case for Mark Composed in Performance*, 82.

可記載了一件獨特的醫治事件和好些其他概略的神蹟奇事。我們必須留意，在馬可福音中與耶穌有美好互動的人都是沒有名字的，馬可只提及他們的痛苦。[18] 這次的醫治事件是馬可福音眾多醫治記載裏最先發生的事件，與西門的岳母有關。醫治的場景是西門和安得烈的家（一 29），就第一批門徒的呼召來看，這個地點十分重要。在詮釋經文時，留意敘事的地點是很重要的，因為雖然一章 20 節的呼召論到西門和安得烈離開家庭，但這個記載卻提到西門和安得烈回到家中。這樣的連繫表明了門徒需要經歷的張力：門徒一方面要離開他們的家庭，另一方面卻要不時回到家裏。這次他們卻是與耶穌一起回家。這個故事再一次證明了地點的確很重要。

一章 20 節早已予人耶穌破壞家庭關係的印象，但是一章 29 節的家庭場景卻推翻了這個印象。家庭反而成為耶穌在馬可福音中第一個施行神蹟的場景。這一點很重要，因為從開始一直到這裏，馬可都未有進一步提到耶穌和門徒在呼召後的關係。馬可描繪了一幅互惠的和諧圖畫，與羅馬的家庭文化十分吻合。而且，耶穌並沒有以客人的身分出現，反而像主人一樣處理問題，而這裏的問題就是病患。耶穌解決的方法很簡單：耶穌扶她起來，熱就退了，她就服事他們（一 31）。馬可可能會受到現代女性主義者的嚴厲批評，指他把那個婦人放在卑屈的位置；但是，婦人的服事卻與當時的女性角色很匹配。根據希羅的社會角色，這幅圖畫呈現了罕見的一面：基督的國度信息怎樣完美地配合祂所走上的福音旅程，藉此鼓勵家庭和諧。拜瑞（Brendon Byrne）在這個

18. Beavis, *Mark*, 20.

故事中進一步看見一個新家庭的創造。[19] 某程度上，這次的醫治容讓岳母完成她那未完成的任務。因此，這個敘事並沒有顛覆常規，馬可或許根本沒有想過要顛覆女性的角色。得醫治的婦人能夠繼續她的工作，足以證明這是個神蹟。[20] 她並沒有只是痊癒了一點兒！不，她完全痊癒了，甚至可以去服事他人。對離開家庭去跟隨耶穌的西門來說，作門徒的呼召使他蒙福。國度的福音在顛覆與和諧之間形成張力，但馬可並沒有解決這個張力。

因著這次的醫治，耶穌以這個家庭作為祂在這城的事奉基地。一章 33 節記載合城的人都聚集在門前，耶穌這裏的祝福所帶來的行動十分重要。第一，耶穌呼召人離開家庭，接著祂去到一個家庭裏祝福這個家庭。因著那個祝福，祂使那個家庭成為該家庭以外的人的祝福。然後，在一章 34 節下半部分，馬可記載了第二次的趕鬼事件，抵消了一章 23、25 節的第一次趕鬼事件。這次，鬼被禁止作聲，以致他們無法按著他們的性情，藉著宣告耶穌是誰而去敗壞祂的名聲。這裏的家庭成為善惡對抗之地。耶穌駕馭鬼魔的能力，而鬼魔則試圖破壞耶穌的工作。兩者的分別是耶穌比鬼魔更有權柄，這使祂必然得勝。耶穌的得勝是無可避免的結局。

由於耶穌的事奉十分忙碌，祂在一章 35 至 39 節稍事歇息，安靜獨處。即使這樣，人還是繼續尋找祂。務要留意一章 35 至 37 節，這三節經文依然是一章 29 至 34 節的敘事地點的一部

19. Brendon Byrne, *A Costly Freedom: A Theological Reading of Mark's Gospel* (Collegeville: Liturgical Press, 2008), 47.
20. Beavis, *Mark*, 53.

分。一章35至37節是連接下一個地點的轉折點。在這個轉折點，耶穌去了一個獨處的地方，就如祂在一章12節所做的。在馬可福音，遠離人羣的地方似乎是轉去下一個服事場景的最好轉折點。這個故事以類似一章28節的敍事總結作結。馬可在一章38至39節將耶穌的服事描述為傳道和趕鬼（參一22～23、34）。這個耶穌的使命早已十分清楚。而更加值得注意的是，這是馬可回應污鬼在一章24節的問題的方式。耶穌來消滅鬼魔，也來傳道和服事；耶穌來履行上帝所差派的使命。

由於羣眾不斷尋找祂，耶穌再次在一章40至45節上半部分，忙得不可開交。這次的醫治地點不詳，只知道那是在加利利的地區（參一39）。當我們將39節中的會堂與迦百農第一次會堂事件作比較（一21～28），這裏依然存著很多宗教上的潔淨問題。「大痲瘋」（英文是leprosy，這是希臘文λεπρὸς的音譯）的特徵不詳，但病徵比現代的痲瘋病多。耶穌叫大痲瘋病人事後讓祭司檢查身體，因祭司曾表示他的皮膚是不潔的（參利十三49，十四1～32）。這個人大膽走近耶穌，他原本應該要被隔離。痲瘋病並非這樣容易就會痊癒。按著舊約的條例讓祭司檢查痲瘋病人，也說明了這個詞彙所包含的意思，可能超過現代人所想的。這件事源於那個病人自己的要求：在一章40節，他去到耶穌那裏，憑信心在祂面前跪下。這個人在40節說的話很重要，這句話必須與「人認為祂是誰」的其他相關言論一併比較。民眾顯然知道耶穌有醫治的能力，因此在一章32節蜂擁而至。這個人承認耶穌有很大的能力，只要耶穌願意，他就可以得醫治。因此，對那人來說，他從來沒有質疑耶穌的能力，他是來詢問耶穌的意願。

這個故事也是認識耶穌身分的事件，因為耶穌這裏並不是教導信心的功課，雖然那個人顯然對耶穌有信心。這可能是因為那個人對耶穌是醫治者的理解並不完全。我們之後會討論這一點。一章41節形容耶穌「動了慈心／σπλαγχνισθεὶς」。這個字是指人內心深受感動。在這裏，全知的敘事者能夠看透耶穌的心，並且能夠形容耶穌的感覺。事實上，彼得可能告訴了馬可耶穌醫治的動機。因此，他得醫治是他承認耶穌身分的結果，而祂也使他的皮膚病立即消失（一42）。那大痲瘋病人對耶穌的理解是不完全的，我們可從一章40節大痲瘋病人對耶穌所說的話證實這點。大痲瘋病人一開始便對耶穌說：「你若肯，必能叫我潔淨了。」（一40）從這番話我們可推斷，大痲瘋病人可能認為耶穌只有一個身分——醫治者。從而可見，大痲瘋病人對耶穌的理解是不完全的。接著耶穌在一章44節吩咐大痲瘋病人「甚麼話都不可告訴人」，耶穌之所以說這話，祂或許認為大痲瘋病人可能會像一章34節的鬼魔那樣令人產生誤解。然而，經文似乎記載了更重要的原因。[21]

我們再看看一章44節，耶穌先以嚴厲的話叫他不要告訴人「甚麼話都不可告訴人／μηδενὶ μηδὲν εἴπῃς」，接著告訴他要讓祭司檢查身體，即是讓他回到羣體當中，使他可以回到會堂參與其他社會─宗教的活動。基本上，耶穌想那人重新融入社會，卻不要張揚醫治的真正源頭。但是，那人卻把消息傳開了，導致更多人來到（一45）。結果，耶穌無法進城，只能留在城外的曠野；可進城才是耶穌的主要目的。比維斯可能是對的，他認為

21. Adam Winn, "Resisting Honor: The Markan Secrecy Motif and Roman Political Ideology," *Journal of Biblical Literature* 133 (2014): 594～601；主張馬可乃將耶穌描述為一個完美的羅馬統治者，祂拒絕他人授予祂榮譽，這正正與渴慕引人注意的卡利古拉王和尼祿王相反。

痲瘋病人的事件令人聯想起列王紀下五章8、15至24節的以利沙；耶穌如今無法明明進城了，而有關祂的消息已被傳開了（一45）。[22] 無論耶穌是否刻意暗示以利沙的事件，馬可福音肯定不斷重複祂的先知職事。再者，假如耶穌的敵對者之後發現祂觸摸了痲瘋病人，祂就麻煩了。這裏不許人作聲的命令，可能預期著（anticipation）之後馬可福音二章的爭論。事實上，直到此刻，這似乎是耶穌的主要目的（參一39）。然而，即使耶穌退到曠野，群眾也不斷到祂那裏，如同人去見施洗約翰或在回迦百農時那樣（一5、35～37）。

值得留意的是，就如一章35節那樣，一章45節下半部分也記載耶穌獨處。為甚麼在敘事中加播這些獨處的片段呢？這些獨處的地點有不同功用。在開始的時候，它們展示了有人居住的地方——即會堂和其他宗教機構所在之處——是多麼的貧乏。當敘事繼續發展下去時，獨處的地點表明了耶穌的服事是多麼受人歡迎的，以致祂要避開群眾。在馬可福音裏，群眾的可靠性是存疑的，我們稍後會在適當時候討論這一點。在這裏，馬可只想藉著獨處的地點來表明耶穌很受人歡迎。然後，我們必須回到一章3節那段以賽亞書四十章3節的引文：耶穌透過獨處的地點來預備新一輪的福音旅程，一次又一次，為要更新上帝的子民。[23] 假如被擄者的歸回或者以賽亞書的第二次出埃及是耶和華的拯救的開始，那麼耶穌退到曠野就是要提醒著馬可的讀者，這個拯救、

---

22. Beavis, *Mark*, 57.
23. R. T. France, *The Gospel of Mark* (Grand Rapids: Eerdmans Publishing, 2002), 56；不單把這一點連於以賽亞書四十章，也連於上帝的子民出埃及。

這個福音的旅程還未完成。[24] 或許，耶穌是將舊約的事件再次演示出來。假如耶穌這個戲劇性的重演真的將舊約事件演示出來，那麼不只是耶穌的話語，就連祂的行動也是福音。

反思及應用

假如以賽亞書四十章的「修路」涉及上帝的榮耀（參賽四十5），這個段落就透過耶穌基督開始展示出榮耀了，因為耶穌走上那條路。

就倫理層面而言，馬可繼續挖苦現有的宗教秩序。耶穌重複去到獨處的地方，不單為了避開羣眾，也為了離開主流的宗教制度。在這方面，耶穌與約翰很相似。這個倫理的宣言提出了一個簡單的宗教進路。馬可筆下的耶穌嘗試離開羣眾，幾乎像修士一樣。祂會為了能繼續於建制內工作，而現身於會堂等宗教建築物。但當有太多人或事奉太忙碌時，祂就會離開。耶穌的腳蹤和意向，正正是一章 1 節的好消息的重要元素。現代教會的事工使教會較像制度化的宗教，而不是耶穌那國度的福音。今天，教會是否會不被耶穌承認，如同當年耶穌時代的領袖那樣？國度的福音和它的道路反對耶穌時代的制度化宗教，這福音對今天高舉制度和強調現狀的華人教會又有甚麼啟示呢？

這個故事的倫理困局顛覆了家庭制度。當耶穌在馬可福音一章呼召門徒時，似乎顛覆了羅馬的家庭制度，一章 29 至 33 節的

---

24. Timothy Gray, *The Temple in the Gospel of Mark: A Study in Its Narrative Role* (Grand Rapids: Baker Academic, 2008), 17 也是一樣。

醫治事件卻否定了這樣的理解。這次的醫治很重要，因為它是馬可福音的第一個醫治神蹟。這件事在西門家裏發生，實在頗引人入勝的。耶穌的確回到一個「家」裏，祂也帶了祂的門徒同去。那有甚麼倫理意義呢？它其實是要指出，耶穌為了祝福家庭才顛覆家庭！沒有與耶穌的聯繫，西門就無法帶耶穌回去醫治他的岳母；更加重要的是，這個家庭也無法成為其他需要醫治的人的祝福了（一32）。因此，這並不只是個醫治的故事，而且也是標誌著當耶穌從曠野進前來時，國度的福音會帶來甚麼影響。因此，當基督徒分享福音，他們需要在顛覆與祝福家庭之間取得平衡。福音不需要破壞家庭關係；相反，它轉化和祝福家庭關係。由於家庭關係是希羅關係中最重要的，它的轉化也引致社會的轉化。同樣，福音今天也應該轉化我們最重要的關係，以致我們的社會能得以被轉化。這是福音的道路，也是耶穌所行的道路。

此外，我們必須提出一個倫理問題：痲瘋病人的受苦。雖然我們今天不會因為皮膚病而受人歧視，但是說愛滋病是我們今天的大痲瘋也不為過。桑斯博里醫生（Steven Sainsbury）指出，愛滋病患者受盡歧視和排斥。[25] 在整本聖經中，大痲瘋比別的疾病更加嚴重，病患者必須被隔離。今天在信仰羣體中，愛滋病患者就像耶穌故事中的大痲瘋病人一樣。[26] 教會往往斥責同性戀是罪，卻對愛滋病患者漠不關心，任由愛滋病患者自生自滅。我相信耶穌處理現代愛滋病危機的方式，與我們或許會截然不同。

25. Steven Sainsbury, "AIDS: The Twentieth-Century Leprosy," *Dialogue* 25 (1992): 69.
26. Sainsbury, "AIDS," 70 ～ 77；桑斯博里醫生逐點比較兩者，他以漢森氏病（Hansen's disease）為例（連他也承認這或許不是聖經中的大痲瘋病），但這樣的平行十分奇怪。

2. 神學詮釋：釋經的理性思考

耶穌離開曠野，現身於加利利海邊，開始祂的服事。耶穌以呼召門徒踏上一條不一樣的道路過不一樣的生活，來開展祂在地上的事工。因為「日期滿了，上帝的國近了。你們當悔改，信福音」。耶穌不單宣告「上帝的國近了」這福音、好消息，也呼召人回應這福音、好消息，悔改回轉，離開背叛上帝的生活方式，跟隨祂一起踏上一條不一樣的道路過不一樣的生活。祂來就是要清除這條道路上的一切障礙，讓上帝的國逐漸實現，讓人可以得釋放、生命不再一樣。這一切，都是始自耶穌那大有權柄的呼召。

這位上帝的兒子，祂有絕對的權柄進行這顛覆性的呼召，這從西門和安得烈、雅各和約翰兩對兄弟的即時回應，而可見一斑。耶穌的這種權柄，要繼續展現出來，這可見於祂在會堂裏的教導，祂在會堂裏趕逐邪惡的靈，祂在西門和安得烈的家裏治病，祂治好患大麻瘋的病人。耶穌既在猶太會堂裏工作，祂也在門徒的家裏工作。耶穌離開了渺無人迹的曠野，進到城內的人羣之中，預先全面展示出那臨近的上帝國度的樣子。然而耶穌也不斷離開人羣，回到曠野，這就回應了馬可起頭的時候所引述的以賽亞書四十章 3 節，上帝的拯救、釋放，是來自曠野的。耶穌重複地退到曠野去，顯示了祂的旅程不斷回到潔淨的地方重新出發，顯示了祂那在世開展、彰顯權柄的旅程並不是一蹴而就的，顯示了上帝國度的臨近、完全實現是在一種進與退之間來完成的。

耶穌的權柄的彰顯，是上帝的國度撥亂反正的舉動。祂在加利利這個地區的迦百農的事工，是一種總結性的開展，具有先聲奪人的氣勢，名聲極速地傳遍整個加利利，表明上帝國度的介入，但也遇見了障礙、抵抗。這種權柄的彰顯，並不是倒行逆施、破壞正常的人間秩序與自然秩序。剛剛相反，上帝國度的臨近，正是要把失序的世界，更新過來，要把顛倒了的秩序再次顛倒過來。公元一世紀的羅馬帝國與猶太人的宗教體制，代表了墮落世界在政治上、社會上、宗教上的腐敗與扭曲，跟上帝心意中的生活截然不同，完全倒轉。

馬可讓我們看見，耶穌在那具有權柄教導的猶太人會堂施行教導，也在那具有應當趕逐邪惡的靈的猶太人會堂施行驅趕邪惡的靈的工作。這些公眾的事工，都是潔淨、更新的事工，都是釋放、拯救的事工，原本應該由會堂裏的人負責，現在則落在耶穌身上。耶穌正在取代猶太人的宗教體制？耶穌的權柄正在取代猶太人宗教領袖的權柄？馬可輕描淡寫地，透過眾人都希奇耶穌的教導這一反應，帶出耶穌教導的權柄，祂的權柄勝過那些抄寫和研讀聖經的律法師。馬可在其中卻花上不少篇幅講述耶穌趕逐邪惡的靈，是值得我們思考的。這顯明了耶穌不單言說，更加行動；不單祂的言說有權柄，祂的行動更有權柄，可以更新可以改變。

在加利利的迦百農，耶穌在安息日進了會堂。猶太會堂是個施行潔淨的地方，可是，叫人驚訝的不是那些熟悉律法的律法師的教導，而是耶穌的教導；叫人驚訝的不是會堂的宗教領袖有能力驅趕邪惡的靈，而是這個來自加利利的拿撒勒的耶穌，竟然連邪惡的靈也聽從祂。耶穌在加利利的迦百農的會堂傳道和趕逐邪靈，使得祂的名聲立時傳遍了加利利所有的地方。祂也走遍整個加利利的地區，進入會堂傳道、趕逐邪靈。祂自己清楚表明，祂原是為這事出來的。然而，耶穌也不只是在會堂之中工作，雖然祂來，是要呼召人選取另一種有別於當時的血緣家庭，以及相關的社會體制的生活，但是祂也沒有一面倒的要求門徒從此跟家庭斷絕所有關係。

耶穌進入西門和安得烈的家，醫治了西門岳母的熱病，這個片段除了進一步展示耶穌的能力，即不單趕逐邪惡的靈，亦醫治疾病，在精神和身體的層次上可以撥亂反正，更顯明了耶穌親自介入家庭。祂的權柄不只是在宗教的會堂裏讓眾人看見，也在血緣的家庭之中發揮作用。耶穌以客人的身分進入家庭，但祂的表現卻是主人的作為。祂的醫治疾病，表明祂至少是身體生命的主。

耶穌進到西門岳母的家，西門岳母因著患熱病不能接待客人，反倒是耶穌這個客人轉身以治好熱病來接待主人，這明顯是主客易位。耶穌這個跟西門一家沒有任何血緣關係的人，才是家主。耶穌在這裏創造了一個新的家庭，這個新的家庭並非以血緣關係為基礎。耶穌的主權既在個人身上彰顯——祂呼召門徒，也在會堂彰顯——祂教導與驅趕邪靈，亦在家庭彰顯——祂治好西門的岳母的熱病，結果整個迦百農患病的人、被邪靈纏擾的人都來找祂。耶穌的主權在西門的岳母家中彰顯，也在整個迦百農彰顯。耶穌的主權既在整個迦百農彰顯，也在加利利各個地區彰顯。這一切都告訴馬可福音的聽眾、讀者，耶穌正在開始實現上帝國度的好消息。

然而，耶穌的權柄的彰顯，不是沒有遇到阻礙的。諷刺的是，這並非來自邪惡的污靈，而是來自被耶穌治癒的大痲瘋病人。耶穌從曠野出來，來到加利利海邊，來到加利利的迦百農的會堂，來到迦百農西門的岳母的家裏，都沒有遇上攔阻。可是，卻在治癒大痲瘋病人時，遇上抗拒。耶穌在驅趕邪惡的污靈時，吩咐他：「不要作聲！從這人身上出來吧。」果然這污靈聽從了耶穌，顯出了耶穌的權柄。以後耶穌趕逐污靈繼續禁止他們透露耶穌的身分，都十分奏效。可是，耶穌醫治了那患大痲瘋的病人之時，吩咐他「甚麼話都不可告訴人」，卻不能奏效，「那人出去，倒說許多的話，把這件事傳開了」(一45上)，後果就是「叫耶穌以後不得再明明地進城，只好在外邊曠野地方」(一45下)。

耶穌的道路遇上了障礙，祂的權柄無疑是叫人驚訝的，就是邪惡的污靈也聽從祂，但偏偏人卻不一定聽從祂。這人領受了拯救、釋放，讓他身體得到康復，可以重回社羣之中被人接納，過正常的生活，就是心裏沒有把耶穌的話聽進去，眼目只看見自己當下的得益，沒有絲毫感激耶穌對他的拯救，也毫不尊重耶穌的吩咐。馬可讓我們看見，耶穌要把上帝的國度帶來地上，障礙固然是無可避免的，但卻並非來自邪惡的污靈，而是來自人，這是叫人意外的。但是，整卷馬可福音所講述的故事，人豈不就是對耶穌誤解最深的？人豈不就是對上帝國度拒抗最大的？邪惡的污靈雖然知道耶穌是誰，但卻完全不認識耶穌那全然釋放、更新生命的事工，人更是如此，難怪耶穌禁止他們說話，以免更多人誤解耶穌的工作，阻礙耶穌離開曠野進入城中的事工。然而，就因為這個人，結果耶穌只得退到曠野的地方，未能不間斷地進到城中踐行祂傳道、趕逐邪靈的使命。

三

富爭議性的工作（二1～三12）

1. 敍事鑑別

在這部分，耶穌開始富爭議性的工作開始了，本部分亦將馬可福音一章國度的福音工作展現出來。馬可很早便開始描述耶穌的富爭議性的工作，祂與掌權者的衝突基本上立即展開，而很多宗教權威都是法利賽人。在我們詮釋這一連串的富爭議工作之前，要先談談我們的取向。經過了納粹二戰的大屠殺，每當我們研讀馬可或其他人對法利賽人的描述，我們需要對任何反猶主義的修辭保持敏鋭。馬可筆下的「法利賽人」是個統稱（例如：二16）。馬可不用面對我們剛才提及的問題，他筆下的法利賽人並沒有我們那種當代的含義。當我們研讀馬可福音，並面對有關猶太教的當代研究時，必須留意以下幾點：第一，並非所有法利賽人都是反對耶穌的壞人（例如：約三章），有些法利賽人對耶穌很友善（例如：尼哥德慕）；第二，相比其他猶太教教派，法利賽人對拯救歷史的理解是接近耶穌的跟隨者的（例如：法利賽人和撒都該人對復活的爭議）；第三，法利賽人與耶穌之間的紛爭是由法利賽人挑起的。耶穌與法利賽人打交道，就是祂要回應他們的指控，但這並不代表現代信徒應該這樣對待猶太人。在馬可福音較早的故事裏，耶穌未有刻意冒犯法利賽人。馬可筆下的耶穌所關注的，主要是國度的宣講，以及如何行在國度的道路上，而不是為了改革猶太教（但耶穌大都是在猶太教的範圍內作工）。

迦百農是政治風暴的中心（二1）。假如地點是個標記，那麼馬可很可能想提醒他的讀者憶起一章21至26節有關安息日的故事（這個故事都是發生在迦百農）。因著某些原因，一章21至26節的安息日趕鬼事件並未引起任何爭論。或許猶太地的信徒關注趕鬼過於其他的不便。艾凡斯提到死海古卷中有關趕鬼的詩，當中的詩人嘗試以宗教文本去統一趕鬼的方法。[27] 不過，我們要留心，鬼魔和患病的人帶來的問題並非神學性的，而其引起的實際生活問題：兩者都會為羣體及個人帶來麻煩。

除了地點之外，耶穌行神蹟的房子也很重要。這房子可以容納很多人。我認為這是其中一個重點。無論是我們一般會聯想到的一些較大的房子，例如在美國的房子，或是如香港或台灣那些較小的房子，都無法叫我們充分理解能容納很大羣人的古代房子到底是甚麼樣子。要理解房子是甚麼樣子的，我們必須明白古代的社會經濟情況。在那些日子，羅馬帝國並沒有中產階級，只有很貧窮和很富有的人。很多研究羅馬社會的學者都普遍同意，約有百分之五十的人的生活貼近貧窮線。要有一所可容納很大羣人的房子，屋主必然是富裕人者了。那又甚麼意思呢？

---

27. Craig Evans, "Jesus and Evil Spirits in Light of Psalm 91," *Baptistic Theologies* 1 (2009): 43 ~ 58.

如果那是一所大房子，那就暗示耶穌跟思庇者早已彼此認識，又或對方早已認識祂，不然耶穌這個巴勒斯坦的窮人怎會無端在那房子裏。艾凡斯對此持相反的意見。[28] 他主張那是一所很細小的房子，無法容納一大羣人，以致人要把癱子從屋頂上縋下來。我惟一的問題是，為甚麼文士會在這種小型聚會中出現呢？但不論房子是大是小，地點告訴我們這是一個公開的行動，這一點或許更加重要。有別於現代人的房子是私人地方，古代的房子（家庭）可以是進行日常交易的地方，家庭成員（例如：自由人，即前奴隸）往往會在這樣的公開場合中拜候或問候一家之主。至於在富裕的家庭裏，他們會與同樣富裕的生意夥伴一同喝茶，商討下次的交易。那時代的私人空間，相等於現代的睡房，是位於房子後方的。經文所說的聚會地方可能是客廳，那是頗廣闊的公共空間，因此，我相信他們是在一個富有人家的房子聚會的。耶穌在這裏的行動和教導是公開的，祂刻意引起公眾的討論。當他們看見這個公開行動的人，他們知道自身要為當下所發生的事下決定，他們無法躲起來，也無法迴避這件事。耶穌公開地展示出祂國度的福音是甚麼一回事。這個福音並非沉默不語、只供默想、自我陶醉的敬虔宗教；它是要面對公眾的。而事件發生的地點 —— 房子 —— 說明了這一點。

由於無法靠近耶穌，四個人拆了房頂，把癱子連同褥子縋了下去（二 4）。敘事者在二章 5 節交代耶穌醫治的第一個原因，那四個人的信心導致耶穌在二章 5 節說了些看似放肆的話。這不像之前的敘事模式（參一 42）—— 立即醫治，耶穌這次對癱子

28. Evans, *Jesus and His World*, 14.

說：「小子，你的罪赦了。」耶穌稱呼他的方式很惹人喜愛，通常對小孩子才會有這樣說話。按二章 5 節的敘事，似乎是其他人的信心令癱子的罪得赦免。[29] 但無論二章 7 節的文士是否負面地理解這句話，這仍是一句真確的聲明，它令那些認為耶穌只是凡人而非上帝和上帝國度的施為者（agent）的人，實在摸不著頭腦。這個宣稱很不尋常。耶穌從有權柄的老師變成趕鬼者，現在甚至發展成一位像上帝一樣的人物，因此，當中的張力漸漸增加。

雖然馬可甚少提到罪，但約翰卻在一章 4 節提到罪得赦免，接著耶穌在二章 5 節的話成就了約翰在一章 4 節的宣告。與此同時，耶穌也展示出祂比約翰大，就如約翰在一章 7 節所預言的。當我們按著一章 15 節來理解耶穌對赦罪的那句偉大神學聲明時，二章 5 節這個聲明更加令人讚歎不已，因為耶穌在一章 15 節的話與約翰在一章 4 節的宣告十分相似。雖然如此，兩者卻有一個明顯分別：耶穌在一章 15 節的焦點是「福音」。換言之，假如我們把約翰的預告和耶穌二章 5 節的話結合起來，好消息、福音便是指向赦罪。文士問了一個所有在耶穌二章 5 節時代的人都會問的問題：「誰能赦罪呢？」（二 7）根據耶穌在一章 14 至 15 節的宣告，只有耶穌能夠赦罪，因為祂是上帝的施為者，可以代表上帝赦免人的罪。馬可的邏輯在他的敘事鋪排中，既一致又有意思。透過耶穌簡單的一句話，馬可總結了耶穌和約翰在馬可福音一章有關福音和國度的宣告。在這裏，我們已從神學層面將文

---

29. Willis, "Mark," 63；威里斯在這裏指出，兩約之間時期所著的典外文獻《拿波尼德斯的祈禱》（*Prayer of Nabonidus*）認為在一些案例中，醫治和赦罪會同時發生。

十二章 7 節這句聲明放在更大的敘事脈絡來理解。現在，我們回到敘事本身，看看耶穌怎樣回應其他人的反對聲音。

在二章 7 節，發問者對耶穌有這樣的假設：只有上帝才能赦罪，而耶穌並不是上帝，卻像上帝那樣說話，祂如此說話乃是在褻瀆上帝，祂根本無法赦罪。他們的「邏輯」並沒有錯，只是他們對耶穌的假設有誤。[30] 其實他們對赦罪的評估是不準確的，因為在舊約時代，祭司會經常憑藉上帝的權柄來向人宣告赦罪。[31] 這裏提到文士，也形成了進一步的張力，因為已有好一段時間，有些人在說耶穌比這些老師更有權柄（一 22）。這張力在這裏終於達到了第一個高潮。

二章 8 節記載耶穌「立即／καὶ εὐθὺς」（《和合本》沒有翻譯出來）知道他們心裏想甚麼。耶穌怎樣知道並不重要，重點是祂知道。馬可往往讓人窺見耶穌的心思意念（例如：一 41），說明耶穌行事的目的。耶穌並沒有如一些現代學者所假設那樣，像魔術師般隨意施行神蹟；祂在馬可福音裏所做的每件事都有其目的。透過馬可的窺探，讀者便能進入祂的心，得知祂的心意。耶穌以一個問題來隱藏祂的目的，就是先指出祂知道他們心裏所想的。那個問題本身就很不尋常。除了上帝之外，有誰能知道人的心思意念呢？（例如：耶十七 10；詩一三九 1 ～ 4 等）其實

30. 有關猶太教裏人有赦免的能力的論證，可參考 Daniel Johansson, "Who Can Forgive Sins But God Alone?: Human and Angelic Agents, and Divine Forgiveness in Early Judaism," *Journal for the Study of the New Testament* 33 (2011): 351 ～ 374，以及 Tobias Hägerland, "Prophetic Forgiveness in Josephus and Mark," *Svensk Exegetisk Arsbok* 79 (2014): 125 ～ 139。

31. Hägerland, "Prophetic Forgiveness in Josephus and Mark," 130 ～ 137；這裏引用了約瑟夫關於猶太教的先知宣告赦免的論述。

耶穌能看穿他們，豈不是早已回答了他們的問題：「這個人為甚麼這樣說呢？」(二7)我們可以視之為耶穌在馬可福音首次啟示祂自己，祂知道人心裏所想的！而藉著這個啟示，祂向文士發出挑戰。

耶穌在二章9節的第二個問題，質問文士是赦罪還是醫治癱子容易？這個問題很諷刺，因為兩者同樣都是不可能做到的。張永信認為赦罪比較容易，因為那赦罪用口說說就可以了。可是，對作者馬可或任何猶太人而言，赦罪是上帝獨有的權利；赦罪一點都不容易！同樣，文士顯然也不這樣認為。在那個宗教背景底下，赦罪並不容易！嚴格來說，作出這樣宣告的人有可能會被判死刑！[32] 赦罪難以判斷，因為那是眼不能見的；不過醫治癱子也很困難，因為從未有人成功醫好癱子。何蒙娜(Morna Hooker)的觀察可能是正確的，她指出文士認為耶穌不過是空談。[33] 接著，耶穌說明了祂行這個神蹟的原因：「但要叫你們知道，人子在地上有赦罪的權柄。」(二10)換言之，耶穌要以神蹟勝過肉眼可見的困難，藉此表明祂有能力勝過眼不能見的困難——赦罪。

耶穌並未結束祂對文士的解釋，因為他們依然質疑耶穌：接著祂轉向癱子，吩咐他拿起褥子回家。耶穌以實際的證據勝過他們理論上的懷疑，而祂赦罪的聲稱可從祂的神蹟得到證明。單單從現代人的經驗來看，這個神蹟是不可能的，即使是扭傷足踝，也要做點物理治療才能痊癒吧。但神蹟立即出現了：耶穌對文士

32. 張永信：《馬可福音(卷上)》(香港：天道書樓，2010)，143。
33. Morna Hooker, *The Gospel According to St. Mark* (Peabody: Hendrickson Publishers, 1997), 87.

的話尚未說完，那人便得著醫治。事實上，耶穌十分匆忙，以致祂對文士說的話連一個動詞也沒有，就已中斷了。耶穌迫不及待要以醫治去駁斥他們，癱子連做夢也未想過的新生命就這樣立即出現了。耶穌不需要再向文士解釋甚麼，祂就已經大聲說出醫治的話：「我吩咐你，起來！拿你的褥子回家去吧。」（二 11 上）接下來，就待那些「老師」自己去選擇是否相信吧！務要留意的是，耶穌是透過祂的話而非行動去醫治癱子的，這句醫治的話與祂赦罪的話平行。由此，人子的話十分重要。

耶穌的邏輯在這個神蹟中是顯而易見的。假如祂能夠行不可能的神蹟，祂也能夠赦罪。這是首次耶穌在馬可福音中以「人子」來形容自己（參二 28；八 31、38；九 9、12、31；十 33、45；十三 26；十四 21、41、62）。假如赦罪是連於上帝自己，那麼人子的赦罪工作，就是彰顯上帝在地上的作為。為了證明這是公開的神蹟，敘事者累贅地說那人「當眾人面前／ἔμπροσθεν πάντων」出去了（二 12）。羣眾對這前所未見的神蹟，驚訝不已。

耶穌在醫治神蹟中，不單使用赦罪的用語指向自己，也指向「福音」，從而帶出強而有力的神學信息。祂醫治那人的方式闡明了福音：那個癱子幾乎要死，但是經耶穌的醫治，他得到新生命。作為福音的一部分，赦罪是眼不能見的；能見到的是信主後的新生命。同樣地，耶穌以這次醫治來說明福音不僅空談赦罪，人得到新生命後也會有可見的生命改變。整個神蹟事件成為了福音的類比。耶穌乃是透過祂的行動而非只是話語來宣講的。

下一個故事完美地接續著醫治的主題。大部分的中、英文聖經都稱二章 13 至 22 節為「呼召利未」。雖然湖邊的場景令讀者聯想到一章 16 節關於水的記載，但是馬可並無意將這個故事連於之前的故事。利未的故事與一章 14 至 20 節捕魚的故事有一些重要分別。利未的故事是按主題而非按次序編排於此的（雖然馬太福音九章顯然是按次序來記載的）。我的意思是，這個故事不一定（根據馬太福音九章的記載）發生在癱子事件之後。因此，我們應該先放下馬太福音九章和如何協調事件次序，單單按著這裏的敍事邏輯來解讀馬可的記載。馬可只是說「又／πάλιν」（二 13），並未明確交代場合，只是說明地點而已。我相信地點有其敍事功用，容我稍後才回到這一點。我們先處理一點：這一幕結合了筵席的故事和宣告得醫治的故事。

很多人可能想把這段敍事與一章 14 至 20 節的呼召敍事作比較。不過這或許是不必要的，尤其他們是根據耶穌對這個情境所作的評論。事件先在湖邊發生（二 13），繼而在利未家裏發生（二 15）。場景是耶穌教導羣眾，但是祂在二章 14 節單單呼召利未。這個呼召與一章 17 節很類似，但這兩節經文的「跟從」的原文是不同的。在一章 17 節，那是表示命令的語助詞，類似現代非正式的說話：「來吧！」（例如：六 31，十二 7）二章 14 節的「跟從」也出現於一章 18 節（形容他們捨了網去跟從耶穌），乃是指作門徒（例如：八 34，十 21）伴隨耶穌。根據馬可的用法，第二個「跟從」似乎有與耶穌同行、跟從祂的道路的意思。此外，呼召的故事的政治層面也很重要，因為利未為羅馬人工作，很可能就是收集稅款的人，尤其是可能替一章 14 節拘捕約翰的希律安提帕工作。耶穌的政治觀顛覆常規，因為祂要求利未不再服事敵擋上帝國度的國家（一 15），並且跟從耶穌。耶穌的呼召並非總是反對人類的國度，但是在這裏，它肯定是直接、明確地與人類的國度對立。對活於羅馬法律底下、可能在帝國中感到無助的馬可福音的讀者來說，這兩個有細微差別的用語必定是意義深遠的。

與二章 1 至 11 節的主題一樣，這個故事也記載了文士因著耶穌、醫治與罪這些主題而再起爭論。二章 6 至 8 節記載文士心裏的想法，這次他們卻直接斥責耶穌（二 16）。按馬可所示，這事件是因著耶穌呼召利未和與利未一同坐席而引發的。利未是亞勒腓的兒子，但他的身分難以確定，因為三章 18 節也有另一位父親名為亞勒腓，他是雅各的父親，或許利未是雅各的兄弟吧！沒有人能夠確定。二章 15 節記載的筵席，可能是羅馬式的筵席，坐位擺設成 U 字形，主人家利未坐在中間，他的同伴則坐在他旁邊，其他地位較低微的人則坐得較遠。這個筵席顯示出利未是個很富有的人，又與罪人為伴。這個社會處境很重要，因為生意上的往來，有時候是要透過邀請適合的人來參加筵席以擴展人脈，才能順利發展。目的當然就是為了自己的利益了。除此之外，法利賽人也在場，這實在令人好奇，因為他們不應在利未家裏流連。這個筵席或許是一個公開場合，人能夠在其中看見房子的公共空間的情況。這樣，法利賽人就是在暗中監視耶穌了。

葉爾曼指出，耶穌的時代不是太多法利賽人。由於他們人數很少，無法派人監視耶穌。[34] 葉爾曼這個看法的問題是：我們永遠無法得知當時有多少法利賽人，因為他們並不像撒都該人那樣積極參與希律黨的政治活動。缺乏人數上的證據，並不等於他們不存在。他們在二章 16 節問門徒「為甚麼」。法蘭士（R. T. France）認為文士需要透過門徒把這個信息傳遞給耶穌，因為他們無法接近耶穌；但是，根據二章 1 至 12 節，耶穌的權柄可能

34. Ehrman, *The New Testament*, 80.

成為攔阻他們直接與耶穌對質的原因。[35] 聽到他們竊竊私語後，耶穌就回應他們。與一章 14 至 20 節的捕魚故事比較，二章 15 至 17 節的敍事重點可謂截然不同。利未故事的場景在湖邊發生，而兩者的分別倒成為利未故事的焦點。

耶穌的回應很深奧，因為祂把呼召利未和與罪人一同坐席，與二章 17 節的醫治病患者作比較。在古代的都市中，疾病是個格外不穩定的因素。專家告訴我們，相比起在郊區駐守，在城市駐守的羅馬士兵較易受到病魔攻擊。[36] 從耶穌的時代一直到公元七十年的猶太戰爭，羅馬人一直在發展加利利地區。打從希律安提帕開始，加利利不僅在外表上羅馬化，而且也因著都市化的緣故而有很多人遷往當地居住。百姓住得愈來愈近，導致疾病更易傳播。透過帝國的經濟資助，都市化的確令財富增加，但仍未能解決最基本的健康問題；相反，這使得公眾健康的問題愈來愈棘手。耶穌提供了富裕的帝國無法提供的東西：基督的來臨，能滿足古代社會無法滿足的真正需要。

馬可再次提出污鬼在一章 24 節所問的問題，展示耶穌有另一個使命：耶穌為甚麼要來呢？答案很簡單：「我來本不是召義人，乃是召罪人。」（二 17 下）有關罪人這主題，何蒙娜留意到「稅吏和罪人」是個很奇怪的組合，彷彿犯罪是種職業來的，就如稅吏那樣。不過，有些人可能認為稅吏正是罪人，因為他們效忠羅馬，並時常接觸外邦人。[37] 因此，收稅本身就是罪人的活

---

35. France, *The Gospel of Mark*, 134.
36. Jonathan Reed, "Instability in Jesus' Galilee: A Demographic Perspective," *Journal of Biblical Literature* 129 (2010): 361.
37. Hooker, *The Gospel According to St. Mark*, 95.

動。又或者，馬可當時可能只想起某一羣人。但這只是我們的猜測。無論如何，耶穌清楚知道這些人是罪人，祂並沒有免去他們當負的責任，卻視罪為某種「非肉身」上的病患。耶穌本身就是醫治者，然而，要醫治的並非肉身上的病患。這是甚麼意思呢？筵席這社會場景或許能夠闡明這個故事的意義。這些筵席一般標誌著參與者的身分認同，身分認同一致的人會走在一起，一同參與這些社會活動，而參與者與主人家必定有某些關係。藉著對類似利未這種罪人作出認同，耶穌就進入了這些罪人的人際網絡；藉著成為他們其中一分子（雖然祂本身並沒有犯罪），祂「醫治」罪人。因此，這個故事雖然是在筵席中發生的，但是筵席的一幕卻最後帶出了「醫治」的故事。

利未的故事也與之前的故事有關，因為癱子和利未的故事都涉及病患和犯罪。耶穌能夠在利未的故事裏解決罪人的問題，因為祂在癱子的故事裏也有赦罪的權柄。這就是祂的使命。這些故事足以證明，耶穌心知祂往加利利的使命；耶穌也注意到這條使命的路上會有很多障礙。在這裏的障礙就是法利賽人的偏見，他們歧視那些耶穌要服事的人。

馬可福音二章18節至三章6節記載了下一組的故事。不過，註釋家和譯經家往往將二章18至22節的禁食故事和二章23至28節的安息日故事分開，因為他們多根據地點和場景來分段，但我認為我們可以按著主題把這些故事連在一起，因為它們不約而同地挑戰某種禮儀上的規條。因此，二章18節至三章6節屬於同一個大段落。

二章18至22節是第一個故事，當中並未有明確記載任何地點，或許，它延續著利未故事的場景。這個故事很簡單，耶穌的門徒被問到，為甚麼他們沒有像法利賽人和施洗約翰的門徒那樣禁食（二 18）。二章 18 節的「禁食」，其希臘文是現在時態的動詞，指持續禁食的習慣。[38] 馬可並非要討論禁食是好是壞，而是要討論禁食作為宗教禮儀該如何踐行的問題（參太六 16～18）。與其為到禁食展開爭論，耶穌借此機會讓人以新的角度來看整件事，而這個新的角度與「時間」有關。舊有的角度似乎是耶穌完成祂使命的障礙。

耶穌採用了兩個比喻去描述這個新的角度。首先，祂在二章 19 至 20 節論到新郎還在的時候禁食是否適切。這個比喻可能會很容易令人寓意解經，把耶穌理解為比喻中的新郎。斯坦（Robert Stein）就是其一。[39] 新郎比作耶穌當然是合理的，但比喻最主要的焦點並不是新郎的象徵意義，而是新郎還在的時間（timing）。當新郎還在，並不需要禁食；當新郎離開後，就需要禁食了。新郎還在的時候會帶來喜樂；新郎不在的時候就帶來哀傷（二 20）。換言之，人的態度應該與場合匹配。現在並非禁食的時候！第二個比喻涉及衣服的布料。耶穌在二章 21 節論到把未縮水的新布補在已經縮了水的舊衣服上，在洗衣時，新布會帶壞舊衣服。新布與舊衣不能相容。同樣地，新酒也不應裝在舊皮袋裏，因為新酒會使舊皮袋裂開。這兩個比喻衍生了很多寓意解經，試圖找出未縮水的新布和新酒代表著甚麼東西，但我認為這是不必要的，因為那並非重點所在。耶穌只是借用了日常生活的點滴，說明某些行動在某些場合是不恰當的。耶穌的結論是：

---

38. Beavis, *Mark*, 61.
39. Robert Stein, *Mark* (Grand Rapids: Baker Academic, 2008), 137；John Crossan, *The Power of Parable: How Fiction by Jesus Became Fiction about Jesus* (San Francisco: HarperOne, 2012), 126，也有類似的說法。

現在並非禁食的時候。那麼何時才是禁食的時候呢？耶穌會在二章 23 節至三章 6 節回答這個問題。若我們沒有將經文連同下文一併思考，單憑這段敘事本身，難以解釋有關禁食的討論。

目前，哪些行動是適切的呢？二章 23 節至三章 6 節記載了耶穌先教導一些合宜的真理，之後具體實踐合宜的行動。第一個引起爭論的合宜行動出現在二章 23 節：耶穌的門徒在田裏掐麥穗。這個記載很有意思，因為它涉及食物，就如禁食的問題涉及食物的討論一樣。馬可把這些故事放在一起，無疑是因為二章 23 節至三章 6 節的事件都與安息日的爭論有關。

第一個安息日的爭論見於二章 23 至 27 節。這次耶穌並未有刻意與法利賽人爭論，但是法利賽人嚴厲批評耶穌和祂的門徒。這正是馬可福音諷刺之處。據威里斯所說，法利賽人似乎最不可能在安息日監視耶穌的人。[40] 讓我們假設一點，就是一般守律法的法利賽人並不會這樣做；那麼，假如這些並不是守律法的法利賽人，他們於安息日下到田裏，一心想要抓住耶穌的把柄，那豈不十分諷刺？根據二章 23 節，門徒在田裏掐了麥穗，而法利賽人在 24 節指控他們在安息日如此行是違反律法的，並質問耶穌：「為甚麼？」面對這樣的質問，耶穌可以有不同的回應，耶穌可以簡單回答：是的！我們像法利賽人一樣不守安息日；不過，整個安息日條例於此都不適用！只是馬可的描繪豐富得多。他把問題建構成「難道那些觀察和監視他人有否守安息日的人，比那些不守安息日的人更守律法嗎？」馬可的描繪，顯然是在嘲諷後來誣告、殺害耶穌的法利賽人。我們或會留意到，

40. Willis, "Mark," 65.

耶穌於此並未直接否定要守安息日，祂反而先指出一個例外的情況，就是在二章25至26節大衛的例子；而這例子引自歷代志上二十四章6節或撒母耳記下八章17節的大衛故事。耶穌繼而在二章27至28節闡明為甚麼可以接納這個例外的情況。

耶穌以大衛為例，實在值得我們深思。嚴格來說，耶穌是在處理祂那個時代的「傳統」，因為根據撒母耳記上二十一章1至6節的記載，亞比亞他並不是大祭司，而是大祭司亞希米勒的兒子。[41] 耶穌的話可能是在表達某段時期、而非特指某個人。這裏的重點並非指出誰是大祭司，而是要指出人可以為了存活而違反祭司的規例。耶穌的話有其意涵。現代學者往往會把律法視為規條，守律法即是遵守規條；但是，耶穌和祂的聽眾似乎未有這樣清楚地劃分命題與敘事。祂是以敘事為律法上的先例。耶穌的教導，很明顯是用敘事來闡釋舊約律法。很多時候，人對敘事會有兩個截然不同的看法：有些人認為敘事與生活原則完全沒有關係；另有些人卻認為敘事是包含著一些原則的，但人卻會搞錯那些原則是甚麼。不過，很多時候，我們其實可以在兩者之間找到正確答案。這裏，耶穌根據大衛故事的結局來闡釋律法：耶和華並沒有懲罰大衛，祭司也沒有懲罰大衛。（今天，在我們的詮釋學和倫理學的討論中，要這樣理解敘事中的倫理，當然需要更多的討論和察驗。）耶穌在馬可福音敘事中的邏輯十分清晰：大衛吃了陳設餅，他所犯的罪理應更加嚴重；可連他也沒有受到處分，更何況門徒？——他們現在只不過吃了不屬聖物且人人都

41. Hooker, *The Gospel According to St. Mark*, 103.

可以吃的麥穗罷了。[42] 耶穌在二章 25 至 26 節所使用的論據，是從較嚴重的違規行為去到較輕微的違規行為。

接下來，耶穌在二章 27 至 28 節使用的論據，卻是從較薄弱去到較有力的。耶穌指出，安息日是為人設立的，人卻不是為了安息日設立的。「安息日是為人設立的」是甚麼意思？當然，耶穌並非指全人類，而是指那些與摩西之約有關的人，即是以色列人。大部分現代基督徒只會把安息日理解為休息的一天、放鬆的時候；但是，安息日並非只是休息，而是包含了更深層的意義。舊約（至少是耶穌時代已經確立了的舊約聖經部分）的安息日條例有兩個主要目的：一是為了提醒以色列人有關創造的事（出二十 8～11），二是為了提醒以色列人從埃及得拯救的事（申五 12～15），這兩個目的都有教導的意味。當中的重點並非人有否守安息日，而是讓安息日主導著一星期餘下的日子，並引領我們朝向最高峯的安息。透過守安息日，人數算著日子，每天都記著真理。毫無疑問，耶穌在二章 27 至 28 節的話引起祂與法利賽人的對立（參三 6）。祂在二章 28 節說人子是安息日的主，這段有關人子的討論，從神學角度來看，應是連於上一次有關人子的討論的，即耶穌宣稱祂有權柄赦罪的記載（二 10）。這是馬可第二次記載人子的講論。文士當時不明所以（二 6），但是法利賽人現在十分忿怒。然而，耶穌這個論據是合理的，因為假如大衛和他的同伴可以這樣做，安息日的主和祂的跟隨者豈不也可以這

42. Darrell Bock, *Who Is Jesus?: Linking the Historical Jesus with the Christ of Faith* (New York: Howard Books, 2012), 66.

樣做嗎？[43]

米亞實在很有洞見，他指出了一個融貫一致的主題：這個安息日的爭議，有部分與前一個故事緊扣（二 18 ～ 22），這是馬可巧妙的安排。[44] 這兩個故事同樣提到吃喝，但前一個故事更指向一個終末的婚宴，而這裏的婚宴現正進行中，因有耶穌在場（二 19 ～ 20）。至於 21 至 22 節裝酒的皮袋的隱喻，更有力印證了這兩個故事同樣蘊含著彌賽亞宴席的意味。而古代的宴席，是由主人主持的，由此，從神學角度來看，耶穌是安息日的主。

人子的第一次講論所引起的爭論是，惟有上帝有赦罪的權柄。這個宣稱現在更加清晰，因為最初設立安息日的就是上帝。若要成為安息日的主，耶穌必須是上帝。學者往往避開討論早期福音書所含有的有關高基督論（high Christology），但是假如我們像約翰遜（Luke Johnson）那樣，就會發現到，這裏毫無疑問是要表示：耶穌就是上帝。[45] 馬可在這裏首次使用「主」一語，十分重要。除了上帝以外，無人能夠宣稱自己是安息日的主。[46] 而

43. Hooker, *The Gospel According to St. Mark*, 104；何蒙娜指出，耶穌可能是把自己與大衛王作平行，但是安息日的主的討論否定了何蒙娜的假設。耶穌認為自己是更加超越的。

44. John Meier, "The Historical Jesus and the Plucking of the Grain on the Sabbath," *Catholic Biblical Quarterly* 66 (2004): 566ff.

45. Luke Johnson, *Living Jesus: Learning the Heart of the Gospel* (San Francisco: Harper, 1998), 137；與之類似的看法有 Jan Dochhorn, "Man and the Son of Man in Mark 2.27 ～ 28: An Exegesis of Mark 2:23 ～ 28 Focussing on the Christological Discourse in Mark 2:27–28 with an Epilogue Concerning Pauline Parallels," in *Mark and Paul: Comparative Essays Part II For and Against Pauline Influence on Mark*, ed. Marie Becker, Troels Engberg-Pederson, and Mogens Muller (Berlin: Walter de Gruyter, 2014), 159.

46. Stein, *Mark*, 148；斯坦聲稱，之後在十二章 36 至 37 節的敘事記載了耶穌是大衛的主，這清楚表明這是關於權柄的論據。我們並不需要斯坦的證據，因為二章 28

身為安息日的主，耶穌容許祂的跟隨者掐麥穗，這間接亦回應了一個大家期待已久的問題：祂靠著甚麼權柄？

掐麥穗的事件很有意思，因為它完全可以連於一章 1 至 3 節。在掐麥穗的事件中，馬可描繪耶穌與祂的跟隨者一同展開旅程，他們正往某處去。目的地是哪裏並不重要，重點是他們所行的路。耶穌和門徒在安息日行走某段距離的路，當然這不是問題所在，特別的地方倒是法利賽人也行走著相同的地區，惟此，他們才可以見到耶穌的門徒及他們所行的。這事件的問題表面上是門徒掐食物吃，但這個故事其實是主要用來處理猶太人怎樣守安息日的問題。食物不單是維持生命的東西，也是定義一個羣體的分界線。對被擄的人來說，守安息日是一個特別並有意義的禮儀，因為安息日讓無法到聖殿敬拜的猶太人先與他們的宗教傳統連結，由此才與會堂連結。而會堂繼而成了猶太人在外邦人中表明身分的地點。在不同民族聚居的加利利，守安息日能夠叫猶太人從其他羣體區分出來。於此，耶穌有意表明，祂和祂的跟隨者縱然在安息日掐了麥穗，但他們還是行在大衛和他的同伴的道路上。祂使用了撒母耳記上二十一章的例子，實在很有意思，因為那是大衛躲避掃羅的故事。馬可可能要呈現的是：耶穌不單認同那些從巴比倫歸回的被擄者，祂還要把自身連於離鄉背井的大衛。這樣的類比，在安息日的爭論以外也是成立的。上帝透過

節的經文本身已經表達得很清楚。Larry Hurtado, *Lord Jesus Christ: Devotion to Jesus in Earliest Christianity* (Grand Rapids: Eerdmans Publishing, 2005)，這是其中一個最全面研究、最近期的著作，將初期教會有關主權的用語說明出來。亦可參 Daniel Johansson, "Kyrios in the Gospel of Mark," *Journal for the Study of the New Testament* 33 (2010): 103～105，這文指出「主」一語在其意思上實在含糊不清：在一章 3 節，此字似乎是形容上帝；而在這裏，此字可轉換來形容耶穌。

大衛所建立的國度，如今它在耶穌的事工中得以延續下去。

這裏的故事看上去似乎直接違反舊約的安息日條例，可是博克（Darrell Bock）指出，為了使律法處境化，耶穌時代的人都會重寫某些律法，尤其是在被擄之後。[47] 因此，若我們認為耶穌直接違反了舊約律法，未免想得太過簡單。除了耶穌之外，很多人也會有不同的詮釋，亦有很多人會重寫律法，幫助上帝的子民應用舊約的教導，只是耶穌與其他人的分別在於誰有權柄這樣做。耶穌不單透過祂的宣講，也透過祂的行動去證明祂有權柄。此外，根據這個以「後被擄時期」的聽眾為對象的有關大衛的主題，福音不單關乎禮儀上的爭論，也關乎「釋放」。掐麥穗的事件，成為這個釋放的類比。與此同時，放寬禮儀上的規限，也教人不要太過敵視不守這些條例的外邦人。馬可之後亦強調外邦人進入上帝的國確實要突破一些禮儀上的障礙（參七24～30）。否則，外邦人就無法在這條新的道路上加入耶穌的隊伍了。

三章1至6節記載了另一個關於安息日的故事，進一步凸顯耶穌服事所引起的張力。這一次，耶穌在安息日於會堂裏工作（三1～3）。比起其他事件，這次我們更加無可避免要下這樣的結論：耶穌自找麻煩，引發爭論。從文學的角度來看，多科恩（Jan Dochhorn）正確指出這個事件是與一章21至28節的安息日事件相關的。[48] 在三章2節，宗教領袖窺探耶穌。博寧

47. Bock, *Who Is Jesus?*, 61.

48. Dochhorn, "Man and the Son of Man in Mark 2.27 ～ 28," 150, 161；此文指出人子代表「人類」，祂超越安息日。多科恩在這裏連於「亞當基督論」（Adam Christology），這種基督論在保羅神學中是常見的。

(Eugene Boring)指出，這些宗教領袖假設了耶穌能夠行神蹟，[49] 但他們所討論的議題是，耶穌會否在安息日如此行。因為那些宗教領袖想抓耶穌把柄，所以他們不是將焦點放在耶穌的能力上，而是將焦點放在祂違反禮儀上。而耶穌藉著醫好枯乾了一隻手的人回應他們。三章2節說「眾人」窺探耶穌。在希臘文中，這節經文的主詞甚為含糊。但是假如我們連同之前的故事和三章6節一併來看，就可以推斷出那正是法利賽人，亦可能包括了希律黨人。

之所以說耶穌自找麻煩，引發爭論，因為這次經文並沒有提及耶穌知道他們要找甚麼，或是祂早已知道他們的心意(參二6～8)，而純粹是耶穌主動出擊。正如之前的討論，耶穌的無所不知已經足以證明祂是安息日的主。來到這段敘事當中的神蹟似乎是醫治，但真正要帶出的神蹟是耶穌知道這些人心裏在想甚麼。耶穌不斷展示出祂的辨識能力。

這個故事與二章1至12節的癱子故事很類似。耶穌在二章1至12節以一個議題作為醫治故事的序言(二9)；祂在這裏也如此：「在安息日行善行惡，救命害命，哪樣是可以的呢？」(三4)，重點明顯是要拯救生命。昆拿(Kurt Queller)認為這與出埃及記及申命記的記載很相似，但他的論證不夠說服力。[50] 三章5節說耶穌很忿怒，也因著他們「剛硬／πωρώσει」的心而感到憂

49. Eugene Boring, *Mark: A Commentary, New Testament Library (Louisville: Westminster John Knox Press, 2006)*, 93.

50. Kurt Queller, "'Stretch Out Your Hand!' Echo and Metalepsis in Mark's Sabbath Healing Controversy," *Journal of Biblical Literature* 129 (2010): 739～753；他引述了《七十士譯本》出埃及記和申命記的很多常用的詞彙，但這些常用的詞彙在日常生活用語中也很普遍。

愁。根據古代的醫學術語，「剛硬」一語指到人對某事變得麻木，完全沒有感覺。耶穌的忿怒與他們對那個傷殘人士漠不關心有關。與那個傷殘人士有機會跟耶穌見面相比，他們更加看重安息日，完全無視那個人有更大的需要。耶穌一早已預備好醫治的舞台，因為二章23節掐麥穗的事件同樣與生命有關，就像那個枯乾了一隻手的人的生命一樣。耶穌不守安息日的事件不斷出現，最終法利賽人和希律黨密謀要殺害祂。兩個敵對的羣體竟一起對付耶穌，實在「頗堪玩味」。法利賽人和希律黨在傳統上很多時都是意見不合的，但他們這時竟為了同一個目的而走在一起，要殺害耶穌。羅茲（David Rhodes）認為，這是因為希律安提帕是惟一有權力去處決耶穌的人。[51] 這樣的描述不單展示出這個「夥伴」關係有多諷刺，亦令人不禁對此產生懷疑：到底誰有權柄決定生死？

為甚麼這兩羣人想殺害耶穌呢？對法利賽人來說，當時的形勢直接違反了他們對禮儀的理解；對希律黨而言，他們想除去由施洗約翰和耶穌所帶來的不穩定（參一14）。耶穌的行動有可能影響到希律的王位；更重要的是，別忘了希律與宗教體制的關係千絲萬縷，其家族甚至幫助籌建聖殿，儘管他們不得進入敬拜範圍（《猶太古史》15.420）。我們可不要忘記耶穌正在宣講福音和國度的信息（一1～3、15），那麼宗教領袖必須終止祂繼續宣講呢！馬可這種具諷刺的描述，實在匠心獨運。面對這些人的刺

---

51. David Rhodes, "Social Criticism: Crossing Boundaries," in *Mark and Method: New Approaches in Biblical Studies*, ed. Janice Anderson and Stephen Moore (Minneapolis: Fortress Press, 2008), 147.

探，耶穌問他們在安息日拯救人的生命是否合法。他們顯然認為害命是可以的——因為他們乃是在安息日密謀殺害耶穌！當經文說他們「立即／εὐθὺς」出去（三 6；《和合本》未有翻譯出來），意思是指他們在耶穌行神蹟之後便立即這樣做。

這個神蹟有多重要呢？威里斯的觀察實在令人佩服：「雖然耶穌將醫治描繪為『行善行惡，救命害命』，但是那個人的情況卻並非生死攸關，因此這件事就顯得格外特別了。」[52] 從現代人的觀點來看，威里斯的見解十分合理。若此，那麼耶穌就是在說：既然在安息日可以醫治非生死攸關者，那麼在安息日應容許人去行各樣的善事，包括大如救命，小至醫治殘障的人。然而，我們也可以從另一個角度去看這件事。我們可以想像，耶穌實在是認為那個人是生不如死的，因為他是殘障者，不被視為羣體中的一員，而宗教領袖只是利用他去窺探耶穌。藉著賦予那隻手能力，耶穌賦予這人生命：讓他成為羣體中的一員，可以整全地經驗生命。

一章 1 至 3 節所描述的福音之路，是與其他道路競爭的。這個安息日醫治的故事展示了兩條道路：一條是耶穌滿有憐憫的醫治之路，另一條是希律黨和法利賽人的謀殺之路。這裏提及希律黨實在很有意思，雖然馬可並沒有闡明這次事件提及他們的原因。或許他知道他的聽眾心底裏不太滿意希律黨，又或者他想聽眾自行想像。無論如何，這幅圖畫展示出，耶穌與猶太領袖的紛爭，已擴散至與外邦人的紛爭。耶穌所行的從被擄歸回之道，並非一條輕省的道路。假如希律黨代表著羅馬帝國，那麼反對耶穌

52. Willis, "Mark," 65.

的猶太領袖並不比那些管治他們的人好。禮儀上的紛爭不僅關乎潔淨的問題，更展示出制度的敗壞——它們看似潔淨，實質上卻是人民公敵。

耶穌具爭議性的工作，以祂吩咐污鬼閉嘴的事件作結（三7～12）。我同意法蘭士的說法，他認為被鬼附與患病並不相同（三10～11）。[53] 這個新故事亦清楚顯示出，馬可認為被鬼附是另類事件，因為它以對污鬼的描述作結。然而，我們將會發現，這個故事不僅關乎污鬼，也是對之前的敘事中多個人物的嘲諷。這個故事很簡單，可說是之前所發生的事件的典型例子。[54] 它大致上與之前的故事情節一樣。耶穌在三章7節退到海邊，有許多人跟隨祂。那裏似乎是惟一足以容納這麼多人的地方。這樣的記載似乎經常在馬可福音出現，以說明耶穌是多麼的受歡迎（參一35、45，二13）。就像一章5節的施洗約翰，眾人從四方八面來見祂，馬可甚至在三章8節提及更多城市，以表明耶穌甚至比約翰更受歡迎。約翰在猶太教的圈子中早已非常有名氣，如果耶穌比他更受歡迎，那祂必定是更加厲害的了！

在三章9節，耶穌在一隻小船上工作。船在這裏出現，似乎別有用心，因為耶穌在一章19節呼召門徒的地方正是在船上。而耶穌在那個故事中應許門徒，要使他們成為得人的漁夫。於此，耶穌展示出怎樣以原本用來捕魚的船去服事羣眾。換言之，

53. France, *The Gospel of Mark*, 155.

54. Beavis, *Mark*, 19；這裏指出馬可喜愛使用成雙成對的典型例子（八22～26，十46～52的瞎子；七32～37，九14～27的聾子；六30～44，八1～10餵飽眾人的故事）和三個一組的例子（四35～41，六45～51，八14～21的加利利海上的船；八31，九31，十33～34的受難預言；八38~九1，十三26～27，十四62的主再來預言）。

這段敘事成為給門徒的「預表」(typology)，讓他們明白這是怎樣的事奉。這段敘事三章 11 節吩咐污鬼閉嘴的事件作結。這些污鬼向耶穌呼喊，宣稱祂是上帝的兒子，而這個稱謂可連於一章 1 節。由此，污鬼基本上是在宣講福音，耶穌卻像一章 25 至 26 節那樣禁止他們。法蘭士認為他們的宣告如同對耶穌的敬畏。[55] 我對這樣的理解有點猶豫。斯坦則認為污鬼的行動是謙卑之舉，而他們所說的都是真話。[56] 假如他們所說的都是真話，為甚麼耶穌要禁止他們作聲呢？斯坦的觀點無法回答我的問題。很多學者認為耶穌並不想泄露有關祂的身分——彌賽亞——的祕密，但我認為答案不是這樣，因為耶穌剛剛在二章 10、27 節已揭示了祂的身分！[57] 總的來說，我們見到馬可不斷展現出眾人如何誤解耶穌，但這個故事中的誤解卻不一樣。要回答我的問題，必須先回到經文，而我們將看到，誤解很快在三章 20 至 30 節便變得愈發嚴重。馬可在三章 30 節提到「污鬼／πνεῦμα ἀκάθαρτον」，他使用了與三章 11 節相同的詞彙「τὰ πνεύματα τὰ ἀκάθαρτα」。有別於法蘭士和斯坦，我無法不負面地理解污鬼的角色：這些污鬼正在嘗試製造誤解，而三章 30 節表示他們已成功了一部分。耶穌要他們閉嘴，是有充分理由的。雖然污鬼的某些言論是真理，但不代表它們一定會帶來美好的果效，這亦端在說真理的是誰。馬可的故事旨不在闡述鬼魔論(demonology)，而旨在宣講和倫

---

55. France, *The Gospel of Mark*, 155.
56. Stein, *Mark*, 164.
57. 有關彌賽亞的祕密的詳盡學術討論，見 T. Michael Halcomb, *Entering the Fray: A Primer on New Testament Issues for the Church and Academy* (Eugene: Wipf and Stock, 2012), 70～89。

理。耶穌要求不可靠的見證人閉嘴，因為他們非但對耶穌彌賽亞的旅程沒有裨益，反而是一大障礙。

這個奇特的故事，必須與之前的故事和之後有關別西卜的爭論一併研讀。此外，這個故事亦是一個很好的分界點，因為往後便會轉到差遣門徒的記述（三 13 ～ 19）。何蒙娜形容三章 7 至 12 節的故事為「耶穌的活動經過編修的總結」（editorial summary of Jesus activity）。[58] 當然，趕鬼的故事本身也可以獨立存在，但我相信它有別的功用。第一，它像一章 5 節那樣列出不同地點，表明此前一連串的故事會有一個適切的結局。第二，它對比著一章 25 至 26 節的趕鬼故事。污鬼顯然知道耶穌是誰（一 25 ～ 26），耶穌卻不需要他們宣揚開去。污鬼與其他人物也形成了強烈對比：污鬼知道耶穌是誰，但是耶穌不許他們作聲；宗教領袖聽到耶穌的宣告（例如：二 28），卻拒絕相信或宣揚開去。我們惟一可以下的結論是，那些質疑耶穌、甚至那些在祂直接表明身分之後質疑祂的宗教領袖，實在比污鬼更加差勁！

耶穌再次踏上在一章 1 至 3 節介紹過的福音之路，這條路同時吸引了羣眾與污鬼。很多人跟隨耶穌，他們的問題一一得到解決；但是這班跟隨耶穌的人與污鬼的衝突也再次出現。然而，更大的問題是宗教領袖拒絕耶穌——當中最具諷刺意味的是，污鬼至少承認耶穌的身分，而宗教領袖卻不！福音之路將會繼續與宗教領袖發生衝突。

讓我從馬可在這個段落如何有策略去提及不同地點來作小結：加利利的事工表示耶穌一直深受羣眾歡迎，然而，那些希望

---

58. Hooker, *The Gospel According to St. Mark*, 109.

猶太人自主的人，最終卻不惜一切，要消滅耶穌這位受羣眾歡迎的領袖。這個段落表明，雖然國度的信息既有力，又有果效，但反對的聲音亦會隨之而來。

反思及應用

根據歷史研究，人子有不同的角色。這裏的經文和討論並非只是神蹟故事，而是為了帶出別的信息。耶穌刻意揭露自己的身分，以致人能夠知道祂是誰。癱子的故事，是認識耶穌身分的故事。究竟人對祂的認識是怎樣的呢？假如文士的邏輯是正確的（耶穌也未有斥責他們），那麼耶穌有關自己是上帝的宣稱就令人譁然了。耶穌知道他們的意念，並以揭露他們的意念來回應他們。接著，祂大膽地醫治癱子，以證明自己有赦罪的能力。耶穌這個極其徹底的宣稱，與馬可福音其他同樣極其徹底的人子宣稱（二28），甚為一致。

「人子」有甚麼意思呢？基本上，那從但以理書和以西結書的亞蘭文片語直譯過來的。學者的意見不一，有的認為這個稱呼不過是「我」的同義詞，有的認為那是對彌賽亞的稱呼。雖然學者認為耶穌用這個稱呼來使其與人類等同，但是這裏的處境似乎是：耶穌有著某種獨特的神聖身分，使其與其他人類有分別。[59] 斯坦正確地說：「無論『人子』在耶穌原本的事奉處境中有甚麼

59. France, *The Gospel of Mark*, 128；而 Hooker, *The Gospel According to St. Mark*, 87 也有同樣的說法。

意思，在這段敘事的情境中，『人子』的意思不可能是指『人』。」[60] 在二章10節中，「人子」與這個世界的惟一關聯是「在地上／ἐπὶ τῆς γῆς」（「地」是人類居住的地方），但這只不過是確定了耶穌在地上的事工是上帝國度的代表。

似乎「人子」的講法還未夠震撼，耶穌更還透過稱自己是「主」，以宣稱自己擁有更大的權柄。「主」是一個特別的稱呼，在羅馬文化中只會用來稱呼凱撒，而在希伯來文化中則只會用來稱呼上帝。對初期教會來說，以耶穌為敬拜對象是很早期的事，那並非慢慢演變過來的。即使耶穌時代尚未有尼西亞會議所確立的三一論，但根據耶穌的這些話，那些先前持守一神論的初期猶太信徒也將耶穌納入他們的敬拜當之中。在馬可福音，這些一致的人子講論，令人質疑耶穌的上帝身分是慢慢演變出來的（經典的歷史鑑別理論的說法）。對那些把馬可福音的成書日期推得較早期（最早是公元四十年左右）的人來說，這些人子講論表明了一點：耶穌的跟隨者雖然是一神論者，但他們不出十年已開始把祂當作上帝來敬拜。當時或許未有任何有系統或經過理性分析和建構的敬拜，不過他們還是這樣敬拜祂。亦因此馬可的記載可說是推翻了華人基督徒常見的謬誤——認為「人子」象徵著耶穌的人性。

要從神學層面理解這個稱呼的最好方法，就是從耶穌自己的宣稱去理解。法蘭士在評論二章10節時指出：「耶穌在這裏所宣稱的權柄並不只是宣佈罪得赦免，而是饒恕。」[61] 假如像一些學

60. Stein, *Mark*, 121.
61. France, *The Gospel of Mark*, 129.

者所聲稱的，這個稱呼不過是等同於亞蘭文的「我」，那就無法解釋耶穌為何會突然使用這個稱呼來形容祂的工作，尤其是祂把自己比作上帝。[62] 何蒙娜也正確地提出了這一點，因為這裏的敘事指向馬可的終末上/神學上的傾向。[63] 饒恕的宣告已經很大膽，但是宣稱有赦罪的權柄更加令人譁然。這位有權柄的人子，是與但以理書七章 13 至 14 節中有著至高權柄的人子有著密切的關係。因在第二聖殿時期，那時的人深受但以理書影響。所以馬可福音的聽眾在這裏聽到「人子」時，他們或會不自覺想起但以理書中的「人子」。

我們的證據顯示，耶穌的權柄是獨特的，因為審判是上帝終末工作的一部分。而赦罪（又或是免去刑罰）亦是那個審判的一部分。何蒙娜留意到，馬可福音共有十四次提到「人子」，大部分與彌賽亞的受苦和伸冤有關。[64] 因此，這個神蹟不但教羣眾驚訝，更標誌著人子和上帝審判的來臨，以及上帝透過彌賽亞最後和最重要的工作的來臨。耶穌（或馬可的記載）有策略地把這個片語指向將來的彌賽亞工作。這個神蹟和宣稱赦罪的聲明不單指向過去（即是但以理書七章），也指向將來。而將來就是現在！

這裏的「已實現終末論」（realized eschatology）似乎進一步指出，有赦罪能力的耶穌也會與罪人為伴。這一點令法利賽人大為震驚。然而，耶穌並沒有被罪人玷污，反而醫治了他們。這

62. 張永信：《馬可福音（卷上）》，143；他主張它不過是指「我」。

63. Hooker, *The Gospel According to St. Mark*, 92；何蒙娜繼續建議，這些人子講論不一定出自耶穌的口。當然，馬可可以有自己的表達，但是他也可以使用可靠的資料去複核這些講論。我們或許無須推得太遠，主張這「只是」作者在建構這個人子故事的神學目的。

64. Hooker, *The Gospel According to St. Mark*, 89.

樣的權柄比醫好癱子更勝一籌，而耶穌身邊的人也表現出祂對他們的巨大影響力。但這裏卻出現了一條不易回答的神學問題。根據耶穌在二章17節所形容的呼召，祂似乎單單呼召患病的罪人，而沒有呼召健康的義人。張永信嘗試從敘事的角度作出解釋：基督沒有呼召像法利賽人這種自以為義的人。[65] 他的解釋甚好，卻不全面。二章17節的「召／καλέσαι」是關鍵，這個字也出現於一章20節。耶穌在一章20節呼召門徒，他們卻不似是不義的人。那麼，按著這個字在馬可福音的用法，我們應該怎樣回答這個問題呢？我認為最好的解釋是：馬可的敘事表明，耶穌的呼召是給所有罪人的，而門徒也是罪人。若沒有罪的問題，耶穌就無須呼召他們了。因此，張永信把二章17節的「義人」歸類為自以為義的人，某程度上是對的。因此，國度之門打開了，全端乎人會否選擇回應。若將人的回應連於一章1至3節，這個回應就好像那些準備好經過曠野、從被擄歸回上帝應許之地的人那樣。這樣的回應標誌著耶穌基督福音的起頭，祂的使命乃要拯救罪人。因此，被擄不再關乎地理上的地點，乃關乎與以色列上帝立約的關係究竟如何。這就如同以賽亞書中的猶大人，他們需要離開巴比倫，回到上帝那裏去——更明確地說，那就是要敬拜上帝。

從上述耶穌服事的場景來看，耶穌主要的服事是公開的，而服事的地點也表明了耶穌向宗教領袖和民眾所行的，是公開的示範和對話。這樣的記載，表示馬可對宗教現況抱較為強烈的批評。馬可筆下的耶穌很大膽，會直接挑戰權威，而且取得最後勝利。就倫理而言，一連串的爭論故事正正對一羣對現況有質疑的

65. 張永信：《馬可福音（卷上）》，151。

聽眾說話。耶穌的服事不單是歷史記載，還蘊含著教導的意味。這從馬可述說故事的方式可見一斑。「門徒／μαθηταῖς」一語在二章15至16節首次出現，這個詞彙似乎要到二章17節才顯得重要：耶穌在那裏對「他們」說話，「他們」或許包括了法利賽人，但門徒肯定也在其中。我們必須假設耶穌從祂的門徒那裏聽到一些批評。假如房子的設計使得法利賽人必須探頭探腦地窺探房子內的門徒和罪人（以及耶穌），那麼我們就要假設「他們」以門徒為主，也會包括一些法利賽人。換言之，在呼召利未（也可能包括所有與宗教領袖對峙的故事）一事上，耶穌透過祂的行動來教導祂的門徒。耶穌的老師職分，早已在一章22節和二章13節被確定了，但直到這刻，耶穌才首次像老師般教導門徒。透過以門徒為故事中的人物，馬可將耶穌描繪為真理的老師——不單透過祂的話語，也透過祂的行動來教導人。這樣的描繪，大大影響著現代基督教倫理學對帶領門徒、活出門徒生活樣式的理解。

筵席的社會場景也包含重要的神學意義，因為它指向一個令人不快的事實——耶穌是人生命中大部分重要範疇的主。耶穌的出現打斷了利未的事務；然而，這個打斷十分徹底。在整個筵席的場景中，焦點完全落在耶穌身上。二章15節可以直譯作「當他在他家裏吃晚飯的時候」。這個「他」用得很含糊，儘管路加福音五章29節清楚表示那是在利未的房子。馬可福音二章15節的「他」也可以意指耶穌。這樣含糊的表達可以有兩個詮釋：耶穌在利未家裏吃飯，或是利未在耶穌家裏吃飯。由此推斷，作者可能對聽眾刻意含糊此語，而這班聽眾極可能早已知道真實故事，卻不知道故事的真正意思。馬可可能藉此嘗試表達某些別出心裁的倫理教導：利未本來是一家之主，如今卻被耶穌基督取代。或許，這是馬可展示拯救結果的方式——雖他未有直接言明，卻以這幅圖畫來展示。

利未的工作需要與其他人保持和諧關係，但是他現在需要面對一個事實：耶穌在他家裏引起紛爭，令人留意到他是罪人。最大的問題是利未並沒有說甚麼。身為主人家，利未應該控制場面，但是他卻完全消失了。最後，耶穌起來呼召罪人，好像祂才是房子的主人！當耶穌來到利未家裏，這位新門徒利未的公共生活，將會被揭示和被檢視。耶穌讓利未的公共空間成為祂與祂的敵對者展開神學爭論的地點，而利未和他朋友的生活則被文士詳細端詳。因此，作門徒不單是在表面上效法耶穌，也是讓耶穌接管自己的生命，並且被耶穌顛覆自己的世界。難怪法蘭士形容這個呼召是「不顧後果地棄絕之前的生活方式」了。[66] 假如跟隨耶穌的人未作這樣的準備，他們將會感到十分震驚。

簡單直接地閱讀這段敍事，我們無法否定耶穌很受歡迎的事實。然而，受歡迎不代表沒有反對聲音。因此，受歡迎不是絕對的。事實上，耶穌只受當地民眾歡迎，卻不受在位者歡迎。這幅受歡迎的圖畫也指向權力的問題。這些故事中的宗教領袖，他們有意按著自己的意念統一整個宗教體制。假如我們按著一章1至3節來看這些宗教領袖，就會發現他們行為頗不尋常，因為希律黨是管治他們並玷污他們土地的外邦人。由於這些宗教領袖旨在捍衛他們的權力，最終竟然聯同外邦敵人與耶穌為敵。在今天的教會裏，有很多教會領袖以為他們與敗壞的勢力結盟，是在作主工的。事實上，香港一些教會領袖戀棧政權所下放的權力，但是他們得著這些權力是要付代價的。很多這樣的宗教領袖以為

66. France, *The Gospel of Mark*, 132.

他們可以有智慧勝過試探，但是敗壞的勢力幾乎每一次都取得最終的勝利。耶穌的加利利服事成為一堂倫理課，這課堂是給所有自以為可以利用敗壞勢力去行美善的事的人。最終，「美善」不過是反映出人的私慾，權力不過是為了私慾服務。最後，那些人再也無法辨別出哪些是上帝的心意，哪些是自己的意思。這就是敗壞的真貌。地上的帝國的福音只在乎權力，而耶穌國度的福音卻是站在受欺壓、軟弱的人的一方。

這些敘事的地點，格外前後一致和有意思，這闡明了馬可的價值觀（又或馬可認為耶穌有怎樣的價值觀）。這與一章 1 至 3 節論到曠野是福音之道，十分吻合：羣眾繼續去到曠野，去到約翰那裏去，離開權力中心去到人煙稀少的曠野。除了曠野，還有海邊，那是耶穌的門徒捕魚為生的地方。這些都是吸引羣眾去到的地方。另一個地點是會堂：耶穌愈多在會堂活動，衝突就愈多。耶穌亦注意到祂所到的會堂現存的各種問題。藉著對比不同的地點，馬可再次展示出宗教領袖應該帶領民眾敬拜，可他們卻拒絕並質疑耶穌；並且，最嚴重的罪行，竟然在最神聖的地方發生！

2. 神學詮釋：釋經的理性思考

耶穌再次從曠野進到迦百農，祂要繼續履行那把人從被擄之中釋放出來的事工。耶穌在醫治、呼召的過程之中，遭遇了前所未有的挑戰，這些挑戰都是來自律法師、法利賽人與希律黨人。諷刺的是，邪惡的污靈無論甚麼時候遇見耶穌，都俯伏在耶穌面前，聽從祂的吩咐。

迦百農不單是耶穌首先開展其釋放事工的地方，同時也是祂首先遇上拒絕祂的拯救的地方。如果說耶穌在迦百農的事工，是總結性的開始，那麼這個事工也同時是總結性的抗拒。耶穌在迦百農遇上的不單是挑戰、拒絕，更引發了法利賽人與希律黨人聯手想要殺害祂。迦百農這地方，無疑在耶穌釋放祂的子民、帶領祂的子民回歸上帝的事工上，扮演著舉足輕重的角色。迦百農是個充滿衝突的地方，是政治風暴的中心。

耶穌再次進到迦百農，在祂一切的服事之中，都發現法利賽人、律法師的蹤影。在耶穌醫治癱子的故事，我們看見律法師出現；在耶穌呼召利未的故事，我們看見法利賽人出現；在耶穌容讓門徒在安息日掐了田裏的麥穗的故事，我們看見法利賽人；在耶穌治好枯乾了一隻手的人的故事，我們看見法利賽人。似乎耶穌走到哪裏，法利賽人或律法師也跟到那裏；可是這些律法師和法利賽人並不是耶穌的門徒。他們的出現，總是引起衝突，因為他們是為了挑戰耶穌的教導、醫治等服事而來的。

究竟耶穌是誰？這個來自只有三、四百人的小鄉拿撒勒的耶穌，究竟是誰？耶穌第一次進入迦百農的時候，邪惡的污鬼已經察覺耶穌的身分；祂既是拿撒勒人，又是上帝的聖者。馬可多番記述耶穌趕逐污鬼，強調他們都認識耶穌。相對來說，那些聽過耶穌教導的、被醫治好的、被趕出污鬼的，雖然他們對耶穌所作的這一切，感到驚訝，但卻沒有一個認識耶穌。這種情況，在耶穌第二次進入迦百農之時，再次出現，並且變本加厲。對耶穌缺乏恰當的認識，甚至錯誤的認識，帶來的是對耶穌的拒抗，更加引起了殺機，至終以殺害耶穌收場。耶穌從曠野出來，要把上帝的子民從被擄之中釋放出來，帶領他們歸回上帝那裏，可是祂卻遇上了極大的險阻、困難。上帝的兒子，祂能夠完成祂的使命嗎？祂真是上帝所喜悅的愛子嗎？

耶穌再一次進入迦百農，公開地在偌大的房子、海邊、會堂等公眾場所，進行教導與醫治的職事。正因為耶穌的服事並非私下進行的，所以任何人都可以前來聚集，包括熟讀律法的律法師與謹守律法的法利賽人。很明顯，耶穌刻意公開展示祂的服事是怎樣的服事。從祂醫治癱子的故事之中，我們看見那些在場中的律法師十分震驚；從祂與稅吏和罪人一同坐席，我們看見這些律法師對耶穌直接質問；法利賽人也對耶穌提出責備：為甚麼不持守禁食的宗教禮儀？為甚麼在安息日掐麥穗？以致他們窺探耶穌，好捉拿祂在安息日工作的把柄。這一切不單只涉及耶穌的服事，更涉及祂的身分。但是沒有人正確地認識祂，只有污鬼才知道祂是上帝的兒子。

那麼，耶穌這次在迦百農的工作，有甚麼特別，會引起律法師與法利賽人這麼激烈的反應，最終設法想要置耶穌於死地？問題的核心十分清楚，耶穌來到上帝子民中間，竟然向著前來尋求醫治的癱子，當眾宣告：「小子，你的罪赦了。」（二5）耶穌的赦罪、寬恕，原來就是福音，就是好消息。耶穌的赦罪、寬恕，原來就是上帝國度臨在罪人中間的福音、好消息。耶穌跟施洗約翰同樣宣講悔改，但耶穌跟施洗約翰不一樣，在於祂宣告的是赦罪、寬恕。上帝的國度是甚麼？上帝的國度為甚麼是福音、好消息？這是因為人若悔改，上帝必然赦罪、寬恕。這是耶穌向那小子宣告他罪得赦免所顯明的。而衝突，正由此而生。

如果耶穌來到迦百農，只是宣告上帝赦罪、寬恕的福音、好消息，並沒有甚麼問題。問題是，耶穌自己親自對那癱瘓的罪人宣告他的罪赦了。然後，張力馬上就出現了。馬可以全知的觀點來記述律法師心裏的震驚：「這人為甚麼這樣說呢？他說僭妄的話了，除了上帝以外，誰能赦罪呢？」律法師這些疑問，其實是帶有負面答案的質疑。他們確實認為耶穌說了僭妄的話，因為只有上帝才能赦罪、寬恕。但是耶穌只是人而不是上帝，祂宣告赦免甚至寬恕那癱子的罪，豈不自以為是上帝，若這不是僭妄又是甚麼呢？在根本上，這是信仰的問題，更是神—學（theology）的問題，涉及的上帝是誰？耶穌是上帝嗎？這更涉及基督論的問題。

馬可的故事讓我們知道，耶穌清楚認識自己的身分，並且馬可在故事的早段時間，已經顯示了祂清楚知道自己的身分，祂更有意在公眾場所的事工之中，向眾人包括律法師與法利賽人把自己的身分顯示出來。馬可在告訴我們，耶穌並不是慢慢才意識祂自己的神聖身分，這裏沒有一種後來神學家所講的從下而來（from below）對神聖身分的建立與醒覺。耶穌，在馬可所講述的故事之中，開場不久就已經透過祂自己公開宣告赦罪、寬恕的行動，向眾人也向我們顯出祂神聖的身分。祂繼後針對律法師心裏的質詢之所言所作，更加強烈地顯明這一叫人驚訝、震撼的身分。這次迦百農的連串互相引發並張力漸強的眾多事件，其核心不外就是耶穌自己的言說和自己的行動所揭示的身分、律法師與法利賽人對這身分的質疑，以及這兩者之間的衝突。

在醫治癱子這個故事之中，耶穌的言說與行動是接二連三地向著在場的人與不在場的我們，揭示祂自己那神聖的身分。赦免、寬恕癱子的罪如是，看穿律法師心裏的質疑如是，自稱「人子」有赦免、寬恕的權柄如是，立即叫癱子站起來如是。這連串一氣呵成的言說與動作，構成了一幅叫人屏息的自我神聖身分揭示的圖畫。耶穌雖然禁止污鬼透露祂的身分，也吩咐那個大痲瘋被治好的人不要隨便把祂的醫治傳揚開去，但是祂卻毫不忌諱地在公開場所向眾人親自以言說與行動來顯示祂自己。在耶穌身上，「彌賽亞的祕密」是用不上的。耶穌講楚知道自己的神聖身分與拯救的工作，祂清楚知道自己具有權柄去赦罪、寬恕。

耶穌的言說，其實就是行動；耶穌以言說來行動，改變事物的狀況。只有上帝可以藉言說來創造，只有上帝的言說具有這種權柄。耶穌是主，祂知道自己是主，並且毫無遮掩地向眾人道出，祂這位「人子」是「安息日的主」。「人子」，本來就與眾不同，可是耶穌不單向眾人顯示祂與眾不同，具有寬恕、赦罪的權柄，更自稱為「主」。這是希伯來文化對上帝的稱呼。耶穌的自稱：「人子」、「主」，解釋了為甚麼祂的言說就是行動，具有改變事情的能力。對於猶太人來說，只有他們所敬拜的耶和華，才具有這種以言說來行動的能力。起初，耶和華創造不就是藉言說創造萬物嗎？祂不是命立就立、說有就有嗎？如今耶穌的言說，不也一樣嗎？祂的自我宣稱，正是祂對自己的言說—行動所作的解說。

耶穌在寬恕、醫治癱子之後，祂呼召利未，在安息日容讓門徒掐麥穗、醫治枯乾了一隻手的病人，這一連串的故事，無不在展示耶穌這位「人子」、「主」那種言說—行動的權柄。從這些故事之中，我們看見耶穌的言說—行動權柄，涉及的是生命的拯救、釋放；祂的言說，是更新、再創造朽壞的、扭曲的生命的行動；更新、再創造的不單是肉體上的生命，更是精神上的、靈性上的、社羣上的生命。這也就是說，耶穌的言說—行動，是更新、再創造整個生命的行動；祂的權柄，是更新、再創造整個生命的權柄。這從馬可鋪排耶穌在安息日的作為，完全得見。

對於猶太人來說，守安息日的誡命是記念耶和華上主原初創造生命的舉動，也是記念耶和華上主昔日拯救其先祖脫離壓迫、扭曲生命的處境的舉動。在馬可的敍事之中，耶穌釋放、更新生命始於寬恕罪人——癱子，與呼召罪人——稅吏，逐漸顯出祂的主權與介入，正在建立一個新的羣體、形成一種新的生活——「有好些稅吏與罪人與耶穌並門徒一同坐席，〔……〕他們也跟隨耶穌」(二 15)。耶穌作為這個新羣體、這種新生活的主，祂帶領的權柄在安息日達到高峯。

耶穌在安息日所作的一切，是要表明「人子是安息日的主」，以此來回應施洗約翰的門徒與法利賽人的門徒的質詢：耶穌何以不踐行禁食？耶穌最先是以比喻來告訴他們：適當的場合做適當的事。但是甚麼是適當的場合做適當的事？跟著耶穌在安息日讓祂那些又缺乏又飢餓的門徒掐了麥穗，更進入猶太人的會堂醫治枯乾了一隻手的病人。這一切意味著甚麼？其實耶穌自己在對法利賽人所說的話，解說了一切：「安息日是為人設立的，人不是為安息日設立的。所以，人子也是安息日的主」(二 27)、「在安息日行善行惡，救命害命，哪樣是可以的呢？」(三 4)安息日是在於拯救人的生命，所以耶穌在安息日讓祂的門徒掐麥穗以充飢，乃是安息日的主應有的適當行動；所以耶穌在安息日醫好枯乾了一隻手的病人，乃是安息日的主應有的適當行動。是以，耶穌在眾人面前宣告自己是安息日的主。

這樣，耶穌的自稱與言說—行動，就向眾人顯明了祂的神聖身分、祂的使命。昔日上帝創造生命也拯救生命，今天上帝也釋放生命、更新生命。耶穌在安息日的所言所行，正是「安息日的主」應有的適當作為。安息日的主在安息日救命，但法利賽人在安息日卻挑戰、質詢耶穌的作為，他們不單阻礙耶穌救命的服事，更要害命——殺害耶穌的性命。雖然耶穌以其自稱與言說—行動，揭示了祂的神聖身分，但是法利賽人與律法師只感到被冒犯。因為耶穌不單說了赦罪、寬恕的僭妄話，又自稱人子為主，更公然帶頭破壞禁食的安息日、不作工的慣常宗教踐行，這完全意味著耶穌來到猶太人當中，是要建立一個新的信仰羣體、形成一種新的生活方式，相反，律法師與法利賽人所相信的與所踐行的並不能釋放、更新生命，會堂所代表的宗教體制並不能再創造生命。耶穌在公眾場所的一切言行，嚴重地冒犯了、觸怒了法利賽人，以致他們於原是救命的安息日，暗地裏跟希律黨人一起密謀殺害耶穌。

耶穌這個從拿撒勒來的人，怎會是但以理書中所講的那位要來施行審判的人子？怎會是創造生命也拯救生命的安息日的主？更重要的是，審判的人子與安息日的主怎會來到猶太人中間批判他們的宗教體制與宗教生活？在馬可的敘事之中，耶穌在公眾場所揭示了自己的神聖身分，也同時暴露了法利賽人他們私底下的心思，從而顯出了耶穌拯救、釋放的服事所遇上的障礙，是來自上帝自己的子民。律法師、法利賽人和希律黨人不接受耶穌是人子、是主，拒絕承認祂有寬恕、赦罪、醫治等拯救生命的權柄。相較之下，在馬可筆下，這些人對待耶穌的態度，比邪惡的污鬼更不如。在耶穌的禁止底下，污鬼即便認識耶穌，但也不敢做聲，可是法利賽人一而再、再而三的不相信耶穌自己的宣稱：人子具有赦罪的權柄，反倒要抓祂的把柄，最後更決定要除掉耶穌。耶穌來是要拯救祂子民的生命，祂子民卻反過來要除滅耶穌的性命。

四

偏袒哪方？新羣體和別西卜（三13～35）

1. 敍事鑑別

馬可福音三章13至35節的新段落，以選立使徒開始（三13～19）。這個選立使徒的故事與別西卜的故事有密切關係，因為兩者的主題都環繞著「偏袒」。

三章13至19節的事件在山上發生，故事的重點是呼召（三13），類似一章20節，而兩處的呼召用語相同。這樣看來，呼召似乎分開兩個階段：第一階段先是人放棄了捕魚的職業，接著耶穌呼召他們；在這裏的第二階段，耶穌逐步確立他們的職事。這個呼召亦有別於一章14至20節，因為耶穌那時未有表明他們要做甚麼。三章14至15節則清楚表明差遣的目的：第一，耶穌想他們與祂同在；第二，耶穌差他們去傳道；第三，耶穌給他們權柄趕鬼。這裏對使徒職責的描述似乎很重要，因為耶穌要使徒所做的事，正是祂所做的事。因此，使徒就是耶穌的代表。果不其然，馬可在三章16節以彼得為焦點，或許因為彼得與馬可關係密切。彼得位於十二門徒的名單之首，接著才提到另外十一個門徒（三16～19）。很多人或會比較其他門徒名單的次序，但我們不必這樣做，因為馬可乃是靠著彼得和其他見證人，才得出這份「彼得居首位」的簡單的名單；其他的門徒名單或許不是靠彼得的資料撰寫出來的，它們所要帶出的重點或許有點不同。

這份簡單的名單用意何在？馬可很可能藉著先提說西門，並特特指出耶穌給他起名叫彼得，從而強調他的權柄，並賦予西門彼得特別的地位。當然，這使彼得（和馬可）成了可靠的見證人。敘事者小心翼翼地把焦點放在耶穌設立門徒的心意上（三14～15）。畢竟，除非敘事者能夠進入耶穌的心（或許透過彼得的見證或詮釋），否則他又怎能得悉耶穌的心意呢？耶穌呼召門徒的目的，也成為三章14至15節的焦點。這個故事闡明了怎樣作門徒，以及道出了耶穌的真正心思。此外，整件事是私下進行的（即是在山上），並且由耶穌作主動。

我們需要對這個故事的地點加以說明。三章13節表示耶穌在「山／τὸ ὄρος」上，字面意思可以是：耶穌上了山，並且呼召人。提說這個地點似乎不只是為了提供地理資料，它同時亦為馬可福音的神聖事件鋪路（六46，九2），像曠野的主旨一樣。這個地點的重點是：耶穌若非獨處，就是與祂的跟隨者一同獨處。馬可的描述展示出，這次的耶穌運動（Jesus movement），確實與當時宗教上的日常行動截然不同。「山」是耶穌進行非公開的上帝國度事工的地方；儘管耶穌國度福音的信息大多數是公開的，但「山」仍是耶穌展開祂非公開的事工的地方。更重要的是，這裏的山與一章1至3節一致，也是另一種離開曠野的方式。耶穌帶領祂的跟隨者進入獨處的地方，為了使他們可從被擄之地歸回。馬可在三章19節加上特別說明——猶大是個背叛者。由此，這個故事進一步表明，這個福音旅程有部分與作門徒有關，但不止於此，馬可藉著提到猶大賣主，說明了福音之路更是關乎上帝宏大的計劃。賣主一事絕非巧合。

三章20至35節的故事關於耶穌與別西卜。20節清楚交代這個故事的場景：有很多人圍著耶穌，以致祂和門徒連飯也顧不得吃。耶穌可能因為服事而忙碌，因此，21節記載祂的親屬甚至說祂癲狂了。這個場景導致文士在22節指控祂是靠著鬼王別西卜趕鬼的。這是一個嚴厲的指控。他們為甚麼會這樣想呢？

很多詮釋者認為文士惡意地指控耶穌。然而，上下文似乎可以說明他們為甚麼會這樣評論耶穌。在三章11至12節，污鬼知道耶穌的身分。在一章24節，另一個污鬼也知道耶穌的身分。這種場景，足以叫人有藉口散播耶穌擁有污鬼能力的謠言，而且耶穌曾在會堂中施展祂的作為，祂很可能就在文士眼前這樣行。因此，耶穌必須為自己辯白。家庭的主題包圍著這段敘事。最初耶穌的家人認為祂是癲狂的，以致他們在三章21節嘗試力阻耶穌介入其中。家人這次的力阻，導致文士以為耶穌被鬼附。這個故事也關乎與家人的疏離，因為三章31節清楚說明耶穌的家人是在「站在外邊的」。[67]

---

67. Austin Busch, "Questioning and Conviction: Double-voiced Discourse in Mark 3:22～30," *Journal of Biblical Literature* 125 (2006): 481；然而，巴殊（Austin Busch）力言馬可福音中的耶穌自相矛盾，因為祂指出撒但自相攻打時，就站不住腳。但是，導致撒但跌倒的，乃是耶穌的攻擊。於是，巴殊認為馬可在邏輯上有明顯的矛盾，這點是無法成立的。當耶穌在馬可福音三章論到撒但的國度時，耶穌的工作還未完成。事實上，耶穌擊敗撒但一事，很可能要到門徒最初的事工和祂最終在十字架上的事工才發生。這段敘事的發展是循序漸進的。有別於這裏的巴殊和馬庫斯（Joel Marcus）於其文 Joel Marcus, "The Beelzebul Controversy and the Eschatologies of Jesus," in *Authenticating the Activities of Jesus*, ed. Bruce Chilton and Craig Evans (Leiden: Brill, 1999), 266～267，我們並不需要認為耶穌漸漸明白自己的身分；相反，根據馬可的敘事鋪排，漸漸發展的是敘事本身，而不是耶穌的自我理解。

耶穌在三章 23 至 29 節的比喻中反駁祂是癲狂和被鬼附的指控。在馬可福音裏，耶穌與當權者的衝突很早就出現了。這裏的記載比馬太和路加的記載短。[68]「比喻／παραβολαῖς」(三 23)一語是複數名詞，換言之，耶穌使用了很多比喻，但是最突出、最能回應這些指控的，則是眼前這個比喻(三 24～29)。這個故事的情節很簡單，耶穌以兩個意象來説明祂的論點。祂首先使用「國」(kingdom)這個意象，之後使用了「家」(household)這個意象。這兩個意象基本上是相關的。「國」是一個政治詞彙，「家」也一樣。在耶穌的社會中，國與家是身分認同的界線。國有國民，家也有家人。一國的國民應對國忠心，而家人也應對家忠心。換言之，這兩個的意象均涉及忠心和身分，而人的身分是忠心之本。

耶穌把壯士撒但的國和家比作合一的地方。換言之，假如耶穌效忠於撒但，就不會趕鬼，不會敵擋撒但的工作了。馬可諷刺地記錄了耶穌有關撒但的言論，因為撒但的意思是「指控者／反對者」。這些人指控耶穌，但事實上，他們卻是在服事指控者。此外，連耶穌的用詞也是在反駁祂的指控者。耶穌在 26 節提到，若撒但敵擋祂，撒但就必滅亡。這句話表示撒但在鬼魔當中依然很活躍，導致聽眾下這樣的結論：撒但的結局還未來到。撒但的家的確沒有分裂。耶穌在這裏是用上了比喻的修辭力量來向聽眾證明祂並不屬於撒但，亦因此接下來祂在三章 28 至 29 節並

68. 見這篇文章的比較：Eugene Boring, "The Unforgivable Sin Logion Mark III 28～29/ Matt XII 31～32/Luke XII 10: Formal Analysis and History of the Tradition," *Novum Testamentum* 18 (1976): 260。

沒有如此說：「看！我證明了我並不屬於撒但！」反倒記載了耶穌對那些指控者的控訴。

馬可福音三章28至29節是新約聖經的難解經文之一。大部分詮釋者嘗試回答這些問題：「今天的基督徒有可能褻瀆聖靈嗎？若然如此，怎樣褻瀆呢？」這些詮釋都是錯誤的，因為他們試圖回答的問題根本不是耶穌或馬可的關注。較好的詮釋應該出自馬可本身的敘事。我們必須弄清楚這個故事的情節，才能理解耶穌所說的「褻瀆／βλασφημίαι」是甚麼意思。一般而言，這個詞彙指「說某人壞話」，此詞在希臘文裏不一定有宗教含義。受著類似這段經文的因素影響，現代的中、英文翻譯都給此詞注入了宗教的含義。不過，他們論到「耶穌」的話又怎麼變成了褻瀆「聖靈」呢？三章30節清楚說明了這是因為他們說耶穌被邪靈（污鬼）附著。因此，這裏真正的對比（logical contrast）是聖靈與邪靈（污鬼）。其實，文士真正挑戰耶穌的問題是：「耶穌靠著誰的權柄或誰的能力趕鬼呢？」

回答這個問題，與回答「今天的基督徒可以褻瀆聖靈嗎？」這個錯誤的問題截然不同。這裏的討論無法回答這個錯誤的問題。聖靈的角色在一章8、10至12節顯而易見——幫助耶穌完成祂的工作。在這裏，耶穌的工作是趕鬼。因此，這裏的褻瀆是指：把耶穌的工作——那是靠著聖靈的工作——等同於邪靈或鬼魔的工作。根據馬可所載和耶穌所說，耶穌的工作到底是甚麼？讓我們看看敘事者和馬可筆下的耶穌所說的話。

據馬可所載，耶穌的工作並非只是聖靈的工作（受洗時的恩膏、在曠野勝過撒但；一10、12），也是國度的工作（一15）。耶穌以比喻來回應文士（三24），祂這種回應方式，使人注意到國度這概念。耶穌也把撒但的工作比為一國。因此，馬可展示的是，國並不獨是耶穌的工作，撒但的工作也是「國」。換言之，有兩個對立的國，各有自己的軍隊（三 24～25），各為其主。

與此同時，耶穌的比喻也把鬼魔的工作比為家。這個詞彙不單指向一所房子、一處家人居住的地方，更指向更大的東西。在希羅社會中，家是社會互動的基本單位，包括了奴隸和主人、兒女和父母、妻子和丈夫。耶穌在三章 25 至 27 節論到一個家。家的重點是每個家都有一主，而所有成員都有責任忠於這個一家之主。在撒但的家裏，撒但顯然是這個一家之主。假如耶穌在撒但的家行神蹟，祂就是忠於撒但的。

上述這個家的類比，使得我們不得不留意三章 13 至 19 節真正的家。我們特別要留意三章 16 至 17 節，那裏以門徒的名字和家庭背景為主。在 16 節，耶穌為原本由家人賦予名字的西門，「又……起名叫彼得」；在 17 節，由家人起名的西庇太的兒子，他們如今又得到新的別名，而這名字原為亞蘭文，馬可將其意思用希臘文解釋出來。大部分學者都認為，這件事僅僅說明耶穌在祂很多教導中都是說亞蘭文的，但是馬可有別的用意。敍事以講故事的方式來表達，這表明了兩點：資料來源和刻意的場景設計。在最基本的層面，馬可把它譯成希臘文，為了讓那些熟悉家庭和名字觀念、操希臘語的聽眾明白耶穌取了一家之主的角色。此外，這個雙語表達，表明了羅馬帝國的政治實況。羅馬帝國的東部落在殖民制度之下，要納稅給羅馬帝國，尤其是平民百姓。[69] 希臘語是百姓用來與羅馬人溝通的語言（大多是在不好的情況下），而說亞蘭語則表示在嘗試保留民族身分。耶穌賦予西門、

69. Wire, *The Case for Mark Composed in Performance*, 65.

雅各與約翰新的身分。在呼召使徒的過程中，耶穌設立了一個新的家，尤其是在祂最親密的領袖當中：九章 2 節記載彼得、雅各與約翰看見耶穌變像，這並不教人意外。串連起三章 13 至 19 節和三章 20 至 30 節的關係的，就是「家」。換言之，這是關於兩個家之間的紛爭；這個紛爭是由呼召使徒而起，並透過別西卜爭論中的比喻而得以闡明的。

說明了家的概念怎樣影響故事之後，三章 21 至 35 節總結了上文的意思。有關別西卜的爭論尚未結束，而三章 21 節提到的耶穌親屬也來拉住祂，可能是為免祂再自找麻煩。羣眾在三章 32 節告訴耶穌祂的家人在找祂，或許是要祂離開眾人，去吃點東西（參三 20 ～ 21）。他們嘗試救耶穌脫離祂癲狂的服事。耶穌沒有與他們同去，祂在 33 節問誰是祂的母親和弟兄。這個問題十分重要，因為所有人都知道祂的家人是誰。只有一個極度狂妄、癲狂的人，才會不認得他的母親和弟兄。這個故事，也是首次記載，耶穌原生的家庭在馬可福音中扮演著重要的角色。馬可福音比其他福音書更細心記載耶穌的家庭和祂的木匠背景。[70] 然而，奇怪且諷刺地，這種種卻成為耶穌要說明更深邃的事情的類比。

耶穌沒有回答那個問題（三 33），耶穌在三章 34 至 35 節指出誰是祂的家人 —— 祂指向那些坐在祂身旁的人。20 節已暗示了祂身旁有哪些人。在那裏，除了耶穌之外，連祂的門徒也忙於工作，沒有吃飯。[71] 因此，耶穌以家的隱喻來形容祂的跟隨者，

---

70. Beavis, *Mark*, 40.
71. 中文聖經譯作「他連飯也顧不得吃」，但是希臘文直譯是「他們連飯也顧不得吃」。「他們」必定是指耶穌的跟隨者，因為耶穌忙碌的事奉，以致他們連飯也顧不得吃。

藉此結束整個別西卜的比喻。

整個三章 13 至 35 節的記載應是這樣的：文士察覺到有兩股力量——上帝的和撒但的——正在角力。耶穌認同這一點，祂卻透過國和家庭的隱喻，把問題界定為聖靈的工作與鬼魔的工作之間的角力。換言之，由於耶穌使用了一些集體性的隱喻（corporate metaphors；即是包括了國、家，以及其國民和家人），那些屬於正確的國度和家庭的人，他們也在聖靈的領域裏工作；其他人則在另一個領域中工作。在這裏，耶穌透過指責文士為褻瀆者並要擔當永遠的罪，暗示文士屬於另一國和家庭。為確定祂的家庭成員，耶穌以祂對家人的關注來指向家的隱喻。這個家的成員藉著遵行上帝的旨意，就能成為家的一分子。上帝的工作就是如此重要，以致這些「家人」忙得連飯也不得吃。這就是上帝的國、上帝的家。

讓我們總結一下三章 13 至 30 節的記載。這個段落異常地三一論式，雖然不是直接説明。馬可（和耶穌）描繪出一幅國度和家庭的圖畫。假如我們正確地把國度與家庭一併理解，類比就會顯而易見。這國是上帝的國（一 15），正與撒但的國爭戰。這個國度的王是上帝自己，而祂在地上的代表就是靠著聖靈行事的耶穌。家也是一樣，一家之主就是上帝自己，而耶穌好像祂的代表，讓人成為家庭的一分子。聖靈也在家裏工作。那些遵行上帝旨意的人，能顯明他們與上帝和耶穌的關係；上帝就是他們的父，耶穌就是他們的兄弟。

別西卜的事件，處於兩個關於耶穌跟隨者的故事之間。如果我們將三個故事併在一起，便會看到它們正暗示著兩個國度是壁壘分明的。這個故事雖然涉及屬靈的事，卻以耶穌時代的政治用語表達。在一章 1 至 3 節開始的福音，與別的福音截然不同。

在導論中，我曾提到福音的隱喻表明了福音有其政治性的部分。在這裏，耶穌的教導（尤其是祂那充滿爭議的比喻）使福音的這個部分懲罰那些屬於另一個國度、逼迫耶穌的人（三 35）。宣告永遠的刑罰，等於在勝來臨之前宣佈業已得勝。羅馬帝國有自己戰勝敵人的勝利福音；耶穌也有類似的福音，但那是勝過敵國和敵對家庭的福音。將這些故事與耶穌時代的福音的政治含義（以及國和家庭的政治含義）連繫起來，我們看到，呼召和召聚家庭，就等於召聚國度的軍隊。上帝的旨意將會在耶穌的工作中應驗。勝利也是百姓得釋放，脱離敵人的手，就像他們曾經從巴比倫得釋放一樣（即是賽四十 1～3）。諷刺的是，這次的敵人是以色列自己的宗教領袖，就是那些指控彌賽亞為被鬼附者。

反思及應用

我們往往認為這段呼召門徒的敍事的信息，只關乎跟隨耶穌，但其實這裏的信息更是關乎上帝的主權（sovereignty）。耶穌早已要求他們跟隨祂，就那些早已在馬可福音一章蒙召的門徒來說，這裏選立門徒的記載似乎有點累贅。但我們要注意，這幅圖畫進一步表明了耶穌有目的地呼召他們成為一個羣體，要求他們不但善用各自的特點，更要求他們在羣體中如此行。上帝的主權要求他們要如此行。耶穌的工作並非出於巧合，呼召門徒也絕非意外。那麼，這個神聖的使徒身分究竟有甚麼意義呢？

呼召人成為門徒，基本上就是要他們反映出耶穌醫治、趕鬼與講道的職事。與此同時，他們的工作也表明了耶穌在掌權。即使猶大將要背叛耶穌，上帝也在掌權；即使耶穌給其起了一個特別名字的西門稍後將不認耶穌，上帝也在掌權。這個呼召將要鮮活地展示出上帝戲劇性的敍事，而這個敍事將會帶出福音以及人對福音的理解。

耶穌呼召門徒，使耶穌的跟隨者成為新的家庭和國度的一分子。馬可敍事的神學價值並不只限於對國度成員的討論，也關乎善惡之戰。在耶穌與文士的爭論中，馬可將可見領域之外的實在（a reality beyond the visible）展示出來。耶穌回應文士的國度類比，表明祂並沒有否定不可見的撒但的存在，但是祂也沒有誇大他的能力；而祂某程度上亦同意文士關乎撒但的說法並非純粹出於想像，雖然他們的推斷是錯誤的。隨著耶穌的到來，那不可見的世界已變得可以理解。透過耶穌和祂的敵人，人見到善惡之戰；但在這些衝突背後，還有一個不可見的、更大的實在（reality）。

這個新家庭的形象是教會形象的開始。馬可撰寫這卷福音書時，教會可能早已習慣稱呼它的成員為弟兄姊妹。馬可有意表明這個形象是源自耶穌的。不過，耶穌稱祂的跟隨者為弟兄、姊妹與母親的神學意涵，有待進一步確定，現時亦未有證據顯示新約的信徒習慣稱耶穌為弟兄。在新約聖經中，耶穌賦予這個「新家庭」成員特權。在馬可的時代，是有權力的人將特權給予較少權力的人。因此，耶穌賦予家庭成員特權，並非要使他們與祂平等，而是要再一次展示出祂是掌權的那一位。保羅在加拉太書四章 1 至 7 節有關嗣子（adopted son）的討論，也許是源自耶穌賦予特權的故事，並在保羅的理解中形成了另一個故事。故此，我們必須把這些家庭的意象置於耶穌時代的階級制度來理解。

我們必須討論耶穌和祂呼召門徒的「使命用語」（mission

language）。卡達科爾細心地指出，使命用語由「我來」組成，[72] 清楚表明了耶穌來臨的原因，尤以一章 38 節、二章 17 節和十章 45 節較為明顯。耶穌來，是要傳遞上帝的信息，並體現上帝的勝利。假如我們仔細讀讀耶穌這句「目的宣言」，就必須要問一個問題：「誰賦予耶穌作工的權柄？」而這最終必指向另一個問題：「耶穌是何時來臨並從哪裏來的？」把這些問題與「像上帝一樣」的激進呼召一併來看，只會得出一個答案：耶穌是先存的，祂被上帝差遣來呼召被揀選的以色列。即使是最早的福音書，馬可福音也瀰漫著「高基督論」的色彩。馬可或許未有強調先存的高基督論，但他表明了一件事，那就是在他的羣體中存著這樣的信息。因此，發展了這麼多年的基督論，其實尚未認真看待馬可的記載。

這段敘事也部分地揭示了作門徒的倫理。耶穌選立使徒，要他們延續祂的工作。與此同時，教會也根據使徒傳統來延續這個使命（雖然不一定以同樣的方式）。耶穌設立了「羣體」，表明祂的道路抗拒今天很多超級教會所推崇的明星主義。整個新羣體的工作應該展示出耶穌那條截然不同的道路。在山上的呼召，發生地點正正表示這是個獨特的羣體。那不是說，這個羣體怪異得無法影響社會，因為耶穌肯定曾經透過醫治、趕鬼與講道來影響社會；反之，這個新派別（sect）不單影響社會，同時亦能從社會中分別出來。今天的教會（尤其是華人教會）仍然在苦苦掙扎，或對社會漠不關心，或對社會太過關心以致不再以信仰為基礎。耶穌在這裏的事工展示出這股張力。耶穌明顯是社會的恩庇者，

72. Gathercole, *The Preexistent Son*, 148 ～ 176.

以致社會去到祂那裏。祂期望使徒延續同樣的事工。與此同時，耶穌也從社會中分別出來，祂並沒有按著宗教的傳統做法，在聖殿或會堂中呼召祂的跟隨者。基本上，耶穌開始了一種以羣體為基礎的非制度化的宗教信仰。

在這個「羣體的倫理」的框架之內，耶穌並沒有設立一個民主的制度。大部分現代信徒以為這位可愛的耶穌會設立一個令人愜意的制度，然而，耶穌在三章35節把順服列為新家庭的主要特徵。成員身分並非來自特權；相反，乃來自倫理上的表現。對現代信徒而言，順服的觀念是可以演化的。雖然上帝的真理從不改變，但對上帝真理的理解卻是可變的。這樣的理解，源於我們愈來愈理解自身的處境和經文中的神學—歷史處境。換言之，今天我們必須積極探求上帝話語背後的真理。這需要深入研讀經文，並努力將之應用出來。但這斷非指單按其字面意思來應用，因為字面意思很可能不是真正的意思。

2. 神學詮釋：釋經的理性思考

耶穌是誰？耶穌從曠野出來，先後兩次進入迦百農。耶穌在受洗時為天上的上帝所揭示，祂是上帝的兒子，並有聖靈臨在加力；這是神聖的確定而不是人間的確定。耶穌在第二次進入迦百農的時候，透過祂自己宣稱為「人子」、「主」，以及在醫治、呼召等言說—行動時所展示的轉化、更新、再創造的能力、權柄，祂自己親自向眾人揭示了祂自己。即使邪惡的污鬼知道耶穌的身分，但祂總是多番禁止他們說話，表明了只有父上帝，以及耶穌自己才可以在眾人面前正確地確定耶穌的身分。

雖然耶穌可以禁止污鬼說話，但是祂卻難以阻止其他人對祂身分的估計、猜測。耶穌醫治不同的病人、趕出邪惡的污鬼，甚至自認有赦罪、寬恕的權柄，究竟祂是誰？於是，遠道從耶路撒冷到來的律法師，就提出了他們的看法。這裏頭一次出現了耶穌與律法師就著耶穌的身分的爭辯。相對來說，在這之前，律法師與法利賽人的質問是以問題的方式出現，但是現在律法師卻是以肯定的判斷來告訴羣眾：耶穌是誰？

這個頭一次關於耶穌身分的爭辯，馬可讓他的聽眾、讀者知道，這不只是耶穌與律法師之間的紛爭，更加涉及兩個國度、家庭之間的紛爭。這是兩個不同的羣體、兩種不同的生活之間的紛爭。耶穌要把上帝國度臨近的福音、好消息帶來，祂以言說—行動來傳道、醫治、趕逐邪鬼，建立新的羣體、形成新的生活方式。耶穌這一切的言說—行動，乃是把罪人從不同的罪況拯救、釋放出來，既有身體的，也有精神的；既有心靈的，也有行為的；即或是律法師和法利賽人，無一不是罪人。所以，耶穌才說：「我來本不是召義人，乃是召罪人。」（二17下）

耶穌在山上呼召及建立十二門徒，祂在山上正式設立新的家庭，有別於山下城鄉那些家庭。耶穌以一家之主的身分給西門起名彼得、雅各和約翰起名半尼其，賦予了這些門徒新的身分。從此之後，他們盡忠的對象不是猶太種族也不是羅馬帝國，而是耶穌。這個新的羣體的成員，一方面耶穌會與他們同在，一起生活；另一方面，他們會分享耶穌傳道和趕逐邪惡污鬼的職事與權柄。這樣的羣體是不可想像的，與猶太人的羣體有別，也跟羅馬帝國相去甚遠。

就耶穌熱切開展這個羣體的投入情況，祂的家人、親屬並不明白、了解這是怎麼一回事，因為他們都在這個別羣體之外，沒有參與其中，所以他們認為祂癲狂了。而從耶路撒冷到來的律法師，則藉此指控耶穌靠著鬼王別西卜趕鬼（即邪惡的靈）。這個嚴厲的指控，引起了耶穌的辯白。耶穌這番辯白，不單顯示律法師的指控毫不成立，並且反過來指斥他們褻瀆聖靈，這是一個嚴厲非常的指斥。馬可透過耶穌的辯白與指斥，揭示了兩個國度兩個家庭之間的紛爭，而這種紛爭將貫串整個馬可的故事。

耶穌從山上下來，進到城鄉，表示一個新的國度/家庭羣體、一種新的生活方式，要闖進一個舊的家庭社會、舊的生活世界。是以耶穌與律法師的爭辯，是新與舊的爭辯，是延續之前耶穌第二次從曠野進到迦百農醫治、呼召、在安息日作工所開始的新生活，與舊有的宗教體制、家庭社會所踐行的生活，所產生的衝突。這次衝突，進一步顯示出眾人對耶穌仍然不了解，包括耶穌最親近的親屬，也包括遠道從耶路撒冷而來的律法師，他們分別以不同的理由——他們所可能明白、想到的理由，去解釋耶穌的作為：癲狂、靠著別西卜。然而，這次衝突也進一步揭示了耶穌與聖靈的共同工作。

事實上，馬可很早就讓他的聽眾、讀者知道聖靈的出場。在耶穌接受施洗約翰的洗時，聖靈臨在祂的身上，又催促祂受撒但的試探，然後耶穌從曠野出來，傳講上帝國度將要全然臨在的福音、好消息，並以言說—行動：呼召、醫治、趕逐惡靈，建立一個新的羣體、形成一種新的生活，那麼，聖靈在這建立新羣體、形成新生活之中，扮演甚麼角色？耶穌的辯白，告訴我們祂是靠著聖靈來工作的。原來耶穌一直是與聖靈一起工作的。從這個角度來看，新與舊之爭，最終是上帝的國度與撒但的國度之爭。因此，在馬可的敘事之中，耶穌受洗、被天上的上帝所肯定、被聖靈所加力之後，祂首先面對的敵人，就是撒但。

諷刺的是，律法師對耶穌的指控：靠著別西卜趕逐邪惡的污鬼，一方面這指控完全顛倒了耶穌靠著聖靈工作正是要對抗撒但，另一方面這指控又不自覺地站在撒但的那一邊，以指控耶穌服事指控者撒但。這表明律法師他們這些熟讀摩西律法又教導摩西律法的人，也不認識耶穌的身分和祂靠著甚麼能力來工作，可是他們又不相信耶穌自己的宣稱，祂是「人子」、祂是「主」。他們不單處身於耶穌要建立的新羣體之外，並且不自覺地站在撒但的那一邊，與耶穌敵對；他們誤以為耶穌所帶來的是撒但的國度，卻不自覺地支持了撒但並攻擊上帝的國度。

在耶穌的辯白之中，揭開了撒但的國度，也意味著上帝的國度，並指向了兩個國度之衝突。這種衝突，在國度子民的忠心一事上充分反映出來。耶穌若是屬於撒但國度的，就必忠於撒但而不會自相攻擊，再者耶穌進一步表明，只有遵行上帝旨意的人，才是祂的家人。耶穌只忠於上帝，並且呼召人來忠於上帝，行在祂的旨意之中。這樣一來，忠於上帝的就是屬於上帝國度的，就是跟撒但國度敵對的，反過來也一樣。耶穌來，就是要把上帝的國度帶來，就是要呼召人忠於上帝，建立新的羣體，形成新的生活，以此來對抗撒但的國度。

耶穌不單要跟撒但的國度劃清界線，並且也要跟地上血緣種族的家庭羣體作出區分。祂來不是延續猶太民族，而是建立新的家庭羣體，不以血緣種族為基礎，只以是否忠於上帝、遵行祂的旨意為條件。因此，耶穌的親屬並不了解祂為甚麼那麼熱心在沒有直接血緣關係的猶太人中間工作，相信他們更難想像上帝的國度也接納外邦人加入，成為這個新的家庭的一分子。這個新的家庭的成員身分，並不在於他們擁有甚麼特權，不像猶太人血緣種族的家庭，也不像羅馬帝國的社會，這些都是某一種階級制度的表現。然而，在耶穌所建立的這個新家庭，成員身分只來自耶穌自己那帶有權柄的呼召，以及這些成員順服的回應、遵行上帝的旨意。這樣一來，耶穌所建立所帶領的這個新羣體，既然只屬於上帝的國度，其另類特性就具有批判所有地上的民族與帝國羣體的作用，並要釋放、拯救所有地上的所有民族與帝國羣體。祂賜給祂的門徒羣體權柄，並代表祂去傳講上帝國度的福音、醫治疾病、趕逐邪惡污鬼，正是要把祂所建立所帶領的這個新羣體以及其中所踐行的新生活，廣泛地遍及當時的猶太民族與羅馬帝國。耶穌這種宣稱、這種作為，正正彰顯出祂這個新的羣體這種新的生活，不單有別於舊的羣體、舊的生活，並且要勝過它。這是一場新與舊的國度之戰。

五

以四個比喻來說一個比喻？（四1～34）

1. 敘事鑑別

耶穌在四章1至34節說了四個比喻。這四個比喻某程度上是相關的，都與國度有關。首兩個故事是撒種的比喻和燈的故事，它們關係尤其密切，因為它們都沒有四章26、30節中的「上帝的國度好像……」的公式。因此，首兩個比喻肯定屬於同一組，而後兩個比喻也因有著上述的國度的公式而緊密相連。我將會在下文再詳細說明這些故事的相關性。

耶穌教導的地點是在海邊，更明確地說是在船上（四1）。這個場景類似三章9節的情節。馬可如此描述耶穌，表明祂很受歡迎（參頁151）。這樣的教導場景是不尋常的，因為在那些日子，教導一般在會堂進行（一21）。但是，會堂無法接納祂！於是，海不單成為耶穌受歡迎的象徵，也成為祂脱離傳統的記號。脱離傳統並不只限於摩西律法，也很可能包括了耶穌時代很多宗教領袖所詮釋的口述傳統。[73]

73. 在耶穌的時代，人十分重視筆錄和口述的妥拉。口述的妥拉是從前人留傳下來，馬可在四章 2 節記載耶穌以很多「比喻／παραβολαῖς」（複數）教導人，而在其中一個「教訓／διδαχῇ」（單數）中，祂說了撒種的故事。接著，馬可在四章 13、21、26、30 節以「祂說／λέγει」等片語來開始祂的比喻。單數的教訓可以指所有的故事／比喻。因此，耶穌雖說了很多比喻，但是這裏把這些故事結合為一個融貫一致的教訓。馬可在四章 10 節使用了複數的「比喻」來形容撒種的比喻，這進一步表明一件事，就是馬可在芸芸比喻當中，特特描述了一個典型的比喻。[74] 門徒想知道「比喻」有甚麼意思，而當耶穌回答他們時，祂在四章 13 節使用了單數的「比喻」。祂在 13 節問：「你們不明白這比喻嗎？這樣怎能明白一切的比喻呢？」撒種的故事不單代表著耶穌的所有比喻，也成為馬可福音其他比喻的關鍵和緒論。換言之，對馬可的讀者來說，他們不將比喻分開處理，而要深入思考它們帶出的整個教訓的意義。

我們必須看看馬可福音所有比喻中的第一個比喻。撒種的比喻記載於四章 3 至 20 節，這個故事十分簡單。有一個農夫出去撒種，隨意撒下種子。這個農夫跟會犁整片土地的現代農夫不同，這個農夫似乎沒有翻土，先料理好整片土地。結果，無論種子落在哪裏——路旁（四 4）、石頭地上（四 5）、荊棘裏（四 7），或是好土裏（四 8）——就在那裏生長。然後耶穌在四章 9 節指出，「有耳可聽的，就應當聽」。接著耶穌私下給門徒解釋這個比喻，稱之為上帝國度的奧祕。換言之，這個比喻包含了理解上

是不同詮釋者對舊約聖經的理解。很多口述傳統都是來自法利賽人的律法規條。見 Meier, *A Marginal Jew* 3:322。

74. 有關撒種者的身分，見 Joel Marcus, "Blanks and Gaps in the Markan Parable of the Sower," *Biblical Interpretation* 5 (1997): 254～256。

帝國度（以及所有與這個國度有關的比喻）的關鍵。耶穌清楚說明，若沒有祂的解釋，人就無法理解這個比喻。祂在四章12節引述了以賽亞書六章9至10節的記載，因為那是以賽亞「蒙召」的敍事。耶和華呼召以賽亞，給他一個使命，但他履行這個使命時，沒有人會聽他。雖然他們眼能看見，卻不曉得；耳是聽見，卻不明白。若他們明白，耶和華就會赦免他們。換言之，以賽亞的職事並不成功，沒有祝福，只有咒詛。

諷刺地，耶穌在四章9節同樣使用了「聽」這個字彙。耶穌乃是把自己的職事比作以賽亞的職事。不過，兩者有一個差別是有點諷刺的：耶穌起碼讓門徒多認識一些，可以賽亞卻完全沒有人明白。換言之，與以賽亞的工作相比，耶穌的職事還是取得一些進展了。

耶穌的解釋似乎較為簡單。這個比喻較似一個寓言（allegory），而寓言和比喻的分別是，寓言包含著預表（typology），而比喻卻不。種子就是道，土壤則是不同類型的人。道只有一種，人卻有四種。第一種人聽到道，卻像路旁的土那樣，撒但來了就把道拿去（四15）。第二種人聽到道，立刻歡喜領受，但是禍患卻把道奪去（四16～17）。他們心裏沒有根，再加上生命中的患難，這道無法持久地影響他們。第三種人聽了道，但是生命中的思慮、錢財的迷惑，和各樣的私慾把道擠住（四18～19）。第四種人聽了道，領受了，並且結果（四20）。總括來說，撒但、無根與生命中的困難（財富或思慮或其他東西）都是導致種子不能生長的原因。這道到底是甚麼呢？

一般來說，人推想這道就是上帝的話語。這猜測或許是好的。然而，這樣概括性的說法似乎未能令人滿意。假如我們順著整個故事的發展來看這個比喻，就會發現故事本身已賦予比喻意思——因為這個故事本身就像比喻的內容一樣。在這個故事中，有很多人來到耶穌那裏，以致他們擠擁著耶穌。耶穌接著講道，之後引述以賽亞書六章 9 至 10 節，説明人怎樣聽道；接著當祂單獨與門徒待在一起時，便給他們解明箇中玄機。這道就是耶穌的話語和全部的教訓，並在各類人中被傳播開。門徒並不明白人怎樣領受耶穌的話，耶穌就向他們闡明。這個比喻本身在解釋：當羣眾在四章 1 至 2 節去到耶穌那裏，以及羣眾每次聽耶穌講道的時候，「究竟」發生了甚麼事。

羣眾來到後，敘事者並未有説明他們發生了甚麼事。而這個故事只表明了耶穌很受歡迎。只有透過耶穌自己的話，真正的故事才得以呈現。然而，敘事者説故事的方式，相較耶穌所説的話，是較為深奧的。根據四章 20 節耶穌的話，最後的好土領受了這道，並結出果實。很明顯，大部分土壤（四種當中的三種）都未能有「道的成果」。四章 1 至 2 節表明有很多人正領受這道，而根據引述以賽亞書六章 9 至 10 節的馬可福音四章 12 節，似乎四章 1 至 2 節的人並不明白這道。以賽亞書六章 9 至 10 節暗示了耶和華使人被擄的目的，是要成就祂更大的心意。惟一能夠明白這道的人，就是那些在四章 13 節開始獨自聽耶穌分享的人。對敘事者而言，耶穌深受歡迎；但是對耶穌來説，羣眾並不明白這道。耶穌對於他們無法理解這道，歸咎於幾個原因。對敘事者而言，有人理解這道，因為耶穌獨自教導他們；但是對耶穌來説，這是因為他們是好土。因此，這裏的信息結合了敘事者的觀點和耶穌的話語。由此，將敘事者的描述與耶穌對那些領受這道的人所説的話結合起來，會得出甚麼信息呢？似乎上帝早已預計大部分人並不會明白這道，而耶穌身為上帝的代言人，就獨自跟一羣蒙揀選的人（即是那些好土）待在一起，為了讓少數人能夠理解這道。這一小撮人形成了要結果子的彌賽亞羣體。然而，好土的記號就是結果子；那麼誰能結出果子？是否好土的提問，於是便解釋了三章 19 節猶大將要背叛耶穌的記載。因此，猶大的事件不應教人意外。與此同時，沒有人能自誇他們能完全無誤地理解耶穌的教導。

第二個比喻是四章 21 至 25 節有關燈的故事，它似乎與第一個比喻有密切關係。一般而言，很多人認為這個故事是獨立的，也認為這個故事關乎一般的倫理教訓。就如我較早時說過，燈的故事必須與撒種的比喻一併來看。而且，四章 21 至 25 節也包含類似「聽」的主題（參四 12），延續四章 1 至 20 節的故事。這個故事本身並非獨立存在，而是補充撒種故事的。當中的原因是，這個故事與之前撒種的比喻一樣，都是耶穌私下教導門徒的故事，所以，這兩個比喻某程度是有連繫的。

燈的故事包括兩個簡單的部分：四章 21 至 23 節和四章 24 至 25 節。希臘文原文四章 24 節以「他對他們說／ἔλεγεν αὐτοῖς」開始，這短句將故事分為兩個部分。可是，這整個比喻其實並非一個「故事」，而是一個「類比」（analogy）。四章 21 至 23 節的段落完美地延續著撒種的故事，因為它論及隱藏與公開的問題。撒種的故事的結尾強調，人期望好土結出可見的果實（四 20）。耶穌乃是說，好土無不結出可見的果實。附隨著「目的子句」（purpose clause）的希臘文連接詞「ἵνα」（編按：此詞出現於四章 21 至 22 節，每節均出現兩次，其英文翻譯是 that，中譯時可省略翻譯此字），顯示出耶穌想表達燈的功用。[75] 燈應該是要讓

75. Bas van Iersel, *Mark: A Reader-Response Commentary* (Sheffield: Sheffield Academic

人看得見的。再者，按 21 節的記載，耶穌是「對他們」(十二門徒；參四 10)說話的。因此，既然原初聽眾就是那十二個門徒，四章 23 節「有耳可聽的，就應當聽」也是向他們說的。他們能夠聽見耶穌的道，這樁事實成就了四章 12 節所引用的以賽亞書六章 9 至 10 節未應驗的部分。

事實上，四章 24 節的比喻，其實是與以賽亞書六章 9 至 10 節的引文有關的。耶穌的話以「留心／Βλέπετε」開始，意思是「看」或「看見」。四章 12 節提到看見和聽見，四章 24 節也提到看見和聽見。四章 24 節可直譯為「看你所聽見的」。因此，當我們把這個比喻連於撒種的比喻時，就能辨別出兩類人：第一類人得到一些東西，第二類人甚麼都得不到(四 25)。在撒種的故事中，只有一種土壤真正得到一些東西，其他三種土壤甚麼也得不到。換言之，耶穌要確保十二門徒要以他們所擁有的去作工，他們好的行為應當與他們所得到的相配。因此，蒙揀選的人必須藉好行為去展示出他們對道的認識。

之後兩個比喻——也是四個比喻中的最後兩個——是與種子有關的撒種的比喻。這兩個比喻呈現出國度的另外兩個面向。耶穌在四章 26、30 節直接表明這些比喻都是國度的類比。第一個比喻見於四章 26 至 29 節，有人撒種，卻不知道這些種子怎樣發芽生長。那人只知道它長大了，而他的目的是要收割。有些講員會把收割理解為審判，但是這樣的寓意解經(allegorizing)

Press, 1998), 188；這裏認為燈是道，而不是善工。但是，撒種比喻最後部分的善工卻看似比較配合經文的記載。有關燈的講論與撒種比喻的最後部分很一致。換言之，艾索爾(Bas van Iersel)認為燈的講論是整個撒種故事的總結，我則認為它是故事的高潮。

是不必要的。這個比喻不過是以容易明白的農耕為例。四章 26 至 29 節暗示了務農是個循環：撒一次撒種並不足夠。[76] 撒種者已達到他的目的，雖然他不知道這些收成是怎樣得來的。換言之，這個比喻顯示出，人無法完全明白國度之事，但是它最後必會達到它的目的，就如一粒撒下了的種子會結果。與這個比喻一樣，國度的種子撒下，終會得到收成。任何東西也無法阻撓。

第二個比喻見於四章 30 至 34 節，焦點是細小的種子長大成連飛鳥也能棲息其中的巨大植物。這個比喻論到國度的發展是從「小」長到「大」的。耶穌未有解釋這些比喻，但是意思似乎十分明顯。有些講員傾向把天上的飛鳥理解為某種審判或負面的東西，這是不必要的寓意解經。這個比喻的重點是，國度從很細小變為很巨大的。假如我們把最後兩個比喻一併來看，就會發現國度的發展或它增長的程度並不容易理解，然而，所有增長總會達到目標。

現在就讓我們看看這四個比喻是怎樣連繫起來的。讓我們先重溫一下此前的討論：第一對比喻說明國度特別給予一小撮人，但是這羣人會透過可見的果實、善行來實現自身的權柄。第二對比喻基本上說明國度有其目的，如今雖然國度很細小，卻會變得又大又有影響力。這個比喻對使徒來說是很大的鼓勵。似乎耶穌的影響力正在隨著祂的羣眾的大小而增加；諷刺的是，耶穌卻保持著一個「圈子」。這必定叫使徒大惑不解，最後，使徒發現他們今天的細小（smallness）自有其目的，而他們也不會一直都只是有微小的影響力。對馬可的讀者來說，這一連串的比喻展示

76. Beavis, *Mark*, 84.

出耶穌先知式話語的應驗。雖然耶穌的活動開始時規模非常小，但如今在馬可的羣體中已經發展成為一個有點規模的運動。馬可的讀者正在經驗著這個比喻的果實。

馬可福音一章1至3節以羣眾被約翰或耶穌吸引到曠野作開始，跟隨的羣眾顯然來自五湖四海，至此，耶穌指出為何這樣的羣眾終究不會完成上帝的旨意。這個關鍵的比喻，說明雖然上帝早已透過約翰和耶穌等使者預備道路，在不同的「土壤」中上帝自有揀選。整體來看，上帝全權的旨意終會成就；然而，祂的全權並非透過神學教義上的認信，而是透過國度的好行為向人展示出來的。好行為很重要，因為它是國度成長的要素：從十二門徒這小羣體到脫離猶太教的大型改革運動。因此，耶穌的跟隨者成為指向耶穌離開曠野之路的路標。

反思及應用

馬可福音四章1至34節的神學主題，並非只是一些關於上帝全權的抽象概念，亦非只是一些沒有神學基礎的倫理教導。耶穌教導祂的跟隨者時（尤其是十二門徒），結合了上帝的全權和人的好行為。在教會歷史中，十二門徒（作為一個整體而言，即使在加略人猶大自殺並揀選馬提亞之後）有權柄治理教會，但是耶穌在這裏的故事並沒有確認他們的權柄，而是鼓勵他們行善。他們的權柄，來自他們如何展示他們對上帝的道的認識，教會顯然依靠他們去教導這道，而更重要的是，教會敬重他們能踐信於行。

這些比喻有重要的神學功用。國度將逐漸發展，而四章29節表示國度將有圓現的一天。在國度增長的同時，蒙揀選的人會展示出他們的好行為。無論教會如今經歷的是好是壞，這幅國度的圖畫表示教會是有將來的。教會從來都沒有局限於十二個人，但無論在歷史中教會是大是小，它都應該像燈一樣發光發亮，結出果子。教會的存在應許了將來的盼望。我們必須緊記，這連串的比喻是理解所有國度類比和比喻的關鍵（四 13），這涉及教會的未來和善行。這對馬可的羣體肯定十分重要，因為基督教還未成為政府認可的宗教。無人能夠保證教會將會如何，尤其是在逼迫之下。假如我們記著國度的未來和善行是關鍵，那麼馬可福音所有國度的教導都要在這些概念的框架底下進行詮釋。

這對今天的華人基督徒有甚麼倫理涵義呢？今天華人教會容易落入兩個極端中。其中一個極端是，人只重視教會傳統。我們往往會發現這樣的人坐在一角，為某個教義爭辯不休。這些人嚴謹地跟從教會的教義，彷彿它們是直接從耶穌和使徒而來，卻從不思考形成這些教義的歷史處境。這樣盲目地跟隨傳統，只會形成不必要的制度主義。這些傳統主義者較似是在捍衛教會堡壘的文化（也往往包括了他們的「飯碗」），而不是力求更全面地認識福音。這些傳統主義者傾向藐視公元一世紀的猶太教、耶穌與保羅的歷史研究，稱之「傳統的福音」的玷污。這類了無生命的基督教，在北美和東南亞的華人教會尤其多。另一個極端只著眼於好行為，藐視傳統或任何神學反思。有很多基督徒社會主義者，特別在香港基督教較自由的一翼中尤其明顯，他們倡議關懷窮人和受欺壓者的社會行動。他們的目標在香港肯定受到普羅大眾認同，事實上也取得了好些成果。可是，他們有時候會失去基督教運動應有的特色，淪為一般的社會公益運動。耶穌在這裏提醒我們不要定於一尊，努力求取平衡。一方面，耶穌似乎在要求蒙揀選的人在作工背後，堅持著一種以賽亞的被擄神學；另一方面，耶穌又表示權柄是透過好行為而得的，在華人基督教界中，權柄卻往往從長執、學位與知識而來。為了全面地經驗國度的福音，今天的信徒不應掉進這兩個極端裏，不是敬拜教義，就是敬拜行動。他們也不要再賦予主張這些極端教導者權柄。制度主義或是獨斷的社關行動，都無法解決今天教會的問題。

2. 神學詮釋：釋經的理性思考

昔日，耶和華呼召先知以賽亞，要他在祂的子民之中，傳講上帝的信息，但耶和華也告訴他，沒有人會聆聽，他們「聽是要聽見，卻不明白；看是要看見，卻不曉得」(賽六 9)，耶和華只好讓他們「耳朵發沉、眼睛昏迷」，不得回轉、醫治(賽六 10)。今日，上帝差遣耶穌進到祂的子民當中，傳講上帝的國度快要實現的福音、好消息，而耶穌的言說—行動：寬恕、呼召、醫治，卻有人明白、曉得，回轉、得醫治；一個另類順服上帝旨意的新羣體，正在建立與形成。上帝昔日拯救祂的子民，今日也拯救祂的子民；祂並不輕易放棄。

耶穌第一次在加利利海邊，呼召了西門和安得烈、雅各和約翰離開原來的家庭與社會關係。祂第二次在加利利海邊，許多人從猶太、耶路撒冷、以土買，甚至泰爾、西頓等地方來到耶穌那裏，耶穌就治好許多人。耶穌第三次在加利利海邊呼召、醫治、教導，也就是在公眾場所建立與形成新的羣體，這羣體跟上帝的國度關係密切。在馬可的敘事世界之中，耶穌這三次在海邊的工作，是具有延續意義的，顯示耶穌的影響力逐漸增大，果效較昔日以賽亞先知的為好。

耶穌第三次來到加利利海邊，坐在船上教導，因為聚集的人甚多。祂以許多比喻來教導上帝國度的道理，馬可在這裏為我們記敍了四個比喻，好讓我們懂得怎樣去認識上帝的國度。耶穌這四個比喻不單揭示上帝國度的某些奇異特質，也同時指涉耶穌自己的職事，因為這上帝國度的實現，正是耶穌的職事所朝向的。上帝的國度誰能明白、了解呢？怎樣的人才能進入這上帝的國度呢？這上帝的國度終會實現嗎？耶穌自己作為開始這個上帝國度的踐行者，祂怎樣理解這一切呢？

耶穌在加利利海邊教導，聚集的人甚多，但他們是否全都聽得明白耶穌所講的是關於上帝國度的道理嗎？耶穌就這一問題向來聽教導的羣眾，用比喻講述甚麼人才會明白上帝國度的道理。但明顯這些聽過了耶穌的道理的羣眾，包括門徒，都不明白這個比喻的意思。雖則如此，「跟隨耶穌的人和十二個門徒」卻沒有就此了事，沒有停留在「聽是要聽見，卻不明白；看是要看見，卻不曉得」的階段。耶穌對這一小撮祂所揀選的人，私底下解釋比喻的意思，就表明了這一小撮人是頭一個撒種比喻中的「好土」，他們「聽道，又領受，並且結實（引按：即結出果子）」。

這一小撮人為甚麼能夠領受耶穌的教導？沒有耶穌對祂所講的比喻作出解釋，他們同樣不會明白、理解，也就跟羣眾之中大部分人同樣不會領受並且不會結出果子。這些蒙耶穌呼召、揀選的跟隨者、門徒，帶著順服的心來聆聽新羣體的主的教導，他們願意謙卑受教，學習比喻的意思。他們在耶穌那充滿權柄的呼召與揀選底下，敞開自己的心，去學習、明白上帝的旨意，並且也遵行上帝的旨意，結出果子來。但是「好土」並不足夠，頂多只是必需的條件，沒有耶穌主動向他們解釋比喻的意義，他們不會領受也不會結出果子來的。只有耶穌才能解釋明白上帝國度的比喻。

耶穌早前已經公開向眾人指出，凡遵行上帝旨意的人，就是這個新家庭的一分子。遵行上帝旨意，即在生活之中結出果子來，讓人看見。這裏表示新的生活並不只是內心的，更是外在的，並不只是私下的，更是公共的。耶穌特意向這一小撮人講了第二個上帝國度的比喻：燈台上的燈，接著也特意提醒他們：「有耳可聽的，就應當聽」(四 23)，「你們所聽的要留心」/「看你所聽見的」(四 24)，這就意味著不要落入以賽亞先知所預言的情況：「聽是要聽見，卻不明白；看是要看見，卻不曉得」、「耳朵發沉、眼睛昏迷」，好像昔日上帝子民那樣子。耶穌特意提醒他們，他們是否明白、曉得，是會從他們的生活果子顯露出來的，是隱藏不了的；並且他們多領受道理的，更要多結出果子來，這是量器比喻所講的。

雖然耶穌所揀選能結出果子的好土不多，以致起初上帝的國度很微小，但是這並非永遠如此。耶穌跟著所說的兩個比喻：種子長大的比喻與芥菜種子的比喻，就是讓祂的門徒羣體知道，上帝國度這個新羣體，是會長大的，並且叫人驚訝、難以想像。雖然人不會知道為甚麼會這樣子，但是種子不單會發苗長穗結出子粒，而且還會長大而成為一棵巨大的植物，甚至較地上各樣的植物都大。耶穌承接頭一個比喻，繼續以種植的比喻來表示上帝的國度起初很微小，只是一小撮人，好像不怎麼重要，沒有甚麼影響力，可是最終上帝的國度不單增長，並且增長得極其巨大。上帝的國度，總會實現。

耶穌所講的上帝國度，是匪夷所思的，不會有很多人接受，因此祂使用比喻來講述，只對那些跟隨耶穌願意受教的門徒，再行解釋，並且這些門徒要在生活之中結出果子，真正成為上帝國度的一分子。這無疑是一個另類羣體活出另類生活的要求。故此，起初這個國度會很微小，但是這個微小的羣體它的另類生活會被周遭的人看見，所以，它是一個可見的羣體而非不可見的羣體。然而，耶穌卻作出先知式的預告，這個微小而可見的國度，必然會擴張，但那不是人所能了解的。這裏暗示了那不是人所能操控的；上帝國度的擴張，全在於上帝自己的全權。這樣，門徒從明白、理解上帝國度的道理，到上帝國度叫人驚訝的擴張，都不在於人這方面，而在於上帝和耶穌那方面。上帝和耶穌在這些事情上的全權，就在屬於這個國度的子民他們於生活上結出的果子上，展示出來。這是門徒羣體的見證。

昔日，耶和華差遣先知以賽亞到上帝子民中間，傳講上帝的話語，沒有人明白、沒有人曉得；今日，上帝差遣耶穌從曠野出來到上帝子民中間，在祂的揀選、呼召底下，有一小撮人經過祂的教導之後明白、曉得上帝國度的道理。這種明白、曉得，將在這些人的生活是否結出果子，而可以判斷孰真孰假。雖然耶穌的工作比以賽亞有果效，但是祂自己清楚知道，上帝國度的遍及並不是一蹴即就的，反之其中所遇上的障礙不斷使得上帝在地上的完全統治一再延遲。可是耶穌卻向祂的門徒羣體作出肯定的教導：上帝的國度終必成長，圓滿地實現。這「終必」自然含有終末的意義，也就是說，上帝全權的最終實現，是沒有甚麼東西可以攔阻得了的。但是門徒羣體是否明白、曉得這種上帝國度的道理，就只有在這個羣體的具體生活之中而得見了。

六

耶穌掌管大自然、鬼魔、病患與食物供應（四35～六44）

1. 敘事鑑別

耶穌先結束祂在加利利的工作，之後才往耶路撒冷開始祂「真正的使命」（His real mission）。總括來說，馬可福音四章35節至六章44節的敘事與六章45節至八章10節的敘事很相似：

勝過大自然（四35～41）
勝過鬼魔（五1～20）
勝過病患（五21～43）
附記：使命（六1～29）
勝過食物供應（六30～44）

勝過大自然（六45～56）
附記：禮儀（七1～23）
勝過鬼魔（七24～30）
勝過病患（七31～37）

勝過食物供應（八1～10）

這裏的信息可能是：在耶穌抵達耶路撒冷之前，祂的工作並未有多大改變；但是祂到了耶路撒冷之後，祂將成就截然不同的工作。與此同時，四章35節至六章44節成為六章45節至八章10節的比較範例。因此，當我們去到六章45節至八章10節時，我們將會比較四章35節至六章44節的故事。這些比較將會很有成果。現在且讓我們先看看四章35節至六章44節的故事怎樣結束耶穌在加利利的事工。之前有關耶穌工作的記載相對較短，但在這個結束的段落，耶穌工作的記載則較為詳盡。

馬可展示了耶穌一連串的神蹟，描繪出祂怎樣勝過不同的阻礙。第一個神蹟是耶穌勝過大自然，記載於四章35至41節。這個神蹟在船上發生（四36）。直到這刻，耶穌主要用船來教導人（例如：三9，四1）。船用來作教導的工具，是件最不尋常的工具。很多註釋家可能不會認為這個神蹟是關乎教導，但它確實是關乎教導，而非只是一個神蹟故事。門徒甚至稱耶穌為「夫子／διδάσκαλε」（四38），因為耶穌之前說比喻教導人的場景，都是在船上（四1）。這與正常教導宗教信息的地方——會堂——形成了鮮明的對比。

這件事在耶穌離開羣眾（四36）之後發生，這是私人的場合。耶穌利用這個私人場合，教導門徒類似比喻的事情。「當那天／ἐκείνῃ τῇ ἡμέρᾳ」（四35）表示這件事與上文耶穌在比喻中的教導有關。耶穌在那天說了關於國度的大與小的故事，如今這裏要展示出這個大與小。這條船似乎無法抵受暴風，情況十分危險，因為37節記載船「要滿了水」，快要沉沒。但是，耶穌竟然在睡覺！威爾斯（Garry Wills）認為暴風象徵著教會面對的逼迫。[77] 與其將暴風連於逼迫，較好的詮釋應以古代文獻對航海的理解為基礎。荷馬筆下的英雄奧廸修斯（Odysseus）在暴風中睡覺（《奧德賽》〔*Od.* 9.563～564〕）。[78] 門徒以為耶穌並不關心所有人的死活。我們必須留意，在門徒的說話中（四38），「我們喪命／ἀπολλύμεθα」也包括耶穌。

這個故事充滿了未解決的張力和諷刺。假如耶穌只是一個老師，即使祂關心眾人，祂能夠拯救眾人嗎？假如祂有能力以某些方式拯救他們，祂又只會是他們的夫子嗎？他們可能以為耶穌有點能力，由此，他們的問題包含有這樣的意思：「你既然有點能力，為甚麼不嘗試盡多點力，而非只是睡覺呢？」又或「即使你無法做些甚麼，至少也關心一下吧！你為甚麼可在這樣的時刻睡覺呢？」比維斯認為，四章38節的耶穌在睡覺，與約拿書一章12至16節的記載平行。[79] 不過馬可或許無意把耶穌描繪為第二個約拿，或把耶穌描繪為對抗耶和華的先知。

從這個敘事的最基本層面來看，這個故事比很多學者所主張的詮釋簡單得多。這些人都是漁夫（一16），熟悉大海，耶穌則不然。耶穌應該依靠他們，他們的求救聲卻表明了他們實際上要依靠耶穌。假如我們單從字面看這個記載，就會發現他們的求救聲有點不正常。我們與馬可的讀者早已知道耶穌有更大的能力，但他們顯然不知道。從他們的恐慌推斷，假如耶穌能夠行其他神蹟，祂在這裏也應該能夠做些甚麼。他們去問耶

77. Garry Wills, *What the Gospels Meant* (San Francisco: Harper, 2008), 27.
78. MacDonald, *The Homeric Epics and the Gospel of Mark*, 59.
79. Beavis, *Mark*, 91.

穌（四38），表示他們似乎認為耶穌並非尋常的人。然後，他們把耶穌也歸入喪命的人之中，表示他們對耶穌是誰大惑不解。或許他們真的質疑耶穌是否有拯救人的能力，但他們認為祂無論如何也要關心多一點。耶穌有否責怪他們要求祂幫助呢？經文未有直接指出他們要求祂幫助，但可能暗示了這一點。無論如何，門徒無法理解耶穌有多偉大。然而，耶穌的偉大勝過了船的微小；猛烈的暴風也無法勝過耶穌的大能。與其單單關心他們的困境，耶穌在四章39節以祂的話語平靜了風浪，之後在40節對比信心與膽怯。然後門徒在41節的回應是：耶穌「到底是誰，連風和海也聽從祂了」。

當我們看到門徒最初對耶穌的能力感到猶豫，我們便不應錯過神蹟事件所展示出來的一種基督論——「高基督論」。在初期教會的猶太文化中，馬可福音中的「海」是有象徵意義的。平靜風和海的故事，是典型場景——耶和華的能力勝過海——的一部分。在往後的六章45至56節，便能確定這點。柯克（J. R. Daniel Kirk）和史提芬．楊（Stephen Young）指出，有關上帝展示祂有勝過海的能力，其背景最有可能是來自詩篇八十九篇25節（《七十士譯本》的八十八篇26節）。[80] 當門徒問耶穌是誰，讀者應當看到耶穌平靜風和海這段敘事，是建基於耶和華有勝過海的能力這個眾所皆知的主題。

這裏有兩個層面的重要教導：第一個層面是耶穌教導門徒；而第二個層面是馬可教導他的羣體，並以第一個教導為基礎。第

80. Daniel Kirk and Stephen Young, " 'I Will Set His Hand to the Sea': Psalm 88:26 LXX and Christology in Mark," *Journal of Biblical Literature* 133 (2014): 335.

一個層面的教導是直接出自耶穌的口，顯然門徒並不理解他們的情況，因為他們缺乏信心。馬可第二個層面的教導乃出自整段敘事。門徒缺乏信心，因為他們不知道耶穌是誰。他們最初以為祂只是老師，然而，耶穌的話語足以平靜風浪。門徒的恐懼，明顯源於他們不知道耶穌是誰。再者，耶穌在天國比喻中說的話十分重要，但惟有令神蹟出現的話語，才可以展示出耶穌所有話語都帶有能力。耶穌在船上那大有能力的話語，就是一章 3 節所提到的主的道。祂走上這條路，是為了展示主的道路。在這個暴風的主題上，我們可以參考古羅馬的其他暴風故事：靠著人的力量勝過暴風的是英雄，而可以控制天氣的卻是神明。人子到底是誰，連大自然也要聽命於祂？按著羅馬史詩的分類，耶穌既是英雄也是神明。

下一個故事是耶穌與門徒在格拉森上岸後發生的，這可能是耶穌在馬可福音中首次明確去到外邦人的地區。[81] 這個故事在多方面都很異常。第一，這是馬可在三章 20 至 30 節別西卜的爭論之後的首個趕鬼故事。耶穌在三章 29 節的教導，暗示祂的工作就是聖靈的工作，而祂將在這裏展示出聖靈的工作。耶穌不單要表明祂比鬼魔更有能力，也要表明聖靈比鬼魔更有能力。第二，馬可以三章 27 節的「壯士」用語來形容被鬼附的人有超乎常人的力氣，以致沒有人「能／ἴσχυεν」制伏他（五 4）。對馬可而言，耶穌在這裏刻意示範祂在三章 27 節的教導。假如耶穌能夠在這個惡劣的情況下成功趕鬼，那麼祂在三章 20 至 30 節所說的

81. Poling Sun, "Naming the Dog: Another Asian Reading of Mark 7:24~30," *Review and Expositor* 107 (2010): 387.

就是真理。因此，耶穌必須在這次趕鬼事件中接受所有反對者的挑戰，因為祂在別西卜事件中，曾為自己的身分——被聖靈充滿的上帝使者——辯護。

這個故事的次序比較奇怪。首先，相比門徒，污鬼是更好的見證者，儘管門徒經歷過耶穌平靜風和海（四41之前）。污鬼一開始並沒有問耶穌：「你是誰？」反而一開口便能準確認清耶穌是誰；而耶穌並沒有立即驅趕他們，反而與他們對話。然後，耶穌將羣污鬼趕進豬羣裏。這是一個很奇怪的故事，是與新約的趕鬼故事截然不同的。馬可先在五章3至5節論到這個人被污鬼苦苦折磨，然後被逐出社羣，住在墳塋裏（五3）。換言之，他只配住在不潔的死人當中。而這個故事的正確次序應該是這樣：首先，在五章7節，污鬼透過揭露耶穌的身分，嘗試阻礙祂的服事。接著，在五章8節，耶穌吩咐污鬼從那人的身上出來。五章8節的「說」是過去未完成時態動詞，表示耶穌重複地說：「出來……」，[82] 意即污鬼並不是立即被趕出來，這有別於我們普遍的理解。難怪污鬼會在五章7節與耶穌協商，而不是立即出來。耶穌重複地叫污鬼出來，這也解釋了耶穌為甚麼會與污鬼展開對話。之後，耶穌在五章9節上半部分問污鬼叫甚麼名字（「你名／ὄνομά σοι」，是單數），卻在9節下半部分發現原來那不只一個污鬼。耶穌繼而在五章12至13節批准污鬼往山坡的豬羣裏去。

有些人認為整個故事包含了軍事意象。比維斯認為五章10

82. Beavis, *Mark*, 93.

節的「離開」，和 13 節的「准」為「羣」，故事添上一道軍事色彩。[83] 豬羣這意象，顯示出羅馬佔據了低加坡里（Decapolis）的希臘化地區，[84] 而馬可以這個故事來指責羅馬佔領巴勒斯坦。[85] 不過，我們最好將使用軍事用語理解為指涉到全面的佔領、並包括隨之而來的不潔食物，而佔領本身被視為該區的惡勢力，而非將之理解為直接指責羅馬人。耶穌透過迅速的行動，勝過了鬼魔和異教徒的佔領。耶穌與鬼魔之爭戰，間接引起祂與外邦人之戰，造成耶穌運動與外邦人之間的張力。

在馬可的講述中，五章 7 節污鬼懇求耶穌不要叫他受苦的記述先於五章 8 節耶穌吩咐污鬼出來；馬可之所以這樣做，是為了表明耶穌有勝過鬼魔的權柄。污鬼感到十分害怕。而為了說明耶穌那勝過「壯士」的大能，馬可展示出更強的諷刺力度：耶穌何等有力，祂不單敵擋一個羅馬軍團，還要敵擋一羣鬼魔！最大的軍團約三千到六千人，就人類的力量而言，一個人絕對無法敵擋幾千人，何況是一羣（即是軍團的大小）鬼魔？讀到有關豬羣的故事時，我們必須問：這裏為甚麼會有豬？對猶太人來說，豬是不潔淨的，牠們在那裏出現，因為那裏有外邦人，而豬好作販

83. Beavis, *Mark*, 94；Duncan Derrett, "Contributions to the Study of Gerasene Demoniac," *Journal for the Study of the New Testament* 3 (1979): 5～6；Warren Carter, "Cross-Gendered Romans and Mark's Jesus: Legion Enters the Pigs (Mark 5:1～20)," *Journal of Biblical Literature* 134 (2015): 150，此文認為馬可福音五章 12 至 13 節的「附著豬去」是一種性交的語言。在 Carter, "Cross-Gendered Romans and Mark's Jesus," 152，引述了阿里斯托芬（Aristophanes）對「豬」一語的見解：豬是陰道的委婉說法。然而，我認為有些時候，豬其實就只是一隻豬。將「附著豬去」視為是嘲弄羅馬軍團——如鬼魔並與被擄的女性性交，這種看法未免有點牽強。

84. Beavis, *Mark*, 94.

85. Beavis, *Mark*, 94.

賣。耶穌藉著把污鬼趕進豬羣，並間接地把豬投進海裏，便可破壞外邦人不潔的工作。此外，這個故事的細節也很幽默，因為馬可記載投進海裏的豬約有二千。為甚麼是二千呢？羅馬軍團的人數不是從三千到六千嗎？[86] 視乎地區而定。若只有二千，這會令讀者奇怪這是否只是個很小的軍團？或許這裏有二千個污鬼，一頭豬便附著一隻污鬼？這樣，軍事佔領、邪惡力量與不潔淨的信仰，通通給融合在一起，形成了一幅諷刺地上權勢和敵神勢力的圖畫。

故事的結局依然很諷刺。當豬羣死了，放豬的人就進城裏告訴眾人發生了甚麼事（五 14）。最初那個被鬼附的人十分嚇人，人嘗試捆住他，卻無法做到（五 3），現在竟然有人單靠話語就降服了他？之前被鬼附的人不再令人懼怕，眾人如今反倒更加害怕那個得了醫治、不會再傷害羣體和自己的正常人（五 15）！他們非但沒有讚頌耶穌和承認祂的權柄，反倒要求耶穌離開（五 16～17），因為他們不想再失去更多的牲畜和生意。這些人愛自己的利益過於真理；這些人比起真正危險的鬼魔更害怕真理，他們恐怕真理會影響他們的生活方式。這一幕說明了，城裏放豬的人比鬼魔更差勁。污鬼至少承認耶穌的能力，他們為了正確的原因而懼怕；城裏的人卻不想多認識耶穌的能力，他們是為了錯誤的原因（自私的原因）而懼怕。這些人的個人利益令他們成為比鬼魔更差勁的人。耶穌與鬼魔的國度的衝突，也反映了耶穌與屬世的國度的衝突。馬可的故事提出一個很諷刺的問題：假如有人可以擊敗比羅馬軍團更強大的鬼魔軍團，他們不是應該歡喜迎

86. 在危急的時候，軍團可以有一萬名士兵，包括騎兵和步兵。

迓，而不是帶著恐懼去拒絕祂嗎？

這個故事的結尾並不太差。按五章18至20節記載，那之前被鬼附的人在耶穌要上船離開時，央求能與祂同去。耶穌沒有讓他上船，祂要他去告訴家人，主為他所作的事，以及主怎樣憐憫他。當耶穌在19節提到「主」時，祂是指哪一位主呢？根據二章28節，主就是人子，即是耶穌自己。這樣，耶穌就是把祂的作為等同於上帝的作為。這樣的表達與一章3節一致，耶穌的道就是主的道。更諷刺的是，那之前被鬼附的人成為馬可福音首位耶穌的見證人（耶穌不許其他「見證人」作聲，無論他們看上去可靠與否；一25、34、43～44，三12）。與之前的鬼附事件一樣，這個人裏面的污鬼也知道耶穌是誰。這次的鬼附事件與之前的鬼附事件的分別在於：耶穌沒有叫鬼魔閉口，祂不單把他們趕進豬羣裏，更使那被鬼附的人成為可靠的見證人。除了被鬼附的人以前被人拒絕這個事實之外，經文並未有解釋為甚麼他比其他見證人更配得當見證人。馬可福音四章的國度比喻已告訴我們，最小、最不起眼的東西可以長得很大；那個被鬼附的人可能是最合適的例子——帶來巨大影響力的小人物。五章20節記載他的話傳遍低加坡里，也許大家都知道從前他被鬼附時不受控制，故此他需要不住向眾人解釋他現今的光景。五章20節記載眾人對他的解釋大感希奇，因為大家都知道他從前是不正常的。低加坡里是個非常希臘化的地區，當中有很多外邦人。這個得醫治的人，成為耶穌的外邦跟隨者中的首位見證人。這個鬼附的故事迴響著一章1至3節所提及的福音。主的道路，以施洗約翰作開始，如今有一位被鬼附的人從獨處進到羣體。他傳揚著耶穌是主的信息，行在主的道路上。從前被鬼附、被拒絕的人成為了主耶穌的使者。雖然耶穌在低加坡里未有太多工作，那個從前被鬼附的人如今卻成了祂的代言人。諷刺地，一個最不可靠的人如今成了可靠的見證人——因為他曾經歷耶穌是主。耶穌不無諷刺地使用了這個微小的人去傳揚國度的消息。國度進入了低加坡里，意即「十城區」，暗示國度已經進入了十個城市，就如四章 30 至 32 節的小種子發芽生長一樣。這是第一個關鍵的見證，說明鬼魔怎樣被趕出去。

第二個故事充滿了猶太色彩，它並不如第一眼所見的那樣，只是一個關於病患的故事，而是更有深度地、更清晰地展示出耶穌的服事是怎樣的。整個故事與猶太律法有密切關係。故事以管會堂的人的危機開始（五 21 ～ 24），中間發生了患血漏的女人的事件（五 25 ～ 34），最後以在管會堂的人家裏使死去的女孩復活事件結束（五 35 ～ 43）。兩件事以數目「十二」連繫起來（五 25、42）；另一個連繫是，管會堂的人和患血漏的女人都俯伏在耶穌的跟前（五 22、33），雖然形容這個行動的希臘文詞彙並不相同。最後的連繫是，得醫治的兩人的不潔狀況：一個是長期的不潔，另一個是在死亡的一刻成為不潔。這些連繫顯然是馬可刻意記下作比較的，我們稍後會對它們作出詮釋。

故事的原本問題並不太複雜。五章 22 節清楚表示，管會堂的人向耶穌提出請求，他謙恭並迫切地俯伏在耶穌腳前請求祂，且一點都不懷疑耶穌的能力，然後耶穌與他同去。這裏的描述並完全沒有貶低管會堂的人。雖然馬可似乎貶低會堂和那些在會堂作教導的人，但他在這裏卻告訴我們事實的另一部分：會堂無法醫治一個快要死去的女孩，而耶穌也沒有刻意與會堂為敵，只是祂的使命就是如此不同，以致會堂好像常常不滿祂的作為。

當耶穌與管會堂的人同去時，故事被打斷了。敘事者在五章 24 節形容當時「有許多人」。對之後的故事情節來說，這個擠迫的場景是重要的細節，因為在擠迫的環境中，人根本無法知道是否有人摸了自己。敘事者也詳盡描述那個將要得醫治的女人。首先，她已經患了十二年血漏（五 25）；其次，她在好些醫生手裏受了許多的苦，又花盡了她的所有（五 25）；第三，她曾想過耶穌的衣服可以為她做些甚麼（五 28）。沒有人能說明敘事者怎樣進入這個女人的內心，這只有幾個可能：第一，馬可憑空想像她心裏在想甚麼，藉此表示她對耶穌很有信心；第二，她在得醫治後，成為見證人，分享她在醫治前的心理狀況。學者苦苦爭論她到底患了甚麼病，卻一直未有共識。[87] 故事的次序是這樣的：她在思想過程中，觸摸了耶穌，她心裏知道這是她可以接近耶穌的罕有機會（五 27～28）。如她所期望的一樣，她摸了耶穌，立刻就好了（五 29）。

這個故事可以以她得醫治來結束，因為耶穌會繼續祂主要的工作。然而，耶穌並未讓它就此結束。五章 30 節說耶穌察覺到有能力從祂身上出去，就要找出摸祂衣裳的人。而門徒的反應證實了當時的環境是何等擠迫；既然有這麼多人擁擠著耶穌，又怎會有人知道誰摸了耶穌？這番對話強化了擁擠與觸摸的區別（五 31）——「觸摸」顯然是有其目的的，敘事者在說明女人的

87. 見 F. Scott Spencer, *Dancing Girls, Loose Ladies, and Women of the Cloth: The Women in Jesus' Life* (New York: Continuum, 2004), 59；Shaye J. D. Cohen, "Menstruants and the Sacred in Judaism and Christianity," in *Women's History and Ancient History*, ed. Sarah B. Pomeroy (Chapel Hill: University of North Carolina Press, 1991), 278～279；Paula Fredriksen, *Jesus of Nazareth, King of the Jews: A Jewish Life and the Emergence of Christianity* (New York: Knopf, 1999), 197～207；Amy-Jill Levine, "Discharging Responsibility: Matthean Jesus, Biblical Law, and Hemorrhaging Woman," in *Treasures New and Old: Contributions to Matthean Studies*, ed. David R. Bauer and Mark Allan Powell (Atlanta: Scholars Press, 1996), 379～397。

想法時，這一點是尤其清楚的。我們現在亦知道為甚麼經文要記載了女人的想法；同時馬可也記載了耶穌身邊的羣眾，表明無意的觸碰（即是擁擠）與刻意的觸摸的分別。與管會堂的人一樣，這個女人也俯伏在耶穌跟前（五 33）。耶穌並沒有責備她，反而說她的信救了她（五 34）。雖然耶穌的話似乎表示惟有她的信救了她，但是敍事者的解釋顯然指向耶穌的能力。她正確地相信耶穌有能力，因此，她得到醫治。醫治並非單憑信心，最終的醫治能力還是出自耶穌。耶穌的能力、她帶刻意的觸摸，以及她對耶穌的信心醫治了她。

這個動人的故事也有社會學上的意義。上文提及她可能花盡了錢財治病，也可能被社會排斥。在這裏，莫兹尼斯（Halvor Moxnes）的身分研究能夠幫助我們。[88] 舉例來説，她在這裏是個患病的婦人，她患血漏表示她被排斥；而且，她是個女人，這表示她的經濟狀況較男人差。雖然馬可未有明確說明她的經濟狀況，但這裏暗示她是貧窮的人。那麼身為患病的女人，她就是窮人中的窮人了。這樣，耶穌不單接觸會堂的領袖，也接觸那些最卑微的人。

同一時間，女孩也死了。耶穌還未到達管會堂的人的家，就收到這個消息（五 35）。祂之所以會收到這個消息，原因是那些從管會堂的人家裏來的人，並不相信耶穌可以叫死人復活。耶穌當然有醫治的能力，但是叫死人復活則是另一回事！在五章 36

88. Halvor Moxnes, "Identity in Jesus' Galilee: From Ethnicity to Locative Intersectionality," *Biblical Interpretation* 18 (2010): 402。他指出單一範疇的討論可以闡明多個範疇。

節，耶穌把這件事連於信心：「不要怕，只要信！」，就如祂在34節把女人的病患連於信心一樣，不過兩者也有細微的分別。五章24至34節呈現出兩種信心的對比：「需要鼓勵睚魯要有信心」和「血漏女人既有的信心」。[89] 相比之下，後者更勝一籌。軟弱、敬虔的女人比以色列的屬靈領袖更有信心，也肯定比那些領袖的同伴更有信心（參五40）。當耶穌抵達管會堂的人的家，那裏的亂嚷顯示女孩真的已經死了。然而，耶穌未有理會他們，並在39節說她不過是睡著而已。接著，40節記載眾人嗤笑耶穌，但耶穌並未有責備他們，反而帶著孩子的父母和門徒到孩子那裏。耶穌說她只是睡著了，即是預示她將要輕易地復活過來，如同在沉睡中的人被人吵醒一樣。接著，耶穌拉著女孩的手，用亞蘭語吩咐她起來，而馬可給他的希臘文讀者解釋這番話的意思。耶穌在這次的觸摸說亞蘭語，而馬可如此描述，是要展現出這是個猶太處境的故事，予人真有其事的印象。馬可以希臘文記載亞蘭傳統，很可能接觸更多說希臘語的人。

女孩立即起來行走（五42）。她不是漸漸痊癒，而是從死裏復活，完全健康。為了證明她真的痊癒了，耶穌就吩咐她的父母給她東西吃。耶穌禁止人不要張揚這事，實在叫人大惑不解。有幾個可能：第一，耶穌這樣說，可能是因為他們缺乏信心，認為他們除了分享女孩從死裏復活的事外，並沒有其他見證或信息可以分享。第二，耶穌這樣說，可能是因為她起來行走已經是個很好的見證。不過，有一點可以肯定的是，管會堂的人的家人和朋友這羣長期圍繞著宗教建制的人，並不一定有真正的信心。

---

89. Beavis, *Mark*, 97.

整個敘事要從四個層面深入探討：第一，這是關於社會地位的故事。故事的結構帶出了兩個極端的人物。第一個人物是睚魯，在經文中他是有名字的人，他有社會地位、廣為人知的宗教領袖。或許這正是經文有提說他的名字的原因。迦百農會堂的證據顯示，會堂可能有兩個領袖，而睚魯是其中一人，是社羣中的重要領袖。第二個人物是患血漏的女人，在經文中她並沒有名字，她並沒有任何社會地位，也被社會排斥了十二年之久。或許因此沒有人知道她的名字。不過，無論人是否有社會地位，是否有「名字」，他都需要耶穌！第二，這是關於信心的故事。人需要有信心和尊崇耶穌，才能與耶穌建立關係。睚魯和女人都尊崇和相信耶穌的能力。第三，這是關於耶穌能力的故事。無論是受了十二年苦的女人，還是剛剛病死的女孩，耶穌也有能力醫治。兩者在得醫治前都過了十二年，但是她們的病患並不相同：一個受了十二年苦；而當這個女人正在受苦時，另一個小女孩還是十分健康，但最終她還得面對死亡。第四，這是關於宗教禮儀的故事。這兩個人的醫治過程都涉及在肉身上與耶穌接觸。

連接兩個事件的「十二」年，表明了馬可的受苦觀。在十二年裏，有些人是持續受苦，有些人卻突然受苦。無論是不潔了十二年，還是健康地活了十二年而最終卻因為死亡而成為不潔，耶穌依然掌管著一切。耶穌並沒有因為女人觸摸祂的衣裳而被玷污，也沒有因為觸摸死去的女孩而成為不潔；相反，祂潔淨了兩者，表明祂不受潔淨的界線影響。而且，耶穌在神蹟中超越了這些猶太潔淨的規範。這足以解釋為甚麼耶穌在二章 23 至 28 節說自己是安息日的主。祂並不只是安息日的主，而是所有禮儀的主。祂展示出一章 1 至 3 節以賽亞預言中的主的道路到底是甚麼；祂的神蹟，展示出主在處理這種種爭議時的旨意。

六章 1 至 6 節的簡短故事延續信與不信的主題，是使命附記的一部分。這裏的對比是：六章 1 至 6 節耶穌使命的失敗與六章 7 至 29 節門徒的使命。耶穌因為六章 2 至 3 節的嘲諷者而沒有再行甚麼異能（大 5）。敘事者在 2 節上形容他們的首個反應是「希奇／ἐξεπλήσσοντο」，這看似很正面，但他們之後的問題和評論則表示他們其實不然。他們先質疑耶穌的智慧和能力從何而來，繼而指出耶穌不過是個木匠，祂的兄弟姊妹也只不過是普通人。[90] 由於他們沒有信心，六章 6 節記載耶穌詫異他們的不信。這裏的信心是這樣定義的：他們是否先相信耶穌是先知，其次他們是否尊敬祂的先知身分（六 4）。耶穌引述了先知不在本地被人尊敬的格言，先提到祂自己的城，之後是祂的親屬，最後是祂的家，從遠到近。換言之，耶穌在各處都見到有人不尊敬祂。由於他們的不敬與不信，耶穌只行了幾件事（六 5）。

雖然耶穌暫時無法做太多事，但是六章 6 節下半部分至 13 節卻記載門徒被差遣去做的事頗多。這段經文以耶穌簡單地行了幾件事來開始，卻未有繼續聚焦在耶穌的工作上。反而是耶穌建議門徒怎樣事奉，尤其是六章 11 節祂指示他們怎樣面對被拒絕的情況。6 節下至 13 節的焦點是門徒往後的工作。這段敘事與六章 1 至 6 節的關聯顯而易見：耶穌曾被人拒絕，如今門徒也要預備被人拒絕。

在六章 9 至 11 節，耶穌的言論以被拒絕為焦點。門徒被差

90. Wayne Grudem, *Politics According to the Bible: A Comprehensive Resource for Understanding Modern Political Issues in Light of Scripture* (Grand Rapids: Zondervan, 2010), 270；單單因為耶穌是木匠，就以這段經文為例，指出製造物質是「好」的。這實在是個奇怪的讀經方式。

出去時，他們要依靠當地人的接待（六 8）。他們只帶行走所需要的枴杖，卻不帶食物和金錢。就如耶穌經歷被拒絕一樣，門徒也會有類似經歷。門徒不應與那些拒絕他們的人糾纏，應要繼續上路。他們的工作要完全仿效耶穌的工作：趕鬼（六 7、13）、宣講悔改的信息（六 12），以及醫治（六 13）。馬可具體地描述門徒的職事，把他們描繪為一個效法耶穌的羣體。由於兩者的職事性質很相似，門徒也會被人拒絕和經歷到國度事工的種種困難。我們必須留意，六章 8 節指出他們的旅程主要是「行路」，這回應了一章 1 至 3 節的模式。這些門徒繼續在象徵和字義的層面上行在主的道路上。馬可很快就會舉出一個國度事工之危險的例子。對那些參與的人來說，這樣行走並不安全。

下一個故事表面上涉及施洗約翰。六章 14 至 29 節的故事似乎令人困惑，因為它可以在馬可福音任何一處出現，尤其是在一章 14 節之後。從一章 14 節約翰被囚到這一刻，約翰應在某個時刻被處決了。這個故事詳細敘述約翰被處決的事。除非我們細心思考馬可的用意，否則驟眼看來這個故事放在這裏並不合理。前文已經討論過，人若與國度有關係要面對甚麼危險，而在眾人當中，約翰是預備主道的那一位（一 1 ～ 8），與耶穌的道路和福音的關係較為密切。約翰被處決正是國度所帶來的危險的實例。

約翰在一章 4 節宣講悔改的洗禮。只有犯罪的才需要悔改（一 5）。六章 17 至 18 節就涉及罪了。根據利未記十八章 16 節和二十章 21 節，與兄弟的妻子結婚是罪。這段經文指出，約翰指責希律安提帕所行的「不合理」（六 18），而希律或希羅底對此大感不滿。希律安提帕是大希律之子（大希律就是在馬太福音二章 13 至 18 節殺死伯利恒的嬰孩的希律）。雖然大希律似乎是猶太教徒，但資料顯示他並未有過著敬虔的生活，也有明顯的證據顯示他的家人進行異教敬拜的禮儀。[91] 對公元一世紀的讀者來說，這個故事不會令他們感到驚訝。這段經文表明希羅底是反對約翰的主要人物（六 19），希律則似乎未有太大敵意，因為他也喜歡聽約翰的講論（六 20）。直到這個故事的這一刻，馬可把希律和他的家人描繪成反對約翰講道的人。這樣，他們就是國度敵人。

有些學者聲稱馬可的記載並不準確。論到六章 6 至 13 節，比維斯這樣說：「眾所周知，這段經文的歷史資料並不準確。希律安提帕是分封王（tetrarch），並不是國王（king）；希羅底的第一任丈夫也不是腓力（六 17），而是大希律的另一名兒子（稱為希律二世）。希羅底和她的丈夫育有一女兒，名叫莎樂美（Salome），往往被視為是馬可記載中沒有提及名字的女兒。與叔父（half-uncle）腓力結婚的是莎樂美，而不是希羅底。安提帕為了希羅底而與他第一任妻子離婚，而希羅底也違反了猶太律法，與她的丈夫離婚並與他的同父異母兄弟、她自己的叔父結婚。」[92] 比維斯在這裏支持約瑟夫的記載。一些歷史上的重構，是根據人認為哪個資料比較準確而定的，無論實際情況是怎樣，馬可把希律描繪成國王及諸如此類，純粹是用敘事上的表達（narratological），展示出兩個國度在神學上的衝突（theological conflict）。

約翰最終是怎樣死的呢？根據六章 21 至 28 節的描述，責任可歸咎於希律的妻子希羅底和她的女兒。希羅底顯然一直都想

---

91. Evans, *Jesus and His World*, 98；表示希律家的喪禮習俗沿用異教徒的做法（例如：把一個錢幣放在死人口中，藉此收買在冥河上渡亡靈的希臘神明）。
92. Beavis, *Mark*, 103.

殺死約翰（六19）。比維斯認為，約翰的死展示出六章14至29節與六章7至13、30節的框架的聯繫：耶穌和祂的門徒也會遭遇與約翰一樣的命運。[93] 六章30至33節展示了服事的繁忙和隨之而來的成果。耶穌忙得無法吃飯。[94] 無論是約翰、耶穌或是門徒，所有的國度事工都與受苦有關。不過似乎還有另一個解讀方法，我們於下文將再作討論（參下頁）。這個筵席成為一個「機會／ἡμέρας εὐκαίρου」（六21），這句片語直譯是「有好機會的一天」。這是一個很好的機會，因為希羅底一直很討厭約翰，如今就是行動的好時機，而這個機會也是偶然遇上的。在這個筵席中，希羅底的女兒在重要的官員面前為希律跳舞，取悅希律（六21～22）。希律承諾就算她要求要他的國的一半也會給她（六23）。這裏的用語並非只關乎政治或約翰之死，而是關乎人的自我自負和他衰落的原因。這個國度的故事，最終都是暗暗扣連著此前耶穌國度工作的故事的。

女兒詢問母親後，就告訴父親要約翰的頭（六24～25）。雖然希律並不想這樣做（因為他害怕和欣賞約翰），但他必須遵守誓言，處死約翰（六26～28）。史賓沙（F. Scott Spencer）指出希律是可以有選擇的，[95] 他可以拯救約翰，犧牲他的尊榮，但是他在尊榮與公義之間選擇了前者。這個血腥的故事表明了國度使者之死。雖然約翰預備主的道路，但是他與地上國度的衝突卻導致他英年早逝。地上的國度似乎得勝了。然而，要理解這個故

93. Beavis, *Mark*, 105.
94. Beavis, *Mark*, 105.
95. Scott, *Dancing Girls, Loose Ladies and Women of the Cloth*, 54.

事真正的目的所在，我們必須看看這個故事怎樣在六章 14 至 16 節開始。下文將討論這個故事的真正目的。

亞伯拉罕．史密夫（Abraham Smith）在一篇文章中指出，在兩個關於耶穌服事的相關故事之間加插了這個處決的記載，實在很奇怪。[96] 但在重溫整個約翰被處決的故事之後，我認為這個故事想要說的並不是約翰被處決。馬可只是為了其他原因，而在這裏使用了關於約翰之死的故事。而這個故事之所以篇幅較長，只因馬可剛好有一個整全的版本，他沒有編修他的資料，便在這裏加插了這個故事。其實這個故事，與上文門徒在耶穌差遣他們出去之後的工作有關。假如我們看看六章 14 節，就會見到希律「聽見／ἤκουσεν」。但是，他聽見甚麼呢？從經文的上文得出兩個可能性：耶穌的工作或門徒的工作。最直接和最明顯的意思，就是指向六章 12 至 13 節門徒仿效耶穌所作的工。因此，希律聽到門徒工作的事，並以為施洗約翰復活了（六 14～16）。因此，整個詳盡的故事帶來意想不到的果效，因為那並非主要關於約翰的故事——這個故事以約翰來說明兩點：門徒有果效的工作和國度事工的潛在危險。馬可小心地把功勞歸於在六章 7 節賦予跟隨者權柄的耶穌（六 7）。因此，最好的處理方法是，把這個關於約翰之死的故事視為使命附記的一部分。我們將會看到，根據之後供應食物的記載，使命附記是理解這個段落的最好方式。

六章 30 至 44 節是個篇幅很長的著名神蹟故事，四卷福音書對這故事都有不同的記載。這裏的場景，令人聯想到馬可福音的

96. Abraham Smith, "Mark's Typological Characterization of Herod Antipas (Mark 6:14～29)," *Biblical Interpretation* 14 (2006): 261～262.

典型曠野場景。六章30至31節記載耶穌坐船到安靜的地方，這與船和獨處的典型場景吻合。一章14節呼召部分門徒是個典型的船上場景，三章13節呼召十二使徒是與曠野有關的場景，來到這一幕則展示耶穌要私下與門徒處理國度的工作。馬可特別指出這羣跟隨者是使徒，以致他的主題與三章14節和六章7節的十二使徒的討論，更為一致。換言之，這些使徒代表著整羣跟隨耶穌的領袖。這一點隨故事的發展愈發顯得重要。

但很多人跑到他們那裏去，漸漸又聚集了一大羣人。六章34節記載耶穌憐憫他們，因為他們如同羊沒有牧人一樣。這個評論很有意思，因為要麼馬可認為耶穌有這樣的想法（即是耶穌認為羣眾是羊，而祂自己是牧人），要麼馬可自己認為耶穌是以色列的牧人。這是馬可福音首次出現牧人這母題（motif）。假設馬可想到的是以西結書三十四章的傳統，也不是言過其實的。然而，有一個類比馬可的聽眾一定熟悉的，那就是關於大衛後裔的牧人君王，以致這裏並不需要特別提到舊約聖經，他們也能夠明白這番話。

使徒在這裏的參與十分重要。當然，他們並不知道耶穌的憐憫或意圖，他們只是想打發羣眾離去，因為那是野地（六35）。耶穌沒有打發羣眾離去，祂在六章37節上半部分吩咐門徒給他們東西吃。這是一句重要的話，因為它延續著一個主題：門徒在耶穌身邊滿有能力地去服事。由於門徒的工作十分厲害，就連希律安提帕也以為那是耶穌的所為，甚至耶穌也逗趣，要他們餵飽這大羣人。這些門徒最終當然能夠餵飽這些人。他們果真能夠做到？

接著六章37節下半部分記載，他們至少能夠估計需要多少食物才能餵飽這大羣人。馬可要到六章44節才交代人數，至於之前為何未有提及，原因不十分確定，不過我們還是可以作些合理推論——讀者根據耶穌（和馬可）時代的二十兩銀子，大致可以估計到當時有多少人。我們並不清楚二十兩銀子可以買多少食物，或許他們的估計十分保守。但無論如何，要餵飽羣眾就需要花錢，花很多的錢！透過門徒的發言，馬可從經濟角度來呈現這個問題。食物問題永遠都是經濟問題，因為土地的擁有權和金錢總是屬於少數富裕人士的。這一點很重要，因為帝國的子民全然靠賴良好的經濟才能得吃，在帝國的不同城市中，糧食暴動（food riots）很普遍。欠缺食物會導致社會不穩，食物短缺標誌著那個地區管理不善，又或是神明向帝國發怒。然而，豐盛的食物也會令人自滿，因為食物供應者會得到君王和百姓的敬重和稱讚。門徒在這裏的計算含有政治意味，因為那是以清晰的經濟用語來表達的。

食物也有別的社會經濟功用。[97] 在古代世界裏，分配食物的人成為得到食物的人的恩庇者。要餵飽一萬人，等同於餵飽加利利一個大城市（加利利的城市並非大城）中的所有居民。而且，羅馬貴族家裏不時舉行筵席，眾人都會在奢華、宏偉的建築物裏吃飯。再者，吃飯也依從階級制度，主人家坐在筵席的最中心，而在房子最外圍坐席的，都是較下層的人。這裏的場景與一般的家戶筵席既有相似之處，但也有不同的地方：場景設定在曠野，表明了耶穌那又大又廣的影響力，而傳統家戶根本無法容納所有

97. Byrne, *A Costly Freedom*, 115；拜瑞認為這個記號指向摩西、大衛與以利亞的食物故事，並預告最後晚餐。這一個有著摩西、大衛與以利亞元素的馬可記載，實在是一個很有意思的神學解讀。然而，因著之前的希律故事，我並不完全接納這樣的詮釋。

這裏與耶穌有關的人，並且耶穌餵飽了很多人。這使得祂成為那個社羣之首，成為供應食物的恩庇者。耶穌的行動，毫無疑問可為帝國帶來穩定而非混亂。可與此同時，祂那不尋常的影響力叫那些在位的人不得不提高警覺。因此，這個有關食物的神蹟，與位高權重的希律——他注意到耶穌和祂門徒所做的事——有密切關係。也難怪當權者會注意到。這個神蹟是一個顛覆的行動，這是真正的彌賽亞筵席，因為惟有彌賽亞才能使祂的跟隨者得飽足。

與此同時，耶穌在餵飽羣眾的過程中，教導了基本的一課。首先，耶穌問門徒他們有多少餅，並鼓勵他們去看看（六38）。門徒雖然無法餵飽羣眾，卻可以成為耶穌餵飽羣眾的過程的參與者。但他們要探索一番，才得以經歷這個神蹟的真確性。有些人單單根據耶穌的憐憫（六34）來解釋這個神蹟：由於耶穌憐憫眾人，祂的憐憫心腸感動了羣眾，以致他們彼此分享食物。但事實並非如此。羣眾從來沒有要求得餅吃，門徒不過是代羣眾發言而已；羣眾從來未表達需求，以致要互相分享。門徒是在羣眾不知情之下尋找食物的。耶穌只是在六章40節吩咐他們五十人、一百人一排一排坐下。耶穌的憐憫以致感動羣眾，並不足以解釋馬可這裏的細節。

在六章41節，馬可的描述尤其具體。在41節，馬可先以過去不定時時態來形容耶穌所做的事：拿起餅和魚，望著天祝福。但是，接著他突然將動詞「遞給／ἐδίδου」變為過去未完成時態，以形容耶穌遞餅給門徒的動作。這種時態的轉變，表示耶穌繼續遞餅給人。當耶穌遞餅給門徒時，祂就變出更多的餅；當有更多的餅時，祂就繼續遞給人。這樣的描述就像戲劇化的魔術表演一樣。馬可將動詞「擺／παρατιθῶσιν」以現在時態來形容門徒把食物擺在眾人面前，使這一幕的場景更加生動。門徒不斷把餅擺在飢餓的羣眾面前，展示出一幅豐盛滿溢的圖畫，而這幅圖畫是與八章 1 至 8 節的記載平行的。有些人認為八章 1 至 8 節的記載是馬可想像出來的，那事實上是，馬可福音重複記載了一件事。我們將會在馬可福音八章進一步討論這個問題。這裏的重點是，門徒參與耶穌的工作，他們是祝福的傳遞者，卻不是祝福的主要原因。這裏的重點與馬可福音八章截然不同。這裏就讓我們暫跳往馬可福音八章看看。在八章 37 節下半部分，發現那段敘事的焦點是關於重大的代價。而稍前的八章 18 節，引述了耶利米書五章 21 節和以西結書十二章 2 節，這可能是源自以賽亞書六章 9 節的格言。[98] 八章的情境及上文下理，説明了事情非如表面所見。而且，在八章 21 節，故事並非以人數而是以門徒對耶穌教導的不理解作結；但六章這裏的故事卻是以人數眾多作結束（六 44）：有五千個男人被餵飽，暗示了還有更多的女人和孩子。更重要的是，餘下來的食物裝滿了十二個籃子，平均每個門徒一籃（六 43）。

在這個餵飽五千人的故事裏，有較多門徒參與其中，若將之視為是前一個故事的附記，是正確的做法。希律聽聞耶穌行了大事，但其實那是門徒的所為。假如希律真的如亞伯拉罕．史密夫所説那樣，代表著獨裁者，那麼耶穌（及門徒）故事的影響力，就可説是遍及最意想不到的地方了。[99] 就現代傳媒而言，這樣的

98. Beavis, *Mark*, 130.

99. Smith, "Mark's Typological Characterization of Herod Antipas (Mark 6:14 ～ 29)," 264, 267；亞伯拉罕．史密夫的研究有力地證明，馬可使用了《七十士譯本》中的獨裁者和惡王這些預表性用語。他所列出的部分例子包括：與強勢的女人結婚、浸淫在享樂中、與哲學家相遇與富裕的生活。

影響力還是可能的，但在耶穌時代，除非祂真的有著具大的影響力，否則那基本上是不可能的。這裏的故事說明了門徒怎樣在耶穌身邊工作，對比著六章8至13節說明了門徒怎樣在離開耶穌時兩個兩個地出去工作。所有故事都是如此密不可分：它們並非只是神蹟奇事，而是作門徒的故事。故事的地點也很重要，因為在七章31節，他們將會再次回到外邦人的地區。八章1至9節與六章30至44節看似很相似，但這兩段敘事的地點卻有重大的分別。六章30至44節的事件發生在猶太地區，而八章1至9節的事件則發生在低加坡里的外邦地區（七31）。[100] 耶穌關心外邦人，我們在馬可記載低加坡里（五20）一事上清楚可見。低加坡里的人從之前的趕鬼醫治事件中已經得悉耶穌的事，現在耶穌繼續餵飽他們。因此，耶穌並不只是餵飽猶太人，祂也餵飽外邦人。

由於這些故事密不可分，我們必須將馬可嘗試宣講的福音併合起來去作出總結。船上的故事（四35～41，六45～52）傳遞出來的福音，是按著一章1至3節的內容而指向不同方面。這樣的航行很不尋常，耶穌帶領他們乘船到對岸，教導他們關於祂自己的一課。就如以賽亞書四十章1至3節所說的，並非任何人都能帶領蒙揀選的人從被擄歸回，人必須有著上帝一樣的性情，才能執行這個國度使命。在這個船上的故事裏，國度的使命結果以關於「耶穌是誰」的私下教授形式出現。最後，耶穌開始表明祂的運動雖然看似是一個羣眾的運動，但事實並非如此。它是一個揀選的運動，經由一個超自然存有小心揀選，為要成就上帝在以色列中所行的事。有時候，耶穌會揀選最諷刺的人物和場合，來

100. Beavis, *Mark*, 127.

表達上帝別出心裁的行事方式。之前被鬼附的人、血漏的女人與死去的女孩的見證就是其中幾個例子。

使命附記也就著六章6至29節的整體鋪排，教導了關於一章1至3節的信息。門徒所做的既與耶穌所做的完全一樣，正表明了跟隨那位走在主的道路上——如一章1至3節所示——究竟意味著甚麼。更重要的是，他們的工作並沒有為自己帶來榮耀，而是一同叫人去留意那一位，就是希律以為做了這一切事的耶穌。事實上，做這一切事的是門徒，他們合力令這個世界的國留意耶穌。然而，食物的故事（六30～44）說明了一點：雖然門徒大都是在做耶穌的工作，但他們卻不是單靠自己去作工，而是與耶穌一同作工。耶穌仍然在做一些門徒無法做到的事。食物的故事證明了這裏有一個平行點：門徒只是耶穌工作的一部分。換言之，福音的重點並非只在於能力的增強，終極而言更在於參與耶穌的工作之時依靠耶穌的大能。總括來說，如我們將整段馬可福音六章，與開始時人對耶穌身分的不認同放在一起去看，那麼我們必定認同米勒（Geoffrey Miller）的看法：終極來說，這章對那些最初不認同耶穌身分的人作出回應，以及確定了耶穌其基督的地位。[101] 這章不只是記錄神蹟事件，它也回應了普遍對耶穌的那份不尊重。雖然在往後的敍事，耶穌顯然是上帝所差來的代表、先知，但是這班門徒依然不明白耶穌是誰。

---

101. Geoffrey Miller, "A Intercalation Revisited: Christology, Discipleship, and Dramatic Irony in Mark 6.6b ～ 30," *Journal for the Study of the New Testament* 35 (2012): 176～195.

反思及應用

四章35節及其後經文延續了有關教導的主題，這種延續似乎是刻意的。耶穌刻意選擇在船上做這麼多工作，絕非偶然。假如這裏的主題是教導，我們就必須思考一下在會堂教導的傳統。說耶穌反對所有制度化的宗教或普遍意義上的猶太教，或許有點言過其實；但船的主題，延續了耶穌在一章17節要門徒成為得人的漁夫的隱喻，因此，與捕魚一樣，國度也是這樣建立的。馬可並沒有直接回答為甚麼是這樣，我們只能透過留意耶穌自己（而非門徒這些漁夫）在船上的方式來回答這個問題。耶穌把自己呈示為門徒可以效法的榜樣，不只是祂的言論，連祂的行動也是一種「捕魚」的形式。在這個階段，門徒要從這些船上的事件中好好學習。他們究竟要學習甚麼呢？——國度是從揀選某些人進入羣體開始的，而耶穌有著上帝的屬性，受造物都要聽祂。

耶穌的捕魚方式十分奇怪。捕魚的時候，漁夫一般會盡量多捕魚；耶穌卻刻意「有限度地」得人。這是一種嶄新的捕魚方式，出乎一般漁夫的意料之外。就神學層面而言，以色列的選民從被擄開始就是個小羣體，此後一直也是如此。重要的並不是國度開始時的大小，而是其擴展方式。

國度擴展的一個奇異方式，就是勝過撒但的能力。從五章1至20節清楚得見，耶穌輕易就勝過一羣鬼魔。這些污鬼以軍事用語「羣」來形容自己，馬可藉著這個名字來暗示羅馬勢力是多麼有限。「羣」並非一般羅馬軍團，而是一羣鬼魔軍團。羅馬軍團的功用是確保羅馬帝國的和平，軍團可以制止叛亂，帝國的和平來自羅馬軍團的勢力。因此，軍團象徵著帝國的勢力與和平。

假如耶穌能夠勝過鬼魔軍團，祂豈不比羅馬帝國更強大嗎？

除此以外，耶穌勝過那時代的宗教制度，包括人對潔淨條例的理解。在醫治血漏女人和女孩的事件中，耶穌打破了很多人所嚴守的界線；並非因為這些界線不好，而是因為它們無法醫治人或使死人復活。藉著使那個女人得到健康和使那個女孩得以復活，耶穌使她們成為禮儀上潔淨的人。因此，耶穌藉著「接觸」她們，祂潔淨的能力影響了這些不潔淨的人。耶穌並非只是一個行神蹟的人——沒有人會相信一個普通的行神蹟者可以叫死人復活。結果祂打破界線，因為祂不只是普通的人類。重要的是，這個偉大的神蹟結果是指向耶穌所行的道路。

四章35節至六章44節這部分充滿著倫理上的應用。透過施洗約翰的故事，馬可不單提醒讀者有關馬可福音一章的教導，也指向門徒工作的偉大和性質。事實上，很多教會事工往往指向一些魅力領袖。但馬可説的是：整個羣體一起做基督的工作，從而成為一集體的有基督樣式（collective Christ-like）的羣體。但這些魅力領袖卻是自己成為有基督樣式的人物。這種看法，應該挑戰著教會每個領袖和領袖的跟隨者。人不應該崇拜他們的領袖，反而他們應該更多集體地一起做耶穌的工作，以平衡我們有時候一面倒的領袖崇拜。這個信息在任何時候對所有教會來説都是有益的，尤其在這個崇拜超級教會的年代。當一項事工不再歸功於耶穌，它就再無法承載國度這個重要的元素。我們需要反思今天的事工是否真的這樣重要，免得這個世界的君王誤以為這事工是「施洗約翰的復活」。與此同時，在某些宗派中，一些滿有能力的運動似乎彰顯了上帝不平凡的工作。縱然很多人心存疑惑，但是上帝絕對有可能使用不同宗派和不同的神學信念去作祂的工。任何宗派都不應歸榮耀給它自己，並視之為自己的成就，它必須承認這一點：教會乃是參與耶穌的工作，而不是靠著自己的能力工作。耶穌仍然在做很多教會無法做到的事。

當我們比較耶穌與帝國餵飽眾人的事件，便看到馬可於此帶出了我們無法輕忽的公共神學課題。耶穌行事的方式肯定比帝國優勝。我們難以在這裏得出反羅馬帝國的詮釋，但是我們不難見到上帝透過耶穌基督的國度，勝過了世上的國度。耶穌可以比世界最好的，供應得更多、更好。這樣，食物的故事就成為一道公開的邀請：接受福音、參與耶穌運動。在最近的香港公開神學討論中，一些著名的公共神學家、牧者與教會表明了亟欲參與這場權力遊戲。問題是，這場遊戲的社會規例和語言不斷改變。基本上，這些神學家和牧者，正正被非他們所能控制的勢力牽著鼻子走。美國的情況亦一樣。教會未有察覺到馬可福音乃是充滿政治色彩的。教會並不需要羨慕社會的當權者，因為教會有著社會沒有的東西。耶穌的邀請則截然不同，祂邀請社會去參與祂的運動，而祂不一定要參與社會。教會的立場也應該與耶穌一樣。

2. 神學詮釋：釋經的理性思考

耶穌上耶路撒冷之前，在加利利地區最後的工作，更進一步展示祂的能力與主權，因為在古代社會，大自然的力量、鬼魔、病患與食物供應一直是人要不斷擔憂的事，但是耶穌卻在這些事上掌管。這些在人類世界之中出現的破壞生命的景況，同樣是上帝國度臨在的攔阻、障礙，耶穌來到就是要實現以賽亞先知所應許的：「在曠野預備耶和華的道路，在沙漠地修平我們上帝的道。」（賽四十 3）

馬可在一開始寫作的時候，已經開宗明義地指出，不單約翰照這話來了，並且耶穌也照這話來了。他們兩人的分別是，耶穌的能力比約翰更大。耶穌從曠野出來，不單宣告上帝的福音、好消息：「日期滿了，上帝的國近了！」並且呼籲回轉，好成為上帝國度的一分子：「你們當悔改，信福音。」但是在種種攔阻底下，上帝的子民並不是那麼容易相信上帝的國度要在地上實現這福音、好消息。這些攔阻既包括鬼魔、疾病，也包括猶太人的血緣種族、宗教體制，以及羅馬帝國的家庭、社會、帝國結構。

耶穌面對、迎向這些障礙，以其言說—行動來展示祂的主權：醫病、趕逐邪靈、寬恕罪人、呼召門徒。祂要在舊的國度之中另外建立新的國度，從一小撮人開始。耶穌作為這個新羣體的主，祂對其中的成員施行教導，祂以比喻來闡述上帝的國度，並私底下作出解釋。祂讓他們知道上帝的國度在開始時很細小，但是這個國度會擴張，並且最終是不可思議、叫人驚訝的。耶穌在上耶路撒冷之前，繼續對門徒作出教導，以言說—行動的方式教導門徒認識上帝的國度、認識他們所跟隨的耶穌；耶穌在上耶路撒冷之前，繼續在不同的公眾場合，以言說—行動來勝過那些攔阻上帝國度來臨的種種障礙。

在馬可的講述之中，整個情節的發展既有主調也有副調，副調是由主調引申出來的。這主調就是耶穌的工作，而副調則是門徒的工作。耶穌要做的，門徒也要做；耶穌所遭遇的拒絕，門徒也要遇上。這不單敘述耶穌祂那把上帝國度實現在人間的工作，總會遇上人們的拒絕，並且也預告跟隨耶穌的門徒羣體，將同樣遭受人們的拒絕。由此而言，昔日跟隨耶穌的門徒羣體如此，今日跟隨耶穌的門徒羣體也如此。耶穌所建立的新羣體，將會持續地受到舊世界的排拒。然而，在馬可的敘事之中，這個被舊世界排拒的新羣體的主，卻大有能力，可以克服舊世界的自然力量、鬼魔、病患、死亡與缺乏食物等威脅生命的景況。

耶穌的能力、上帝兒子的能力，必須從祂在世的具體作為來了解，而不是憑空臆測，或只作哲學式的抽象推斷，就好像依據人有限的能力來作出無限的放大，諸如此類。這樣子所認識的上帝，不過是人自身的無限投射，而不是按照上帝自身的作為，來了解祂的能力。如果耶穌來到世界，是要把上帝的國度實現出來，那麼我們只能就此而認識祂的能力，而不能別開蹊徑，否則我們對上帝的認識是從人而來，而不是從上帝透過耶穌而讓我們把握的。

耶穌在曠野出來，祂走上的是一條清除障礙並讓上帝的國度臨在、實現的道路。在這條道路上，耶穌逐漸展示出祂的能力，以及祂的身分。耶穌的言說—行動全是針對生命的全然拯救，祂醫治疾病、驅趕邪靈、寬恕罪人、關心肉身的需要，由此我們看見祂的能力。耶穌的能力從祂開始建立、形成一個新的羣體而被揭示出來。雖然祂所建立、形成的新羣體起初很細小，但祂卻應許這羣體最終會壯大，叫人目瞪口呆：上帝的國度於終末時完全在地上實現，福音、好消息有一天會全然兌現。

在馬可的筆下，耶穌並不只是口上說說而已，祂的行動所展示出來的圖畫，更讓馬可的聽眾、讀者知道耶穌是大有能力的，可以清除一切攔阻上帝國度擴大、全然實現的勢力，這包括了自然的、邪靈的、疾病和死亡的、肉身生存的。從傳統的角度來看，這是神蹟奇事。但是福音書中的神蹟奇事，乃是叫人驚奇的事情，而不是相對於自然律（natural law）來說的。現代世界以自然律為自然世界運轉所遵行的規律，認為聖經所記載的那些神蹟奇事，違背了正常的自然律，是難以理解和接受的。因此，在這種觀點底下，聖經中的神蹟奇事若不是被視為不可能，就是被視之為「神話」這類寫作形式，旨在傳遞、盛載某些信仰意義。這些舉動的後果是，否定或消解了上帝的大能或耶穌的大能。

我們需要細讀馬可福音這些神蹟奇事，究竟是甚麼一回事。耶穌之所以在這裏運用祂的能力，並不是單純為了展示祂的能力有多大。這涉及了：為甚麼運用大能？運用大能的目的是甚麼？因此，思考上帝或耶穌的神蹟奇事，不能只注目於這些神蹟奇事如何可以跟現代世界所發現的自然律吻合，而應該轉換指涉點，從世界本身或人的本身，轉移至上帝身上，從而認識神蹟奇事是甚麼，而不是否定神蹟奇事，就如自然神論（Deism）；或者以道德或理性去神話化地解釋神蹟奇事這層外衣，就如公元二十世紀德國新約學者布特曼（Rudolf Bultmann）所做的那樣子。

耶穌所行的神蹟奇事，表明了上帝介入這個世界，而且這種介入是轉化、更新的介入，是帶來不一樣的國度的介入。這個上帝的國度是一個轉化、更新舊有生命的國度。從這樣的上帝國度來看，耶穌所介入的這個世界，正正不是正常狀況的世界，正正是落在偏離正常生命的道路上面的。因此，它需要耶穌來到撥亂反正，把顛倒了的情況再次顛倒過來。換句話說，神蹟奇事並非為了擾亂受造世界的秩序，剛剛相反，它們要把失序的世界扭轉過來，恢復秩序，而這裏所講的秩序，乃是生命的秩序，或是容讓生命存活、成長的秩序。

馬可福音在這裏讓我們看見，受造世界的失序、混亂，在四方面出現，威脅著人的生命，這包括了自然界的、邪惡污靈的、疾病與死亡的、肉身生存的。這些失序、混亂都是日常的，而不是偶然出現的，表示了人的生命無可避免地活在失序、混亂之中，陷於沒頂的威脅。但是耶穌對這些失序、混亂的情況，卻面無難色，逐一將之克服過來。這就讓馬可福音的聽眾、讀者，進一步認識耶穌能力之大，遠超乎我們所能想像的，因為這個世界從來沒有出現過這種事情：誰可以叫狂風暴浪停止？誰可以叫邪惡的污鬼退避三舍？誰可以不動聲息就叫婦人的血漏止住？誰可以叫死去的女孩復生？誰可以在曠野食物不多的情況下餵飽數以千計的男女？耶穌竟然可以，耶穌能力之大，豈不叫人驚訝？

馬可福音在這裏讓我們看見，耶穌是生命之主。耶穌的神蹟奇事，以及神蹟奇事所具體顯現的能力，都指向祂是生命之主。然而，對於耶穌的能力、祂的能力所建立的不一樣的國度生活，卻招徠不同的反應，甚至出現反差甚大的情況。這就同時展露了另一更深層次的障礙，使得這個新建立的羣體，不會一下子就擴大，成為所有人都樂於安頓其中的國度。耶穌自己呼召的門徒，即便在聆聽過老師對天國比喻的解釋之後，在遇上風浪時仍然對耶穌擴展上帝國度的能力缺乏足夠的信心。格拉森這個地方的人，竟然因為耶穌把附在人身上的一羣上千污鬼趕走，而要求祂離開他們，不要打擾他們習以為常的生活。雖然如此，上帝的國度的好消息，還是因為這個被耶穌驅除羣魔的人所作的見證，得以在由十個城市組成的低加坡里傳揚開去。由此可見，耶穌在地上的工作，總是在進與退之間往前進發的。

上帝的國度，在人中間的這種既退且進的情況下向前進發，且從耶穌醫治患了十二年血漏的女人、吩咐睚魯的女兒從死裏復生，而可以得見。這兩種情況也同時揭示了人對耶穌的信與不信。事實上，馬可從記敘門徒、格拉森開始，就已經涉及信與不信的議題。無疑，患血漏的女人對耶穌的醫治能力滿有信心。相反，那些生活以會堂為中心的人，卻不相信耶穌可以叫死人復活，畢竟，醫治疾病與叫死人復活是兩回事。即或如此，耶穌並不因人的不信而停止祂的工作，祂展示了上帝叫死人復活的大能。可是另一方面，耶穌也沒有因為行了神蹟奇事，展示了叫人希奇的異能，就有許多人相信祂。耶穌的家鄉拿撒勒，那裏的人就因為清楚知道耶穌的出身，而拒絕相信耶穌，即使他們聽見耶穌所做的許多事。馬可這個記載，顯示了人的深層不信。耶穌面對這些極度不信的人，沒有施行甚麼異能，因為異能並不能叫他們相信。

這種不相信耶穌所引起的後果，自然是拒絕接待耶穌。那麼，跟隨耶穌的門徒羣體，在有分耶穌的使命與權柄之餘，也有分耶穌被拒絕接待這後果。這是上帝國度介入墮落世界的必然遭遇。施洗約翰遭到希律殺害，不過是在預告門徒羣體被耶穌差遣出去工作時，終會遇見的迫害。門徒羣體的一切，都跟耶穌有分。門徒羣體參與了耶穌供應上千羣眾食物的工作，實際上是參與了顛覆政治統治者希律的統治，因為耶穌向眾人分配食物，成了恩庇者，成了一個新建立的羣體的主人，而祂的門徒羣體則參與把食物派給眾人的施惠工作，而有分於祂的管治。耶穌所遇上的拒絕、反對，門徒也會遇上。在格拉森的地方，人們只是要求耶穌離開那地方，然而在餵飽上千男女的事件之後，不單只耶穌，也包括耶穌的門徒羣體，他們將會遭受政治的迫害。耶穌行異能神蹟的本領愈大，引起人間的反抗也愈大，但是上帝的國度還是要繼續在重重阻礙中擴大。

第四章：往耶路撒冷路上的事工

（六45～十52）

經文

耶穌在海上行走

6 45耶穌隨即催門徒上船，先渡到那邊伯賽大去，等他叫眾人散開。46他既辭
別了他們，就往山上去禱告。47到了晚上，船在海中，耶穌獨自在岸上；
48看見門徒因風不順，搖櫓甚苦。夜裏約有四更天，就在海面上走，往他們那
裏去，意思要走過他們去。49但門徒看見他在海面上走，以為是鬼怪，就喊叫
起來；50因為他們都看見了他，且甚驚慌。耶穌連忙對他們說：「你們放心！
是我，不要怕！」51於是到他們那裏，上了船，風就住了；他們心裏十分驚
奇。52這是因為他們不明白那分餅的事，心裏還是愚頑。

治好革尼撒勒的病人

53既渡過去，來到革尼撒勒地方，就靠了岸，54一下船，眾人認得是耶穌，
55就跑遍那一帶地方，聽見他在何處，便將有病的人用褥子抬到那裏。56凡耶穌
所到的地方，或村中，或城裏，或鄉間，他們都將病人放在街市上，求耶穌只
容他們摸他的衣裳繸子；凡摸著的人就都好了。

古人的傳統

7 1有法利賽人和幾個文士從耶路撒冷來，到耶穌那裏聚集。2他們曾看見他的門徒中有人用俗手，就是沒有洗的手，吃飯。（3原來法利賽人和猶太人都拘守古人的遺傳，若不仔細洗手就不吃飯；4從市上來，若不洗浴也不吃飯；還有好些別的規矩，他們歷代拘守，就是洗杯、罐、銅器等物。）5法利賽人和文士問他說：「你的門徒為甚麼不照古人的遺傳，用俗手吃飯呢？」6耶穌說：「以賽亞指著你們假冒為善之人所說的預言是不錯的。如經上說：

這百姓用嘴唇尊敬我，

心卻遠離我。

7他們將人的吩咐當作道理教導人，

所以拜我也是枉然。

8你們是離棄上帝的誡命，拘守人的遺傳」；9又說：「你們誠然是廢棄上帝的誡命，要守自己的遺傳。10摩西說：『當孝敬父母』；又說：『咒罵父母的，必治死他。』11你們倒說：『人若對父母說：我所當奉給你的，已經作了各耳板』（各耳板就是供獻的意思），12以後你們就不容他再奉養父母。13這就是你們承接遺傳，廢了上帝的道。你們還做許多這樣的事。」

14耶穌又叫眾人來，對他們說：「你們都要聽我的話，也要明白。15從外面進去的不能污穢人，惟有從裏面出來的乃能污穢人。」（有古卷加：16有耳可聽的，就應當聽！）17耶穌離開眾人，進了屋子，門徒就問他這比喻的意思。18耶穌對他們說：「你們也是這樣不明白嗎？豈不曉得凡從外面進入的，不能污穢人，19因為不是入他的心，乃是入他的肚腹，又落到茅廁裏（這是說，各樣的食物都是潔淨的）」；20又說：「從人裏面出來的，那才能污穢人；21因為從裏面，就是從人心裏，發出惡念、苟合、22偷盜、凶殺、姦淫、貪婪、邪惡、詭詐、淫蕩、嫉妒、謗讟、驕傲、狂妄。23這一切的惡都是從裏面出來，且能污穢人。」

一個婦人的信心

24耶穌從那裏起身，往泰爾、西頓的境內去，進了一家，不願意人知道，
卻隱藏不住。25當下，有一個婦人，她的小女兒被污鬼附著，聽見耶穌的事，
就來俯伏在他腳前。26這婦人是希臘人，屬敘利腓尼基族。她求耶穌趕出那
鬼離開她的女兒。27耶穌對她說：「讓兒女們先吃飽，不好拿兒女的餅丟給
狗吃。」28婦人回答說：「主啊，不錯；但是狗在桌子底下也吃孩子們的碎渣
兒。」29耶穌對她說：「因這句話，你回去吧；鬼已經離開你的女兒了。」30她
就回家去，見小孩子躺在牀上，鬼已經出去了。

耶穌治好耳聾舌結的人

31耶穌又離了泰爾的境界，經過西頓，就從低加坡里境內來到加利利海。
32有人帶著一個耳聾舌結的人來見耶穌，求他按手在他身上。33耶穌領他離開
眾人，到一邊去，就用指頭探他的耳朵，吐唾沫抹他的舌頭，34望天歎息，對
他說：「以法大！」就是說：「開了吧！」35他的耳朵就開了，舌結也解了，
說話也清楚了。36耶穌囑咐他們不要告訴人；但他愈發囑咐，他們愈發傳揚開
了。37眾人分外希奇，說：「他所做的事都好，他連聾子也叫他們聽見，啞巴
也叫他們說話。」

耶穌給四千人吃飽

8 1那時，又有許多人聚集，並沒有甚麼吃的。耶穌叫門徒來，說：2「我憐
憫這眾人；因為他們同我在這裏已經三天，也沒有吃的了。3我若打發他
們餓著回家，就必在路上困乏，因為其中有從遠處來的。」4門徒回答說：「在
這野地，從哪裏能得餅，叫這些人吃飽呢？」5耶穌問他們說：「你們有多少
餅？」他們說：「七個。」6他吩咐眾人坐在地上，就拿著這七個餅祝謝了，擘
開，遞給門徒，叫他們擺開，門徒就擺在眾人面前。7又有幾條小魚；耶穌祝了
福，就吩咐也擺在眾人面前。8眾人都吃，並且吃飽了，收拾剩下的零碎，有七

筐子。[9]人數約有四千。耶穌打發他們走了，[10]隨即同門徒上船，來到大瑪努他
境內。

求主顯個神蹟

[11]法利賽人出來盤問耶穌，求他從天上顯個神蹟給他們看，想要試探他。
[12]耶穌心裏深深地歎息，說：「這世代為甚麼求神蹟呢？我實在告訴你們，沒
有神蹟給這世代看。」[13]他就離開他們，又上船往海那邊去了。

防備法利賽人和希律的酵

[14]門徒忘了帶餅；在船上除了一個餅，沒有別的食物。[15]耶穌囑咐他們說：
「你們要謹慎，防備法利賽人的酵和希律的酵。」[16]他們彼此議論說：「這是
因為我們沒有餅吧。」[17]耶穌看出來，就說：「你們為甚麼因為沒有餅就議論
呢？你們還不省悟，還不明白嗎？你們的心還是愚頑嗎？[18]你們有眼睛，看不
見嗎？有耳朵，聽不見嗎？也不記得嗎？[19]我擘開那五個餅分給五千人，你們
收拾的零碎裝滿了多少籃子呢？」他們說：「十二個。」[20]「又擘開那七個餅
分給四千人，你們收拾的零碎裝滿了多少筐子呢？」他們說：「七個。」[21]耶
穌說：「你們還是不明白嗎？」

治好伯賽大的瞎子

[22]他們來到伯賽大，有人帶一個瞎子來，求耶穌摸他。[23]耶穌拉著瞎子的
手，領他到村外，就吐唾沫在他眼睛上，按手在他身上，問他說：「你看見甚
麼了？」[24]他就抬頭一看，說：「我看見人了；他們好像樹木，並且行走。」
[25]隨後又按手在他眼睛上，他定睛一看，就復了原，樣樣都看得清楚了。[26]耶穌
打發他回家，說：「連這村子你也不要進去。」

彼得認耶穌為基督

27耶穌和門徒出去，往凱撒利亞．腓立比村莊去；在路上問門徒說：「人
說我是誰？」28他們說：「有人說是施洗的約翰；有人說是以利亞；又有人說
是先知裏的一位。」29又問他們說：「你們說我是誰？」彼得回答說：「你是
基督。」30耶穌就禁戒他們，不要告訴人。

耶穌預言受難和復活

31從此，他教訓他們說：「人子必須受許多的苦，被長老、祭司長，和文
士棄絕，並且被殺，過三天復活。」32耶穌明明地說這話，彼得就拉著他，勸
他。33耶穌轉過來，看著門徒，就責備彼得說：「撒但，退我後邊去吧！因為
你不體貼上帝的意思，只體貼人的意思。」34於是叫眾人和門徒來，對他們
說：「若有人要跟從我，就當捨己，背起他的十字架來跟從我。35因為，凡要
救自己生命的，必喪掉生命；凡為我和福音喪掉生命的，必救了生命。36人就
是賺得全世界，賠上自己的生命，有甚麼益處呢？37人還能拿甚麼換生命呢？
38凡在這淫亂罪惡的世代，把我和我的道當作可恥的，人子在他父的榮耀裏，
同聖天使降臨的時候，也要把那人當作可恥的。」

9 1耶穌又對他們說：「我實在告訴你們，站在這裏的，有人在沒嘗死味以
前，必要看見上帝的國大有能力臨到。」

耶穌改變形像

2過了六天，耶穌帶著彼得、雅各、約翰暗暗地上了高山，就在他們面前
變了形像，3衣服放光，極其潔白，地上漂布的，沒有一個能漂得那樣白。4忽
然，有以利亞同摩西向他們顯現，並且和耶穌說話。5彼得對耶穌說：「拉比，
我們在這裏真好！可以搭三座棚，一座為你，一座為摩西，一座為以利亞。」
6彼得不知道說甚麼才好，因為他們甚是懼怕。7有一朵雲彩來遮蓋他們；也有

聲音從雲彩裏出來，說：「這是我的愛子，你們要聽他。」8門徒忽然周圍一
看，不再見一人，只見耶穌同他們在那裏。9下山的時候，耶穌囑咐他們說：
「人子還沒有從死裏復活，你們不要將所看見的告訴人。」10門徒將這話存記
在心，彼此議論「從死裏復活」是甚麼意思。11他們就問耶穌說：「文士為甚
麼說以利亞必須先來？」12耶穌說：「以利亞固然先來復興萬事；經上不是指
著人子說，他要受許多的苦被人輕慢呢？13我告訴你們，以利亞已經來了，他
們也任意待他，正如經上所指著他的話。」

治好被污鬼附身的孩子

14耶穌到了門徒那裏，看見有許多人圍著他們，又有文士和他們辯論。
15眾人一見耶穌，都甚希奇，就跑上去問他的安。16耶穌問他們說：「你們和他
們辯論的是甚麼？」17眾人中間有一個人回答說：「夫子，我帶了我的兒子到
你這裏來，他被啞巴鬼附著。18無論在哪裏，鬼捉弄他，把他摔倒，他就口中
流沫，咬牙切齒，身體枯乾。我請過你的門徒把鬼趕出去，他們卻是不能。」
19耶穌說：「噯！不信的世代啊，我在你們這裏要到幾時呢？我忍耐你們要到
幾時呢？把他帶到我這裏來吧。」20他們就帶了他來。他一見耶穌，鬼便叫他
重重地抽瘋，倒在地上，翻來覆去，口中流沫。21耶穌問他父親說：「他得這
病有多少日子呢？」回答說：「從小的時候。22鬼屢次把他扔在火裏、水裏，
要滅他。你若能做甚麼，求你憐憫我們，幫助我們。」23耶穌對他說：「你
若能信，在信的人，凡事都能。」24孩子的父親立時喊著說（有古卷：立時
流淚地喊著說）：「我信！但我信不足，求主幫助。」25耶穌看見眾人都跑上
來， 就斥責那污鬼，說：「你這聾啞的鬼，我吩咐你從他裏頭出來，再不要
進去！」26那鬼喊叫，使孩子大大地抽了一陣瘋，就出來了。孩子好像死了一
般，以致眾人多半說：「他是死了。」27但耶穌拉著他的手，扶他起來，他就
站起來了。28耶穌進了屋子，門徒就暗暗地問他說：「我們為甚麼不能趕出他
去呢？」29耶穌說：「非用禱告（有古卷加：禁食二字），這一類的鬼總不能

出來。」

耶穌第二次預言受難和復活

30他們離開那地方，經過加利利；耶穌不願意人知道。31於是教訓門徒，說：「人子將要被交在人手裏，他們要殺害他；被殺以後，過三天他要復活。」32門徒卻不明白這話，又不敢問他。

誰最偉大

33他們來到迦百農。耶穌在屋裏問門徒說：「你們在路上議論的是甚麼？」34門徒不作聲，因為他們在路上彼此爭論誰為大。35耶穌坐下，叫十二個門徒來，說：「若有人願意作首先的，他必作眾人末後的，作眾人的用人。」36於是領過一個小孩子來，叫他站在門徒中間，又抱起他來，對他們說：37「凡為我名接待一個像這小孩子的，就是接待我；凡接待我的，不是接待我，乃是接待那差我來的。」

不敵擋我們就是幫助我們

38約翰對耶穌說：「夫子，我們看見一個人奉你的名趕鬼，我們就禁止他，因為他不跟從我們。」39耶穌說：「不要禁止他；因為沒有人奉我名行異能，反倒輕易毀謗我。40不敵擋我們的，就是幫助我們的。41凡因你們是屬基督，給你們一杯水喝的，我實在告訴你們，他不能不得賞賜。」

罪的誘惑

42「凡使這信我的一個小子跌倒的，倒不如把大磨石拴在這人的頸項上，扔在海裏。43倘若你一隻手叫你跌倒，就把它砍下來；44你缺了肢體進入永生，強如有兩隻手落到地獄，入那不滅的火裏去。45倘若你一隻腳叫你跌倒，就把它砍下來；46你瘸腿進入永生，強如有兩隻腳被丟在地獄裏。47倘若你一隻眼

叫你跌倒，就去掉它；你只有一隻眼進入上帝的國，強如有兩隻眼被丟在地獄
裏。48在那裏，蟲是不死的，火是不滅的。49因為必用火當鹽醃各人。（有古卷
加：凡祭物必用鹽醃）50鹽本是好的，若失了味，可用甚麼叫它再鹹呢？你們
裏頭應當有鹽，彼此和睦。」

休妻的問題

10 1耶穌從那裏起身，來到猶太的境界並約旦河外。眾人又聚集到他那
裏，他又照常教訓他們。2有法利賽人來問他說：「人休妻可以不可
以？」意思要試探他。3耶穌回答說：「摩西吩咐你們的是甚麼？」4他們說：
「摩西許人寫了休書便可以休妻。」5耶穌說：「摩西因為你們的心硬，所以寫
這條例給你們；6但從起初創造的時候，上帝造人是造男造女。7因此，人要離
開父母，與妻子連合，二人成為一體。8既然如此，夫妻不再是兩個人，乃是一
體的了。9所以，上帝配合的，人不可分開。」10到了屋裏，門徒就問他這事。
11耶穌對他們說：「凡休妻另娶的，就是犯姦淫，辜負他的妻子；12妻子若離棄
丈夫另嫁，也是犯姦淫了。」

耶穌為小孩祝福

13有人帶著小孩子來見耶穌，要耶穌摸他們，門徒便責備那些人。14耶穌看
見就惱怒，對門徒說：「讓小孩子到我這裏來，不要禁止他們；因為在上帝國
的，正是這樣的人。15我實在告訴你們，凡要承受上帝國的，若不像小孩子，
斷不能進去。」16於是抱著小孩子，給他們按手，為他們祝福。

財主尋求永生之道

17耶穌出來行路的時候，有一個人跑來，跪在他面前，問他說：「良善的
夫子，我當做甚麼事才可以承受永生？」18耶穌對他說：「你為甚麼稱我是良
善的？除了上帝一位之外，再沒有良善的。19誡命你是曉得的：不可殺人；不

可姦淫；不可偷盜；不可作假見證；不可虧負人；當孝敬父母。」[20]他對耶穌
說：「夫子，這一切我從小都遵守了。」[21]耶穌看著他，就愛他，對他說：
「你還缺少一件：去變賣你所有的，分給窮人，就必有財寶在天上；你還要
來跟從我。」[22]他聽見這話，臉上就變了色，憂憂愁愁地走了，因為他的產業
很多。

[23]耶穌周圍一看，對門徒說：「有錢財的人進上帝的國是何等地難哪！」
[24]門徒希奇他的話。耶穌又對他們說：「小子，倚靠錢財的人進上帝的國是何
等地難哪！[25]駱駝穿過針的眼，比財主進上帝的國還容易呢。」[26]門徒就分外希
奇，對他說：「這樣誰能得救呢？」[27]耶穌看著他們，說：「在人是不能，在
上帝卻不然，因為上帝凡事都能。」[28]彼得就對他說：「看哪，我們已經撇下
所有的跟從你了。」[29]耶穌說：「我實在告訴你們，人為我和福音撇下房屋，
或是弟兄、姊妹、父母、兒女、田地，[30]沒有不在今世得百倍的，就是房屋、
弟兄、姊妹、母親、兒女、田地，並且要受逼迫，在來世必得永生。[31]然而，
有許多在前的，將要在後，在後的，將要在前。」

耶穌第三次預言受難和復活

[32]他們行路上耶路撒冷去。耶穌在前頭走，門徒就希奇，跟從的人也害
怕。耶穌又叫過十二個門徒來，把自己將要遭遇的事告訴他們說：[33]「看哪，
我們上耶路撒冷去，人子將要被交給祭司長和文士，他們要定他死罪，交給外
邦人。[34]他們要戲弄他，吐唾沫在他臉上，鞭打他，殺害他。過了三天，他要
復活。」

雅各和約翰的要求

[35]西庇太的兒子雅各、約翰進前來，對耶穌說：「夫子，我們無論求你甚
麼，願你給我們做。」[36]耶穌說：「要我給你們做甚麼？」[37]他們說：「賜我
們在你的榮耀裏，一個坐在你右邊，一個坐在你左邊。」[38]耶穌說：「你們不

知道所求的是甚麼。我所喝的杯，你們能喝嗎？我所受的洗，你們能受嗎？」
39他們說：「我們能。」耶穌說：「我所喝的杯，你們也要喝；我所受的洗，
你們也要受；40只是坐在我的左右，不是我可以賜的，乃是為誰預備的，就賜
給誰。」41那十個門徒聽見，就惱怒雅各、約翰。42耶穌叫他們來，對他們說：
「你們知道，外邦人有尊為君王的，治理他們，有大臣操權管束他們。43只是
在你們中間，不是這樣。你們中間，誰願為大，就必作你們的用人；44在你們
中間，誰願為首，就必作眾人的僕人。45因為人子來，並不是要受人的服事，
乃是要服事人，並且要捨命作多人的贖價。」

治好瞎子巴底買

46到了耶利哥；耶穌同門徒並許多人出耶利哥的時候，有一個討飯的瞎
子，是底買的兒子巴底買，坐在路旁。47他聽見是拿撒勒的耶穌，就喊著說：
「大衛的子孫耶穌啊！可憐我吧！」48有許多人責備他，不許他作聲。他卻越
發大聲喊著說：「大衛的子孫哪，可憐我吧！」49耶穌就站住，說：「叫過他
來。」他們就叫那瞎子，對他說：「放心，起來！他叫你啦。」50瞎子就丟下
衣服，跳起來，走到耶穌那裏。51耶穌說：「要我為你做甚麼？」瞎子說：
「拉波尼，我要能看見。」52耶穌說：「你去吧！你的信救了你了。」瞎子立
刻看見了，就在路上跟隨耶穌。

一

耶穌身分與宗教禮儀的爭論（六45～八26）

1. 敘事鑑別

故事現在從加利利的事工，轉為耶穌往耶路撒冷途中的事工。嚴格來說，我們最好把馬可福音七章視為這個往耶路撒冷旅程的開始，因有從耶路撒冷來的領袖到耶穌那裏挑戰祂（七1）。然而，馬可沿著此前的故事發展，於六章45節至八章10節建構出一個融貫及完整的故事，並且採用了好些相同的主題，尤其是把耶穌在水面上行走的故事連於餵飽眾人的故事之後。這些故事不單緊密相連，更包含著一個完美的轉接，使本段落的結構與此前的段落相似（四35～六44）。現在這個段落再次顯示耶穌勝過大自然、鬼魔、病患與食物供應（六45～八10）。重複這些主題，表示它們對馬可來說是十分重要的。在古代社會中，大自然的力量、鬼魔、病患與食物供應一直都是人要擔憂的事情，耶穌卻一一勝過它們。亦如前所述，六章45節至八章10節的大綱與之前的段落很類似。整個段落因而應該一併研讀。不但如此，馬可建構了這樣的結構，讓我們可以與之前的大自然、鬼魔、病患與食物供應的段落作比較。在比較前一個段落和這個段落的類似記述時，我們要留意兩者之間的異同。

勝過大自然（六 45 ～ 56）
附記：禮儀（七 1 ～ 23）
勝過鬼魔（七 24 ～ 30）
勝過病患（七 31 ～ 37）
勝過食物供應（八 1 ～ 10）

耶穌在這個段落中所做的第一件事，就是勝過大自然（六 45 ～ 56）。祂再次上船，這是馬可福音的典型記載。就如我們之前已經見過，船是耶穌教導羣眾或門徒 —— 視乎當時誰在聽祂或看祂 —— 的典型地點。然而，這次的場景與四章 35 節的有點不一樣，因為耶穌要門徒自己上船，卻不與他們同去。兩件事的共通之處都是耶穌作主動（四 35，六 45），而且兩次都是耶穌嘗試離開羣眾。在這裏，耶穌刻意離開他們獨處（六 45 ～ 46），上山禱告。我們難以確定馬可為甚麼要記載耶穌禱告。一章 35 節那次的禱告表示耶穌多麼受歡迎，即使祂獨處禱告，羣眾仍不斷尋找祂。我們不能簡單地說，這個故事要教導讀者祈禱很重要；禱告的場景是馬可用來展示耶穌因太受歡迎而需要獨處，或者像這裏因耶穌之後要教導門徒而需要獨處。

馬可描述這個故事的方式十分幽默。門徒自己乘船，開始搖櫓過海，但是因風不順，就甚辛苦（六 48 上）。到了晚上，他們還未過到對岸（六 48 中）。耶穌此時已經禱告完，就在水面上迅速行走，幾乎走過他們（六 48 下）。假如我們看看整個故事至今的發展，應該會感到那充滿喜劇感。耶穌讓他們先出發，假設他們應該會比祂先到對岸；接著，祂去禱告。我們不能假設祂的禱告只是短短幾句話，因為祂從晚上到清晨一直祈禱（夜裏四更天大約是日出之前）。與此同時，海上颳起大風暴，導致門徒在清晨還在搖櫓。他們整夜搖櫓，耶穌卻在那刻不廢吹灰之力就過到海中。祂沒有上他們的船，幾乎走過他們，彷彿他們根本不在那裏（六 48 下）。耶穌並不需要船或櫓，也無懼風暴。馬可說在耶穌幾乎從他們旁邊走過（這肯定是馬可的幽默修飾），表示耶穌完全無意與門徒同行。無論如何，故事至此純粹展示出耶穌的大能。

門徒似乎未有察覺到耶穌能夠在水上行走，因此感到十分驚訝，喊叫起來（六 49 ～ 50）。耶穌雖可以平靜風浪，但祂如今在水上行走？門徒以為耶穌是「鬼怪／φάντασμά 」。「鬼怪」一語不一定如一些人所理解般指鬼魔，這個詞事實上可以用來形容一些不明的生物，而牠不一定有人的樣式（約瑟夫的《猶太古史》1.325），這個詞亦可以指非人類的超自然存有（西西里的狄奧多羅斯〔Diodorus Siculus〕的著作《歷史叢書》〔*Bibliotheca Historica* 15.50.3〕）。因此，馬可所用的詞彙並非指他們誤以為耶穌是鬼魔，而是指他們無法辨認出那正是他們所熟悉的耶穌。結果祂沒有走過他們，祂向他們表明身分，上了船，風就住了。

門徒十分驚奇。根據上下文，他們的驚奇並非因為耶穌是鬼怪，而是因為祂可以走上船，而風接著就止住了（六 51）。這樣看來，這個故事與四章 35 至 41 節論到信心的風暴的故事很相似。馬可刻意在四章 39 節和六章 51 節同樣以「風就止住／住了／ἐκόπασεν ὁ ἄνεμος」來記載風暴平息，叫人進一步比較這兩段經文。而比較顯示出門徒還未學到信心的功課。而且，這個故事也進一步顯示出他們尚未明白之前有關餅的神蹟。這個神蹟故事並非一個獨立的故事，而是要說明當人不明白餅的功課時會發生甚麼事。假如耶穌能夠餵飽五千人，祂也必定能夠在水上行走和平靜風浪！

正如我們已提過，這不僅僅是信心的功課，而且是關乎有耶穌同在、認識祂的身分，以及與祂同工。他們在這裏並未有認識到耶穌是誰。即使當耶穌上了船，他們也未預期祂有勝過風暴的大能。餵飽五千人的大能也止住了風暴。敍事者似乎在六章51節下半部分至52節指責這些人的驚奇。馬可的推論指向「真正的」耶穌，就是那個在地上代表上帝和上帝國度的人。再者，敍事者把他們的問題的根本原因歸咎於愚頑的心（六52）。之前的風暴故事和餵飽眾人的故事，當中所隱含的真理原來並沒有進入他們愚頑的心！「愚頑／πεπωρωμένη」一語在希臘文裏是現在完成時態被動語態分詞；「心／καρδία」則是單數而非複數，表示這是集體的態度。究竟是甚麼導致他們的心愚頑呢？經文未有清楚說明，只是以被動語態來表示某人或某事物導致這愚頑，或許是缺乏信心或許不明白，或許兩者混在一起而導致了愚頑的心。作為一個羣體，他們甚有能力（六6～29）；但是他們的能力無法叫他們得著信心或明白。整體而言，他們大有能力；但是就如馬可所示，他們也不認識能力的源頭。換言之，擁有能力並不等於知道能力的來源。

再一次，正如我之前曾提及的，這次的大自然神蹟事件意味著耶和華有勝過大海的能力。打從四章35節起，這兩個神蹟故事強而有力地指出耶穌是誰。柯克（J. R. Daniel Kirk）和史提芬．楊（Stephen Young）亦指出，詩篇八十九篇大衞王權這個中心思想，與耶穌這裏的描述十分吻合，因此，大海的神蹟事件展示了耶穌就如上帝那樣，並且有著彌賽亞的身分。[1] 大衛是耶和華所膏立的王。根本上，耶穌將耶和華的王權已展示出來了，其王權勝過大自然，勝過以色列。

假如這個故事還未能清楚看出關乎耶穌的大能和認識祂身分的諷刺之處，那麼六章 53 至 56 節就應該能清楚總結耶穌的服事。無論是醫治癱子還是透過祂的衣服施行醫治，整個段落都是以總結的方式來強調耶穌的神蹟。這段經文提到眾人認得耶穌（六 54），單從字面理解，這節經文只告訴我們耶穌很受歡迎；然而，就上文有關門徒遇到的問題來看，這個總結就顯得十分複雜了。這些人察覺到耶穌的能力，但之前的段落卻記載門徒雖然有能力，卻不認得耶穌，這似乎十分諷刺，也為這裏的敘事添上一道謎團。純粹基於耶穌偶然展示出來的能力而去認識祂，是否足以讓門徒認識祂呢？對馬可來說，答案顯然是否定的。假如門徒不明白耶穌，純粹圍觀或為了個人利益而來的羣眾又怎會明白呢？總括來說，這個故事延續了之前的風暴故事，進一步顯示出人仍然誤解耶穌，甚至漠視耶穌。

當我們看到，由於缺乏信心，或不明白耶穌之前所做的事，會導致愚頑的心，我們必須回到前述的風暴故事的比較了，而兩者的分別是：在這個故事中，耶穌刻意要門徒上船，接著祂在海面上走，藉此揭露他們的愚頑和無知。為甚麼呢？耶穌的使命，有部分正是要展示出祂的跟隨者的軟弱；他們雖然軟弱，但不代表他們無法參與耶穌的服事。畢竟，有天假如他們的心並非這樣

---

1. Daniel Kirk and Stephen Young " 'I Will Set His Hand to the Sea' : Psalm 88: 26 LXX and Christology in Mark," *Journal of Biblical Literature* 133 (2014): 336.

愚頑，假如他們真切地明白耶穌（尤其是這個神蹟展現出來的大能），他們就能夠重新學習到，參與耶穌的服事究竟是怎麼一回事。軟弱的門徒也可以參與耶穌的服事，這就是馬可福音的諷刺所在。因此，使命並非在於有全面的知識，而是要按著他所有的，存著開放的心對參與耶穌的服事。

在大自然的神蹟之後，馬可插入了耶穌與宗教領袖的禮儀討論。這一幕並非按時序來記載。在之前四章35節至六章44節的段落中，六章6節的下半部分至29節的附記與使命有關，這附記引導讀者留意四章35節至六章44節的重點：門徒參與（不論成功與否）耶穌的服事。換言之，馬可在這裏記載這個討論禮儀的故事，正是為了使這個段落也有自己的附記，並藉著這個段落的附記帶出這個段落的重點。在這個段落裏，禮儀和傳統成為爭議所在。我們也必須注意，七章4節的「規矩」是複數的，而七章3節的「遺傳」是單數。根據馬可混合單、複數的做法，這個故事是個關乎傳統的爭論的典型例子，而這裏以一個傳統來總結所有有關傳統的爭論。

七章1節提到一羣來自耶路撒冷的人。這個記載很有意思，因為根據馬可對耶穌行程的記載，祂正在往耶路撒冷去。耶穌抵達耶路撒冷之前，「耶路撒冷」先來到祂那裏去。這個場景正暗示著，這是一場刻意的衝突，而非一場偶然的爭吵。敍事者在七章3至4節加了一些評論，闡明猶太教的一些禮儀規則，他認為禮儀的主題還不夠明顯。對深明這些背景的聽眾而言，這樣的說明似乎多此一舉；惟有不熟悉這些禮儀的外邦讀者，這些說明才變得有意思。然而，假如參與耶穌運動的初期外邦歸信者是從會堂出來的（參徒八27～28，十1～2等的記載），這樣的說明也太過累贅。那麼，如果敍事者馬可不旨在提供資料，他是否嘗試以冗餘的資料來指出這事件的危急之處？就文學解讀而言，後者似乎更勝一籌。

這裏的重要片語是七章 3 節的「古人的遺傳／τὴν παράδοσιν τῶν πρεσβυτέρων」。[2] 妥拉並沒有記錄這些「古人的遺傳」，暗示了它是出自口傳妥拉。「遺傳」一語意味著一些肯定有「存留下來的東西」。很明顯，敘事者在七章 3 至 4 節提出的一連串問題，都是與吃喝有關的；但馬可額外加上一些古人遺傳的評論，正正表示這事是「古人的遺傳」所引發的典型衝突。正如耶穌在七章 13 節下半部分所説：「你們還做許多這樣的事。」耶穌這句説話，證明了這不過是眾多類似例子之一。馬可認為，這樣的例子在他的時代同樣應該受到斥責。比維斯認為七章 3 至 4 節是離題（digression）去解釋習俗。[3] 無論如何，傳統的確是要旨所在，因為宗教領袖在七章 5 節所問的問題，其句法與敘事者在七章 3 節所用的一樣。我們難以分辨出這些領袖是在討論哪些潔淨禮儀，因為米示拿的短文曾記載與「手」有關的規條，但是在耶穌的時代並未有太多人留意。[4]

耶穌在七章 6 至 7 節的回應包含著濃厚的神學意涵，並在七章 8 至 13 節進一步解釋。耶穌先引述以賽亞書二十九章 13 節。這個引文的結構呈現了一個有深度的信息，當中帶有平行結構的記載如下：

---

2. 馬太福音比馬可福音更按次序連結這些故事（參太十五 1）。
3. Mary Beavis, *Mark* (Grand Rapids: Baker Academic, 2011), 113.
4. Beavis, *Mark*, 115.

> 這百姓用嘴唇尊敬我，心卻遠離我。
> 他們將人的吩咐當做道理教導人〔道理與心平行〕，所以拜我
> 也是枉然〔敬拜與嘴唇平行〕。

這個不甚嚴謹的平行結構所暗示的信息，遠不只表達：「百姓使用嘴唇尊敬上帝時，但心卻遠離上帝。」這裏的意涵，似乎是指他們以嘴唇來敬拜，但其遠離的心似乎未能完全與人的教導和道理相稱。當我們再望望這段以賽亞書的引文時，它所表達的重點與原意有點出入，原來的對比應是嘴唇與怠惰，但這裏的對比卻是嘴唇與遠離的心。耶穌顯然想表達的重點是：雖然他們遠離的心是眼見不到的，但是他們對人的道理的跟隨卻確定了眼見不到的事實。意即這些宗教人士並非完全沒有行動，而是他們的行動不是在行正確的事——反而在行錯的事。我無法肯定耶穌是否在攻擊所有古人的遺傳，但肯定祂是在更猛烈地攻擊人錯誤使用傳統來隱藏他們的壞心腸。這段以賽亞書引文中的希臘文動詞，全是現在時態的動詞，表示這樣的生活方式不只是個人的，也是整個社會的。耶穌所責備的傳統可能與上帝的吩咐無關（七8）。根據耶穌所說的，這裏所提到的潔淨傳統容讓宗教領袖對上帝假獻殷勤。結果，這樣的傳統就違背了上帝的命令。

耶穌接著在七章9至13節舉了一個例子。很明顯，並非每個傳統都是壞的，但是耶穌舉了一個誤用傳統的例子。遵守這些傳統（即是導致人離開上帝吩咐的傳統）的時候，這些人違反了十誡（出二十12）中的一個重要誡命。在七章10節，耶穌引述了十誡第二部分與人際關係有關的第一道命令——父母與兒女的關係。耶穌進一步在七章10節引述出埃及記二十一章17節和利未記二十章9節，論到違反這律法的後果。耶穌在這裏不單

單討論所犯的大罪，同時也指出隨之而來的致死刑罰。耶穌在七章 11 至 13 節直接提到各耳板的習俗。

「各耳板」(corban)是甚麼呢？這個詞彙的意思實在難以理解，我們只有一些零碎的證據。文獻上的證據顯示，耶穌的時代並沒有「各耳板」這習俗。[5] 有些學者並不想引用較後期的拉比著作為佐證；有些學者則喜歡從碑文中尋找線索。艾凡斯(Craig Evans)就以碑文為佐證(雖然資料還是很貧乏)，而其中一段亞蘭文碑文說：「給火，一份禮物」，[6] 顯然是指到在祭壇上焚燒，而「各耳板」這個字在亞蘭文裏正解作「禮物」。另一段碑文這樣形容一些在骨罐(ossuary)裏的東西：「人在這個骨罐中找到對他有利的每樣東西，都是在其中的人獻呈給上帝的。」[7] 骨罐是個容器，用來承載獻給聖殿的禮物(即是「各耳板」)。這樣的獻祭至今還未有任何可憎之處，以致耶穌要提出譴責。因此，耶穌之所以責備這個做法，有兩個可能性：第一，有人在父母仍在世時，向他們說：「已將所當奉給你們的，已經作了各耳板。」(七 11)這人以此為不再奉養父母的藉口(七 12)。當他的父母死後，這人便立即贖回之前的各耳板，據為己有(有關猶太人要贖回已歸耶和華為聖的財產的條例，可參利二十七章)。以各耳板為不供養父母的藉口，實屬不孝之舉，這違反了出埃及記二十章 12 節的命令。第二，假如他把很多奉獻獻給聖殿——但它已是遠離上帝之處——以致他無法再供養他的父母，這同樣也是以各

5. Beavis, *Mark*, 116.
6. Craig Evans, *Jesus and His World: The Archaeological Evidence* (Louisville: Westminster John Knox Press, 2012), 107.
7. Evans, *Jesus and His World*, 108.

耳板為不供養父母的藉口，也是違反了出埃及記二十章12節的命令。無論如何，假如耶穌真的譴責這樣的奉獻，聖殿就會蒙受經濟損失。假如這樣的禮物是獻給聖殿的，而耶穌又批評它，那麼耶穌的教導就「對聖殿帶來一些令人擔心的影響了」。[8] 簡言之，耶穌乃是在譴責整個聖殿制度，譴責它阻礙人履行他們的宗教責任。間接來說，假如人要跟隨耶穌的教導，他們就要減少給聖殿的奉獻了。這樣的話，聖殿會蒙受經濟損失。若他們只有表面潔淨，卻沒有真正遵從上帝的基本命令，一切是沒有意思的。

研讀這個故事時，我們必須留意故事發生的地點。除了留意耶穌朝著耶路撒冷走去、宗教領袖朝著耶穌走來之外，在各耳板的討論中我們也要注意「聖殿」這個地點。耶穌要這些領袖給耶路撒冷傳遞一個信息，尤其是給聖殿。耶穌的信息基本上想表明，聖殿並沒有按照它原本的樣式運作。這個地方象徵著以色列的盼望和猶太人的民族主義；但是現在它的制度化已經奪去了它原本的功用。因此，耶穌的譴責可能會導致聖殿庫房空虛。對馬可的聽眾來說，他們的聖殿正步向滅亡——假如當時聖殿還未被毀。這個故事正正指出，聖殿為甚麼不再有意義。這個地點說明了，主要的問題並非種族問題，這並不是一個有關反猶的故事；相反，這是一個關乎支持以色列的故事，卻不是支持它的建築物和制度。這個故事與以賽亞一直所說的密切相關：上帝的子民應該活出他們應有的身分和責任。這個給教會的信息，十分清晰。假如教會並沒有活出它的信仰，就會就失去它的獨特性。

耶穌嚴苛地譴責聖殿的潔淨條例之後，進一步在七章14至

---

8. Evans, *Jesus and His World*, 109.

23 節教導眾人甚麼才是真正的潔淨。這個教導分為兩個部分。在第一個部分，耶穌簡單地在七章 14 至 15 節使用「解剖學」做了一個有點俗的類比。耶穌在 14 節要所有聽眾都聽得明白，祂所描繪的圖畫並不難解。基本上，耶穌所說的不潔是從身體出來的，而非不潔進入身體。人類的排泄物（例如：糞便、尿液與嘔吐物）都是不潔的。雖然這聽起來有點俗，但耶穌所說的卻是無可爭議的事實。在這樣的情況下，馬可詮釋這個「比喻」的方法著實是有點不同的，但我們還是留待七章 19 節的下半部分才詳細討論。

門徒顯然並不明白耶穌的話，因此，在七章 17 節及之後的經文，耶穌把他們帶到一旁，給他們詳細解釋。門徒的愚昧令人想到四章 13 節，耶穌在那裏告訴他們，假如他們不明白撒種的比喻，就無法明白其他了。因此，在馬可的敘事中，門徒不明白的所有比喻，都應該連於門徒此前理解撒種比喻這事上。就如我已經詮釋過撒種的比喻，耶穌並非單單討論國度的增長，祂也論到隨之而來的好行為，即結出果子。這裏的話與撒種的比喻十分配合。因此，撒種的比喻闡明了這裏的意思。在馬可福音裏，耶穌時刻要門徒不要告訴人祂是誰。這裏便是另一個例子，說明耶穌為甚麼要保守祕密，因為門徒未完全明白耶穌是誰（參四 12）。馬可的敘事很強調一點：在與他人分享關乎彌賽亞的事之前，先要整全地理解耶穌。

現在我們必須把這番話置於撒種比喻的處境裏。撒種的比喻論到揀選，即揀選那些聽見卻誤解的人，抑或揀選那些聽見又明白的人？這個故事也沿用那種區分。除了門徒之外，其他人聽見比喻，或誤解或完全不明所以。宗教領袖並不明白上帝的心意；那些遵守潔淨條例、甚至在經濟上支持聖殿的羣眾，就是聽見比喻亦可能繼續誤解上帝的心意。

耶穌繼而作出解釋，他的解釋先從肉身的實際情況開始，再轉到非肉身之上。肉身的實際情況與食物有關，確當回應了宗教領袖嚴格地遵守潔淨食物的條例的現況。耶穌在七章18節假設了宗教領袖堅守潔淨食物的條例（七5），接著祂指出真正的潔淨並非從肚腹而來，而是由心而出，祂藉此解釋了七章6節以賽亞書二十九章13節的引文。從身體出來的是甚麼呢？耶穌可能借用了嘔吐物或糞便的意象，而這幅令人嘔心的不潔意象，成為了信息的一部分，但是祂並沒有在這裏結束。

在七章20至22節，耶穌開始論到不潔的心和所有的惡念。然而，為了得出完整的解釋，我們要把七章15節的比喻的一部分——人吃食物後會有甚麼東西出來——納入其中。心裏的所有惡念都會導致外顯的不潔，好像從心出來的嘔吐物或糞便那樣。換言之，耶穌清楚解釋（雖然有點粗俗）了七章6至7節有關這些宗教領袖怎樣徒然敬拜。由於他們心存惡念，他們的禮儀成為令人噁心的垃圾。

這個故事完全能夠回應宗教領袖的這種光景：只著重甚麼進肚腹，卻不在意心裏發生甚麼事。這些人如此的惡行應驗了以賽亞書二十九章13節的話，就好像四章12節中那些不明白的人應驗了以賽亞書六章9至10節的話那樣。這更似是以賽亞書的敍事，而非純粹是馬可福音的耶穌故事。這個故事基本上把宗教領袖的瞎眼比作以賽亞時代的宗教領袖。在他們的領導下，上帝的子民經歷眼瞎，導致他們被擄。耶穌希望人明白這個比喻，由此指出一條新的道路。祂希望門徒明白比喻，以致他們可以專注行善，這是上帝子民應當做的事，就如撒種的比喻所說的。

這對馬可有甚麼意義呢？七章19節下半部分是一句值得反

思的評論。馬可認為耶穌的話是指所有的食物都是潔淨的，因此，耶穌的話能滿足他的外邦聽眾。這個不旨在表述「各樣的食物都是潔淨」的比喻，真的可以帶出馬可這裏的宣稱嗎？當然可以！當馬可加上耶穌教導的詮釋時，他背後其實有一個傳統支撐著：馬可乃是按照使徒行傳十章哥尼流故事之後的傳統。耶穌的教導純粹反映了使徒行傳十章的故事，這肯定是馬可熟悉的情境。

我們現在要看看耶穌所列出的惡行清單，看看祂所指的是甚麼事。耶穌所列出的惡行，混合了內在和外在層面的惡行。以「苟合／πορνεῖαι」為例，那並非單單指普遍教會所說的婚前性行為，而是指男人召妓。這類習俗，大部分局限於外邦人，但是耶穌的聽眾應是猶太人。或許，一些沒有嚴守宗教條例的猶太人也會參與這等事。其他類似兇殺、姦淫、謗讟等罪行，都是外在的惡行。有些惡行是內在的，例如貪婪等。因此，混合內在和外在的罪行，清楚表明罪是怎樣地林林總總。根據耶穌的話，它們全都是從內而出的（七 20、23）。耶穌列舉出這份混合著內外罪行的清單，實在十分有趣，那些因為宗教領袖不可能犯這所有的罪。耶穌以這個例子來說明，不去保守人的心是多麼危險。在七章 6 節，耶穌引述以賽亞書二十九章 13 節，表明他們的心已經遠離上帝；他們只在意外在的事。耶穌在這裏的結論顯示出，他們的狀況會傷害他們與別人的關係：「且能污穢人」（七 23 下）。因此，耶穌先引述以賽亞書的經文，以他們與上帝的關係開始，並把這樣的關係延伸到影響他們與別人的關係。潔淨是由心而出的，一顆純全的心會衍生外在的善行，反之亦然。基於這個理念，馬可決定並確定所有食物都是潔淨的（七 19 下）。

根據以賽亞書的引文，我們可以大膽說，這個引文完全配合一章 1 至 3 節。一章 2 至 3 節也有以賽亞書四十章 3 節的引文。

馬可嘗試傳揚的福音，有部分與以賽亞書的猶太人的被擄故事有關，耶和華會親自拯救他們。這些宗教領袖是個負面例子，說明人怎樣被帶領至被擄的光景，他們與馬可的好消息正正相反。這個故事也多揭示了好消息的一個面向：真正的敬拜對好消息十分重要。

離開以禮儀為焦點的故事討論之前，我必須比較一下七章1至23節的附記與六章6至29節的附記。之前的附記，是關於門徒參與耶穌的工作。那麼，這兩個附記在神學上有哪些關聯？第一個附記，顯示出耶穌的大能作為和門徒把榮耀歸於耶穌，說明門徒應該和不應該做哪些工作；第二個附記涉及禮儀，指出哪些工作被接納和不被接納。門徒參與耶穌的工作，不應該只專注外在的潔淨而忽略內在的潔淨。他們的工作要從內在的潔淨開始，以致結出外在的果子，就如四章20節的撒種的比喻所說的。

與五章21至43節的段落一樣，馬可在七章24至30節說了另一個醫治故事。這兩個故事都充滿了神祕色彩，值得拿來比較一下。五章43節提到耶穌不讓人知道，七章24節則提到耶穌不想人知道祂在那裏。兩個故事都涉及潔淨的問題，五章21至43節記載了一個不潔的女人和一個已死去的女孩，這裏則清楚涉及潔淨的條例，因為敘事者和耶穌都清楚表示那個女人是個外邦人（七26～27）。

與之前有關禮儀的故事一樣，這個故事也滿是禮儀詞彙，亦包括了很多種族歧視的元素，叫現代人甚為苦惱。無論我們最終是否認同耶穌所用的是含有種族歧視的詞彙，我們都必須把這個故事置於它的古代處境中。耶穌以一個在殖民地法例下生活、試圖保存民族特色的猶太人身分說話，同時挑戰祂自身民族的一些問題。

故事在泰爾發生（七24），那是位於加利利北部的沿海地區。這個地點資料十分重要。六章1至5節提到耶穌在祂的本鄉被人厭棄，反而這個遠方的外邦人地區卻承認祂的能力。這是耶穌職事的一大諷刺。這個旅程，似乎與祂往耶路撒冷的旅程相矛盾。因此，往泰爾的旅程顯然是刻意的，而下一個在西頓發生的故事（七31～37）也證明了祂有此意圖。耶穌臨到外邦人那裏！馬可的重點肯定是外邦人，因為馬可福音這裏有別於馬太福音的地方是：馬可並不是單單記載一件在這個地區發生的事，而是記載了兩件事。這些地點深深象徵著耶穌的關注。耶穌與敘利腓尼基族的婦人碰面，絕非偶然。與祂在馬可福音的其他地理故事一樣，祂的旅程是有目的的。與上下文相比，這個旅程具體說明了耶穌怎樣回應潔淨的問題——祂進入了不潔的地區。

在這個典型的祕密事工中（七24～25），耶穌的目的顯而易見，因為祂進到一所獨特的房子裏，那裏有一個獨特的婦人，她有一個獨特的問題。敘事者小心地描述她的種族：她是希臘人，在敘利腓尼基出生（七26）。換言之，耶穌的任何回應，都應以她的身分為基礎。她的種族表示她是猶太人的敵人。孫寶玲認為，這些標籤代表著有勢力的外邦人擁有的特權，勝過貧窮的猶太裔殖民。[9] 在新約時代之前，西流基人控制著敘利亞地區。威爾斯（Garry Wills）認為，敘利亞是逼迫馬可的聽眾的主要地方。[10] 而惡名昭彰的安提亞古四世伊波法利（Antiochus IV Epiphanes），他在聖殿的祭壇上獻了一頭豬，玷污聖殿。西流基

---

9. Poling Sun, "Naming the Dog: Another Asian Reading of Mark 7:24～30," *Review and Expositor* 107 (2010): 389.
10. Garry Wills, *What the Gospels Meant* (San Francisco: Harper, 2008), 29～30.

人就是希臘人，他們的目標包括社會希臘化。這個敘利腓利基的婦人，是與那個羣體和地區有關的，這表示她不可能與耶穌做朋友，反之亦然。然而，她不但認識耶穌，更去到祂那裏。來到了經文的這樣一個情境，一個猶太人與外邦女人相遇時卻佔了上風。不過，耶穌並不是一般猶太人。

這個希臘婦人的問題是，她有一個被鬼附的女兒（七26）。她也可能是個說希臘語的腓利基婦人。「污」鬼的討論不單指向鬼魔的問題，也指向潔淨的問題，這並非只是一樁神蹟事件。在三章30節的被鬼附事件中，出現了一個惹人爭論的神學問題——耶穌是否靠著撒但的能力趕鬼？當祂化解了這道問題後，祂繼續在馬可福音五章從一人身上趕出一羣污鬼。值得注意的是，在馬可福音五章的故事中，耶穌要那人成為「宣教士」。馬可福音五章的故事在低加坡里發生，那是位於加利利南部的地區。而在這個故事裏，故事發生在加利利的北部——耶穌依舊保持低調。我們不明白耶穌為甚麼要採取相反的路線，只知道這是祂不願公開的神蹟之一。或許，耶穌並不想在服事外邦人時增加來自宗教領袖的反對聲音。無論耶穌是為了甚麼原因而採取了不同的路線，這個故事說明了耶穌的名聲已經傳到泰爾，甚至傳到外邦人當中。因此，朱利安．史密夫（Julien Smith）正確地把這個地域上的界線理解為種族界線（ethnic crossing）。[11] 郭珀培

11. Julien Smith, "The Construction of Identity in Mark 7.24～30," *Biblical Interpretation* 20 (2012): 467；Bas van Iersel, *Mark: A Reader-Response Commentary* (Sheffield: Sheffield Academic Press, 1998), 251；艾索爾（Bas van Iersel）看見一個不同的關聯，指出馬可的基督徒羣體中可能出現了外邦人與猶太人的紛爭。然而，偏好外邦人還未足以成為馬可福音的主題（有別於路加），難以判斷艾索爾是否正確。

（Alan Culpepper）引入了初期教會的拯救觀——以賽亞書中上帝給猶太人和外邦人的拯救——而其根源可追溯至耶穌在這裏的事工。[12] 就拯救歷史而言，這個事工，表明耶穌刻意成就上帝的心意。

這個婦人要求耶穌將污鬼離她的女兒。耶穌沒有如常的立即趕鬼，反而在七章 27 節說了一個比喻，而耶穌與婦人之間的這番對話，使很多現代讀者大感困惑。下文將說明一點這番對話無疑是刻意顛覆潔淨傳統的常規的。有別於很多字面上的理解，整個故事打開了外邦人的宣教事工與外邦人和猶太人平等之門。這個故事基本上提到兩類受造物：兒童和狗。耶穌這番話值得細看，祂的話描繪出一幅令人困惑的圖畫：兒女先吃食物——整份食物，之後狗才吃剩下來的。耶穌的回答，與兒女得食物和家裏的狗（不是街上的野狗）得食物的次序有關。可是，即使是家裏的狗，也不可能進入人吃飯的地方。牠們並不是現代人概念中他們所鍾愛的寵物。[13] 耶穌以猶太人的身分說話；而猶太人並不會養狗作寵物。

從婦人在七章 28 節的回應來看，她把耶穌的話詮釋為：那些配得耶穌作工的人是兒女，而像她的人就是狗。在猶太人的潔

12. Alan Culpepper, *Mark: Smyth & Helwys Bible Commentary* (Macon: Smyth and Helwys Publishing, 2007), 241.
13. 由於「狗」的希臘文是指細小的狗，F. Scott Spencer, *Dancing Girls, Loose Ladies, and Women of the Cloth: The Women in Jesus' Life* (New York: Continuum, 2004), 61；史賓沙（F. Scott Spencer）在此文指出，耶穌可以（但很可能沒有）以這個字來形容家裏的寵物。Camille Focant, *The Gospel According to Mark: A Commentary*, trans. Leslie Rober Keylock (Eugene: Pickwick Publication, 2012), 297，此文則說這個詞彙有輕蔑的意味，而不是表示親暱。

淨條例中，狗屬於不潔的動物。耶穌似乎視她為不潔的，因此在領受食物或拯救之事上，只視她為次等的。她的回應似乎承認自己是不潔的；雖然如此，她卻依然謙卑地尋求耶穌的幫助，並且沒有逾越這個次序太多。她精彩的回應來自她論到狗兒在桌子底下吃飯；她的回應假設了狗兒可以獲准進入人吃飯的地方。的而且確，她身為外邦人，也得以進來與猶太人耶穌討論她的問題。我會進一步說明，歧視不是耶穌的最終目的。事實上，耶穌要透過整個神蹟來完全接納她。

現在我們必須按著這番對話來詮釋這個神蹟，因為這個比喻本身和神蹟之間存在著一股張力。耶穌最初把她的要求比作給兒女的餅。祂似乎不想給她餅吃，但因著婦人的兒女需要餅吃，她甘願只得著「碎渣兒」(七 28)。她指出了兒女和狗實際上是可以一同吃喝各安其分的，使得耶穌對她迫切的需要留下深刻印象。她無法等到所有猶太人(即是兒女)先得到所有好處。假如她能得到餅碎，那麼她就能得到部分的祝福。換言之，她雖然只能得到部分的祝福——她女兒得著部分的醫治，但是她寧可得到部分的祝福，總勝過甚麼祝福也沒有。然而，七章 30 節顯示她最終得著完整的祝福，就如她放膽求的那樣(七 26)。耶穌給她的祝福，是兒女的整個餅而不是狗的碎渣兒！她不單獲准進來，與猶太人耶穌說話，她還得到圈內人的好處。藉著給予她完整的祝福，耶穌表明了祂的工作是有別於針對這個婦人的一般潔淨常規，而婦人享有與兒女一樣的權利的。她的迫切懇求感動了耶穌。

這個關於吃喝的隱喻，指向同樣提到食物的馬可福音六章和八章。那些經文記載了也有剩餘的食物，絕非偶然。這兩個故事的諷刺之處，來自它們與這裏的故事十分吻合：這個婦人同樣是先被餵飽，而不是吃要剩下來的。耶穌給了她一份大餐，表明她也有優先權。這樣做的時候，耶穌就解決了一個潔淨的問題。真正的潔淨並非禮儀上或傳統上的，而是關乎耶穌趕鬼時所說的話 —— 祂使不潔的變成潔淨的。耶穌並不害怕踏上滿是外邦人的地區，祂非常樂意進到那裏去。耶穌並沒有受地域上的潔淨情況所限，反之，耶穌以它來帶出祂的信息。神蹟的實現，證明了耶穌是正確的。

藉著領受了完整的祝福，她立時被提升至「兒女的組別」，而不是「狗的組別」。有別於耶穌在其他時候禁止人傳揚祂的作為，祂並沒有這樣禁止這位外邦人。祂未有禁止她作見證，這正正暗示了，她勝過此前的很多人。她成為了獨特的見證人。她領受了整個祝福，表明她並不是狗，而是上帝的兒女。這番看似種族歧視的說話，因著耶穌的醫治而給大大顛覆了。這個故事最能闡明耶穌的言說—行動（speech-act）。因此，我們若要詮釋一個故事，絕不能把耶穌在某處說的話任意斷章取義；反之，我們必須整全地詮釋整個故事：不單以耶穌的話為基礎，還要注意耶穌的作為和敍事者所交代的結局。

研讀這個奇妙的故事時，我們必須把它的潔淨條例面向（即狗是不潔的）與一章 21 節的污鬼作比較：那裏的污鬼事實上是從潔淨的會堂裏出來的。這個身處於不潔地區的婦人比潔淨的會堂更潔淨。馬可藉著這件事，再次帶出禮儀這重要主題。潔淨，是與禮儀和地點無關的。而這個神蹟故事完美地延續著之前七章 1 至 23 節的禮儀討論。耶穌越過外邦人地區，這行動表明了耶穌在潔淨這個課題上的立場。

這個神蹟有兩方面極不尋常。第一，身為外邦婦女，她應該不大認識耶穌趕鬼之事，因為外邦人並沒有明確地把鬼魔劃分為邪惡的。鬼魔只是靈體。她必定是接納了某些猶太人的世界觀，又或她在當中看見鬼魔對人的欺壓，從而察覺到有問題。第二，這是耶穌首次的「長途醫治」，祂甚至不用親自去到她家裏就能治好女孩——是透過祂的話語醫治她。

研讀這個故事時，我們必須將它與其他醫治或趕鬼的故事作比較，才能明白它的信息。這個故事包含了「延遲」的元素。耶穌並沒有立即醫治她的女兒，反而說了一句話，以致那個婦人與祂展開對話。在醫治癱子的記載裏，也有論到赦罪的延遲元素（二5）。之後，在女孩復活的記載裏，耶穌也停下來要找出是誰摸了祂的衣服（五30）。最奇異的延遲，便是馬可福音五章患血漏的女人。很多人觸碰了耶穌，但祂竟然停下來問是誰摸了祂？然而，經文的這個記載模式，似乎十分清楚，因為每次延遲之後，耶穌都會作出教導。這樣的延遲是刻意的，因為耶穌早已經證明，祂任何時候都願意並能夠醫治他人。當中的問題是：醫治到底是否包含著任何教導的價值（didactic value）？這樣的延遲，是要馬可的聽眾作出思考。在這個故事裏，耶穌需要人作出思考的地方如下：第一，這個希臘婦人虛己的方式，即使她得悉耶穌的首要工作明顯是猶太人事工。第二，促進這事的原因是來自婦人而非耶穌，就如患血漏女人的情況一樣。她給了一個正確的答案，而耶穌也肯定了那個結果。換言之，她的態度成為讀者的榜樣。

對作者馬可而言，他的聽眾可以更進一步思考這個故事：這是一個關於彌賽亞的宗教界線的故事。這裏的希臘婦人，與前一個故事的宗教領袖形成強烈對比。這個故事中的每一事物，都可以與之前的宗教領袖的潔淨討論作對比。在地點上，宗教領袖是從耶路撒冷而來的（七1），那是象徵著潔淨與敬虔的地方；而婦人則是在泰爾（七24），屬於外邦人的地方。比較兩者，我們看到這個婦人獲得耶穌的讚賞，相反宗教領袖卻受到耶穌的嚴詞責備。就潔淨的處境而言，領袖以為他們比其他人更加潔淨，而婦人則察覺到她自身是不潔的。領袖假設了他們是對的，而婦人則假設了耶穌是對的。這些對比實在顯而易見。最後，耶穌承認她像上帝的兒女一樣潔淨，卻直接責備那些領袖的不潔——或許就像狗一樣。有別於至此大部分有關門徒、羣眾或領袖的記載，那些記載得到敘事者負面的評論，相反，這個外邦婦人並沒有得到任何負面的評價。這個諷刺的對比，代表著耶穌正在傳講的信息。在馬可的敘事脈絡中，這種種故事不再與種族有關，而是關乎這些人認為耶穌是誰。領袖以為他們可以審判耶穌；相反，無論耶穌的審判有多嚴厲，這個婦人則完全聽憑耶穌的審判。她對耶穌的完全依靠，使她得到完全潔淨。

這個故事包含了一個簡短的比喻，必須按著所有比喻的關鍵（馬可福音四章的撒種比喻）來詮釋。撒種的比喻明顯與好行為有關。這個婦人的好行為再次與宗教領袖形成強烈對比。她似乎沒有做些甚麼，只是承認她的需要和耶穌是對的。宗教領袖不但沒有任何好行為，更做了上帝不喜悅的事。最小的工作也可以取悅上帝。因此，她成為結果子的好土。馬可以比喻來比較兩者，表示上帝並不在乎工作的多寡，而是它的質素。這個故事怎樣配合一章 1 至 3 節的福音呢？簡直完全配合！這個故事進入問題的核心：耶穌是主。當論到「主的道」，耶穌固然走上那條通往十字架的「道」，但祂沿途遇到的很多人與祂同往。祂的主權甚至伸延到那些相信耶穌的外邦人，他們如今與相信耶穌的猶太人一樣，兩者的地位是一樣的。祂在這條道路上指出，哪些人是緊貼著上帝心意的人，哪些人的靈性就像那些被擄到亞述和巴比倫的人那樣。雖然猶太人如今已經得著自由，但是有些人依然被捆綁。諷刺的地方是，這裏以一個外邦人來教導上帝的心意，就是那些對耶和華的認識不比宗教領袖的外邦人。對馬可的聽眾而言，原本看似種族歧視的故事，現已成為包含著顛覆一切的好消息（subversive good news）的故事。外邦人獲得極高的評價，而宗教領袖卻沒有獲得任何讚賞。

下一個故事記載於七章31至37節，提及耶穌回到加利利地區。那裏是低加坡里，意思是「十城區」。有關低加坡里的故事，使得我們想起五章20節。那個故事提到，那個被稱為「羣」的污鬼附著的人，於污鬼被趕出之後，開始為耶穌作見證。而且，五章20節說明了低加坡里的人怎樣得知耶穌的大能。這個地點本身是十個希羅文化濃厚的城市。馬可福音五章一開始那個有關豬的故事，顯示出異教對那個地區所帶來的影響，但是整體來說，周圍的地區依然持守著猶太信仰。從耶穌時代約三百年前亞歷山大大帝死後那時開始，這個地方就有著悠久的希臘化歷史。這個由十個城市組成的聯盟，漸漸發展成一個混雜著（a hybrid）猶太和外邦文化的城市。「低加坡里」一名的由來，眾說紛紜，全都與它的獨特自主的政治制度有關，但政治上有其象徵性權力猶在。低加坡里似乎是這個地區的別名。到了耶穌的時代，這個地區的文化混合著外邦和猶太的文化，而羅馬政府並未正式給這個地方起名，只稱之為「低加坡里」。在這個城市，羅馬人刻意透過建造羅馬風格的建築物來展示他們的主權。耶穌在這裏的工作，延續了祂在那些與外邦人有關、卻離開了猶太教基地耶路撒冷的人當中的工作。而祂在這裏的工作，如同這個故事之前的那個希臘婦人的故事。在這裏，耶穌在外邦地方開始祂的國度工作，這象徵著教會在受到外邦人影響的地區底下，延續耶穌的工作。現在我們已全面理解之前有關潔淨的討論，至此，我們已經為接下來的兩個有關醫治的故事作好準備了。這裏的地理資料十分重要，因為羅馬帝國控制著整個地中海世界的廣泛地區。與此同時，當中很多地區裏的種族與文化是截然不同的。耶穌的使命明顯有著猶太色彩，但是馬可的地理資料提醒我們，這個使命主要是地域上而非純粹種族上的使命。教會的使命必定受到了這種世界觀影響。耶穌的旅程，打開了迎向國度未來的一扇窗。

地點固然重要，但是醫治的方式更加重要。七章33至34節有好幾個步驟：耶穌先以祂的指頭探進聾子的耳朵，然後吐唾沫抹他的舌頭。我們無法得知這個人有多「聾」。「舌結」這個詞彙只在新約聖經這裏出現，事實上意指「難以說話」。[14] 從現代人的標準來看（又或任何標準），這些步驟很不衞生。但是在這些步驟之後，耶穌吩咐那個人的耳朵和舌頭開通。為了使整件事變得更加真實，馬可以亞蘭文來描述耶穌的吩咐（七34），但他未有解釋耶穌為甚麼這樣做。這裏的處境，可能是尋找詮釋線索的最佳地方。需要得醫治的人，可能是說亞蘭語的。之前耶穌與宗教領袖的討論，那些類比涉及身體上的機能和潔淨；而耶穌在這裏，則以怪異的方法施行醫治。為甚麼呢？的而且確，既然簡單直接的希臘文命令足以讓馬可的外邦讀者明白，那麼為甚麼需要以亞蘭文來發出命令呢？毫無疑問，以亞蘭文來發出命令，可令這個記載具有更強烈的猶太色彩，使其指向其他宗教領袖的猶太處境；耶穌以這個方式來勝過病患，很可能是為著禮儀的問題——耶穌打破了猶太人的傳統，創立了新的方法，而當中

---

14. Beavis, *Mark*, 125.

的結果就證明了耶穌的方法是否可行，因為敘事者在七章 36 至 37 節提到旁觀者的反應。然而，與此同時，耶穌也告訴他們不要告訴其他人。耶穌這種做法，在祂使死去的女孩復活時也出現過（五 43）。這些都是與禮儀相關的神蹟。耶穌察覺到這裏發生的事，其答案並不在於當下，而是在於祂將要成就的事，而這最終會給予尋求者答案（七 37）。這個祕密，突出了耶穌的使命到底是甚麼與門徒應該怎樣回應這個使命之間的張力。耶穌藉著這個新的潔淨使命，塑造出一種福音，是超越外邦人福音的一種福音。雖然帝國亟欲成為不同種族的人的最終統治者，但是耶穌卻把所有邊緣人士帶來，潔淨他們，甚至包括了外邦人。

在七章 1 至 23 節，宗教領袖對禮儀作出了討論，下文將據此來詳述這兩個神蹟。禮儀是區分圈內人與圈外人的界線。耶穌以不依常規的方式來醫治圈外人，從而展示出一條新的界線，並取代舊有的傳統。舊有的界線不再佔中心地位，取代其位的是：真心尋求耶穌，從而得著祝福。

耶穌的大能作為，在祂掌管食物供應的事上達到高峯。馬可用八章 1 至 10 節結束這一系列的神蹟故事，而這系列的神蹟故事，大致上與四章 35 節至六章 44 節的神蹟故事相似。這個高峯與六章 30 至 44 節的記載基本一致，以致有些學者認為八章 1 至 10 節是馬可想像出來的，但這裏確實再發生了一次餵飽眾人的事件。至此，雖然之前已發生了「一次」餵飽眾人的神蹟——在六章 30 至 44 節中發生——這次依然令人難忘。

這個神蹟與六章 30 至 44 節的記載有些重要的差別。馬可福音六章的事件並非純粹神蹟，更是給門徒的屬靈教導。耶穌挑戰他們先去餵飽眾人（六 37），因為整個神蹟是由門徒開始的（六 35～36）。在八章這個神蹟裏，雖然有些用詞很相似（例如：七

35，八 4)，但這裏卻是由耶穌開始這個神蹟的。之前的神蹟教導門徒要完全依靠耶穌，但這個神蹟論到耶穌的憐憫。馬可福音八章的神蹟略去了門徒嘗試餵飽眾人的挑戰，它假設門徒已經從上一次事件得悉，他們若離了耶穌，就無法做任何事。

這樣看來，這個餵飽眾人的神蹟就簡單得多。耶穌的憐憫導致這事件發生。祂問門徒有多少餅，並且得到七個(八 5)。接著，耶穌按著同樣的步驟去餵飽眾人，包括了男人四千，再加上很多女人和孩子。最後，門徒收拾了七筐子剩下來的餅，如同六章 43 節的十二籃子。按著這個故事的發展，實在出乎讀者意料之外。八章 11 至 13 節記錄了耶穌與法利賽人的紛爭，而是次紛爭也是由法利賽人挑起的。這段經文是重要的經文轉折點，幫讀者離開六章 44 節至八章 10 節這段落。不過，我們先看看這次餵飽四千人的事件有多特別，以及馬可怎樣完美地把相同主題的故事緊緊扣在一起。

這個故事的結局，與六章 44 節餵飽五千人的結局有點不同。這是耶穌與法利賽人在這個段落(六 45 ～ 八 26)中的第二次衝突。馬可在這個敘事中使用了諷刺的手法。耶穌已經行了兩個類似的神蹟，餵飽很多人。法利賽人要求耶穌從天上顯個神蹟給他們看(八 11)。在一章 10 節，「天」是超自然的地方，聖靈從天降下來，像鴿子一樣降在耶穌身上。很明顯，法利賽人正在尋求從天上來的神蹟(heavenly sign)。耶穌簡稱他們的要求為「神蹟／σημεῖον」(八 11)來回應他們，因為他們的要求祂早已經行過了——祂此前已行了餵飽四千人的神蹟(八 1 ～ 10)。然而，他們都是眼瞎的，並不認為那些作為就是神蹟。接著，耶穌承諾他們，再沒有神蹟給予「這世代／ἡ γενεὰ」(八 12)。除了十三章 30 節之外，「世代」一詞在馬可福音中主要都是包含負面的意思。康特里曼（L. William Countryman）指出，耶穌餵飽五千人之後，耶穌的神蹟不斷循環出現，但耶穌對展現自己的大能卻愈見猶豫。[15] 康特里曼稱之為「每況愈下的尷尬」（decline embarrassing）——耶穌愈行神蹟，這只會愈令祂感到尷尬。[16] 我認為這是耶穌對這個不信的世代的譴責，好像祂知道他們會拒絕並繼續質疑祂，以及祂不會再給他們不配得到的東西。這裏的世代，與耶穌在八章 38 節的責備最為相稱。因此，這個世代，正正代表著所有反對耶穌的勢力，尤其是祂的同胞。當然並非所有同胞都是祂的敵人，但是這個世代正正代表著所有反對祂的人。耶穌接著清楚表明，祂不會再有任何神蹟給這世代看。換言之，耶穌不會以更大的神蹟來回應他們的叛逆，因為那只是在滿足他們的好奇心和不信。六章 45 節至八章 13 節的一系列事件，與之前五章 1 節至六章 44 節一樣，結局都是負面的，這表示國度的信息遇到很嚴重的反對聲音。

在餵飽五千人和四千人的對比，還有一點我們需要注意：這兩個經典的神蹟是在不同地方發生的。就地點來看，餵飽五千人的事件主要在猶太人地區發生，而餵飽四千人的事件是在有很多外邦人居住、文化習俗較為混雜的地區發生。藉著列出這些地點，馬可嘗試展示出，耶穌同時掌管猶太人和外邦人的地區。因此，這便能開啟教會將來要服事猶太人和外邦人之門。地點再次成為信息的一部分。

---

15. L. William Countryman, "How Many Baskets Full?: Mark 8:14 ~ 21 and the Value of Miracles in Mark," *Catholic Biblical Quarterly* 47 (1985): 649.
16. Countryman, "How Many Baskets Full?," 650.

讓我根據那個地區或其他周遭城市的歷史資料，闡述一點關於「歷史耶穌」的事。當然，這些歷史資料是那個時代眾所周知的事，只是今天並沒有太多人知道。我們先假設馬可根據手上有關兩次餵飽眾人的歷史事實，實話實說，那麼耶穌是成就了祂那個時代大部分領袖無法做到的事。普遍新約學術界的學者會貶低耶穌的偉大，單單把祂描繪為一個邊緣人士，一個普通的地中海農夫；但是，單從祂吸引到的羣眾數目來看，耶穌並非普通。假如所餵飽的是五千個男人，而假如整個家庭都在那裏，那麼羣眾數目就倍增了。餵飽四千人的事件也一樣。根據加利利地區（照著七章 31 節的記載，也可能包括了低加坡里）的研究，塞法里斯（Sepphoris）或提比利亞（Tiberias）（兩處都是羅馬人刻意發展和都市化的城市）等大城市約有一萬人居住。[17] 我們難以確定耶穌餵飽眾人時身處何地，只可以假設祂在野外地區行這事。換言之，民眾要從四方八面來聽祂的話，而祂最後召聚了如加利利城人口數量那麼多的居民。耶穌並不是普通的農夫，難怪祂吸引了法利賽人！根據約瑟夫的記載，約瑟夫是個有權力的領袖，可以召集幾千人來支持他；可是，這個受過良好教育、有權勢的約瑟夫卻比不上耶穌。耶穌並沒有涉足猶太人或羅馬人的政治，但祂卻在政界之外批評兩者。平庸的工人是無法這樣做的。

這一連串的事件，在六章 45 節至八章 13 節這個小段落中結束。宗教禮儀是當中的焦點，幾乎可見於每件事件中。雖然在水上行走的事件並沒有影響之後有關禮儀的討論，但這件事卻似

17. Jonathan Reed, "Instability in Jesus' Galilee: A Demographic Perspective," *Journal of Biblical Literature* 129 (2010): 315.

乎令人聯想到摩西帶領眾人過紅海的著名出埃及事件。當馬可把這所有些故事編在一起，它們整體所帶出的信息，遠超個別故事本身的信息——馬可想說明耶穌超越摩西。因此，耶穌關於禮儀的話語和作為，足以反對宗教領袖的任何異議或質疑。福音的信息最終並非單單關乎話語，還關乎由耶穌帶領的新的「道路」，一條反對陳腐宗教的革新之路。從八章11節至十章31節來看，當中所爆發的一連串爭論，促使耶穌必須作出回應。

八章11至21節的敘事繼續與爭論有關。我們早已討論過八章11至13節中法利賽人的情況，而八章14至21節似乎是不同的場景，或許是在法利賽人聽力所及的範圍以外。這個故事的地點是湖的對岸（八13）。雖然耶穌供應了許多的餅（八8），但是門徒卻只帶了一個餅（八14）。耶穌在八章15節借此機會，教導門徒關於法利賽人和希律黨的事。馬可早已表明希律黨有分反對耶穌，設計要殺害祂（三6）。八章11節的正面敵人顯然是法利賽人而非希律黨，耶穌在此提到希律黨，只是為了教導的完整性。他們所象徵的分別是跟隨猶太教的人與服事希律的人。在正常情況，法利賽人和希律黨各為其主，他們是無可能合作的；但這次他們有共同敵人——耶穌——他們才會合作剷除敵人。馬可早於六章14節開始表明希律家是彌賽亞的道路的敵人。

耶穌在八章15節囑咐門徒小心敵人的「酵／τῆς ζύμης」，用語可說十分嚴厲，因為耶穌使用了反意連接介詞「從／ἀπὸ」，是很多常見譯本都未有翻譯出來的。他們要小心避開酵。在馬可福音裏，這是耶穌惟一一次以酵來形容一些東西。表面上，我們幾乎無法明白耶穌這個類比的意思。在最基本的層面看，酵十分細小，卻能夠使整個麵團發起來；換言之，法利賽人和耶穌所有的敵人都看似微小，卻有巨大的影響力。但那事實上是指甚麼呢？難怪門徒不明白了。

然而，耶穌沒有把他們的不明白歸咎於類比的難解，而是歸咎於他們的愚頑（八 17）。耶穌以同樣的理由來說明，他們不明白餵飽五千人的原因（六 52）。事實上，在八章 19 節，耶穌亦把門徒的不明白連於餵飽眾人的神蹟。因此，這些神蹟的目的是為了作教導。耶穌在評估兩次餵飽眾人的情況時，把焦點放在餘下筐子的數目上（八 19～20）。那麼，這裏究竟要教導甚麼功課呢？

這個功課似乎與遺忘有關。他們忘記把耶穌的供應和祝福帶來（八 14）。這全都指向法利賽人，因為他們是帶著「酵」的人，是門徒要當心的。這一切與法利賽人有甚麼關係呢？在八章 11 至 13 節，他們似乎忘記了耶穌神蹟的偉大，開始向祂要求從天上顯神蹟給他們看。因此，門徒在遺忘事件上，好像法利賽人一樣。他們的遺忘，源自他們的看不見與聽不見（八 17～18）；他們的耳聾與眼瞎的情況，完全描繪出四章 12 節的記載，耶穌在那裏引述了以賽亞書六章 9 至 10 節，說明以色列民因為他們的眼瞎與耳聾而將要被擄。對著法利賽人，耶穌施行神蹟以顯明從天上來的記號（sign），但是他們卻不明白；對著門徒，耶穌施行神蹟，藉著剩下來的食物供應他們的需要。無論是要求從天上顯多一個神蹟的法利賽人，或是忘記把剩下來的食物帶來的門徒，兩者對神蹟的反應，均表明他們已經遺忘了一些事情。因此，法利賽人和希律黨的酵——就是愚頑的心、耳聾和眼瞎——叫他們遺忘。門徒受了感染，因此耶穌告訴他們要防備它。這個例子十分完美，人需要一位彌賽亞人物帶領他們離開黑暗，而耶穌就是這個人。縱然很多肉身上的眼瞎（例如：八 22～26）和耳聾（例如：七 33～35）得到醫治，但非肉身的耳聾和眼睛要得到醫治，就困難很多。而疾病的源頭就是愚頑的心。肉身上的醫治襯托出耶穌要醫治非肉身的病患，是多麼的困難。

緊接著瞎眼故事的，是耶穌醫治伯賽大的男人的故事（八22～26）。這是個很特別的故事，耶穌把醫治分為兩個階段，並且再次以不尋常的方法治病。上一次不尋常的醫治記於七章31至37節，在那裏，耶穌可能藉著這種奇怪的方法，帶出關於宗教領袖的潔淨的信息。在這裏，耶穌並沒有立即醫治瞎子，而是先讓他先模糊地看見（八22～24）。馬可藉著耶穌吐唾沫在手上這類記述（參七33，八23下），邀請讀者去比較馬可福音七章與八章的故事。最後，當耶穌在八章25節觸摸瞎子時，他的視力就恢復了。

事發地點是村子。這個地點值得我們關注的是，那是位於伯賽大，即接近耶穌餵飽五千人和在水上行走的地方（六32、45）。再者，雖然有人把瞎子帶到耶穌那裏，耶穌卻把瞎子帶到村外，離開那條村子。耶穌不讓他再進入這村子，暗示祂並不想人知道這次的醫治。或許這條村子的眼睛比這個瞎子的眼睛更為嚴重，尤其是這條村的村民或許曾經歷餵飽眾人的事件，卻不明白箇中的意思。

這個醫治故事的確很有意思，因為它提到眼睛，而這個眼睛正正回應著非肉身的眼睛。馬可對這個故事的描述似乎暗示了一些較為深邃的東西：這個瞎子的病患較難醫治，以致耶穌要分兩個階段去醫治他。醫治肉身上的眼睛已夠困難，然而非肉身上的眼睛更加難，因為即使在兩次餵飽眾人之後，羣眾還是不明白耶穌。格倫尼（Brian Glenney）和諾布爾（John Noble）進一步指出，在一些希臘文獻中，視力與意識的差距，表明了人類對其視力的限制的理解，而這是一種哲學上的理解。[18] 在耶穌往耶路撒冷的旅程上，會有更多的衝突故事；而這些故事，將會重複證明這一點。人只是看見，並沒有意識到耶穌是誰。

耶穌沒有進入伯賽大的村子，反而往北行（八 27 ~ 九 1），往凱撒利亞・腓立比去。這個往北行的旅程遠離了耶路撒冷，耶穌似乎想貼身教導門徒。因此，這並非一件公開的事件。「私下的拉比事件」(private rabbinic event) 的觀念，從查浦曼 (Dean Chapman) 的研究清楚得見：「耶穌探訪泰爾地區，在那裏施行醫治，並且往凱撒利亞・腓立比的村子去。雖然馬可的記載並未有提及從波斯卓 (Bostra) 至非拉鐵非的『穿越沙漠的大路』……但假如人從北往南下，這條大道是通往格拉森的。值得我們注意的是，格拉森——和西頓！馬可福音七章 31 節——這裏的猶太居民並沒有在公元六十六至七十年的戰役中受到傷害……假如我們估計在這兩個城市的猶太人數目很多和／或很有影響力，那麼西頓和格拉森就可能被視為聖地的邊界……留意馬可怎樣緊湊地把這些外邦人城市區分出來，他沒有把它們納入在聖地的範圍內：耶穌往泰爾的『地區』去（卻不是城市內）……把外邦城市列在野外地區，正正是拉比劃聖地界線的方式。」[19] 八章 27 至 30 節這段經文，令一些學者感到困惑，他們認為耶穌並不知道祂自己的身分，因為祂不斷問人認為祂是誰。很明顯，這並非馬可的心意，因為在八章 30 節，耶穌明顯想對祂的身分保密。

18. Brian Glenney and John Noble, "Perception and Prosopagnosia in Mark 8.22 ~ 26," *Journal for the Study of the New Testament* 37 (2014): 78 ~ 80.
19. Dean Chapman, "Locating the Gospel of Mark A Model of Agrarian Biography," *Biblical Theology Bulletin* 25 (1995): 33.

假如祂不知道自己的身分，又為甚麼會要求門徒保密呢？

在這個段落裏，耶穌指出了很多攔阻祂完成使命的障礙：執迷於禮儀、眼瞎與其他誤解，這些元素充斥著這個段落。這一連串故事，説明了跟隨一章 1 至 3 節那條主的道路而行，殊非易事。禮儀上的執迷不悟，就不能延續主道路上的未來的使命；若是眼瞎，門徒就無法自己繼續上路，需要耶穌在途上牽著他們的手而行了。

反思及應用

耶穌在水面上行走，再次令我們將耶穌的工作與摩西的工作，作出神學上的比較；而額外餵飽四千人的記載也再次深化當中隱含的摩西的形象。而耶穌在此前和於此勝過大自然的能力，也堪與舊約的先知作出比較——難怪有人會認為耶穌是先知（八 27～30）！耶穌的先知形象，確實顯而易見，因為祂延續〔continuity〕了約翰的使命（且在某種意義上是斷裂於〔discontinuity〕那個使命）。耶穌可以宣講國度的信息，因為祂是先知，是上帝啟示的終極先知。

在六章 45 至 56 節船上的事件中，有一個值得我們留意的倫理問題，那便是門徒未有認出耶穌。就倫理而言，我們很容易會把問題歸咎於門徒。事實上，有些人甚至會説門徒只顧掙扎而沒有看見耶穌。這事件的關鍵是門徒對耶穌的身分的認識。敘事者清楚指出，門徒並不明白餵飽眾人的故事。耶穌透過餵飽眾人去教導他們，祂的能力比羣眾的需要更大；更重要的是，門徒需要與耶穌同在，才會有能力作工。船上的事件，是耶穌刻意要他們面對的掙扎，他們需要耶穌與他們同在。這與餵飽眾人的故事的教導相似。問題並不是耶穌沒有與他們同在，因為是祂差派他們出去獨自面對掙扎的；問題倒是他們對耶穌是誰的認識不足，也未有邀請耶穌與他們同去，反之，他們十分害怕這個像鬼怪的人物。假如我們把這次事件，看為是之前事件的總結的類比，就會看到馬可好像在嘲諷所有認識耶穌的人——無論他們是透過祂的大能去認識祂，還是認識祂卻不知道祂的身分。馬可似乎要說的是，大能地彰顯上帝的國度，只是基督的使命的一小部分而已。至此，馬可尚未告訴讀者答案，但這卷書的結構就是線索。耶穌正前往耶路撒冷去，為甚麼呢？

我們並不需要回答馬可的敘事問題，因為熟悉基督的馬可讀者早已知道耶路撒冷代表著甚麼。耶穌往那裏去，並非為了展示祂的能力，而是為了受死。就倫理而言，這令我們不得不反思華人教會所宣講的福音是否出了甚麼問題。我們往往會把焦點放在基督教的權勢和勢力上，嘗試為了我們的信仰爭取更多政治權力。近日，清楚展示出這種對信仰的誤解的，包括一些香港和美國的基督徒和基督徒領袖，而一些教會所宣講的成功福音伴隨著他們，這些教會從極度推許權力的福音主義（或從某些靈恩教會）中派生並宣揚這種成功主義。馬可筆下的耶穌乃是要往耶路撒冷受死的耶穌，祂的主要使命不僅是透過祂的能力服事，更是透過祂的軟弱去作工。人無法單單藉著耶穌的跟隨者的權勢去理解信仰；相反，當困難來到，人就最能明白信仰的真諦：雖然耶穌的跟隨者很軟弱，但他們仍會完成他們的使命。基督教信仰既有大能一面，亦有軟弱一面，我們不能偏於一端。

耶穌指出了另一個重要的倫理問題，就是傳統與上帝心意之間的對比。兩者肯定有所不同。假如我們看看耶穌要帶出的問題背後的猶太傳統，就會發現它們是嘗試在後被擄時期中把一些律法處境化。然而，並非所有的詮釋和應用都同樣真確。耶穌的討論指出，我們不應理所當然地把所有處境化的聖經倫理應用在今天的生活中。更重要的是，當我們找到正確答案之後，我們嘴唇所宣認的，應該與我們的行動並我們心中所想的一致。

各耳板的討論十分困難，因為我們無法得知耶穌所指的到底是甚麼，但祂顯然是指向聖殿（典型的馬可做法）。這樣，經文中最明顯的就是每個以色列人的宗教責任。耶穌用了一個例子去說明甚麼是宗教責任，那就是兒女對父母的責任。這是所有人際關係中最基本的關係（另外就是最初創立的夫妻關係）。聖殿的制度，阻礙著人去遵行這個責任。耶穌在七章13節說：「你們還做許多這樣的事」，表明祂那個時代的聖殿做了很多類似的事，阻礙人遵行他們真正的宗教責任。這是對制度化的宗教所作出的控訴。更正教認為羅馬天主教是個建制化的宗教，但事實上，很多教會（無論是大是小）也是建制化的宗教。在這個例子中，支持宗教體系的經濟，已經使宗教遠離了它原有的樣式。這個故事對很多現代教會領袖尤其相關。對今天亟亟追求更大、更新的建築物的教會而言，這樣的情況又是否罕見呢？把所有資源都投放在這樣的宗教建築物上，是華人教會的趨勢。我聽說過香港一所大教會的牧者建議一位年青同工不要向窮人傳福音，因為當窮人歸信基督後，他們永遠無法有足夠的奉獻，讓教會可建立他心目中理想的大教會。這樣的建議和其他同類的見解，正正是耶穌所斥責的。當我們把這樣的建議與外邦婦人的女兒被鬼附的故事一併來看時，就會發現那些邊緣人士往往比顯赫的宗教領袖更接近上帝的國。有時候，那些領袖其實是眼瞎得最嚴重的人。在一些圈子裏，只要有獲利的機會，一些基督教機構會毫不猶豫地一頭栽進金子堆裏去。這也是基督教羣體沒有活出信仰的另一個例子。當人無法以教會的身分去服事時，教會也不再值得人支持。或許，某些機構——無論有多大、歷史有多悠久甚或有多漂亮——也當同樣蒙受耶穌教導中所提到的經濟損失。

2. 神學詮釋：釋經的理性思考

耶穌要上耶路撒冷了。在馬可筆下，在耶穌上耶路撒冷的路上，首先發生的是一連串的事件：勝過大自然、勝過鬼魔、勝過病患、勝過食物的供應。表面看來，這些事件好像跟稍早之前耶穌所做的事情，沒有很大的分別。固然，在這些事件之中，我們可以看見耶穌的大能，一如在之前相類似的連串事件之中所看見的。只是，馬可在記敍這些事件的時候，他還要傳遞甚麼信息給他的聽眾、讀者？上帝透過馬可的筆鋒要跟以後的聽眾、讀者傳講甚麼？

馬可的記敍意味深長，耶穌和門徒先後前往伯賽大，然後再一起到泰爾、西頓去，最後回到伯賽大。在第一次坐船到伯賽大的旅程之中，門徒被馬可評論他們為「不明白那分餅的事，心裏還是愚頑」（六 52）。在第二次坐船返回伯賽大的旅程之中，門徒被耶穌評論為「你們還不省悟，還不明白嗎？你們的心還是愚頑嗎？」（八 17）更值得深思的是，在第一次門徒被評論為心裏愚頑之後，馬可隨即記述了眾人都認得那是耶穌，跟稍前門徒在海上不認得那是耶穌，形成強烈對比的諷刺。但是眾人所認得的耶穌究竟是誰？他們所認得的是否只是自己心目中的耶穌？在第二次門徒被評論為「心還是愚頑」之後，馬可隨即記載耶穌竟然要兩次才治癒前來求助的瞎子，這又是否諷刺門徒一而再的不認識耶穌是誰嗎？

耶穌在這裏教導門徒，祂藉著一連串的事件，要教導門徒認識祂的身分。這是一趟教導與學習的旅程。這一趟的旅程，是前往伯賽大，離開伯賽大到泰爾、西頓，又回到伯賽大的旅程。從旅程的角度來看，門徒沒有長期停駐在伯賽大，但是他們對自身所跟隨的耶穌，是否隨著旅程的開展而認識多了？雖然門徒沒有停駐在伯賽大，更遠走至泰爾、西頓這等外邦人居住的地方去，但是他們最後還是回到原來的起點伯賽大。會不會他們對耶穌的身分的認識，也是這樣，了無寸進，原地踏步？事實上，按照馬可的記述，這些門徒在旅程開始的時候心裏愚頑，在旅程結束的時候心裏也是愚頑。這很像一次繞圈的旅程。

上帝藉著馬可的記述，要馬可的聽眾、讀者，學習甚麼功課？很明顯，認識耶穌是誰，是十分困難的。門徒和其他人，無論是羣眾還是法利賽人，都因著不同的原因，而未能真正認識耶穌的身分。究竟門徒、羣眾、法利賽人，他們在認識耶穌的過程之中，出了甚麼問題，導致未能恰當地認識耶穌的真正身分？特別是門徒，他們「一而再」的不明白耶穌是誰，究竟是甚麼原因？門徒日夜貼身追隨耶穌，耶穌也常私下教導門徒上帝國度的道理，但門徒就是「一而再」的不明白耶穌是誰，更何況那些羣眾、那些法利賽人。

門徒這次渡海並非第一次，這次渡海跟上一次渡海同樣遇上「風」的問題。上一次是「忽然起了暴風，波浪打入船內，甚至船要滿了水」（四37），這一次是門徒「因風不順，搖櫓甚苦」。（六48）在渡海的旅程中，門徒再一次遇上困難，而且都是因風而起的，為甚麼他們不記得呢？為甚麼他們會不記得那一次耶穌平靜風暴的事情呢？為甚麼他們會不記得那一次耶穌平靜風暴的大能呢？門徒還沒有很清楚耶穌的身分，以致他們對耶穌的能力仍然有所保留。事實上，門徒剛剛經歷了耶穌在野地裏只有五個餅兩條魚的情況底下，可以叫超過五千男女吃飽，並且有剩，裝滿十二個籃子。門徒自己也有分參與這次分派食物給眾人的事工，這第一身的經歷理應印象深刻，但是他們就是不明白。馬可評論他們：「他們不明白那分餅的事，心裏還是愚頑。」（六 52）

這愚頑是甚麼？門徒愚頑，所以他們對在海面上行走的耶穌驚叫起來。這驚叫是因為他們無法清楚知道，究竟耶穌是誰；彷彿耶穌是在他們的知識範圍之外的，是個絕對的陌生人。門徒愚頑，所以他們看見耶穌上了船風就止住了，十分驚訝。這驚訝，是因為他們仍然活在自己的世界觀之內，使用舊有世界觀看事物的框架，來認識耶穌的身分和祂的工作。門徒即使經歷過耶穌的大能，甚至是耶穌以五餅二魚餵飽五千以上男女的事工，也無法徹底打破門徒固有的思想/信仰框架，頂多造成剎時之間的衝擊、震撼：「驚慌」、「驚奇」、「懼怕」，以之為一時的偶然、例外，完全不以為意，他們歸回舊有的思想/信仰框架，而未能恰當地對耶穌作為上帝的身分、要在地上帶來上帝的國度的這個人，有真正的認識，以致沒有徹底地更新、轉變他們舊有的思想/信仰框架。這就是門徒的「愚頑」了。

如果門徒因為不明白耶穌展現的平靜風浪的大能，以致不認得在海上行走的耶穌是誰（誰能在海上行走？沒有人，就是耶穌也不能。但現在耶穌卻竟然如此，祂是甚麼東西？）那麼眾人認得耶穌曾經醫治疾病趕逐污鬼又如何？他們還是沒有真的認識耶穌是誰。他們認得的只是一個曾經醫治疾病趕逐污鬼的人，而並不認識祂是那位要把不一樣的國度帶來這個世界的上帝。他們的認得，只是因為他們把耶穌的作為嵌進他們自己舊有的思想/信仰框架之內。結果他們非常歡迎耶穌，而門徒則對耶穌大惑不解。門徒因著不解而不信，眾人因著誤解而誤信。門徒與眾人都欠缺正確、恰當的認識，他們持守的仍是舊有的思想/信仰框架。

但是耶穌依然使用這些不曉得耶穌是誰的門徒，讓他們與祂一起同工，在旅程之中繼續學習。事實上門徒的不解較眾人的誤解來得更好一點，因為他們沒有對耶穌作出片面的了解，以符合自己既有的思想/信仰框架，好滿足自己的慾望與利益。對他們來說，耶穌這個呼召他們過不一樣生活的人，是個謎團，他們固然未能衝破既有觀看事物的框架，心裏愚頑，但亦沒有把耶穌收編進入這個框架之內。相反，不單眾人還有法利賽人，都是按著自己的思想/信仰框架來判斷耶穌的身分與行為，只是前者因著得到好處而歡迎耶穌，後者則因為耶穌冒犯了他們的禮儀傳統而挑戰耶穌。

馬可的敍事，一再帶領聽眾、讀者認識這一切，都與「心」有關。專程由耶路撒冷到來的法利賽人，一方面他們是抱著挑戰耶穌的態度前來的，另一方面隱藏在他們的挑戰之中的是對傳統禮儀的執著，而對傳統禮儀的執著，又跟他們那顆遠離上帝的心有著不可分割的關係。耶穌引用以賽亞書二十九章 13 節，批評這些法利賽人雖然嘴唇上尊敬上帝，但是卻將人的吩咐當作道理教導人，由此而顯出他們的心遠離上帝。遵守人所訂定的宗教傳統，卻叫人違背上帝所吩咐的誡命，這是因為法利賽人的心已經遠離了上帝。因此耶穌使用比喻，顛倒他們對潔淨的看法，直指他們污穢的心，才是需要被潔淨的對象，而不是外在的行為。

馬可記載耶穌以比喻的方式來教導門徒，進一步表明只有門徒是願意受教導的，雖然他們的心愚頑，但法利賽人的心卻遠離上帝，他們以人為的傳統取代上帝的誡命。愚頑的心總比遠離上帝的心好。因此，門徒會願意聆聽耶穌所講的飲食與排便的比喻，法利賽人（以及羣眾）卻拒絕。耶穌故意使用人以為粗俗的比喻來教導門徒，為要刺激、震撼他們愚頑的心。這種獨特的手法，我們可以再三在隨後耶穌的驅趕邪靈與醫治耳聾舌結的人這兩個事件之中看見。耶穌的作為總是叫人驚訝的、出人意表的。這也引起聽眾、讀者的懸念：耶穌這人究竟是誰？上帝的兒子是這樣的嗎？這個人完全不在想像之中。

耶穌不單衝擊法利賽人那些傳統人為的宗教禮儀，更進到猶太人拒絕與之來往的外邦人之中，泰爾與西頓的地區正是這樣的地方。洗手不洗手是一個宗教潔淨的踐行，同樣，外邦女人的女兒為污鬼所附身也涉及宗教潔淨的地域／民族。於此，耶穌重新定義潔淨，那是「心」的問題，而不是人自己設定的，無論禮儀上的或地域／民族上的。祂超越了在禮儀上人所設定的潔淨，也超越了在地域／民族上人所設定的潔淨。在馬可筆下，耶穌繼續使用叫人詫異的言說，來跟這個敍利腓尼基族出生的希臘女人談話：「讓兒女們先吃飽，不好拿兒女的餅丟給狗吃。」更叫人詫異的是，耶穌竟然因著這個女人下面的說話：「主啊，不錯；但是狗在桌子底下也吃孩子們的碎渣兒」（七 28），而立即放下先猶太人後外邦人的做法，接著便施恩給她與她的女兒：「因這句話，你回去吧；鬼已經離開你的女兒了。」（七 29）相對於那些來自耶路撒冷的法利賽人來說，倒是這個外邦女人的心更靠近上帝。

如果人遠離上帝的心才是不潔淨的原因，那麼怎樣才能潔淨這個不潔的心？法利賽人以人為的宗教制度傳統來分判潔淨與不潔淨，而不是回到上帝的誡命／說話，他們也以人為的宗教制度／傳統來使不潔淨的成為潔淨，而不是回到上帝的誡命／說話。耶穌以其言說—行動，來醫治不在眼前那位被污鬼附身的女孩，表明了只有上帝的話語才能使人潔淨；這話語超越地域，也超越種族，可以叫生命之中一切的不潔淨都得潔淨，無論是身體的還是心靈的。馬可福音的聽眾、讀者，從法利賽人與外邦女子的敍事之中，除了看見只有耶穌才有能力潔淨整個生命——內在的與外在的，更意識到只有外邦女子對耶穌的認識才是對的；而來自耶路撒冷的法利賽人則對耶穌的認識是錯的，因為他們以為自己是對的，他們倚靠的是自己人為的宗教制度/傳統，但那外邦女子卻完全倚靠這眾人不知道是誰的耶穌，聽從耶穌對她的判斷，而不是像法利賽人以自己那人為的宗教制度/傳統來判斷耶穌。這裏的對比顯出了這外邦女子，較門徒、法利賽人、羣眾更認識耶穌的身分。

這個外邦女子所認識的耶穌，繼續打破法利賽人的宗教常規。祂經過西頓，回到加利利地區的低加坡里這個猶太文化與外邦文化特別是希羅文化混合的城市。這顯示了耶穌所帶來的上帝的國度，並不拘禁於猶太人中間，而是要包含猶太人以外的外邦人，並不受限於耶路撒冷，而是要擴及耶路撒冷以外的一切地方。耶穌在這個地方以非常怪異的方法，醫治那位耳聾舌結的人。這種不以舊有宗教傳統常規來醫治，承接耶穌之前跟法利賽人這些宗教領袖的辯論：否定了傳統的禮儀對潔淨與不潔淨所設定的界線，因此無須以傳統的禮儀來潔淨，正如耶穌只是以言說—行動，並遠距離地治好那位被邪靈附身的女孩。耶穌沒有使用傳統的宗教禮儀來醫治、潔淨，就表示舊的傳統所劃分的圈內人與圈外人，不再有效，取而代之的，是法利賽人所代表的——拒絕耶穌的心，抑或是外邦女人所代表的——接受耶穌的心；潔淨，亦由此重新劃分。

在這深受外邦文化影響的城市低加坡里，耶穌施行了第二次餵飽四千人以上的神蹟。祂並沒有偏愛猶太人地區，而只在他們中間餵飽五千人以上。馬可的敘事讓他的聽眾、讀者意識到，耶穌接二連三的在外邦人中間工作，在猶太人與外邦人共同生活的地區中間工作。耶穌在低加坡里工作，正好表明祂是全地的主，祂的工作不分猶太人與外邦人。然而，耶穌一而再的在這條把上帝國度帶來的道路上，遭遇法利賽人的挑戰、攔阻。這一次在耶穌餵飽四千人以上之後，法利賽人質詢祂，要祂從天上顯個神蹟給他們看。

法利賽人的質詢，在馬可的敘事脈絡之中，顯出他們有眼睛卻不能看見也不相信。法利賽人並不相信耶穌對外邦婦人的女兒所行的神蹟，也不相信耶穌治好耳聾舌結的人的奇事，所以他們要求耶穌從「天上」顯個神蹟給他們看（八 11）。他們就是不相信耶穌是上帝。他們不相信耶穌所顯現的那些神蹟是「天上的」/「來自上帝的」，所以要求耶穌從「天上」顯個神蹟給他們看。然而，這個要求只是一種修辭；無論耶穌顯現甚麼神蹟，他們都不會相信那是來自「天上的」。難怪耶穌心裏深深地歎息，為這些不信的法利賽人歎息。這是個不信的世代，既然如此，還有甚麼神蹟可見？這個不信的世代是個敵擋耶穌的世代，耶穌的道路將會面對嚴重的反對。結果，耶穌斬釘截鐵地責備這羣法利賽人：這世代為甚麼求神蹟？沒有神蹟給這世代看。

面對法利賽人這種眼瞎的不信，耶穌在坐船渡海的時候教導門徒：謹慎自己的心，不要染上法利賽人的眼瞎心盲。耶穌用酵來作隱喻，引導門徒回想祂先後以五個餅分給五千人以上、以七個餅分給四千人以上的作為，不要像那些要祂從天上顯個神蹟給他們看的法利賽人，不明不白。然而，這些門徒的反應卻叫耶穌失望，招致耶穌反覆向他們以一連串問題作出責備。門徒不明白慎防法利賽人的酵是甚麼意思，是緣於他們不明白耶穌分餅的神蹟。因為門徒未能從耶穌分餅的神蹟看見耶穌是上帝，他們也就未能分辨法利賽人對耶穌的要求乃是瞎眼的不信。難怪耶穌再次提醒他們：「也不記得嗎？我擘開那五個餅分給五千人〔……〕又擘開那七個餅分給四千人〔……〕你們還是不明白嗎？」（八18～21）

經過耶穌連串的責備式提問，門徒會認識耶穌是誰嗎？他們會省悟、明白嗎？抑或仍然落在耶穌的批評：心裏愚頑？因為愚頑，所以看不見聽不見；因為看不見聽不見，所以忘記。門徒在耶穌所帶領的這趟教導與學習的旅程中，他們愚頑的心會否被打開嗎？明顯地，這羣門徒在被耶穌連串的修辭式詢問之前，他們的確是忘記了，他們的確是看不見聽不見，他們的確是心裏愚頑。可是，在耶穌的提點之下，他們會否記得？他們會否看見聽見？他們會否心裏不再愚頑？抑或他們會跟法利賽人一樣，應驗了以賽亞先知的預告：有眼的卻看不見，有耳的卻聽不見？

馬可的敘事叫他的聽眾、讀者產生極大的懸念。耶穌在這先前，曾經以極為怪異的手法醫治那位耳聾舌結的人，又在這之後同樣以叫人不解的方法醫治伯賽大的瞎子。耶穌和門徒繞了一個圈，坐船回到伯賽大。耶穌在這個地方再度以古怪的方法醫治。這兩次醫治肉身上的耳聾和眼瞎，其實是跟醫治非肉身的耳聾和眼瞎互相平行。肉身的需要醫治，非肉身的也需要醫治；肉身的難以醫治，非肉身的更難以醫治。耶穌只是兩次就治好了伯賽大的瞎子，可是來到這一刻，門徒經歷這兩次耶穌分餅的神蹟作為，他們的眼好像還沒有開。馬可緊接著耶穌對門徒的提點，記載了耶穌對伯賽大瞎子的兩次醫治，固然顯示醫治心盲是非常困難的，但也表示耶穌並沒有放棄這羣仍然願意追隨祂的門徒。門徒需要一而再、再而三的被醫治，才能看得見、聽得到，明白耶穌是誰。

耶穌這趟帶著門徒上路的旅程，一方面告訴聽眾、讀者：耶穌是以賽亞書所講的那一位，要帶來上帝的國度、不一樣生活的好消息。這好消息重新設定潔淨與不潔淨，與種族無關，與地域無關，但卻是這些主張其背後的人為宗教制度/傳統，阻礙耶穌的道路。而查究起來，又跟人的心有關。法利賽人心盲至不信，成為耶穌道路上最大的攔阻。至於耶穌的門徒，他們心裏愚頑但未至於法利賽人的不信，他們只是不明白、不理解，還活在混沌的謎團之中，而需要耶穌一而再、再而三的教導、醫治，徹底把他們的心潔淨過來。

二

預言受難（八27～九1）

1. 敍事鑑別

耶穌選擇凱撒利亞．腓立比，必定有其他原因。一個明顯的原因是這個城市的帝國處境。這個城市的名字足以令人聯想起帝國的形象，而這城本身給冠上凱撒的稱號，是按著奧古斯都來命名的。耶穌為了問這樣的問題而往那裏去，確實是顛覆的舉動。這好比我們去到現代世界的一個強國首都，提問同樣的問題，接著由類似彼得的人說：「你是總統。」這樣大膽的行動，使耶穌顯得要不是自負的瘋子，就是比凱撒更偉大，或者其他像君王的人物。這個城市本身不單受到帝國影響，也受到很大的希臘化影響。它的文明發展可以追溯至希臘主義，而它所有的宗教也可以追溯至亞歷山大大帝。耶穌往這樣的地方去，不但要表明自己是猶太人的王，更是世界的主，勝過所有異教徒。

耶穌從祂門徒身上打聽得來的消息，實在很有意思：施洗約翰、以利亞，或先知裏的一位（八27～28）。這些人都屬於「先知」的類別，全部都是先知。在八章29節，故事特別記載彼得回應耶穌最後的問題，而耶穌這條問題特別以第二身強調代名詞「你們／ὑμεῖς」來強調主語，耶穌嘗試把彼得從其他人中分別出來，而彼得回答說耶穌是基督。耶穌沒有叫彼得去宣告這個稱號，反而警告所有門徒，不要告訴任何人（八30）。由此看來，這是一個最大的祕密。那麼，我們可以從這故事中學到甚麼呢？肯定的是，這個故事表明了彼得並沒有答錯，因為耶穌未有斥責他，就如祂將要在八章33節所做的那樣。這樣，為甚麼不要他們宣告正確的答案呢？最有可能的是，門徒對耶穌仍存在很多誤解（這從八章14至21節和馬可福音很多別的故事得見），而這些誤解會導致他們進一步誤解「基督」這個稱號的真正意思。

最明顯的誤解，繼續在八章31至32節出現。馬可以間接的講論方式來帶出耶穌的教導：人子必須受許多的苦，包括被棄絕、受死與復活。馬可把天啟式的人物——人子（八31）——等同於彼得宣認耶穌是基督。耶穌必定教導了他們很多道理，而馬可的總結就是這個間接講論的總結。對彼得來說，這一切都是瘋話。因此，彼得把耶穌拉到一旁並責備祂。彼得的「責備／ἐπιτιμᾶν」（八32；《和合本》譯作「勸」）是現在時態不定詞。換言之，彼得並非只責備幾句，而是大大地責備。敘事未有明確表明其他門徒聽到這個責備，但從耶穌在八章33節的反應可見，耶穌在責備彼得時，乃是看著眾門徒的。這個責備，當然是給所有與彼得有一樣想法的人的。換言之，眾門徒聽到彼得的話。耶穌稱彼得為撒但，「撒但」一名的意思是「仇敵」。藉著責備耶穌和阻礙上帝在基督裏的旨意，彼得敵擋上帝的工作。耶穌並不是說彼得真的是撒但，而是以最有力的隱喻來揭示彼得實質上究竟正在幹甚麼。耶穌使命的最大敵擋者就是撒但。透過責備耶穌，彼得阻礙祂完成祂的使命，並參與了撒但而非上帝的工作。撒但在一章13節嘗試阻撓上帝的旨意，而彼得在這裏則延續了那件工作。

耶穌並沒有責備完彼得就停下來，而是在八章34至38節繼續闡明祂所説的「上帝的意思／τὰ τοῦ θεοῦ」(八33)是甚麼一回事。這個段落某程度上是整卷福音書的轉折點，因為耶穌禁止門徒宣告的東西，如今卻由祂自己親自宣告。假如耶穌之前的話對彼得來説是瘋話，那麼祂在八章34節至九章1節所説的話似乎也是同樣的瘋話了。耶穌在八章34節列出要跟從祂的三個不可或缺的要求：捨己、背起十字架和跟從。首兩個要求「捨己／ἀπαρνησάσθω」和「背起他的十字架／ἀράτω τὸν σταυρὸν αὐτοῦ」都是過去不定時時態命令語氣動詞，有立即的意思。最後的要求「跟從／ἀκολουθείτω」是現在時態命令語氣動詞，表示在耶穌的時代要繼續跟從祂。今天在講道中我們往往會用上耶穌的呼召，呼籲人委身，但這樣的修辭用法，遠遠比不上耶穌的真正瘋狂宣告。耶穌還未被釘十字架！耶穌告訴門徒的事已經很令人不快，如今祂還要求所有人跟隨祂的腳蹤行。八章31節清楚説明祂的腳蹤：被宗教權威棄絕、受死與復活。米亞觀察到：「在希羅世界裏，被釘十字架這種刑罰讓人感到羞辱的部分原因是，這是對社會邊緣人士(例如：奴隸)極其普遍的刑罰。」[20] 因此，在背起十字架之前，門徒早已被視為社會上的邊緣人士，過著卑微的生活，並會在痛苦的羞辱中死去。再者，有關釘十字架的社會地點(social location)，是值得我們留意的。根據約瑟夫的著作《約瑟夫生平》(*Vit.* 420)，很多叛亂分子因著敵擋羅馬人而被釘十

20. John Meier, *A Marginal Jew: Rethinking the Historical Jesus*, vol. 3 (New York: Doubleday, 2001), 65.

字架。那些被釘死的人，他們在帝國的眼中都是叛亂分子。跟從耶穌可能會惹來一身麻煩，被仇視並視為社會的越軌者。

我們務要反思耶穌的話的意思，並排除一些不可能的詮釋。首先，耶穌並非要求祂的門徒背起耶穌的十字架。十章45節說明基督的十字架有贖罪的功效，門徒的十字架則沒有。其次，每個人都各有自己的十字架。耶穌稱呼每個人的十字架為「他的十字架」（八34），區分祂自己的十字架與跟隨者的十字架。思考這一點是十分重要的，因為耶穌乃是在祂被釘十字架之前，在祂的跟隨者明白十字架的意義之先，說了這一切的話。第三，與此同時，十字架的記號是莫大的羞辱，象徵著叛亂分子和非公民之死。換言之，耶穌所說的羞辱，乃是因著與世界的制度背道而馳而得的結果。凱撒設立了十字架，控制整個國家；耶穌大膽地在以凱撒奧古斯都命名的地方凱撒利亞．腓立比的村莊，挑戰凱撒，暗示祂的門徒要走上一條由羅馬人的法律與統治定規的滅亡之路。十字架並不是人喜歡背起的東西。換言之，耶穌乃是說：若有人要跟從祂，跟隨者就可能要做一些令人不快的事情。第四，耶穌的吩咐是給每個人的；背起自己的十字架是個人選擇。在羅馬制度之下的世界裏，每個信徒各自有其要活出信仰的挑戰。十字架是順服上帝國度、反對屬世國度的價值觀的結果。

以這幾節來講道的，很多時只停留在耶穌被隔絕與受死，但耶穌並沒有只提及當下祂被棄絕和受死，祂也在八章34至37節提到隨著復活而來的終末結果。當下的呼召反映了將來的狀況。在八章35至36節，耶穌論到失喪生命和救了生命。這裏的用語與意願有關。耶穌在八章34至35節說誰「要／θέλῃ」，第一個「要」是34節的跟從耶穌的意願，第二個「要」是救自己的生命。這兩個「要」似乎有點對立。我們也應該要留意到，耶穌並沒有說「若有人要喪掉自己生命」，因為求生是很自然的事。因此，耶穌從來沒有把救自己的生命與喪掉自己的生命對立。喪掉自己的生命是故意自取的。跟隨者從來沒有定下目標，要喪掉自己的生命。他們當然希望繼續活下去，並為上帝的國度作見證；只是若他們決心跟從耶穌，就有可能在跟從耶穌的過程中喪掉自己的性命。背起十字架其實是說：在旅程中，有一日可能要面對死亡，但從始至終，人的意願都並非旨在救自己的生命，而在跟從耶穌。耶穌進一步闡明這個行動，指出那些失喪生命的人乃是為了「我」和「福音」而喪掉生命的。換言之，失喪生命必須要有正確的原因，而這個原因必須建基於兩條問題。我們可參看耶穌在十章 45 節有關贖罪的講論，祂將十字架與門徒要為首的意願作對比。[21] 這兩條問題便是：「耶穌是誰？」、「福音是甚麼？」對馬可的聽眾而言，這並非純粹像很多受歡迎的講員所作的那樣，是一些煽情的邀請；事實上，這也是智性上的反思旅程，叩問如何回答上述那兩條問題，並且根據他們所找到的答案，活出他們的生命。柯美安指出，福音書並沒有直接回答，卻已鋪陳了答案。[22] 在馬可那充滿敘事色彩的處境中，柯美安的講法是如此真確。不過，我們必須細察整個故事，才能知道耶穌是誰。

十字架有著重大的社會政治意涵。羅馬人從腓尼基人那裏學會了釘十字架。這裏並不會討論耶穌所指的到底是哪一種釘十字架的方式。耶穌在這裏想要強調的，是祂會像那被判處死刑的罪

21. Sharyn Dowd and Elizabeth Malbon, "Significance of Jesus' Death in Mark: Narrative Context and Authorial Audience," *Journal of Biblical Literature* 125 (2006): 280.
22. Antoinette Wire, *The Case for Mark Composed in Performance* (Eugene: Cascade Books, 2011), 135～136.

犯一樣，走上背起十字架的旅程。這個旅程會吸引很多人圍觀，羅馬人正以致警告外人不要叛亂，否則也會落在像罪犯一樣的處境當中。十字架是社會—政治—法律的界線，把人界定為外人、背叛者與罪犯。耶穌要求門徒走上這條路，一條向圍觀者作見證的旅程。耶穌要祂的跟隨者公開作見證，以致所有人都清楚知道這些跟隨者已經作好準備，成為外人，甚至面對死亡。羅馬人用來排除異己的工具，卻成為上帝用來擁抱每個人——包括耶穌的門徒和羣眾——的工具（八 34）。

在八章 36 至 38 節，耶穌繼續以一連串的平行講論來進一步闡明祂在八章 35 節的話：

得救的與喪掉的（八 35）
賺得的與賠上的（八 36）
拿甚麼和失去生命（八 37）
這個世代和將來的世代（八 38）

按八章 35 節所載，救了生命的人最後會喪掉生命。人可以付出很多以賺得全世界，可最後卻賠上最重要的東西——他的生命（soul）（八 36～37），這是把耶穌和祂的道當作可恥的（八 38），這就是說，他們是要救一個貪婪和積攢今世財寶的生命。這樣，耶穌乃是說，那怕是救一點點這種積攢今世財寶的生命，也是祂的跟隨者完全不可以接納的生活方式（八 35 上）。在八章 38 節，耶穌加插了關於祂自己和祂的福音的一段平行記載，這段平行記載配合祂在八章 35 節的呼召。祂以不同的類比論到同樣的東西：背起十字架和跟從耶穌。跟從耶穌可以令人失去他所有，包括他的生命。忠心的信徒所面對的逼迫，可能會誘使信徒把耶穌和祂的福音當作可恥的。耶穌宣告祂將要面對的殘酷事實（十四61），那時候祂將被人質詢祂是誰和說了甚麼（十四57、64）。論到得與失，耶穌乃是以投資的用語來談論生命。人要怎樣投資？最好便是回答這兩個最重要的信仰問題：耶穌是誰？福音是甚麼？

這些問題的答案——不只是以說話來回答，更重要的是以行動來回答——會帶來永恆的結果。耶穌在八章38節論到這些結果。祂清楚地稱這個世代為淫亂、罪惡的世代，而同一個世代早已在八章12節出現，這是個不信的世代。耶穌把這一切問題歸咎於不信。因此，跟隨者應該從這個不信、罪惡的世代中挺身而出。耶穌的跟隨者若要救自己的生命並得著屬世的好處，他們就會像這個邪惡的世代一樣。門徒有責任以各自的方法去展現有別於這個邪惡世代的價值觀。耶穌無意以負面的口吻來討論死亡，並以此結束祂的話。反而，祂在九章1節開始說：有些人會在沒嘗死味以前，看見上帝的國大有能力臨到。耶穌既預示自己受難和祂門徒的終局，祂嘗試澄清前景並非完全暗淡。彼得責備耶穌，正正因為他不明白國度的榮耀，而這正是耶穌要在九章1節作進一步解釋的原因。雖然意思還未完全闡明，但是在凱撒的城市中宣告國度快來，實在是大膽、不顧後果的做法。

這個簡短的段落，説明了耶穌的門徒對祂的使命存著很大的誤解。他們以羅馬人的王權來定義耶穌的王權。當然，沒有王會在領導他的軍隊凱旋回歸時痛苦地死去。這也是耶穌要他們跨過的障礙之一，為要修直一章1至3節的主的道路。

反思及應用

在基督教中，普遍會愛用耶穌的簡稱。「人子」就是一例。有些一知半解的講員，認為這個稱號就是指向耶穌的人性，好像祂的人性與神性是兩個截然不同的元素。賴特（N. T. Wright）正確地指出，這種抽象的分類不但不適切，甚至有違新約聖經的福音敘事。[23] 這個詞彙在這個重要的轉折點出現，而這裏的處境是終末性的，與基督二性完全沒有關係。在八章38節，人子是那要來臨的一位，最後會把上帝工作的高峯帶到這個世界。門徒正在期待那一天的到來。更重要的是，這位人子擁有上帝的榮耀，這種榮耀並非像教會信條那樣抽象、形式化，而是實在地在登山變像中（九2～13），以一種可見的方式出現。這些記述否定了所有以為人子是指向耶穌的人性的想法——這是誤導和過度約化的觀念。而登山變像的敘事是多麼的戲劇性，以致彼得不禁說了一些十分愚蠢的話。耶穌與世人就是如此「不」同，否則變像就不會發生了。九章1節的國度觀念表示耶穌的變像十分重要。懷特注意到，惟一按次序記載的是登山變像、最後晚餐與復活事件。[24] 我無法肯定懷特的論點是否正確，但這引起了另一個值得思考的問題，是涉及馬可簡短結局的：登山變像的記述，是否替代了其他符類福音有關耶穌復活升天這個經典場景呢？相對來

23. N. T. Wright, "Whence and Whither Historical Jesus Studies in the Life of the Church?," in *Jesus, Paul and the People of God: A Theological Dialogue with N. T. Wright*, ed. Nicholas Perrin and Richard Hays (Downers Grove: InterVarsity Press, 2011), 137.
24. L. Michael White, *Scripting Jesus: The Gospels in Rewrite* (San Francisco: HarperOne, 2010), 155.

說，馬可似乎花多些篇幅去描述登山變像事件，花少些篇幅去描述復活事件。因此，整卷馬可福音的焦點，似乎放在登山變像這段敍事上。

這個段落的神學主題是贖罪（atonement）的觀念。耶穌言及的十字架先是倫理性的，然後才慢慢成為拯救性的（soteriological）。在這個段落裏，耶穌的偉大之處，大部分都關乎十字架（九31）。今天，人往往會輕率地稱他們在生命中所遇到的任何困難為「他們要背起的十字架」。事實上，耶穌所說的是很嚴重的事。祂並非說一般的患病、不幸或任何令人不快的事情，而是論到活出國度的樣式，以致跟隨者要面對羞辱和逼迫。「國度的道路」是服事而不是宰制比自己弱小的人。頗多時候，信徒只是自己在社會上製造了麻煩而令自己不快樂，耶穌並非在說信徒因著信心表達不當而被人拒絕；相反，耶穌乃是說跟隨祂的價值觀就是要付出努力，以及跟隨祂的不一定換來你所想的美好結局。耶穌不單將這個教導延伸至祂最親密的追隨者，還套用到追隨祂的羣眾身上（八34）。這個呼召是普世性的。跟隨並非贖罪的行動，而是以贖罪羣體為基礎的行動。對馬可的讀者來說，耶穌十字架的使命，成為了所有願意跟隨耶穌的道路的人的榜樣。有別於流行的福音派教會想像，馬可在這裏沒有教導系統性的贖罪觀。往後的敍事就只是說那位馬可筆下的耶穌代替巴拉巴受死；故此，十章45節任何有關贖罪觀的聲稱，都必須從馬可的敍事以外找佐證。

十字架的倫理和犧牲，似乎充斥著耶穌往耶路撒冷沿途上的討論。論到喪掉生命時，馬可從沒有直接表示人要刻意喪掉生命，如伊斯蘭教的聖戰分子以自殺式炸彈傷害自己那樣。耶穌這裏的話包含著隱約而微妙的差別：當人跟隨耶穌，他們真的可能要面對死亡，但他們從來不是刻意求死。假如他們立即死去，就無法背起他們的十字架，每天選擇跟隨耶穌的了。在基要派的信徒當中，有些人努力地使人逼迫他們，以致他們可以宣稱他們正在為基督受苦。他們的行動往往會失敗告終，因為他們並沒有好好反思兩條問題：耶穌是誰？福音是甚麼？他們的行動未經反思，他們雖為基督或福音而受苦，但只是為自己對這兩者的錯誤詮釋而受苦。這從來不是耶穌論到犧牲與作門徒的意思，耶穌乃是把背十字架類比為祂的跟隨者在世的生活方式。通往死亡的道路縱不容易，但一個人怎樣死，有時並不比人怎樣活重要。

2. 神學詮釋：釋經的理性思考

耶穌是誰？福音是甚麼？耶穌帶著門徒朝向耶路撒冷的方向進發，祂在路上一再問門徒究竟祂是誰、福音是甚麼。馬可在這裏相繼記敘了兩件事情，首先是發生在凱撒利亞．腓立比這個地方的，跟著是發生在山上的。這兩件事情分別是耶穌預言祂的受難，以及耶穌變像。在馬可的筆下，這兩件事情是相互關連的。耶穌不單預告祂的受難，並且也預告祂的復活；前者出於言語，後者出於異象。耶穌預告祂將遭遇這些事情，那麼這些事情在耶穌在世的事工之中，有著怎麼樣的重要性？馬可在敘述這些預告的事情的時候，當中顯示出耶穌祂自己是怎樣理解這些事情的？

耶穌從曠野出來，傳講上帝國度臨近的好消息。要開始把這好消息在地上實現。祂呼喚猶太人悔改，但祂也刻意進到外邦人聚居的地方；祂重新確定潔淨乃在於人心——遵行還是拒絕上帝的話語。在這一切的事情之中，耶穌的作為逐漸透露出祂那神聖的身分。只是人心依然迷糊：羣眾誤解祂、法利賽人拒絕祂、門徒不解祂，惟有外邦女子較他們更認識、更相信耶穌的神聖身分。馬可在記敍耶穌對耳聾舌結與眼瞎的異常醫治手法之中，一再的顯示醫治門徒愚頑的心是多麼困難。由此可見，耶穌在這條開闢上帝國度的道路，遇上的險阻愈來愈嚴重：羣眾愈來愈誤解祂、法利賽人愈來愈拒絕祂，至於門徒則一而再、再而三的心裏愚頑，未能明白耶穌的神聖身分，也未能明白耶穌所帶來的和所實現的好消息。

來到這裏，馬可繼續沿著這條路線來講述耶穌的故事。馬可繼續以耶穌這兩件預告自己命途的事情——受死與復活——來表明祂沒有放棄對一眾門徒的教導，一方面讓他們更多認識他們所跟隨的耶穌是誰，另一方面也讓他們知道他們跟隨這樣的耶穌將會遭遇甚麼事情。前者涉及的是耶穌的身分，後者觸及的是門徒的身分，而這兩者的命途是相互交織在一起的。

從整個馬可福音來看，耶穌的預言受難與變像是祂的命途的轉捩點，這表明耶穌從這一刻開始，就朝向受難與復活來進發。但是，就其預言受難來説，卻是一個反高潮的轉捩點。一方面，耶穌在這個具有凱撒稱號的城市境內，詢問門徒祂是誰，又容讓彼得認信祂是基督，卻禁止門徒把耶穌才是真正的主這個身分傳揚開去。可是，另一方面，馬可隨即記載了耶穌親自把上帝的意思表明出來：基督就是人子，祂要受許多的苦，包括被棄絕、死亡，與復活；並且也表明祂的門徒會遭到世界的帝國攻擊。最重要的是，這樣的發展，無疑是反高潮的轉捩點。

事實上，過往耶穌一直禁止或不會主動要求門徒、羣眾，以及邪靈傳揚祂的身分，以免帶來更多誤解。這指向了耶穌終有一天會親自宣告祂自己的身分與命途。然而，耶穌在這裏自己親自宣告的，竟是這樣的一個被棄絕、殺害的基督、人子，完全是不可思議的。這個宣告跟在這以前耶穌的種種作為，反差甚大；跟剛剛彼得在羅馬帝國按著奧古斯都命名的城市所認信的，完全相反。這位最終容讓彼得宣告自己是勝過羅馬帝國甚至一切帝國的主，怎麼可能會走上被棄絕、殺害的道路？在馬可一直以來對耶穌行事與言説的記敍之中，都或明或暗表示祂帶來的上帝國度是要取代世上的種種國度，包括羅馬帝國在內。那麼，耶穌怎麼會被棄絕、殺害？這樣的困惑，在彼得對耶穌的責備上，清楚反映出來。

這個反高潮的轉捩點，在耶穌反過來責備彼得為撒但，不可思議地被更進一步強化。耶穌正在朝著耶路撒冷的方向進發，祂在這條道路上，以非常震撼的手法和語言教導門徒：究竟祂是誰？究竟福音、好消息是甚麼？這個自稱是基督、人子的耶穌，竟然放棄施展更大的神蹟奇事，而走上被棄絕被殺害的道路，究竟祂是誰？祂這一路下來所成就的又是一種怎樣的好消息？祂能帶來怎樣的上帝的國度？跟隨祂的門徒又有甚麼遭遇、結果？

在凱撒利亞．腓立比這個標誌著羅馬帝國管治的地方，耶穌繼續教導門徒，向他們闡明上帝的意思。祂針對彼得的責備，表示那是人的意思，那是敵擋上帝的作為；上帝透過耶穌要把自己的國度帶來地上，把猶太人和外邦人解救釋放出來，可是彼得卻阻礙著上帝在基督裏要成就的旨意。耶穌不單責備彼得，更隨即教導一眾門徒，以及羣眾，要跟隨耶穌的，就要預備承受那來自羅馬帝國的刑罰。十字架是凱撒設立的，為要掌控整個帝國。耶穌就在凱撒利亞．腓立比這個地方，挑戰門徒，以及羣眾：上帝的國度會遭受世界國度的反對；順服上帝國度的門徒，十字架就是他們的結果，喪掉自己的生命是難以避免的。可是，耶穌說：「凡為我和福音喪掉生命的，必救了生命。」（八35下）相反，「人就是賺得全世界，賠上自己的生命，有甚麼益處呢？人還能拿甚麼換生命呢？」（八36～37）明顯地，這是跟隨耶穌相信福音，還是跟隨這個世界的問題。

雖然耶穌警告門徒和羣眾，跟隨祂並相信福音，是會遭受逼迫的，但這卻不是終局；耶穌表示終局乃是得生命。祂甚至指出，有人會在沒有嘗到死味之前，就看見上帝國度大有能力地臨到。上帝的國度不會因為這個墮落世界的敵對而被消滅；反之，其能力會逐漸彰顯而可見。耶穌的說話，極有可能是指著祂從死裏復活，從而叫人看見上帝國度大有能力地臨到。事實上，跟著馬可記敘耶穌登山變像的異象，正是預先顯現耶穌復活生命的榮耀，由此而讓其聽眾、讀者加強印象：耶穌固然要死，但祂卻會從死裏復活過來；耶穌遭受殺害，但卻不是故事的終局；跟隨耶穌的門徒，他們的命途也一樣。耶穌更反過來告誡祂的門徒與羣眾，這個世代是不信的世代，因為這個世代拒絕耶穌所帶來的好消息，而視之為可恥的，他們的終局乃是承受同樣的拒絕，而被視為可恥的。

耶穌的告誡乃是要求他們不要跟隨、效法這個不信的世代，寧願承受世界的逼迫 —— 十字架，落在被排斥、唾棄、羞辱，甚或被殺害的處境之中，也要跟隨耶穌走上這條不一樣的道路，向這個墮落、敵對上帝的世界公開作見證。從帝國的角度來看，被釘十字架是遭受排斥的，但在上帝國度的角度來看，被釘十字架卻是承受上帝的擁抱。耶穌的道路，並不以被不信的世代的排斥甚至殺害為終結，跟隨耶穌的門徒也是一樣。

三

國度的異象（九2～13）

1. 敘事鑑別

九章2至13節的敘事，我們可以恰當地稱之為「國度的異象」，因為它緊隨耶穌在九章1節的預言。事發地點不詳，馬可只告訴我們那是發生在「高山／ὄρος ὑψηλὸν」上。三章13節早已提到一座山，而耶穌在六章46節上了山祈禱。它們並非同一座山，但是馬可似乎要指出，山是發生特別事件的地方；而這些特別事件，與耶穌是誰的啟示有密切關係。除此以外，山也是私人的地方。這敘事的見證人最有可能是彼得，因為他似乎是耶穌以外的重要角色，並且，按照教會傳統，彼得是福音書的首批見證人。雖然馬可沒有刻畫出以利亞和摩西當時究竟說了甚麼話，但他們說話的內容可能與耶穌有關。[25] 他們的出現，只是為了說明一些關於耶穌的信息。在某種意義上，他們在那裏，與耶穌成為對比。

---

25. 路加福音九章31節指出他們正在討論耶穌的受難。

因此，這個地點顯示出，這件事是耶穌私下牧養祂揀選的門徒的一部分。彼得、雅各與約翰是惟一與耶穌同在的人（九2），而彼得顯然是當中的領袖。耶穌揀選這三人的原因不得而知，或許他們在眾門徒中扮演著領導的角色。在這個故事中，敍事者主要透過描述而非對話來記載這一幕，當中只有兩段不同的對話。

在九章2節，耶穌在這三個門徒面前「改變形像／μετεμορφώθη」。在外邦人的神話裏，人會從人類的樣貌變成別的東西，倒過來也一樣。有別於一些人的想法，馬可並非在模仿異教神話。耶穌在這裏並沒有變成其他人，而是展示出祂的另一面。根據馬可這裏的記載，耶穌的衣服「閃爍／λευκὰ」（九3；《和合本》譯作「放光」），極其潔白。「閃爍」一語一般是用來形容「光」，因此，耶穌的衣服發光了。這並不是尋常的異教神話式的變像。

在九章5節，彼得十分驚訝，他甫開始便説：「在這裏真好！可以搭三座棚。」敍事者在6節解釋説，彼得「不知道説甚麼才好」。九章6節的這句敍述，有「他不知道要怎樣恰當地回應」的意思。這個回應是建基於判斷。彼得回應時作了怎樣的判斷呢？我認為敍事者的評論十分重要，也很有洞見，因為它指出彼得判斷耶穌的方式。彼得在九章5節稱耶穌為「拉比」。在馬可福音裏，很多人視耶穌為拉比，不單是門徒，還有很多邊緣人士（十51）和敵對者（十二14）。[26] 拉比是智者，有不同的宗教關

26. Bruce Chilton et al., eds., *A Comparative Handbook to the Gospel of Mark: Comparisons with Pseudepigrapha, the Qumran Scrolls, and Rabbinic Literature* (Leiden: Brill, 2010), 561.

注，包括潔淨的條例。然而，雖然有可能這是當時的人給耶穌的其中一個稱號，但是這個稱呼在馬可福音中並非那麼討人歡喜。彼得在稍後的十一章21節顯示出，當他稱呼耶穌為拉比時，他仍然不明白耶穌是誰。更嚴重的是，猶大也在十四章45節出賣耶穌之前稱祂為拉比。藉著稱呼耶穌為拉比，彼得顯然不太清楚他之前說耶穌是基督是甚麼意思（八29）。他在那裏所說的話是出於尊敬耶穌，不是出於明白祂。

馬可接著在九章7節記載了另一把聲音。這把聲音所說的話與一章11節相似，卻又有一些重要的分別。一章11節的聲音直接對耶穌說話，可能是要向旁觀者表示耶穌是上帝真正的兒子；但這裏的聲音直接對門徒說話，吩咐他們聽從耶穌。即便耶穌身旁有以利亞和摩西這兩位理應已經死去卻不知怎地又可超自然地顯現的先知，祂仍顯得與別不同。在九章4節裏，我們很容易會認為以利亞象徵著先知，摩西象徵著律法。但是當中有一個問題。有人主張以利亞象徵著「律法和先知」的「先知」，這是不可能的：摩西象徵著律法，這是合理的，因他曾將十誡寫在板上（出三十四28）；但以利亞不能象徵著先知，因他從沒有寫過任何先知書。而馬可乃是將耶穌描繪為像摩西或以利亞那樣偉大的先知。[27] 他們二人都是偉大的先知，並不需要任何的象徵。

這把聲音並沒有叫門徒按著彼得的話而行，即是搭三座棚；相反，這把聲音以第三人稱來形容耶穌，確認祂的身分，而這身分早已在一章11節說過。這把聲音要求門徒聽從耶穌。當他們聽從耶穌時，他們就會愈來愈知道耶穌是誰。這再次帶我們回

---

27. Beavis, *Mark*, 135, 137.

到八章27節的核心問題：「人説我是誰？」而且，它引入了八章34至38節所回應的倫理問題：「我們要做甚麼？」因此，聽從耶穌包括遵從六日前（九2）的嚴苛命令。假如這是國度的榮耀，這裏暫時的彰顯，就是鼓勵門徒要活出順服耶穌吩咐的生命。這裏的榮耀是要鼓勵那些走上十字架道路的人，要他們明白他們的受苦並非徒然。某程度上，這次的變像能特特回應對耶穌的吩咐的批評——對耶穌吩咐人背起十字架。每個人的十字架並非沒有意思的，而是滿有榮耀。畢竟，假如之前之後並沒有任何榮耀，有誰會願意背起十字架呢？由於耶穌還未復活，這件事十分重要，幫助門徒明白耶穌並不只是一個拉比。耶穌的啟示以兩個階段來呈現——從揭示性的異象（revealed vision）到揭示性的上帝話語（revealed words）——這實在很有意思。而在八章22至26節耶穌兩個階段的醫治瞎子的事件，亦正好成為給予彼得和門徒眼瞎的隱喻。彼得似乎眼瞎得更厲害，因為他説話較多；但他們在得著上帝最終的話語之前，全都是瞎眼的。當然，彼得以拉比來稱呼耶穌，真正標誌著他是瞎眼的。

耶穌在這段敍事的焦點是：在九章9至13節有關祂的死亡與復活。耶穌在九章9節把這件事連於祂的復活。在復活之前，這件事一直是個祕密；當復活發生後，門徒就要把這件事告訴其他門徒和其他人。他們為甚麼要等到耶穌復活之後，才可與他人分享這件事呢？一個可能的原因是，這件事是要根據復活事件來理解的，但他們當時並不明白復活是甚麼意思（九10）。因此，這個敍事預告了復活。若沒有復活，就無法真正明白這件事。

這個敍事説明了，門徒不單難以理解登山變像的事件，也不明白復活的事。門徒沒有繼續追問耶穌更多關於復活的事，他們在九章 11 節開始討論文士所說的事件次序。他們的問題涉及以利亞是否必須先來，其他事才能發生。在這段敘事中，以利亞已經來到山上。這樣的期望，顯然是常見的想法之一（八 28）。因此，門徒只是反映出當時一種常見的觀念。這個觀念顯然並非完全錯誤，因為耶穌的回應似乎亦指向另一個以利亞般的人物。耶穌在九章 13 節說，以利亞來了，人們任意待他。在這段敘事中，人並沒有對復活了的以利亞做些甚麼。耶穌很有可能是指施洗約翰，因他是迄今惟一一位被拘捕與殺害的人（一 14；六 14～29）。耶穌也論到祂自己的死必須先來到，才會出現文士所期望的事（九 12）。

當門徒論到文士的教導時，他們想到的顯然是一個沒有受苦的彌賽亞的拯救歷史。耶穌在那個歷史之上加上一個重要（可能是最重要）的元素：基督要受苦。關於以利亞和彌賽亞，耶穌以引文公式「經上說」來表明預言的事件次序，必須在上帝復興萬有之先發生。根據這段敘事的上文下理，登山變像的事件預告了受苦和榮耀，成為了拯救歷史的重要一環。

這個故事怎樣配合整卷馬可福音呢？在一章 1 至 3 節，福音是由耶穌所帶領的旅程，為要履行上帝的旨意。在曠野呼喊的同一把聲音，完成了以利亞的重要職責。假如以利亞要象徵性地代表施洗約翰，那麼以色列肯定是拜偶像了。藉著稱呼約翰為以利亞，耶穌乃在斥責以色列。以色列被擄是因為他們拜偶像。某程度上，耶穌乃是說：以色列還在被擄中，因為即使連彼得這樣清楚認識耶穌的人，也似乎對耶穌存著很大的誤解。上帝要透過復興的過程帶來祂的榮耀。這個旅程包括重複地預言受苦，而耶穌也早已呼召祂的跟隨者背起十字架來與祂一同受苦。那些認同祂的人，耶穌就會帶領他們走上拯救之路。然而，從這個山上的異象表明，復活的耶穌與祂的跟隨者還是截然不同的，而這種差異正如表明耶穌是能夠帶領敗壞的以色列的真正領袖。

反思及應用

這個段落的神學反思與上帝之子的身分有密切關係。耶穌在九章 9 節論到復活，結束了上帝之子與世人的比較。肯定沒有人能預計自己會復活，並且真正做到了。在登山變像的一幕中，從上帝而來的聲音表示耶穌是上帝的兒子，也表明了天啟式的人子同時是上帝之子。兩者都是非世人的超自然稱號。相比起流行的耶穌形象，溫吞吞而毫無改擊性，這裏的更為重要——人子乃是掌管著終末審判的那一位（八 38）！祂先斥責這個世代的罪惡，並且進一步預言對它的審判。耶穌在八章 38 節用第三人稱來談論人子，這與上帝在九章 7 節用第三人稱來談論祂一致，這展示出祂實在是一位獨特而大有權柄的，與那些在祂周遭的人截然不同。經文對這位人子的每一項描述都是超自然的。現代關於人子的常見詮釋當是出於猜想多於事實。

就倫理而言，這個段落可以告訴現代讀者甚麼呢？這個討論十分直接。藉著將耶穌和以色列最偉大的領袖摩西和以利亞作出比較，這個段落要求羣體在「領袖崇拜」與完全「否定人世界的領袖」之間作出平衡。崇拜魅力領袖甚至偉人（例如：摩西和以利亞）這種極端正在危害華人教會，甚至已到了病入膏肓的地步，反思和修正傳統的空間鮮少。這大大損害信徒透過耶穌和使徒「真正」的教導去努力尋找真理的能力。香港和海外的保守福音派教會，尤其強烈拒絕改變。這樣的心態好比彼得所說的「讓我們搭三座棚（同樣的棚？）」。彼得的問題是，他誤以為耶穌與摩西和以利亞「一樣偉大」。在教會中，有很多人也會把他們的牧者或領袖等同於耶穌。如此，耶穌身為獨特的人子和上帝之子的榮耀，就會完全消失。

第二個極端是完全「反領袖」(anti-leadership)。這源於信徒對建制化的教會的不滿。這一端會理想化地傾向沒有領袖，而每個信徒都能平等地敬拜耶穌。不過，這段經文並沒有否定摩西和以利亞的偉大，事實上，他們都是很偉大的領袖。這正是彼得說那些話的原因，也是登山變像會發生的原因。這真實的一面說明了，有一些領袖確實與真理相稱。我們不應把領袖這種概念完盤否定。領袖也可以很偉大，但他們並不是耶穌因耶穌，是獨一無二的偉大領袖。

2. 神學詮釋：釋經的理性思考

馬可記敘耶穌預告自己受害，並不是就此了事，從此就告訴聽眾、讀者，耶穌實際遭遇了怎樣的棄絕、羞辱和殺害。若然如此，那上帝要藉著耶穌在這個祂所創造的世界，帶來跟墮落世界不斷興起的種種帝國全然不一樣的上帝國度的計劃，就徹底失敗了。可是，馬可記敘了耶穌那叫人安慰的應許說話：「我實在告訴你們，站在這裏的，有人在沒嘗死味以前，必要看見上帝的國大有能力臨到。」(九 1)

耶穌暗地裏把門徒彼得、雅各、約翰三人帶上高山。祂要私密地繼續對門徒教導上帝國度的道理，讓他們預先經歷、看見上帝國度的異象。在馬可筆下，「山」一直是很特別的地方，耶穌曾經在山上呼召十二門徒，成立一個與舊有世界不同的新羣體；祂也曾單獨上山祈禱，與天上的上帝有親密的接觸。在這裏，馬可把先前耶穌山上的兩種表現結合在一起，既有叫人驚訝的變像榮光，以及以利亞與摩西的顯現，也有從雲彩裏出來的聲音，教導門徒。整個高山的經歷、異象，是要延續之前耶穌向門徒的提問：你們說我是誰？馬可以相反的方式預告耶穌的命途：一方面在凱撒利亞．腓立比預告自己的受害被殺，另一方面在高山變了形象，衣服放光。馬可透過這相反卻相成的兩樁事件，告訴他的聽眾、讀者：耶穌是誰。

馬可把耶穌與摩西及以利亞並列，顯示出耶穌像這兩位偉大的先知那樣子，只是彼得並不知道要怎樣恰當地回應這一場景，而更根本的原因乃在於他還是不明白耶穌是誰。彼得稱呼耶穌為拉比而非基督，顯露了他不完全清楚他先前所說的「耶穌是基督」是甚麼意思。面對耶穌展示出祂的另一面：衣服閃爍發光、極其潔白，彼得更無法把眼前的耶穌，跟先前預告自己受害、被殺的耶穌連繫起來，去認識耶穌是誰。彼得眼前的耶穌，是極其榮耀的，但是這榮耀的耶穌，卻同時是那位會被棄絕、羞辱與殺害的耶穌。彼得實在無法想像耶穌怎麼可能被羞辱、被殺害，然後又被高舉得榮耀？可是，這正是馬可的記載，雖然這一切都只是預告與預顯。在山上，彼得他們預先從耶穌的身上看到上帝國度的榮耀，但是並不明白眼前這一切。

彼得有眼，但卻看不見；彼得有耳，但他會否聽不到呢？在高山上，彼得看不明白眼前的景象，耶穌以一種他沒有見過的榮耀的形象顯現，身邊還伴隨著兩位偉大的先知：摩西和以利亞；究竟耶穌是誰？當在雲彩裏有聲音發出來，彼得又是否聽得明白呢？這把聲音說：「這是我的愛子，你們要聽祂。」（九 7 下）馬可這樣的記敘，叫他的聽眾、讀者想起起初耶穌受洗後天上所發出的聲音：「你是我的愛子，我喜悅你。」（一 11）耶穌遵從上帝的旨意，要把上帝的國度帶到地上，開展新的羣體與新的生活，因此，上帝對祂作出肯定，也揭示了祂的神聖身分。在高山上面，這把聲音再一次出現，卻是吩咐門徒，要聽從祂的愛子耶穌。這不單揭示了耶穌的神聖身分，並且也指出門徒應做的事情，就是聽從耶穌，而聽從耶穌就是背起自己的十字架，承受這個世界的迫害。

這個山上的記載，跟先前在凱撒利亞·腓立比境內的記載，都同樣把耶穌的身分、命途，跟門徒的身分、命途，互相連繫在一起。在一個反叛、對抗上帝的世界之中，耶穌的工作不斷受到攔阻，並且最終耶穌將會受到殺害，而跟隨祂的門徒羣體也會因為聽從耶穌，過著另類並不一樣的生活而遭受迫害。然而，耶穌所帶來的上帝國度，終必實現，榮耀會隨著耶穌的死亡而來，門徒所背負的十字架也不終必是羞辱，反之乃是榮耀。上帝國度的榮耀終必逐漸讓人看見。耶穌讓門徒在山上看見國度榮耀暫時彰顯出來，目的不單讓他們明白耶穌的受死不是終局，也要鼓勵門徒跟從耶穌活出耶穌所吩咐的生命。

然而，門徒似乎還是不能把握山上的異象。下山的時候，耶穌吩咐他們要等到祂復活之後，才把在山上所看見的告訴別人。耶穌這樣吩咐門徒，很有可能是因為他們還不明白山上的異象。耶穌的吩咐，也讓馬可的聽眾、讀者知悉，國度榮耀的暫時彰顯，是跟耶穌從死裏復活有密切關係的。如果山上的國度榮耀乃是預先的顯現，那麼它的實現，首先就見於耶穌從死裏復活的事件之中。因此，登山變像就預告了復活。然而，從了解、認識的角度來看，耶穌對門徒的吩咐，卻顯出了在後的要在前：若沒有復活，就無法真正明白登山變像這件事。因此，耶穌吩咐門徒要等到祂從死裏復活之後，才把山上所看見的傳揚開去，以免誤解，以為耶穌不用受死，榮耀的國度就臨到了。

門徒並不明白耶穌所講的從死裏復活，因為他們的想法是：以利亞先來復興萬事。既然如此，為甚麼耶穌要經歷死亡、復活，才開始在地上實現上帝國度的榮耀？門徒對耶穌的提問，顯出他們所想的上帝拯救，是由一個無須受苦的彌賽亞來完成的。但是馬可立即記敍耶穌的回答，從而告訴他的聽眾、讀者：受苦是彌賽亞實現拯救的必要環節，並且是先於上帝復興萬事的。馬可的記敍，把我們帶領回到先前耶穌預告人子的受苦的事情之中，從而強化耶穌道路之中的受苦乃是必要環節。馬可透過耶穌訴諸「經上說」這公式，表示人子受苦不單必要，是上帝的心意，更是先於復活先於復興萬事的。這是上帝所定的次序，不容改變。馬可這裏的敍事，提醒他的聽眾、讀者，不能只注目於復興萬事，而跳過了耶穌的受苦；耶穌受苦然後從死裏復活，是復興萬事的基礎、根據、前提。沒有耶穌的受死復活，就沒有復興萬事。沒有耶穌的受苦復活，也就無法確切了解耶穌的登山變像的榮耀。不單門徒要如此了解，馬可的聽眾、讀者也要如此了解。

四

最大的和大的（九14～十52）

1. 敍事鑑別

在登山變像這個轉捩點後，馬可描述了一連串與「大」有關的故事。這些故事包括在九章 14 節至十章 31 節這段落之中。

這個段落的開始，是九章 14 至 29 節的門徒趕鬼失敗事件。當他們從山上下來，與其他門徒會合後，故事就發生了（九 14）。山上的事件，是向幾個蒙揀選的人展示出不尋常的異象；山下的事件，則說明還有很多功夫要做。因此，這裏的地點與山 —— 門徒經歷了不尋常事件的地點 —— 形成對比；山下的實況，尚未變得如上帝國度已經實現那樣，而每件錯誤都已成為過去。

在這個故事裏，文士正與門徒辯論。辯論的原因顯然是門徒趕鬼失敗（九 18），但當中爭論的內容未有清晰道明。我們或許可以從耶穌的解釋來猜測爭論的內容。我們先從被鬼附的孩子的父親和耶穌的角度來看看問題是甚麼。

這個父親在九章 17 至 18 節投訴門徒無法把鬼趕出去。我們當留意到，他在 17 稱呼耶穌為「夫子／διδάσκαλε」，這與彼得稱呼耶穌為「拉比」相似。這個父親這樣稱呼耶穌，顯示出他對耶穌只有一點認識。然後，耶穌立即指出問題是與「不信」有關，而且不是一個人的不信，是很多人的不信，因為他使用了「世代」一語來描述這羣人（九19；另參八12）。雖然這個人認為趕鬼失敗是因為門徒的無能，但是耶穌卻歸咎於不信。

為了證明這個父親是在説實話，敍事者在九章20節採用了與18節相同的詞彙來描述孩子的情況。敍事者並沒有低估污鬼的力量。這是一個很嚴重的情況。為了弄清楚整件事，耶穌在九章21節問父親那個孩子被鬼附了多久。耶穌這樣做不一定旨在收集資料，而是嘗試從父親的角度弄清楚問題所在。父親回應説：「這個孩子從小就是這樣，並多次有生命危險。」在九章22節，他是如此哀求耶穌「你若能／εἴ τι δύνῃ」，這種説話的方式表示他自己對耶穌也是不無疑惑的。耶穌在九章23節回應他的疑惑，再次告訴他問題是與信心有關。這個人接著説他信，卻信不足（九24下）。他這番話並非神學宣言，而是要努力去認同耶穌的話，並且渴望看到結果。假如他認同耶穌所説的話——他沒有信心——是合理的回應；然而，耶穌既説信心就是關鍵，因此，他亦必須説他有信心。結果耶穌回應了父親的回應，在九章25至27節趕出污鬼，扶孩子起來。

在馬可筆下，耶穌不常在行神蹟之後教導人。祂曾在一次特別的場景如此行，那次祂論到信心（四40）。而在九章28至32節，耶穌卻私下對門徒説話。這個新場景的地點並不清晰，但應是在室內，他們有較多私人空間（九28）。這個場景與之前公眾地方的場景和羣眾面前的場景不同。在這裏，門徒問耶穌為甚麼他們無法趕鬼，所指的不單是趕鬼失敗這件事，也指向九章14、16至18節與文士的辯論。耶穌簡單回答説：「禱告。」然而，耶穌之前公開回應的答案是信心。如此，禱告是有否信心的最佳表達。這次的趕鬼事件成為給門徒的私人課堂。耶穌為甚麼要教導這一課呢？

我們應該根據九章30至32節來回答這條問題。耶穌再次重複祂在八章31節和九章12節的話。這裏耶穌的預言用字與八章31節很相似，再次說明了除非門徒經歷到耶穌受苦，否則他們不會明白耶穌的意思，而他們也不敢問耶穌（九32）。馬可福音的這部分，愈來愈明顯是以「耶穌是誰」為焦點。耶穌是受苦的彌賽亞。打從耶穌在八章27至38節的提問中首次表明祂要受難開始，所有與祂身分有關的資料，都連於祂的十字架旅程。他們的誤解和無知，明顯是耶穌多次不許他們告訴任何人或者私下教導他們的原因。事實上，除非我們將耶穌所做的每一件事都與十字架和復活放在一起一併來詮釋，否則全面的理解是不可能的。施洗約翰在一章2節所預備的道路，在馬可福音的敘事中愈來愈顯明，但這對門徒而言卻大惑不解。當然，對馬可的聽眾而言，事後回想，一切就更加清楚了。耶穌將事工分為公開的和私底下的，讓馬可的聽眾明白耶穌所做的每件事都不是世界所能明白的，甚至連祂的自己人也會誤解祂。藉著公開和私底下的空間和事工，馬可說明耶穌的事工已經在以色列和全人類當中的那些相信人子和不相信人子的人之間，畫下了一條無形的分界線。這就是十字架的道路，並沒有中間立場。然而，就如一章1至3節所引述的以賽亞書四十章3節，這個旅程的目的並非單單拯救被擄的以色列，而且也要把榮耀歸給以色列的上帝。耶穌的道路很清楚，而這部分的敘事亦會愈來愈清楚顯明這條道路：沒有十字架，就沒有榮耀。

馬可幽默地記載下一個關於國度價值觀的故事，在九章33

至50節，記載了耶穌有關「為大」的討論。馬可首先提到門徒跟著耶穌往迦百農時在路上的議論（九33）。馬可並沒有記載爭論的內容，可能因為他並沒有相關的資料，又或者他認為沒有需要記錄他們愚蠢的爭論。若我們從宏觀的角度來看這幅圖畫，就會發現他們的爭論十分「合理」。之前的故事，一方面把雅各、約翰與彼得描述為特別蒙揀選者，經歷了國度的榮耀，另一方面又提到山下另外九位門徒的失敗。當我們讀到這些故事時，或會發現門徒似乎有等別之分。接著我們將會看到，當我們將這些並列的故事與之前有關十字架的討論一併來看時，實在是一種諷刺。按馬可的鋪排，門徒正在爭論誰為大，可耶穌卻將要死去。此外，九章32節清楚表明他們並不明白耶穌的話，而當時他們身處迦百農——迦百農就是耶穌呼召門徒後，在一章21節首次趕鬼的地方，也是耶穌在二章1節醫治癱子的地方。因著耶穌所行的大事，祂在這個地方必定赫赫有名。可諷刺的是，他們在跟隨這「偉大」的人物時卻彼此爭論誰「為大」！

耶穌接著在九章35至37節闡明「為大」到底是甚麼意思。在35節，耶穌以「用人／διάκονος」一語來說明何為「為大」，這個詞彙大概是指一般服事的崗位。用人要服事「所有人」，而耶穌也要求服事的對象要包括所有人。祂在九章36至37節所舉的例子進一步闡釋祂的意思。耶穌以小孩子為服事的對象，實在很有意思，因為在羅馬世界裏，小孩子在社會上是沒有地位的。在馬可的世界裏，小孩子是有點擾人的（參十13）。因此，耶穌並非單單討論服事的範疇，也指涉服事的深度，即是要服事那些不配受服事的人；耶穌不僅針對接待別人的行動，也針對接待別人。在九章37節上半部分，耶穌以過去不定時態假設語氣的「接待／δέξηται」來表達要接待小孩子。假設語氣表達事件的可能性，指渴望接待小孩子。接著，在九章 37 節下半部分，耶穌以現在時態直說語氣的「接待／δέχεται」來表示接待耶穌。在過去不定時態假設語氣的「接待」之後，九章 37 節裏的所有「接待」都是現在時態動詞。耶穌告訴門徒，願意接待小孩子，就是接待耶穌；不但是接待耶穌，更是接待那差祂來的那一位。「為大」乃是來自接待耶穌和上帝。

很多聖經譯本在九章 37 節結束這個故事，但這個故事並非在這裏結束，因為對話仍然繼續。在九章 38 節，約翰把耶穌的注意力轉向門徒以外奉耶穌的名趕鬼的人。之前的對話與這羣體的內部等別有關，而這個對話則與這羣體的成員應當包括哪些人有關。耶穌為國度子民的階級與界限下了定義。這羣體有多大呢？耶穌自有答案。

我們務要留心約翰在九章 38 節怎樣講論其他人「奉你的名／ἐν τῷ ὀνόματί σου」趕鬼。這並非單純的趕鬼，而是奉耶穌的名趕鬼。這個片語基本上類似十三章 6 節「冒耶穌的名」的意思。很明顯，冒耶穌的名的人不都是純正或正統的。然而，在馬可福音九章的上下文裏，我們見到這個片語要求人委身於上帝的國度。正如在九章 37 節，門徒為耶穌的名好好接待小孩子。因此，在一般情況下，稱呼主名的人早已委身於上帝的國度。耶穌亦在此指出了祂對那些稱呼主名和行神蹟的人的要求：不能毀謗祂（九 39）。耶穌假設了奉祂名行神蹟的人，某程度上是對祂友好的。祂在九章 40 節表示，在十二門徒以外還有其他跟隨者，他們也會為國度作工。耶穌接著在九章 41 節的話十分有意思，那是與誰為大和小孩子的討論有關的，而這正是我主張耶穌與門徒之間的對話尚未結束的原因。耶穌會重提祂之前的教導。

九章 41 節與九章 37 至 38 節遙相呼應，當中的關鍵是「奉我的名」這片語。在 37 節，第一件奉耶穌的名去做的事，就是接待小孩子，這是門徒為別人做的事。在 38 節，第二件奉耶穌的名去做的事，就是趕鬼，也是門徒為其他有需要的人去做的事。在 41 節，第三件奉耶穌的名去做的事，就是作在門徒身上的事。在這裏，不再是門徒為別人做些甚麼，而是其他門徒為他們做些甚麼。耶穌的話，綜合了祂對國度「為大」的異象：那些看重外人和卑微者的，會在國度裏坐在高位上；那些向國度裏有需要的人伸出緩手的，也會因著他們的好行為被記念。饒有趣味的是，在九章 41 節，耶穌竟將需要一杯水喝的門徒與九章 42 節的小子相提並論。這使得爭論「誰為大」的門徒原來是與「小子」（即是小孩子）同一級別的。耶穌正是要婉轉地告訴門徒：「你以為你們夠大嗎？你們不過像小子一樣，有很多需要吧。」

耶穌進一步在九章 42 至 50 節討論小子的其他需要。我們必須留意，耶穌早已指出應該為祂的名接待小孩子，而現在他們既已在這個羣體當中，羣體就應該確保他們不會被絆倒（九 42）。對耶穌來說，把小子納入羣體並不足夠，羣體應該確保他們能得以留在羣體當中，不會跌倒。在九章 42 至 47 節，耶穌以一連串的誇張手法，論到沒有好好保護小子，傷害了他們的嚴重性。首先，耶穌說應該把大磨石拴在絆倒人者之頸項上，然後把他扔在海中。大磨石十分重，難以移動。耶穌說要把人扔在海中，當中的「被扔／βέβληται」（九 42）是以現在完成時態被動語態來表達的，祂的意思是說，這樣的人應該受到羣體的責罰。其次，耶穌也建議了一些加在跌倒者自身的刑罰：砍下手和腳與去掉眼睛。為甚麼是手、腳和眼睛呢？這些都是耶穌常用的喻象（figures），用以說明信徒的行為（即是手）、生命要走的路（即是腳）與人生的願景（即是眼）。換言之，假如一個人的行為、道路與願景都對他毫無益處，耶穌建議要將它們徹底地除去。耶穌也為這些加在自身的刑罰，列出了一連串相配的終末性原因。為了永恆的拯救，殘障比健全更好。

在這裏，耶穌以豐富的隱喻性用語來描述犯罪者的命運。耶穌用聖經甚少出現的有關「地獄／τὴν γέεννναν」的教導（九 43）來描述了那慘況。傳統的爭論在於這是否一永遠的刑罰。耶穌在九章 43、45、47 節所用的詞彙，都是指位於耶路撒冷以外、稱為欣嫩子谷的「垃圾站」（參代下二十八 3）。很多人力言九章 44、48 節是明顯的證據，顯示地獄之火是不滅的，因此那些進入地獄的人將經歷永遠的刑罰。不過，要用這段經文來支持永刑的講法，那肯定是站不住腳的，因為經文並沒有說這是永遠的刑罰，又或地獄有火。耶穌使用今生最駭人聽聞和可見的圖像去形容死後一些同樣可怕的東西。《以諾一書》（*1 Enoch*）二十七章 2 節也記載了地獄是審判之地這終末論傳統；[28] 而它亦不是棄置屍體的地方。這樣的詮釋來自中世紀。[29] 耶穌在九章 44 節所指的「不滅的火」是指「垃圾站」，譯作「地獄」其實未能準確反映耶穌的意思。更確切地說，我們可以這樣理解這句話的意思：「假如你絆倒這些小子，你的永恆歸宿就像耶路撒冷外那有著不滅之火（永遠焚燒著）的垃圾站一樣，在那裏所有不潔、可憎的東西都燒成灰燼。上帝就是如此厭惡你們絆倒小子的行為。」因此，耶穌在論到「為大」的國度倫理時，再一次比較大（即是進入國度）與小（即是進入垃圾站）。

28. Beavis, *Mark*, 148.
29. Beavis, *Mark*, 149.

假如以上對「地獄」是垃圾站的解釋（不全面的）未能說服你，接下來耶穌在48節的以賽亞書六十六章24節引文，肯定夠說服力。以賽亞以一幅正在焚燒著的垃圾站的圖畫來描述上帝最終的掌權。「不住地焚燒」（火是不滅的）只不過是對垃圾站的進一步描述，而那是每個耶路撒冷居民生活所看見的一部分。為甚麼這個垃圾站要「不住地焚燒」呢？這是因為不斷有垃圾倒進垃圾站裏。根據經文描述，基督徒普遍分為兩大陣營：一方力言這裏的用語是以「永遠的刑罰」（即永刑）為焦點的；另一方則力言這個垃圾站最終會使那些受刑者「灰飛煙滅」（即沒有永刑）。在教會歷史中，在持不同神學信念的信徒當中，這兩個立場都各有支持者。其實，第一個陣營的證據是不足夠的，因為火只是對垃圾站的形容而已，以帶出耶穌隱喻的重點；火根本不是重點，垃圾站才是。火只是垃圾站的形容修飾語（adjectival modifier）。因為「不滅的火」並不是重點所在。第二個陣營的證據也是不足夠的，因為那些受刑者最終灰飛煙滅，不等於刑罰就停止（即沒有永恆的刑罰）。畢竟，我們終究還是無法根據這段經文來判斷地獄確實是怎樣的和刑期有多長；我們實在沒有足夠的證據。耶穌只是在清楚表明這是一件很嚴重的事情。

在九章49節，耶穌以用火當鹽來醃各人的隱喻來結束對話。這句話似乎表示「用鹽醃」等同於審判。耶穌接著轉過來，在九章50節，以同樣的隱喻來討論鹽的鹹味和羣體裏頭應當有鹽。雖然這句話與馬太福音五章13節似乎是相同的格言，但是這裏的用法與馬太福音的用法是不同的。事實上，耶穌在這裏的意思與馬太福音五章13節的意思可說是截然不同。由於馬可福音九章49節談及的鹽是一種磨練性的審判（testing judgment），九章50節的鹽的意思也不應有所改變。那麼，耶穌在九章50節的意思是「審判」應該在羣體內進行（「你們／他們裏頭／ἐν ἑαυτοῖς」），意即羣體中人務要彼此監察，互相守望，甚至在羣體中施行紀律，使羣體能夠履行對小子的責任。若羣體不如此行，他們在終末時必遭受上帝的審判。對小子的責任的另一面，顯然與驕傲有關。耶穌也會審判那些聲稱「為大」，實際卻既不「謙卑」也不在小子當中工作的人。較為正面來看，這個羣體也應該更加尊重那些願意和捨己服事小子的人。耶穌最後吩咐他們要彼此和睦。換言之，正確的等級制度和「審判」應該是為了羣體的好處而進行的，即是要他們彼此和睦。

耶穌這個從「最大」到「不大」的教導，與一章1至3節的以賽亞書引文十分吻合。從一章1至3節帶領人走上上帝榮耀的特別旅程到九章48節這裏引述惡人的結局——這裏引述以賽亞書六十六章24節——耶穌的信息並非單單關乎拯救，更關乎以色列人及其與世界的命途的關係。耶穌想說的似乎是，那些跟隨祂脫離被擄的人應該活出他們的旅程，使得他們羣體中的紀律能反映出世界的命途。由於最後將面對審判，羣體必須審判自己內部（within its own rank）的人。

耶穌現在動身離開討論羣體的地方，在十章1節祂來到了猶太的境界。這裏是祂和宗教權威發生衝突的地方。羣眾亦從這裏離開，往施洗約翰那裏去。十章1節的「猶太境界並約旦河外」，令人聯想起一章5節，約翰在那裏給很多猶太人施洗。耶穌往這個地區的旅程，好像逆轉了馬可福音一章的約翰故事，而耶穌果然立即遇上了羣眾。

耶穌遇到的下一個問題，是來自想試探祂的法利賽人的（十2）。馬可在這裏所用的詞彙「試探」，與一章13節撒但試探耶穌的「試探」，是同一個詞。這個行動顯然是負面的。敘事者在這裏提到法利賽人背後的目的（十2下）。我們不知道馬可怎樣知道他們計劃去試探耶穌，但這總不是一個叫人感到愜意的一筆。這個故事旨在說明耶穌怎樣勝過法利賽人，而耶穌要到十章10至12節才會向門徒闡明。

耶穌在十章2節面對法利賽人有關離婚的難題，祂在十章3節以另一個問題來回答。然後，法利賽人在4節回答說摩西准許人離婚。他們的答案並沒有錯。在耶穌的時代，對離婚這課題有兩派看法，與今天差不多。有比較自由的，認為可以在任何情況下離婚；有較為保守的，不容許以任何原因離婚。至少，在耶穌的時代，犯姦淫當能成為離婚的理由，尤其是當犯罪的一方是女性。用石頭打死犯事者，可能依然是處決犯姦淫者的方式（參申二十二13～23）。維亞（Dan Via）為這段經文提供了一個很有意思的神學解讀，[30] 他指出，在摩西時代的人十分心硬，故此離婚的律法是必須的。然而，自耶穌來到後，人的心尤其因為這個新的世代而不再剛硬，因此，耶穌在那個終末的處境中廢除了離婚的律法。這是終末日子裏新的實在（reality），這是人放下他們的產業、家庭，跟隨耶穌的一部分。這裏提到摩西純粹是為了指出律法的原意，以及這樣的律法在前基督時代的施行情況。

根據這裏的情境來看，耶穌擔當了教師的職事，解釋摩西為甚麼要寫下這個條例——心硬（十5）。接著，耶穌在十章6至8節以創造為論證，指出上帝造男造女，並為人設立了婚姻（參

30. Dan Via, *The Ethics of Mark's Gospel: In the Middle of Time* (Minneapolis: Fortress Press, 1985), 103.

創二 24）。由於上帝的心意是使二人連合，故沒有人可以使之分開（十 9）。這是耶穌對這些領袖的公開回應。這個公開的回應很重要，因為馬可表明耶穌比這些經文詮釋者更了解聖經。

在十章 10 至 12 節，耶穌之後進到屋裏，並回答門徒的問題，他們對耶穌剛剛的教導感到很困惑。耶穌對離婚的立場十分清楚。假如人要與他的妻子或她的丈夫離婚並且再結婚，那麼這人便是犯了姦淫（十 11 ～ 12）。雖然猶太婦女多數不會獲准與她們的丈夫離婚，但外邦婦女可以這樣做。[31] 耶穌的教導，幾乎涵蓋了祂那個時代所有的情況。耶穌的話好像申命記二十四章 1 至 4 節：與第一任丈夫離婚的婦女，在她的第二任丈夫死後，或與第二任丈夫離婚後，不可與她的第一任丈夫再婚。最初為甚麼會有這樣的條例呢？這是為了讓她有權利再婚，也代表著丈夫既作出了決定，就不可再重娶同一個女人。[32] 耶穌可能是將申命記二十四章的教導，重新套用在耶穌祂當下的處境中。

在討論這個重婚的信息時，門徒是根據法利賽人在十章 2 節的話和耶穌對他們的回應來問耶穌的。假如真的是這樣，那麼十章 2 節就提供了進一步的線索，說明法利賽人只是詢問丈夫的角色，但耶穌卻指出二人都有同樣的責任。在耶穌的社會裏，有權力的人（例如：丈夫）傾向會拋棄沒有權力的人（例如：妻子）。在耶穌的教導裏，兩者都有責任，因為雙方都有權力。這是新國

31. Eugene Boring, *Mark: A Commentary, New Testament Library* (Louisville: Westminster John Knox Press, 2006), 287; Lawrence Willis, "Mark," in *The Jewish Annotated New Testament*, ed. Amy-Jill Levine and Marc Brettler (Oxford: Oxford University Press, 2011), 81.

32. Boring, *Mark*, 286.

度的平等倫理，而不是關於再婚和道德上僵化的教導。

這個關於離婚的討論怎樣連於上文？我們很容易會把耶穌關於離婚的「教導」當作給今天世代的「教義」，但我們還得先看看這些材料究竟怎樣連於上文有關誰為大的討論。當耶穌論到「大」和「最大」時，祂使用了很多與家戶有關的詞彙。在九章36節，祂論到接待小孩子進入門徒的圈子裏；在九章38至41節，祂澄清了圈內人和圈外人的界線；在九章42節，祂論到絆倒小子的罪行的嚴重性。而馬可在十章13節起將進一步論到小子這課題。這樣，馬可不僅是因著時序而把這些故事放在一起，也是因著它們同樣與上帝新的家的教導有關 —— 在上帝這個新的家裏，小子和卑微的人最受重視。馬可乃是強調「家人」之間的關係。根據這個關於離婚的私下教導，在這個家當中，耶穌本身取代了摩西的律法。當一段關係得到確定後（例如：申二十四章），它在上帝的眼中是永不改變的。雖然博寧認為這個教導乃是在回答跟隨耶穌是否要求人離開他的配偶，但這個教導其實只是簡單地指出，走在上帝的道路上（一1～3）和參與上帝的國度，並不表示否定或漠視所有別的人際關係。[33] 對上帝而言，所有的關係都是重要的，甚至比律法的條例更加重要。因此，既論到國度的「大」和「最大」這議題，耶穌便把上帝的創造定為最大的，其優次更高於宗教領袖教義化地詮釋的律法。

耶穌在十章13至16節繼續服事小孩子。我們務要留意的是，小孩子從外邊進到私人的空間。從上文看，這個私人空間是耶穌教導門徒的地方（十10）。從空間上的關係來看，這些小孩

33. Boring, *Mark*, 288.

子是國度以外的人，至少門徒是這樣看的。在這裏，耶穌給門徒清楚地示範了祂在九章33至50節的教導。門徒沒有遵從耶穌在九章37節的教導，反而在十章13節責備小孩子和那些帶他們來的人。耶穌透過這個故事想說的是：「即使在我教導你們這一切後，你們這些門徒還是不明白。你們好像那些不明白上帝心意的律法教師！」耶穌的教導配合祂所說的話。在十章15節，祂嚴厲地論到不能進入上帝國度的人，這完全與九章42至50節的教導一致。那些阻止小子來到的人，事實上不配被稱為國度的子民。他們不單在危害小孩子，也在危害自己。馬可再次以諷刺的幽默手法來指出一個事實：即使上帝早已清楚指出「大」的意思和怎樣才是「為大」，門徒並未有好好把握機會。我們可以理解法利賽人為甚麼不會為大，因為他們只遵從上帝最基本的心意，並且成為耶穌的敵人；但是門徒與法利賽人那次對話後，他們接受私下教導，理應會更加明白耶穌所教導的！在所有與耶穌會面的人當中，門徒理應是最能夠「為大」的人，因為他們時常聽到祂的話，但是他們所作的正好相反。社會上最卑微的人——小孩子——將會為大，而那些看重他們的人也會升高。施碧塔勒（Peter Spitaler）正確地指出，有關小孩子的講論不是關乎「謙卑」，而是關乎地位卑微，他們在生活上會面對種種危機（在古代的世界中，小孩子是很容易生病的）。[34] 門徒理應要接

34. Peter Spitaler, "Welcoming a Child as a Metaphor for Welcoming God's Kingdom: A Close Reading of Mark 10.13 ～ 16," *Journal for the Study of the New Testament* 31 (2009): 424, 436。最終，我是不同意施碧塔勒的建議，因為他似乎將平平無奇的小孩角色除掉。他視樂於接受小孩，便是如同樂於接受天國。因此，對施碧塔勒而言，接受小孩的誡命就是能類比為接受天國的誡命了。故此，小孩就變成是天國的類比了。換言之，經文可以如此說：「若有人不接受天國如（他接受）小孩……」

待這地位卑微的小孩子，以及他們也要降卑如小孩子那樣。當中的意涵，是要求門徒必須放下他們的富足及地位。這裏是要將十章16節的小孩子承受天國的方式（按手祝福），與門徒接待小孩作出比較（責備帶小孩子來見耶穌的人）。小孩子固然會樂於承受天國，因為小孩在社會上沒有地位，而天國卻會賦予他們地位。人若能接受小孩子，便是如同接受天國般去接受小孩子。而天國的核心價值，便是猶如那個地位卑微的小孩子那樣——天國就是接受所有地位卑微的人。只要門徒能接受地位卑微，並且接受地位卑微的小孩子——樂於接受天國的小孩子，他們便是接受天國了。

下一個故事完全配合小孩子的故事。十章17至31節的財主故事，正正說明了國度的價值觀。在這裏，馬可可說是匠心獨運，從社會上最卑微的人論到社會上最有地位的人。在耶穌的時代，社會地位是十分重要的。若不明白社會地位有多重要，我們就無法明白下一個故事和它是怎樣連於馬可有關大和最大的討論。讓我根據一篇由基斯瑪特（Sylvia Keesmaat）和華爾殊（Brian Walsh）所寫的文章，描繪一幅耶穌時代的社會地位的圖畫，尤其是當時的人是怎樣致富的。[35] 若我們對當時的財富沒有這樣的認知，就無法明白耶穌的要求。

這種說法，尤其是按照耶穌要門徒接受小孩的誡命——讓小孩到耶穌跟前。施碧塔勒乃是透過一個平行的明喻來研讀的，儘管我不認同他，但他這種令人注目的研讀仍是有可能的。

35. Sylvia Keesmaat and Brian Walsh, "'Outside of a Small Circle of Friends': Jesus and the Justice of God," in *Jesus, Paul and the People of God: A Theological Dialogue with N. T. Wright*, ed. Nicholas Perrin and Richard Hays (Downers Grove: InterVarsity Press, 2011), 66～91.

當我們論到耶穌時代的經濟情況時，若我們以為當時的人可以努力工作致富，像很多自由社會那樣，這種想法明顯是望文生義的。事實上，耶穌時代的經濟情況，在多方面與自由社會的運作正好相反。在猶太背景裏，耶穌尤其針對聖殿。基斯瑪特和華爾殊寫到：「聖殿成了一個產業（industry）；服務提供者圍繞著聖殿謀生，令到聖殿得以運作良好。」[36] 這些服務提供者包括：兌換獻祭貨幣的人、售賣獻祭動物的人，以及提供類似「服務」的人（十一 15～16）。當然，這只是一個偏離正道的社會的冰山一角。很多上層社會的猶太人，也會因有利可圖而參與這個經濟體系。

上層社會的猶太人從這個經濟體系中賺取利潤，並用之來購買土地。嚴重的欺壓就從這裏開始了。基斯瑪特和華爾殊寫到：「嚴重的欺壓是以兩種方式進行的：一、他們買地並從租金獲取收入，繼而使地價提高；二、他們借錢給那些要錢買種子的人，或借錢給那些要錢買地來耕種的人，並從中獲益。」[37] 這樣，大量的土地落在少數人的手裏。於是，那些有錢人便可以向窮人收取高昂的利息。為了維持這種欺壓模式，宗教領袖會與法庭聯手強逼那些窮人還債，而聖經免債的教導亦不再適用。[38] 最後，窮人的贖回權被取消，使得那些擁有大部分土地的人能夠擁有更多新的土地，偶爾也會擁有更多新的奴隸。[39] 這是一個惡性循環。簡單來說，有錢人控制著這個經濟體系，窮人則受到欺

36. Walsh, "'Outside of a Small Circle'," 71.
37. Walsh, "'Outside of a Small Circle'," 71.
38. Walsh, "'Outside of a Small Circle'," 72.
39. Walsh, "'Outside of a Small Circle'," 72.

壓。這有別於今天一些先進國家，當時脱貧的方法少之又少。馬可筆下的耶穌不單在這裏有很多關於這種經濟體系的討論，之後也有很多直接或間接的討論。根據以上的背景和經文，我們將會見到馬可（和耶穌）沒有説出來的，與祂／他／他們説了出來的同樣重要。

十章17至31節的故事，很多人喜歡，尤其是那些想呼召人去委身的講員。明白了上述的社會學的背景，這個故事可能不再一樣。它不單是一個獨立的故事，它與馬可福音其他論到宗教和財富（參十一12～18）的經典場景也有關係。故事發生的地點是「行路上／εἰς ὁδὸν」（十17上）。問題是即是在哪裏呢？十章32節清楚指出，耶穌正在往耶路撒冷去。按照全卷書的主題，較為整全的答案應是：耶穌乃是行在如一章1至3節所説的那條上帝的道路上。而在這一刻，有一個人走向耶穌，並在祂面前跪下來。這個舉動表示那個人很尊敬耶穌。他稱耶穌為「良善的夫子／διδάσκαλε ἀγαθέ」（十17下）。稱呼耶穌為夫子，已經成為了那些尊敬耶穌子、卻對祂一知半解的人的習慣（參九17、38）。馬可彷彿以為我們會忽略這個人的特徵，故此這個人再次在十章20節稱呼耶穌為「夫子」。可是，對馬可來説，無論人對耶穌有多尊敬，祂並不只是一位老師。

有別於那些有意試探耶穌的法利賽人（參十2），這個人著實帶著一個真正的問題來見耶穌。他想知道他要做甚麼事才可以承受永生。他的關注背後有好幾個假設：第一，他假設人可以做些事去承受永生。第二，他根據對耶穌教導的有限理解，假設了世上有一種稱為永生的東西。耶穌接著根據他稱呼耶穌的方式和這個問題背後的假設，回答他的問題。

耶穌首先在十章18節問那個人，為甚麼稱祂是「良善」的。

比維斯認為，十章 18 節是用一神論來直接攻擊馬可羣體對基督論的沉迷。[40] 假如我們仔細閱讀這段經文，就會發現耶穌並未有否定自己是良善的，但也沒有直接明晰地倡議一神論。(其實按耶穌當時的背景，根本就預設了一神論。)祂反而將焦點指向最終極良善的一位，就是上帝自己。不過，耶穌在談論上帝的良善之前所問的問題，其實是甚為激進的(十 18 下)，因為耶穌基本上是說：「假如你要稱我是『良善』的，你知道你是在稱我為『上帝』嗎？」耶穌既沒有否定自身是良善的，祂便留下了祂可能是上帝的空間。接著，在十章 19 節，耶穌引述出埃及記二十章 12 至 16 節或申命記五章 16 至 20 節，來回應人做甚麼事才可以承受永生這一假設。這個引文是出埃及記二十章和申命記五章的十誡的一部分。耶穌引述了與人際關係有關的部分，即是十誡的第二部分。這些誡命對永生有甚麼影響呢？這些引文，是更宏大的立約處境的一部分，關乎以色列承受長久的生命(參申三十 11～20)。對這位發問者而言，以色列的生命將會轉移到像他一樣的個別以色列人身上。

每個受過教育的以色列民都應該熟悉十誡。我們需要留意耶穌說過的話和祂沒有說的話，我們也務要留意耶穌並沒有提到最後的誡命——貪婪。我們很容易會看漏這一點，而這點完全配合之前所提到的那些富有的地主的社會背景。為了致富，人會變得貪婪和努力積聚錢財。耶穌未有提到貪婪，因為在耶穌作出要求之後，接下來的敘事便會告訴我們貪婪的結果。

耶穌既沒有提到貪婪，這人在十章 20 節欣然宣稱他已經

---

40. Beavis, *Mark*, 152.

遵守了這一切。接著，在十章21節，耶穌給他最後的命令：變賣他所有的，分給窮人，還要跟從祂。卡達科爾（Simon Gathercole）的講法十分有啟發性，他的洞見解答了這個問題：耶穌既避開了被稱為「良善的」所要負的責任，但祂隨即又宣稱只有上帝才是良善的；他觀察到，只有上帝才能定義祂的誡命中哪些是重要的，當耶穌呼召財主去變賣一切，表明了耶穌有著上帝一樣的重要地位。[41]

我們也應該注意到，耶穌在十章19節加了一句「不可虧負人」，這句並沒有出現在出埃及記二十章或申命記五章。[42] 這句添加的誡命，一定是針對有錢人的財富而說的。這看法相當合理，因為在十章21節，耶穌對財主說：「去變賣你所有的，分給窮人。」這裏正正點出了財主財富的來源。財主既透過不公義的方式（如壓榨窮人的金錢）來獲得財富，若他要跟隨耶穌，就必須先棄掉那些不義之財。如克拉克（Andrew Clarke）所言，他要求我們不要審判財主，我們不得不去比較這段敘事與之前的敘事：財主進天國是何等地難（十23～25），但小孩卻能進入天國（十14～15），兩者形成了強烈對比。[43] 這裏對承受永生的討論，與

---

41. Simon Gathercole, *The Preexistent Son: Recovering the Christologies of Matthew, Mark, and Luke* (Grand Rapids: Eerdmans Publishing, 2006), 74.
42. Richard Hicks, "Markan Discipleship according to Malachi: The Significance of μὴ ἀποστερήσῃς in the Story of the Rich Man (Mark 10:17 ～ 22)," *Journal of Biblical Literature* 132 (2013): 184 ～ 188，這文章指出，耶穌在馬可福音這裏加了這句，靈感是從瑪拉基書而來的；而馬可福音裏有不少的經文，都含有瑪拉基書三章5節的影子。（例如：可一2／瑪三1；可九12／瑪四5；可十6～8／瑪二15）。希克斯（Richard Hicks）的理論值得我們深思，尤其當已經有很多學者注意到馬可福音中有不少以賽亞書的文本互涉。假如希克斯的理論是對的，那麼馬可福音與瑪拉基書的這種連結，就能展示出神聖審判的重要性。
43. Andrew Clarke, "'Do not Judge who is Worthy and Unworthy': Clement's Warning

進天國的討論非常相似。另外，相比馬可福音的其他人物，惟獨財主拒絕耶穌對他的個別呼召；而財主的拒絕，他著實沒有遵守所有誡命。因此，財主的問題並非只在於他的產業很多（十22）；財主的問題，在於他假稱自己已遵守耶穌所道出的誡命！在十章21節，敘事者描述耶穌愛這個財主。耶穌呼召財主要活出真正順服的生命，而耶穌這舉動展示出祂對財主的愛。上帝要祂的子民遵守祂的誡命，是祂愛祂的子民的方式，為要保守祂的子民走在祂的道路上。

耶穌基本上超越了一般的老師，上帝在誡命之上加上當代應用，或強調誡命的當代應用。只有上帝（或是一個勇敢的瘋子）才能在完全順服之上，大膽地要求人作出完全的犧牲。耶穌的話也包括了一些要求：第一，耶穌說當那人變賣他的財寶後，要將之分給窮人。這與我在上文描繪的富貧之間的不平等，非常吻合。要求這人將財產分給窮人甚是困難，因為他最初是從窮人身上獲利而致富的。現在他要令窮人變得稍為富裕，而使自己成為窮人。如今錢財要溜向另一個方向了。這並不是這人在希羅世界中樂意見到的實況。第二，耶穌說他將有財寶在天上。耶穌的意思是這人分發他的財產後不會失去它，反而藉著分發財產，其實是把它存在天上。這裏更涉及那人永生的問題，因為對今生而言，天堂是眼不能見的。敘事者在十章22節指出那人無法跟從耶穌，因為他的產業很多。

以耶穌呼召人作門徒的角度觀之，這段呼召的敘事完全是建

---

not to Speculate about the Rich Young Man's Response (Mark 10.17 ~ 31)," *Journal for the Study of the New Testament* 31 (2009): 454 ~ 466.

基於對那人的提問的回應；而與此同時，它也與其他呼召敘事形成對比。一章 17 節也有跟從耶穌的吩咐，卻沒有要求首批的門徒變賣所有。一章 18 節提到門徒放下一切（參二 14）。這樣的對比十分清楚。這人不願放下一切，門徒卻放下了一切。這個對比，正正為十章 23 至 31 節耶穌與門徒的對話鋪路。

耶穌在十章 23 至 24 節重複（很可能是為了強調）這信息：有錢財的人進上帝的國是多麼困難。祂重複這話，因為門徒對耶穌的言論大表驚訝。接著在 25 節，耶穌以一個誇張的類比來表達財主進入上帝的國有多困難 —— 甚至比駱駝要穿過針的眼還要難！耶穌這種誇張的手法基本上是在說：前者比後者更不可能。為甚麼呢？試想像那個社會的貪婪和積聚錢財的情況。那個社會所引以為傲的，正正是阻礙了他們成為國度中最小的。當那個富有的人問耶穌他要「做」甚麼才能承受永生，耶穌告訴他，除了變賣他所有的，他並不能做甚麼。換言之，馬可想強調，這個人的絆腳石正是他在社會中的優勢。對有錢人來說，他的優勢就是他的財富。

然而，門徒的價值觀與耶穌的價值觀截然不同。他們問道，假如那個財主無法進入上帝的國，又有誰能夠呢？我們無法確定他們為甚麼會這樣想。當中有一個簡單和較為常見的解釋：門徒必定認為財富是上帝祝福的記號。但是，耶穌認為財富是攔阻。門徒的價值觀再一次與耶穌的價值觀對立，因為他們所持的價值觀，正正就是社會的價值觀。社會的「大」正正是耶穌的「小」。耶穌在十章 27 節給他們盼望 —— 在人不能的事，在上帝是可能的。換言之，他靠著上帝的幫助，放棄一切，便可進入上帝的國。

彼得在十章 28 節一如既往作出回應，這回應可能代表著所有的門徒。他的回應令人聯想到他在一章 16 節蒙召的情況。這次，彼得並非無的放矢，他似乎想向耶穌展示他有按著耶穌的吩咐，犧牲一切。彼得看到的與那個財主一樣，他們同樣看到耶穌的呼召是一種犧牲，分別是彼得願意放下一切，財主卻不願意。於此，耶穌在十章29至31節提供了另一個範式（paradigm）。

耶穌認為放棄財產和家庭，是得而非失。我們需要根據馬可較宏大的敘事脈絡來理解撇下家庭的意思。在三章21節，耶穌在地上的家人並沒有重視祂；在十字架上，耶穌感到上帝已經離棄了祂（十五34；這節並非只討論離棄，而是包含著更豐富的意思。留待處理該段經文時才再作討論）。由於耶穌已經離開了祂天上的住處，且被祂地上的家人誤解，因此，門徒也要走上一條類似的路。接著，馬可以這話來確定耶穌給讀者的倫理教導。在十章29至30節，耶穌不僅說祂的門徒會得回他們所撇下的一切，而且他們要得著百倍。細心的讀者，會跟比維斯有同樣的觀察。她發現，六章1至6節是惟一提及耶穌家人的地方，而那裏指出祂與家人的關係疏遠。[44] 更重要的是，或許馬可對家庭的描述並非旨在於指出耶穌與祂所有家人缺裂，而在於耶穌自身先成了行在主的道路上的榜樣——祂失去了家人、走上十字架的道路，可卻同時又得到家庭以外的人的照顧（參十五40～41）。耶穌也很實在地指出，隨著這些「得」而來的將會是逼迫。馬可筆下的耶穌很著重「沒有十字架，就沒有榮耀」這主題（參九1、12～13、31～32）。然而，最重要的結論是十章31節。這節經文一般被詮釋為：那些撇下一切的人如今是在「後」的，將來要成為在「前」的。但是，這節經文的影響力應遠不止於此，因為

44. Beavis, *Mark*, 100.

它是這段論到「大」和「最大」的講論的結語。在爭論誰為大的激烈討論裏，耶穌是以九章35節的「首先」與「末後」的比較來回應的。因此，要在國度為大，不單要棄絕人的優勢，成為在社會上「末後」的人，還要放下人對關係的理解。馬可這一連串的故事給刻意放在一起，為要帶出這個普遍的真理。當然，那些被撇下的財產，很可能是從社會中攫取的不義之財，這種撥亂反正的行為只是作門徒最基本的要求。這個要求有所犧牲的呼召，讓我們再次回到最初討論誰為大的敍事。沒有最初的討論，這幅作門徒的圖畫是不完全的。

接下來的兩件事，説明了門徒可以怎樣誤解耶穌的教導。在十章32至34節，耶穌再次教導祂受難的信息。在十章33至34節，祂以先知的角色來預言自己即將受苦。門徒如今至少能理解受苦的那部分教導，可卻感到害怕（十32）。形容他們很「希奇 / ἐθαμβοῦντο」和「害怕 / ἐφοβοῦντο」的動詞，都是過去未完成時態的，為要表示他們現正處於恐懼之中。耶穌每次教導有關祂受苦的信息時，都會使用稍為不同的詞彙。在八章31節，其重點是反對耶穌的猶太人對祂施加的逼迫；在十章33至34節，除了耶穌的猶太敵人以外，這次還加上了外邦人。而這次則為受苦的形式提供了更多資料。這次，敵人不再只局限於一個民族，猶太人和外邦人都會厭棄彌賽亞。

接下來雅各和約翰在十章35至45節的要求，比前段的「受苦宣告」更值得我們留意。從他們稱呼耶穌的方式，可見到他們對耶穌的誤解。他們稱耶穌為夫子，與十章17節的財主一樣，也與九章5節的彼得相類似。最諷刺的是，他們一方面稱耶穌為夫子，好像降服在祂的權威之下；另一方面卻命令耶穌按他們的要求行事（十35）。希臘文原文的語氣是稍為溫和一點的，類似

「假如我們有甚麼想你為我們做，希望你會去做呢。」[45] 但是，考慮到前段耶穌剛剛向他們所說的話，他們的厚顏實在令人側目。在十章 36 節，耶穌幽默地問他們想要甚麼，接著在 37 節，他們就要求坐在耶穌的兩旁。在 37 節的下半部分，顯示出門徒對階級觀念是多麼迷戀，其實早在九章 34 節已證實了這一點。[46] 他們在這裏延續著他們對國度的誤解。由此可見，門徒依然是以世界的價值觀去行事為人（如爭論誰為大），以上帝的價值觀去行事為人（如施捨、服事、捨命等）。這段敘事正正為馬可福音十二章對天國價值觀的討論，埋下伏筆，如比維斯認為，十二章 33 節有關祭祀的爭論，是與十二章 41 至 44 節的婦人微小的奉獻和財主數目龐大的奉獻作對比的。[47] 我們將會發現，重點從來不是奉獻的比例，而比維斯對門徒的世界觀所作出的建議依然是成立的。他們的愚昧，叫他們不明白耶穌將要受死。他們依然以為耶穌將要作王，而他們將要坐在耶穌兩邊。他們渴望的是「榮耀／τῇ δόξῃ」，耶穌所說的卻是受苦。在八章 38 節和十三章 26 節，耶穌均以「榮耀」一詞來描述祂第二次的降臨。假如門徒只是受教關於耶穌第二次降臨的事情，我們就不應苛責他們，不過耶穌直到現時為止，所強調的更多是受苦的信息。可他們卻略過了十字架，直接去到榮耀那裏。這並不是耶穌的路徑。

在十章 38 節，耶穌挑戰他們是否可以喝祂的杯和受祂所受的洗，以糾正他們的誤解。耶穌想他們知道，假如他們想得享祂

45. 這個希臘文子句是第三類情況，是表示可能性的子句。
46. Beavis, *Mark*, 156.
47. Beavis, *Mark*, 166.

的榮耀，就要同樣要走上受苦之路。十章39至40節是很特別的經文，因為它既令人困惑，也令人欣喜。耶穌先指出了他們「會」(would)——而不是「可以」(could)——喝祂的杯和受祂所受的洗的事實。換言之，他們是否有「能力」這樣做是次要的，人子所預見的，才是他們將來的道路的關鍵。然而，耶穌說誰能坐在人子旁邊，惟有另一位——應該是上帝——不可以賜下，我們無法得知是誰蒙賜座，也不知道怎樣才得蒙賜座。換言之，走上耶穌的道路並非最高的標準，而是最基本的要求。做最基本的事情，不會使跟隨者得以坐在王的身旁。

其他門徒似乎不讓雅各和約翰的誤解專美，在十章41節，他們也展示出他們自己的誤解來。耶穌在十章42節把他們的價值觀與外邦統治者相比較，以回應他們的無知。耶穌並非純粹比較國度的價值觀與外邦人的價值觀，祂事實上是在羞辱門徒。我們必須緊記，很多猶太人都很憎惡殖民地的外邦人統治者。耶穌將他們與外邦統治者作比較，對他們來說是極大的羞辱。耶穌接著在十章43節以「你們不是這樣/οὐχ οὕτως δέ ἐστιν ἐν ὑμῖν」和表示反義的「反而/ἀλλά」(《和合本》譯作「只是」)，與外邦人的價值觀作對比。耶穌以「用人/διάκονος」(servant；十43)和「僕人/δοῦλος」(slave；十44)來形容真正「為大」的位分(rightful place)：並非所有用人都是僕人，但是每個用人都有他的職責。而「僕人」除了表示那人的職責外，也表明了他的社會地位。因此，國度的子民有責任去服事別人，而他是甘願降卑，安於僕人的位分。然而，耶穌在十章45節表示祂自己也是僕人，並且祂自己的職責來表明自己的位分——捨命作多人的贖價。連耶穌也是這樣！馬可帶出耶穌的使命宣言(免得他的聽眾忽略了)，為要再次回應污鬼在一章24節提出的問題。耶穌為甚麼要來？——祂來是為了付出！

「贖價／λύτρον」（十 45）到底是甚麼意思？在這節經文之前，耶穌並沒有清楚說明祂為甚麼要死。這個詞的詞組（word group）通常往往是指：給某人付一個價錢，以釋放一個奴隸或囚犯（《七十士譯本》出十三 13、15，二十一 8；利二十五 25～26 等）。[48] 它也可以簡單地解作拯救，或如博寧所說的「上帝的拯救行動」（《七十士譯本》出六 6；申七 8，九 26 等）。[49] 第一個解釋的困難在於它會引來各神學臆測，就如耶穌怎樣付代價、向誰付代價等。這些猜測無法從馬可福音中找到答案。或許較好的理解是避免把這個隱喻推得太遠，將耶穌理解為旨在釋放眾多此前為奴者的生命。與其望文生義猜測答案，最好是將經文連於以賽亞書五十三章 11 至 12 節的耶和華的僕人。雖然有很多無法解答的問題，但我們卻得以再次見到馬可福音裏的以賽亞影子。這個僕人的犧牲與一章 1 至 3 節十分吻合；一章 1 至 3 節這句以賽亞書四十章 3 節引文，是上帝的救恩的開始，當中記載了約翰為主預備道路，讓耶和華的僕人可以走上，並帶領他人走上。十章 45 節則記載上帝的拯救開始進入高潮。

馬可記載了醫治瞎子巴底買的故事，作為這個僕人服事的例子。這件事發生在耶利哥（十 46），更重要的是他身處的地點——而地點是與其他人緊緊扣在一起的。他坐在路旁，卻無法看見，只能聽見耶穌經過（十 47）。馬可這樣描述，為要表明他是圈外人，被社會拒絕。同樣重要的是，他的名字叫巴底買。

48. Boring, *Mark*, 302.
49. Boring, *Mark*, 303.

這個名字本身有一半是猶太名字，一半是外邦名字。「巴」是亞蘭文，意指兒子；而「底買」是希臘文名字。他的名字是「底買的兒子」。或許這並非他的真正名字，而是與他原生家庭有關的名字；他可能是希臘化的猶太人。雖然他的名字包含了他父親的名字，但是他卻沒有家人陪伴著。他在世上十分孤單，沒有任何優勢可言。在古代和現代社會，語言變化是有很多原因：社會隨著潮流不斷轉變、馬可時代演說的雙語處境、雙重文代和雙語演說者的文化重疊。[50] 於此，我們正好看到巴底買怎樣代表著社會上那些遊移於雙重文化的人。耶穌在這裏穿梭於兩個世界。

十章 48 節，很多人在責備巴底買，這凸顯了他的孤單。他沒有因此而受到影響，倒愈發大聲呼喊，宣認耶穌是大衛的子孫。毫無疑問，他的認信表明他明白耶穌是彌賽亞。我們難以確定他是否真的知道關乎彌賽亞的一切。當耶穌叫他過去時，他就去到耶穌面前。耶穌問他想要甚麼，他回答他要能看見。他對耶穌的理解有點混淆。他在十章 51 節稱呼耶穌為「拉波尼」（即夫子），與彼得在九章 5 節對耶穌的稱呼一樣；但是，他和彼得有一個分別：彼得跟隨耶穌的時間比巴底買長。耶穌在十章 52 節醫治了他，並說是他的信救了他。這個醫治神蹟是以拯救性的用語來表達的；耶穌以「救／σέσωκέν」來形容這次醫治。這人從他的殘障中得救了。這個字的希臘文原文是完成時態的動詞，表示醫治不單開始了，而且繼續與那人同在。當我們將這個故事與八章 22 至 26 節醫治瞎子的故事相比較，會發現兩個記載大有分別。

---

50. Wire, *The Case for Mark Composed in Performance*, 68～69.

在八章22節，有人樂意帶伯賽大的瞎子到耶穌那裏；相反，巴底買則被人拒絕。在八章23節，耶穌作主動；這裏則是巴底買作主動。八章23至25節的醫治分為兩個階段，似乎是在嘲諷門徒（和宗教領袖）的眼瞎；巴底買的醫治則是直接的，並且直指巴底買的信心。兩個醫治各帶出不同的教導，每個教導都與上下文有關。馬可福音八章的上下文延續著誤解和瞎眼的主題；而馬可福音十章的上下文，則是服事圈外人和社會最低層的人。馬可福音八章和十章最主要的分別是：第一個故事的結束是負面的，第二個故事的結束卻是正面的。在第一個故事的結尾，耶穌告訴那人不要進村子，並打發他回家；至於這個故事的結尾，那人跟隨了耶穌。因此，馬可是以醫治瞎子巴底買的敍事，來成為耶穌之前與服事有關的教導的例子（九33～37，十35～45）。看看耶穌在十章36節問門徒的問題和51節耶穌問巴底買的問題，就會發現馬可對這兩個敍事的連繫，愈來愈清晰。他們都是一樣的，分別在於門徒正在尋找世俗虛無的榮耀，而巴底買只想得著醫治，好讓他可以重新進入羣體。諷刺的是，這個瞎子像門徒一樣，立即跟隨了耶穌（參一18，二14）。這個瞎子可能只有部分得悉關耶穌的資料，但已足以使他成為耶穌的跟隨者。那些得到最多有關耶穌的資料的人，卻提出了更加無知的要求；相反巴底買所提出的要求，卻一擊即中。從耶穌的反應看來，資料愈多不等於了解愈深。

既然如此，以上的教導怎樣配合當時的社會背景和一章1至3節的討論呢？就如一章1至3節所示，彌賽亞的道路是把以色列帶回她當處的位分。耶穌在這裏清楚指出了以色列民當處的位置是在哪裏——他們要成為僕人。他們為了別人和耶穌而放下他們的社會優勢，以致他們會在終末的日子得到更多。誰為大的討論是以爭執開始，並以犧牲結束。這條犧牲的道路，不僅要求他們把財產分給別人，而且要求他們當心個人罪行不要絆倒他們當中的小子。換言之，作為國度的子民，他們必須改變他們的心態。門徒再三地誤解耶穌，這說明了，無論耶穌教導這條謙卑之路多少次，要求他們明白捨己是多麼的困難啊！

反思及應用

十字架的陰霾愈來愈近了。耶穌把國度的故事付諸行動，把世界的階級觀念顛倒過來，祂的犧牲成為上帝的拯救性的行動。對於這個透過死亡而成就的拯救性的行動將如何運作，敘事並沒有任何解釋。它就是這樣成就了。耶穌不是浸淫在祂的榮耀裏，而是來到病患者和被鬼附的人當中，為要教導祂的門徒和文士，究竟國度可以怎樣勝過撒但。撒但的勢力影響著這個世界，耶穌創造新的敘事——無論是透過禱告或是認真地看待家庭關係——來逆轉人類的墮落。九章 14 節的敘事以耶穌勝過撒但開始，而耶穌於十章 7 至 12 節的離婚討論裏，並沒有論到律法，而是論到上帝創造的秩序。馬可的這種安排，為要表達出耶穌的拯救能夠將魔鬼所造成的失序恢復過來，也就是恢復上帝的創造。所以，創造的秩序和耶穌的思路是討論的核心。

就神學來說，馬可敘述了一個新創造（而非創造）的故事。普遍來說，很多人認為馬可筆下的耶穌的使命是要往十字架。然而，這段經文所要說的不止於此。耶穌在往十字架的旅程中，早已展示出上帝想要的關係和創造的秩序。這裏的神學所涉及的，不只是上帝是否准許離婚和再婚，也包括指向國度中的重要人物，例如小孩子。十章 17 節及之後的經文，記載了財主若要跟隨耶穌，就要撇下他的財富，這段敘事也是指向國度的優先次序。國度要求人撇下自己在世上的優勢，這種要求，使得新的創造在顛覆的過程中慢慢發展出來，並且有別於耶穌時代的一切社會常規。

論到倫理的課題，人會繼續留意耶穌有關離婚的討論。馬可筆下的耶穌，很明顯是一位絕對主義者：祂並沒有含糊其詞，而且，無論是對待小子還是配偶，祂也不想門徒在處理人際關係上三心兩意。耶穌把上帝的創造理解為某種理想，祂期望信仰羣體能在破碎的世界中盡力跟隨這個理想。在這個破碎的世界裏，富有的人對撇下財富、參與羣體，猶豫不決。耶穌希望門徒羣體能夠鶴立雞羣，正正因為活在這個破碎的世界是多麼的困難。

在倫理方面，更令人驚訝的是，門徒是怎樣地漠視耶穌關於小子的教導，無論小子是小孩子還是受欺壓的人。在耶穌的日子，小孩子已經受著如奴隸般的社會地位，雖在猶太人的羣體當中，他們的地位或許稍為高一點。因著這樣卑微的地位，人即使見到他們，往往也不會聽他們的話。這實在值得我們反思，因為馬可顯然在譴責人不願意服事弱勢社羣。而耶穌的榜樣，肯定了服事他人的重要性。接著下來，我們要看看華人教會的信仰羣體的行事方式。

當我們檢視香港教會和美國很多保守的福音派教會，我們無可避免地會看見一個趨勢——它們與那些造成世界大部分國家（即第三世界或稱之為「三分之二世界」〔the two third world〕）經濟依賴（dependency economies）的強權為伍。再看看耶穌的吩咐，祂是如何強烈對抗經濟的趨勢，我們實在沒有藉口與欺壓人的勢力結盟，更加沒有理由的是，明知這個勢力有多大的破壞力，我們也去支持它。可悲的是，有不少信徒倒較似十章 2 節著重那些律法的文士與法利賽人，並以此來試探耶穌。在現實景況裏，這些基督徒羣體所判為有罪的，很多時其實是他們以律法主義的方式來解讀經文所致，但他們卻忽略耶穌有關經濟和作門徒的整體教導。有時候，律法主義是人隱藏自身真正罪惡或者無意跟隨耶穌的最好方法。這種律法主義不單見諸於法利賽人，也見諸於問怎樣才能承受永生的財主（十 17）。很多這樣的羣體，往往只是根據自己的偏見來建構罪的定義。這些細枝末節的「罪」，實在無法與更嚴重的罪相比——不成為耶穌所呼召我們的那種門徒。耶穌不單呼召信仰羣體將財寶投資在國度裏，更要他們與小子為伍，將之定為首要的事。我們可以問問：有多少中產教會沒有活出這個作門徒的呼召？我相信，在領導和集體層面認真回轉之前，這種教會的失序會一直損害教會和我們所宣講的福音。否則，當耶穌來到，祂會責備教會，就像祂針對聖殿一樣。

另一個值得反思的倫理教導是耶穌對財主的呼召。耶穌在八章 34 至 38 節提及永生，而另一段與之平行的經文在馬可福音十章，耶穌呼籲財主撇下所有，跟隨耶穌。耶穌的答案，完全能夠回答那人有關永生的提問。根據馬可的敘事，耶穌的道路通往十字架。由於耶穌將要受死，物質對死人是沒有好處的。假如耶穌的跟隨者跟隨耶穌走向耶路撒冷，那耶穌要求他撇下所有，當然十分合理了。沒有人能把他的財產帶到十字架上。值得我們留意的是，十字架所帶來的生命——耶穌的復活。那人問及永生的事，耶穌的回答是根據他的問題作出的。當那人當下願意撇下他的財產，他離開世界後必得著永生。那些積聚財富的人，他們並不知道永生或十字架的事。他們以為從這刻一直到永生，他們都會一直擁有這些財產。雖然大部分基督徒並不相信這個有關物質的謬誤，但很多時候，他們的生活卻彷彿是相信的那樣。

2. 神學詮釋：釋經的理性思考

耶穌帶著彼得、雅各、約翰，在山上預先經歷了祂自己變像的榮耀事件。但是在馬可的記敘之中，耶穌這終末變像榮耀的事件，即是復興萬事的事件，是要透過耶穌的受死、復活這條道路，方才完全成就；只有這樣才能移除所有的障礙，使得上帝圓滿的國度在地上實現出來。耶穌一直走在通往上帝國度的道路上面，這是先知以賽亞所預告的道路，叫人可以從一切帝國的奴役之中得釋放、享受不一樣的羣體的自由生活。只是，在上帝國度完全實現之前，耶穌需要經歷受苦、復活，門徒也只有在耶穌從死裏復活之後，才能明白祂這條受苦的道路。

馬可繼續告訴我們，耶穌正在朝向耶路撒冷的道路上行走著。祂帶著彼得、雅各、約翰三個門徒下山，與其他門徒會合，繼續上路。就在這條離進入耶路撒冷不遠的道路上，發生連串事件，也引起耶穌對眾人、對法利賽人、對門徒的教導。可惜、一如過往，門徒對老師的教導，仍然是一而再、再而三的不明白，他們既不明白耶穌的教導，也不明白耶穌的生命和生活方式。門徒一而再、再而三的以這個墮落了的世界所持守的、所活現的價值觀，來看待事物，看待他們跟從的耶穌祂所做的一切和所講的一切，所以他們一而再、再而三的不明白。

耶穌在山上變像所顯現的國度榮耀，必先經過門徒所拒絕的受死，才能開始在這個世界實現。因此，山下的世界仍然充滿艱難。山下的門徒無法把污鬼從孩子的身上趕出去，這顯示了這個世代的景況，跟山上所預先顯現的終末榮耀，相距甚遠。耶穌繼續要在這個祂公開稱之為不信的世代裏工作，以及私底下教導祂的門徒：這信心的程度就在禱告之中表達出來了。耶穌在私底下對門徒作教導，就是要讓門徒知道應該怎樣看待、解釋所遇上的事情：這仍然是一個尚未完全更新轉變過來的世代，也讓門徒更進一步明白為甚麼祂要上耶路撒冷受死，因為只有這樣，這個不信的世代才會改變過來。所以，馬可記敘了耶穌第二次私底下向門徒預告自己的受死和復活，因為這並不是這個世代能夠明白的；事實上，就是祂的門徒也不明白。他們總是不明白，沒有十字架，就沒有榮耀。不過，他們仍然跟隨耶穌。

馬可在這裏愈來愈清楚的讓他的聽眾、讀者意識到，耶穌是受苦的彌賽亞。一方面他一而再，再而三的記載耶穌預告自己的受死與復活，另一方面他把耶穌在路上所遇上的事情和所作出的教導，都歸結到耶穌的受死來敍述，由此而告訴他的聽眾、讀者，這個跟隨耶穌的新羣體，是應該怎樣生活的；耶穌在受苦道路上所開創與帶領的新羣體，其所持有的國度價值觀是怎樣的。由此，我們可以了解這一連串發生在耶穌兩次預告自己的受死和復活之間的事情，為甚麼是跟「大」有關的。

首先，很明顯的，門徒不明白耶穌預告自己受死有甚麼意義。他們極有可能因著先前彼得、雅各和約翰跟著耶穌上山，而在迦百農這個耶穌最先趕鬼醫治行了神蹟奇事的地方，爭論他們中間哪一個「為大」。門徒所追隨的耶穌才是最大的，但祂卻將要死去，而他們卻爭辯他們羣體內部的級別高低的問題。他們的爭辯跟耶穌的受死的預告，全然相反。故此，耶穌進一步教導他們「為大」的意思。為大就是作「用人」，服事所有人，包括在社會上毫無地位的小孩子，服事那些不配被服事的人，並且是心甘情願的。上帝的國度，就是由這些願意服事所有人的人所組成的。不單如此，就是那些在十二門徒以外的其他跟隨者，只要他們是為了耶穌的緣故，去接待小孩子，去趕逐邪靈，去接待跟隨耶穌的門徒，都在國度裏為大。

跟隨耶穌的門徒都有他們自己的困難，跟小子沒有甚麼分別，同樣需要其他門徒的幫助。門徒跟小子沒有等級的分別，門徒也是小子。因此，這個羣體不能只是接納小子成為他們的一分子，更加要扶助他們不讓他們跌倒，否則就當受到重重的懲罰，並要徹底對付自己的生活方式，除去那些使人跌倒的一切。這個羣體應該自己審判自己，這樣就不會令上帝去審判這個羣體；只有這樣，這個羣體裏頭才有鹽，否則，她就是失了味的了。惟有這樣，這個羣體才不會因為「爭大」而失了和睦；只有謙卑、不自大，願意捨己服事小子的門徒，才能彼此和睦。

馬可記敘了耶穌這個對門徒的教導，當中含有以賽亞書六十六章24節的引述：「在那裏，蟲是不死的，火是不滅的」（九48），表明了惡人的結局。馬可這引述使他的聽眾、讀者回想起整卷書開始時馬可對以賽亞書四十章3節的引用，表明耶穌來，是要帶領被擄的人走上自由，進入上帝榮耀裏面的旅程，但這個跟隨耶穌的羣體應該活出不一樣的生命，而表現在這個羣體的自己對自己的紀律性審判，從而預告這個墮落了的世界其最終不信的命途。門徒羣體內部的爭大事件，在耶穌自己朝向十字架進發的道路上發生，揭示了門徒在跟隨耶穌的過程中，仍然對耶穌的身分、對耶穌的作為，非常不明白。只是耶穌仍然視他們為跟隨自己進入國度裏的門徒，所以不厭其煩的一而再、再而三的教導他們，在上帝國度裏的羣體生活應當如何踐行，而有別於這個羣體之外的不信世代。

這樣由爭大所引申出來的羣體生活，繼續在門徒的旅程之中表現出來，馬可跟著下來以近乎平行的方式敘述接續的旅程。先是耶穌在公開場合跟法利賽人辯論離婚的問題，繼而私底下教導門徒（與之前的呼應：耶穌在公開場合判斷這是不信的世代，繼而私底下教導門徒禱告）、接納從外面要進入門徒羣體的小孩子（與之前的呼應：耶穌把一個小孩子帶到門徒羣體中間）、門徒拒絕接納小孩子（與之前的呼應：耶穌教導接納那些為基督而服事的人、幫助那些小子）。只是在這裏，馬可花了很多篇幅講述耶穌對門徒的教導：社會上最卑微的人與社會上最有財富地位的人，他們誰可以加入這個羣體，誰不可以加入這個羣體。然後，馬可最後花了相當多的篇幅去講述門徒對耶穌的教導的誤解。他們再次誤解耶穌有關祂要受死的信息，以及誤解耶穌的榮耀的意思，繼續沉迷在階級為大的價值觀之中（與之前的呼應：彼得、雅各和約翰下山後引起門徒的爭大）。馬可在這裏再次回到為大的主題上面，而以一個對耶穌知道不多但卻能夠跟隨耶穌進入這個羣體的瞎子作結。

馬可這個看似重複類似事件的記敘，其實是擴闊了並深化了耶穌這條道路的另類生活。跟隨耶穌的羣體，並不就是否定或漠視人世間的關係，這裏耶穌私底下教導門徒沒有人，包括丈夫和妻子，可以使夫婦分開。在這個耶穌所創造和帶領的羣體裏面，丈夫和妻子都沒有權力提出離婚，雙方都有責任共同維繫婚姻。這種新國度的平等倫理，固然是針對當時社會擁有權力的丈夫，但也同時包括沒有權力的妻子。這是大與小的主題的擴展。在這當中，最大的是耶穌所引述的上帝的創造。大與小的主題除了擴展至家庭關係，還繼續擴展至這個羣體之外的小孩子，以及小孩子所象徵、代表的小人物。這涉及接待的倫理踐行。事實上，在馬可的記敘之中，耶穌剛剛才因為法利賽人的挑戰而私底下教導門徒，在新的羣體裏，丈夫和妻子的權力都是平等的，沒有誰高誰低的階級劃分。可是，門徒仍不明白，他們像前來以休妻的問題挑戰耶穌的法利賽人那樣，活在自己「為大」的價值觀之中，沒有看見、明白耶穌一再講解的「大」、「為大」的意思，以致未能透過接待最卑微的、使他們成為最大的，而自己也同時成為大。

「大」與「小」的主題，繼續藉著財主的故事而深化耶穌所帶領的羣體所應有的生活方式與價值觀。財主的故事與之後雅各和約翰要求坐高位的故事，是相互關聯的。這兩個事件最終的焦點仍然是門徒的爭大。在古代社會之中，富有的人在社會上的地位很高，相反，貧窮的人就很卑微，經常受到富有的人欺壓，因為富有的人主管著整個社會體系。這個財主在耶穌前往耶路撒冷的道路上，向這位將要受死的彌賽亞請教怎樣才可承受永生。這是得拯救的問題，也是成為上帝國度的一分子的問題。從他稱耶穌為「夫子」，顯明他並不十分清楚耶穌的身分，耶穌對他的教導表明只有上帝是良善的，因此就遵守上帝所賜下有關人類羣體的誡命吧。耶穌沒有提到不可貪婪的誡命，使得這人宣稱自己已遵守了這一切。耶穌沒有放棄他，著他變賣所有的分給窮人，還要他來跟從祂。結果他因為產業很多，沒有跟從耶穌。變賣一切，就會成為窮人，就會變得卑微。財主貪戀的不只是錢財，也同時是社會的高位。

耶穌再一次私底下重複教導門徒：有錢財的人進上帝的國是多麼困難。墮落了的世界引以為傲的錢財和社會地位，使其中的人包括門徒在內未能看到要成為最小的，才能進入上帝的國度。門徒對耶穌的教導表示驚訝，表明他們的價值觀跟耶穌的截然不同。彼得雖然表示自己已經撇下了一切來跟從耶穌，但是他跟財主的看法是一樣的，就是錢財是大的，只是彼得願意犧牲，財主卻不願意。彼得還是未能擺脱墮落世界的價值觀。耶穌隨即針對彼得繼續作出教導：放棄財產和家庭，並沒有失去甚麼，反之會得到更多，這涉及了在新的羣體之中的倫理生活，在其中門徒會得著更多的照顧。只是在這條道路上面，沒有十字架，就沒有榮耀。耶穌是這樣，跟隨耶穌的門徒羣體也是這樣。因此，在前的，將要在後，在後的，將要在前；大的要成為小，小的要成為大。

耶穌這個論到大與小的結論，並沒有消除門徒對耶穌和上帝國度的誤解。馬可緊接著下來記述：耶穌第三次預告自己的受死，不單要死在猶太人的手上，更要死在猶太人所鄙視的外邦人手上，以及雅各、約翰兩兄弟來到耶穌面前請求在耶穌的榮耀裏，坐上高位。門徒對耶穌的預告既希奇也害怕。對他們來說，耶穌怎會落至鄙俗不堪的景況，為猶太人所鄙視的外邦人所殺害？耶穌的道路怎麼會是受苦的而不是榮耀的？他們還不能接受十字架先於榮耀這個上帝國度的道理，因此落在恐懼之中。他們接收了受苦的信息，但卻不能接受。雅各和約翰的要求，明顯地反映了這種拒絕受苦先於榮耀的信息，因此被耶穌直接指出他們不曉得自己求的是甚麼，並明明的告訴他們：他們將跟耶穌一起受苦，這是免不了的，但隨之而來的榮耀卻是上帝決定的。門徒仍然沉迷於階級高位的攀升，但是耶穌告訴他們跟隨祂並一起受苦是最基本的要求，並且不是用來換取坐在王的身旁的條件。

爭大的主題再次出現。其他十個門徒惱怒雅各與約翰，不是因為他們明白跟隨耶穌的道路必須首先受苦，而是在於他們持著同樣的階級價值觀，只是不及雅各與約翰先他們一步來到耶穌面前大膽要求。耶穌訓斥他們的價值觀是外邦人的而不是上帝國度的。只有用人和僕人才是這個國度的成員，只有負起服事人的責任、願意謙卑地作僕人，才是真正為大的。作為這個新羣體的開創者，耶穌的道路就是服事的道路，祂的使命就是付出：捨命作多人的贖價。馬可在這裏讓他的聽眾、讀者再次得悉耶穌的使命，並且預告上帝透過這僕人所要成就的拯救，即將進入高潮。耶穌才是為首、最大的那一位，因為祂甘願降至最卑下，付上生命服事最卑微的小子。

這位為首、最大的耶穌，他的服事並不受到外邦人或猶太人所限制，也不受到高位的或低下的所限制。瞎子巴底買被醫治是一個例子。馬可在這裏記載卑微低下的巴底買這個雙重文化——希臘化的猶太人——的瞎子，是要跟門徒對比。耶穌一直教導門徒要服事圈外人和那些社會上最低層的人，醫治巴底買豈不正正是耶穌僕人生命的流露嗎？巴底買這個瞎子，來到耶穌面前，耶穌問他：「要我為你做甚麼？」巴底買別無所求，只想得醫治/拯救。門徒他們呢？雅各和約翰來到耶穌面前，耶穌問他們：「要我給你們做甚麼？」他們別無所求，只想坐上權力的高位。瞎子和門徒都跟隨耶穌，但是看來瞎子比門徒更清楚了解耶穌是誰。

馬可在這連串耶穌的公開教導與私下教導，愈來愈清晰地展示出耶穌這條通往耶路撒冷的道路是一條降卑、接待、付出的道路。這是真正為大的道路，而不是帝國或世界的道路。耶穌來，祂展示的彌賽亞道路，乃是僕人的道路，祂要把以色列人以至一切的人，要拯救帶回這僕人的道路上面。在這條道路之中，整個生活方式改變、整個價值觀有所不同，不再貪戀高位、不再貪戀財產、接納卑微的小子也扶助他們，因為在這條道路上面的門徒，都是需要幫助的小子。只是，門徒對耶穌三番四次所教導所踐行的謙卑，都不明白，對耶穌接二連三的預告自己降卑受死付出生命，毫不理解。馬可告訴我們耶穌才是真正最大的，也告訴我們門徒一再不明白而沉迷於世界的為大。

第五章：在耶路撒冷的事工和逾越節的敍事

（十一1～五47）

經文

光榮地進耶路撒冷

11 1耶穌和門徒將近耶路撒冷，到了伯法其和伯大尼，在橄欖山那裏；
耶穌就打發兩個門徒，2對他們說：「你們往對面村子裏去，一進去
的時候，必看見一匹驢駒拴在那裏，是從來沒有人騎過的，可以解開，牽來。
3若有人對你們說：『為甚麼做這事？』你們就說：『主要用牠。』那人必立
時讓你們牽來。」4他們去了，便看見一匹驢駒拴在門外街道上，就把牠解開。
5在那裏站著的人，有幾個說：「你們解驢駒做甚麼？」6門徒照著耶穌所說的
回答，那些人就任憑他們牽去了。7他們把驢駒牽到耶穌那裏，把自己的衣服搭
在上面，耶穌就騎上。8有許多人把衣服鋪在路上，也有人把田間的樹枝砍下
來，鋪在路上。9前行後隨的人都喊著說：

和散那！

奉主名來的是應當稱頌的！

10那將要來的我祖大衛之國是應當稱頌的！

高高在上和散那！

11耶穌進了耶路撒冷，入了聖殿，周圍看了各樣物件。天色已晚，就和
十二個門徒出城，往伯大尼去了。

咒詛無花果樹

12第二天，他們從伯大尼出來，耶穌餓了。13遠遠地看見一棵無花果樹，
樹上有葉子，就往那裏去，或者在樹上可以找著甚麼。到了樹下，竟找不著甚
麼，不過有葉子，因為不是收無花果的時候。14耶穌就對樹說：「從今以後，
永沒有人吃你的果子。」他的門徒也聽見了。

潔淨聖殿

15他們來到耶路撒冷。耶穌進入聖殿，趕出殿裏做買賣的人，推倒兌換銀
錢之人的桌子和賣鴿子之人的凳子；16也不許人拿著器具從殿裏經過；17便教訓
他們說：「經上不是記著說：

我的殿必稱為萬國禱告的殿嗎？

你們倒使它成為賊窩了。」

18祭司長和文士聽見這話，就想法子要除滅耶穌，卻又怕他，因為眾人都
希奇他的教訓。19每天晚上，耶穌出城去。

從無花果樹得教訓

20早晨，他們從那裏經過，看見無花果樹連根都枯乾了。21彼得想起耶穌的
話來，就對他說：「拉比，請看！你所咒詛的無花果樹已經枯乾了。」22耶穌
回答說：「你們當信服上帝。23我實在告訴你們，無論何人對這座山說：『你
挪開此地，投在海裏！』他若心裏不疑惑，只信他所說的必成，就必給他成
了。24所以我告訴你們，凡你們禱告祈求的，無論是甚麼，只要信是得著的，
就必得著。25你們站著禱告的時候，若想起有人得罪你們，就當饒恕他，好叫
你們在天上的父也饒恕你們的過犯。」*

*** 最可靠和古老的抄本均沒有十一章26節的經文，故此筆者不會處理這節經文。**

質問耶穌的權柄

27他們又來到耶路撒冷。耶穌在殿裏行走的時候，祭司長和文士並長老進
前來，28問他說：「你仗著甚麼權柄做這些事？給你這權柄的是誰呢？」29耶
穌對他們說：「我要問你們一句話，你們回答我，我就告訴你們我仗著甚麼
權柄做這些事。30約翰的洗禮是從天上來的？是從人間來的呢？你們可以回答
我。」31他們彼此商議說：「我們若說『從天上來』，他必說：『這樣，你們
為甚麼不信他呢？』32若說『從人間來』，卻又怕百姓，因為眾人真以約翰為
先知。」33於是回答耶穌說：「我們不知道。」耶穌說：「我也不告訴你們我
仗著甚麼權柄做這些事。」

凶惡園戶的比喻

12 1耶穌就用比喻對他們說：「有人栽了一個葡萄園，周圍圈上籬笆，
挖了一個壓酒池，蓋了一座樓，租給園戶，就往外國去了。2到了時
候，打發一個僕人到園戶那裏，要從園戶收葡萄園的果子。3園戶拿住他，打
了他，叫他空手回去。4再打發一個僕人到他們那裏。他們打傷他的頭，並且凌
辱他。5又打發一個僕人去，他們就殺了他。後又打發好些僕人去，有被他們打
的，有被他們殺的。6園主還有一位是他的愛子，末後又打發他去，意思說：
『他們必尊敬我的兒子。』7不料，那些園戶彼此說：『這是承受產業的。來
吧，我們殺他，產業就歸我們了！』8於是拿住他，殺了他，把他丟在園外。
9這樣，葡萄園的主人要怎麼辦呢？他要來除滅那些園戶，將葡萄園轉給別人。
10經上寫著說：

匠人所棄的石頭
已作了房角的頭塊石頭。
11這是主所做的，
在我們眼中看為希奇。
這經你們沒有念過嗎？」 12他們看出這比喻是指著他們說的，就想要捉拿

他，只是懼怕百姓，於是離開他走了。

納稅給凱撒的問題

[13]後來，他們打發幾個法利賽人和幾個希律黨的人到耶穌那裏，要就著他
的話陷害他。[14]他們來了，就對他說：「夫子，我們知道你是誠實的，甚麼人
你都不徇情面；因為你不看人的外貌，乃是誠誠實實傳上帝的道。納稅給凱撒
可以不可以？[15]我們該納不該納？」耶穌知道他們的假意，就對他們說：「你
們為甚麼試探我？拿一個銀錢來給我看！」[16]他們就拿了來。耶穌說：「這像
和這號是誰的？」他們說：「是凱撒的。」[17]耶穌說：「凱撒的物當歸給凱
撒，上帝的物當歸給上帝。」他們就很希奇他。

復活的問題

[18]撒都該人常說沒有復活的事。他們來問耶穌說：[19]「夫子，摩西為我們寫
著說：『人若死了，撇下妻子，沒有孩子，他兄弟當娶他的妻，為哥哥生子立
後。』[20]有弟兄七人，第一個娶了妻，死了，沒有留下孩子。[21]第二個娶了她，
也死了，沒有留下孩子。第三個也是這樣。[22]那七個人都沒有留下孩子；末
了，那婦人也死了。[23]當復活的時候，她是哪一個的妻子呢？因為他們七個人
都娶過她。」[24]耶穌說：「你們所以錯了，豈不是因為不明白聖經，不曉得上
帝的大能嗎？[25]人從死裏復活，也不娶也不嫁，乃像天上的使者一樣。[26]論到死
人復活，你們沒有念過摩西的書荊棘篇上所載的嗎？上帝對摩西說：『我是亞
伯拉罕的上帝，以撒的上帝，雅各的上帝。』[27]上帝不是死人的上帝，乃是活
人的上帝。你們是大錯了。」

最大的誡命

[28]有一個文士來，聽見他們辯論，曉得耶穌回答的好，就問他說：「誡命
中哪是第一要緊的呢？」[29]耶穌回答說：「第一要緊的就是說：『以色列啊，

你要聽，主—我們上帝是獨一的主。[30]你要盡心、盡性、盡意、盡力愛主—你的上帝。』[31]其次就是說：『要愛人如己。』再沒有比這兩條誡命更大的了。」[32]那文士對耶穌說：「夫子說，上帝是一位，實在不錯；除了他以外，再沒有別的上帝；[33]並且盡心、盡智、盡力愛他，又愛人如己，就比一切燔祭和各樣祭祀好的多。」[34]耶穌見他回答的有智慧，就對他說：「你離上帝的國不遠了。」從此以後，沒有人敢再問他甚麼。

大衛子孫的問題

[35]耶穌在殿裏教訓人，就問他們說：「文士怎麼說基督是大衛的子孫呢？[36]大衛被聖靈感動，說：

主對我主說：

你坐在我的右邊，

等我使你仇敵作你的腳凳。

[37]大衛既自己稱他為主，他怎麼又是大衛的子孫呢？」眾人都喜歡聽他。

譴責文士

[38]耶穌在教訓之間，說：「你們要防備文士；他們好穿長衣遊行，喜愛人在街市上問他們的安，[39]又喜愛會堂裏的高位，筵席上的首座。[40]他們侵吞寡婦的家產，假意作很長的禱告。這些人要受更重的刑罰！」

寡婦的奉獻

[41]耶穌對銀庫坐著，看眾人怎樣投錢入庫。有好些財主往裏投了若干的錢。[42]有一個窮寡婦來，往裏投了兩個小錢，就是一個大錢。[43]耶穌叫門徒來，說：「我實在告訴你們，這窮寡婦投入庫裏的，比眾人所投的更多。[44]因為，他們都是自己有餘，拿出來投在裏頭；但這寡婦是自己不足，把她一切養生的都投上了。」

預言聖殿被毀

13 1耶穌從殿裏出來的時候，有一個門徒對他說：「夫子，請看，這是
何等的石頭！何等的殿宇！」2耶穌對他說：「你看見這大殿宇嗎？
將來在這裏沒有一塊石頭留在石頭上，不被拆毀了。」

災難的起頭

3耶穌在橄欖山上對聖殿而坐。彼得、雅各、約翰，和安得烈暗暗地問他
說：4「請告訴我們，甚麼時候有這些事呢？這一切事將成的時候有甚麼預兆
呢？」5耶穌說：「你們要謹慎，免得有人迷惑你們。6將來有好些人冒我的名
來，說：『我是基督』，並且要迷惑許多人。7你們聽見打仗和打仗的風聲，不
要驚慌。這些事是必須有的，只是末期還沒有到。8民要攻打民，國要攻打國；
多處必有地震、饑荒。這都是災難的起頭。9但你們要謹慎；因為人要把你們
交給公會，並且你們在會堂裏要受鞭打，又為我的緣故站在諸侯與君王面前，
對他們作見證。10然而，福音必須先傳給萬民。11人把你們拉去交官的時候，不
要預先思慮說甚麼；到那時候，賜給你們甚麼話，你們就說甚麼；因為說話的
不是你們，乃是聖靈。12弟兄要把弟兄，父親要把兒子，送到死地；兒女要起
來與父母為敵，害死他們；13並且你們要為我的名被眾人恨惡。惟有忍耐到底
的，必然得救。」

大災難

14「你們看見那行毀壞可憎的，站在不當站的地方（讀這經的人須要會
意）。那時，在猶太的，應當逃到山上；15在房上的，不要下來，也不要進去
拿家裏的東西；16在田裏的，也不要回去取衣裳。17當那些日子，懷孕的和奶
孩子的有禍了！18你們應當祈求，叫這些事不在冬天臨到。19因為在那些日子
必有災難，自從上帝創造萬物直到如今，並沒有這樣的災難，後來也必沒有。
20若不是主減少那日子，凡有血氣的，總沒有一個得救的；只是為主的選民，

他將那日子減少了。[21]那時若有人對你們說：『看哪，基督在這裏』，或說：
『基督在那裏』，你們不要信！[22]因為假基督、假先知將要起來，顯神蹟奇
事，倘若能行，就把選民迷惑了。[23]你們要謹慎。看哪，凡事我都預先告訴你
們了。」

人子的降臨

[24]「在那些日子，那災難以後，

日頭要變黑了，

月亮也不放光，

[25]眾星要從天上墜落，

天勢都要震動。

[26]那時，他們要看見人子有大能力、大榮耀，駕雲降臨。[27]他要差遣天使，
把他的選民，從四方，從地極直到天邊，都招聚了來。」

從無花果樹學個比方

[28]「你們可以從無花果樹學個比方：當樹枝發嫩長葉的時候，你們就知道
夏天近了。[29]這樣，你們幾時看見這些事成就，也該知道人子近了，正在門口
了。[30]我實在告訴你們，這世代還沒有過去，這些事都要成就。[31]天地要廢去，
我的話卻不能廢去。」

那日那時沒有人知道

[32]「但那日子，那時辰，沒有人知道，連天上的使者也不知道，子也不知
道，惟有父知道。[33]你們要謹慎，警醒祈禱，因為你們不曉得那日期幾時來
到。[34]這事正如一個人離開本家，寄居外邦，把權柄交給僕人，分派各人當做
的工，又吩咐看門的警醒。[35]所以，你們要警醒；因為你們不知道家主甚麼時
候來，或晚上，或半夜，或雞叫，或早晨；[36]恐怕他忽然來到，看見你們睡著

了。37我對你們所說的話，也是對眾人說：要警醒！」

殺害耶穌的陰謀

14 1過兩天是逾越節，又是除酵節，祭司長和文士想法子怎麼用詭計捉拿耶穌，殺他。2只是說：「當節的日子不可，恐怕百姓生亂。」

在伯大尼受膏

3耶穌在伯大尼長大痲瘋的西門家裏坐席的時候，有一個女人拿著一玉瓶至貴的真哪噠香膏來，打破玉瓶，把膏澆在耶穌的頭上。4有幾個人心中很不喜悅，說：「何用這樣枉費香膏呢？5這香膏可以賣三十多兩銀子賙濟窮人。」他們就向那女人生氣。6耶穌說：「由她吧！為甚麼難為她呢？她在我身上做的是一件美事。7因為常有窮人和你們同在，要向他們行善隨時都可以；只是你們不常有我。8她所做的，是盡她所能的；她是為我安葬的事把香膏預先澆在我身上。9我實在告訴你們，普天之下，無論在甚麼地方傳這福音，也要述說這女人所做的，以為記念。」

猶大出賣耶穌

10十二門徒之中，有一個加略人猶大去見祭司長，要把耶穌交給他們。11他們聽見就歡喜，又應許給他銀子；他就尋思如何得便把耶穌交給他們。

和門徒同度逾越節

12除酵節的第一天，就是宰逾越羊羔的那一天，門徒對耶穌說：「你吃逾越節的筵席要我們往哪裏去預備呢？」13耶穌就打發兩個門徒，對他們說：「你們進城去，必有人拿著一瓶水迎面而來，你們就跟著他。14他進哪家去，你們就對那家的主人說：『夫子說：客房在哪裏？我與門徒好在那裏吃逾越節的筵席。』15他必指給你們擺設整齊的一間大樓，你們就在那裏為我們預備。」[16]門徒出去，進了城，所遇見的正如耶穌所說的。他們就預備了逾越節的筵席。[17]到了晚上，耶穌和十二個門徒都來了。[18]他們坐席正吃的時候，耶穌說：「我實在告訴你們，你們中間有一個與我同吃的人要賣我了。」[19]他們就憂愁起來，一個一個地問他說：「是我嗎？」[20]耶穌對他們說：「是十二個門徒中同我蘸手在盤子裏的那個人。[21]人子必要去世，正如經上指著他所寫的；但賣人子的人有禍了！那人不生在世上倒好。」

設立主的晚餐

[22]他們吃的時候，耶穌拿起餅來，祝了福，就擘開，遞給他們，說：「你們拿著吃，這是我的身體」；[23]又拿起杯來，祝謝了，遞給他們；他們都喝了。[24]耶穌說：「這是我立約的血，為多人流出來的。[25]我實在告訴你們，我不再喝這葡萄汁，直到我在上帝的國裏喝新的那日子。」[26]他們唱了詩，就出來，往橄欖山去。

預言彼得不認主

[27]耶穌對他們說：「你們都要跌倒了，因為經上記著說：

我要擊打牧人，
羊就分散了。

[28]但我復活以後，要在你們以先往加利利去。」[29]彼得說：「眾人雖然跌倒，我總不能。」[30]耶穌對他說：「我實在告訴你，就在今天夜裏，雞叫兩遍以先，你要三次不認我。」[31]彼得卻極力地說：「我就是必須和你同死，也總不能不認你。」眾門徒都是這樣說。

在客西馬尼禱告

[32]他們來到一個地方，名叫客西馬尼。耶穌對門徒說：「你們坐在這裏，等我禱告。」[33]於是帶著彼得、雅各、約翰同去，就驚恐起來，極其難過，[34]對

他們說：「我心裏甚是憂傷，幾乎要死；你們在這裏等候，警醒。」35他就稍
往前走，俯伏在地，禱告說：「倘若可行，便叫那時候過去。」36他說：「阿
爸！父啊！在你凡事都能；求你將這杯撤去。然而，不要從我的意思，只要從
你的意思。」37耶穌回來，見他們睡著了，就對彼得說：「西門，你睡覺嗎？
不能警醒片時嗎？38總要警醒禱告，免得入了迷惑。你們心靈固然願意，肉體
卻軟弱了。」39耶穌又去禱告，說的話還是與先前一樣，40又來見他們睡著了，
因為他們的眼睛甚是困倦；他們也不知道怎麼回答。41第三次來，對他們說：
「現在你們仍然睡覺安歇吧！夠了，時候到了。看哪，人子被賣在罪人手裏
了。42起來！我們走吧。看哪，那賣我的人近了！」

耶穌被捕

43說話之間，忽然那十二個門徒裏的猶大來了，並有許多人帶著刀棒，從
祭司長和文士並長老那裏與他同來。44賣耶穌的人曾給他們一個暗號，說：
「我與誰親嘴，誰就是他。你們把他拿住，牢牢靠靠地帶去。」45猶大來了，
隨即到耶穌跟前，說：「拉比」，便與他親嘴。46他們就下手拿住他。47旁邊
站著的人，有一個拔出刀來，將大祭司的僕人砍了一刀，削掉了他一個耳朵。
48耶穌對他們說：「你們帶著刀棒出來拿我，如同拿強盜嗎？49我天天教訓人，
同你們在殿裏，你們並沒有拿我。但這事成就，為要應驗經上的話。」50門徒
都離開他，逃走了。

逃走的少年人

51有一個少年人，赤身披著一塊麻布，跟隨耶穌，眾人就捉拿他。52他卻丟
了麻布，赤身逃走了。

耶穌在公會裏受審

53他們把耶穌帶到大祭司那裏，又有眾祭司長和長老並文士都來和大祭司

一同聚集。[54]彼得遠遠地跟著耶穌，一直進入大祭司的院裏，和差役一同坐在火光裏烤火。[55]祭司長和全公會尋找見證控告耶穌，要治死他，卻尋不著。[56]因為有好些人作假見證告他，只是他們的見證各不相合。[57]又有幾個人站起來作假見證告他，說：[58]「我們聽見他說：『我要拆毀這人手所造的殿，三日內就另造一座不是人手所造的。』」[59]他們就是這麼作見證，也是各不相合。[60]大祭司起來站在中間，問耶穌說：「你甚麼都不回答嗎？這些人作見證告你的是甚麼呢？」[61]耶穌卻不言語，一句也不回答。大祭司又問他說：「你是那當稱頌者的兒子基督不是？」[62]耶穌說：「我是。你們必看見人子坐在那權能者的右邊，駕著天上的雲降臨。」[63]大祭司就撕開衣服，說：「我們何必再用見證人呢？[64]你們已經聽見他這僭妄的話了。你們的意見如何？」他們都定他該死的罪。[65]就有人吐唾沫在他臉上，又蒙著他的臉，用拳頭打他，對他說：「你說預言吧！」差役接過他來，用手掌打他。

彼得三次不認主

[66]彼得在下邊院子裏；來了大祭司的一個使女，[67]見彼得烤火，就看著他，說：「你素來也是同拿撒勒人耶穌一夥的。」[68]彼得卻不承認，說：「我不知道，也不明白你說的是甚麼。」於是出來，到了前院， 雞就叫了。[69]那使女看見他，又對旁邊站著的人說：「這也是他們一黨的。」[70]彼得又不承認。過了不多的時候，旁邊站著的人又對彼得說：「你真是他們一黨的！因為你是加利利人。」[71]彼得就發咒起誓地說：「我不認得你們說的這個人。」[72]立時雞叫了第二遍。彼得想起耶穌對他所說的話：「雞叫兩遍以先，你要三次不認我。」思想起來，就哭了。

耶穌在彼拉多面前受審

15 [1]一到早晨，祭司長和長老、文士、全公會的人大家商議，就把耶穌捆綁，解去交給彼拉多。[2]彼拉多問他說：「你是猶太人的王嗎？」

耶穌回答說：「你說的是。」3祭司長告他許多的事。4彼拉多又問他說：「你看，他們告你這麼多的事，你甚麼都不回答嗎？」5耶穌仍不回答，以致彼拉多覺得希奇。

耶穌被判死刑

6每逢這節期，巡撫照眾人所求的，釋放一個囚犯給他們。7有一個人名叫巴拉巴，和作亂的人一同捆綁。他們作亂的時候，曾殺過人。8眾人上去求巡撫，照常例給他們辦。9彼拉多說：「你們要我釋放猶太人的王給你們嗎？」10他原曉得，祭司長是因為嫉妒才把耶穌解了來。11只是祭司長挑唆眾人，寧可釋放巴拉巴給他們。12彼拉多又說：「那麼樣，你們所稱為猶太人的王，我怎麼辦他呢？」13他們又喊著說：「把他釘十字架！」14彼拉多說：「為甚麼呢？他做了甚麼惡事呢？」他們便極力地喊著說：「把他釘十字架！」15彼拉多要叫眾人喜悅，就釋放巴拉巴給他們，將耶穌鞭打了，交給人釘十字架。

兵丁戲弄耶穌

16兵丁把耶穌帶進衙門院裏，叫齊了全營的兵。17他們給他穿上紫袍，又用荊棘編做冠冕給他戴上，18就慶賀他說：「恭喜，猶太人的王啊！」19又拿一根葦子打他的頭，吐唾沫在他臉上，屈膝拜他。20戲弄完了，就給他脫了紫袍，仍穿上他自己的衣服，帶他出去，要釘十字架。

耶穌被釘十字架

21有一個古利奈人西門，就是亞歷山大和魯孚的父親，從鄉下來，經過那地方，他們就勉強他同去，好背著耶穌的十字架。22他們帶耶穌到了各各他地方（各各他翻出來就是髑髏地），23拿沒藥調和的酒給耶穌，他卻不受。24於是將他釘在十字架上，拈鬮分他的衣服，看是誰得甚麼。25釘他在十字架上是巳初的時候。26在上面有他的罪狀，寫的是：「猶太人的王。」27他們又把兩個強盜和他同釘十字架，一個在右邊，一個在左邊。（有古卷加：[28]這就應了經上的話說：他被列在罪犯之中。）[29]從那裏經過的人辱罵他，搖著頭說：「咳！你這拆毀聖殿、三日又建造起來的，[30]可以救自己，從十字架上下來吧！」[31]祭司長和文士也是這樣戲弄他，彼此說：「他救了別人，不能救自己。[32]以色列的王基督，現在可以從十字架上下來，叫我們看見，就信了。」那和他同釘的人也是譏誚他。

耶穌的死

[33]從午正到申初，遍地都黑暗了。[34]申初的時候，耶穌大聲喊著說：「以羅伊！以羅伊！拉馬撒巴各大尼？」（翻出來就是：我的上帝！我的上帝！為甚麼離棄我？）[35]旁邊站著的人，有的聽見就說：「看哪，他叫以利亞呢！」[36]有一個人跑去，把海絨蘸滿了醋，綁在葦子上，送給他喝，說：「且等著，看以利亞來不來把他取下。」[37]耶穌大聲喊叫，氣就斷了。[38]殿裏的幔子從上到下裂為兩半。[39]對面站著的百夫長看見耶穌這樣喊叫（有古卷沒有喊叫二字）斷氣，就說：「這人真是上帝的兒子！」[40]還有些婦女遠遠地觀看；內中有抹大拉的馬利亞，又有小雅各和約西的母親馬利亞，並有撒羅米，[41]就是耶穌在加利利的時候，跟隨他、服事他的那些人，還有同耶穌上耶路撒冷的好些婦女在那裏觀看。

耶穌的安葬

[42]到了晚上，因為這是預備日，就是安息日的前一日，[43]有亞利馬太的約瑟前來，他是尊貴的議士，也是等候上帝國的。他放膽進去見彼拉多，求耶穌的身體；[44]彼拉多詫異耶穌已經死了，便叫百夫長來，問他耶穌死了久不久。[45]既從百夫長得知實情，就把耶穌的屍首賜給約瑟。[46]約瑟買了細麻布，把耶穌取下來，用細麻布裹好，安放在磐石中鑿出來的墳墓裏，又滾過一塊石頭來擋住墓門。[47]抹大拉的馬利亞和約西的母親馬利亞都看見安放他的地方。

一

耶穌展示權柄：進城（十一1～11）

1. 敘事鑑別

耶穌前往耶路撒冷的故事進入了高潮。這部分很長，也佔了馬可福音幾乎一半的篇幅。馬可的目的地一直都是耶路撒冷，即使早於一章 5 節，耶路撒冷已經出現了。因此，在耶穌最終抵達耶路撒冷之前，敘事的情節不斷往返於耶路撒冷。馬可很在意要把耶穌置於某個地區之內，以此展示耶穌服事的範圍有多廣泛。十一章 1 節包括了耶穌很可能此前沒有去過的伯法其。[1] 因此，敘事並非純粹記載歷史的景況，也關乎敵對的勢力。耶路撒冷在這裏的象徵意義尤其重要。耶路撒冷是以色列的君王居住的地方，而耶穌以主的身分進入耶路撒冷。既然我們從地理的面向去研讀這個故事，這故事一定不會為學者們所忽略：這是一個模仿羅馬凱旋巡城的故事。近年對於這段敘事的研究，有兩派不同的

---

1. Dean Chapman, "Locating the Gospel of Mark A Model of Agrarian Biography," *Biblical Theology Bulletin* 25 (1995): 33.

詮釋：有一批學者視之為嘲弄羅馬凱旋巡城，而另一批學者則較正面，單單視之為模仿羅馬凱旋巡城。[2] 這種的進城，通常會以朱庇特神廟（Jupiter temple）為終點，而朱庇特是戰爭之神（約瑟夫的《猶太古史》7.5.6）。[3] 戰敗的君王通常會在終點被處決的。無論我們的取向如何，我們應當將這段敘事與之後的馬可福音十五章作對比：那段敘事提到羅馬官員要求耶穌在羣眾裏巡行，而羅馬政權大大嘲弄耶穌是猶太人的王 —— 他們所處決所擊敗的君王。換言之，這段敘事促使羅馬政權將焦點放在耶穌其君王的職分上。他們不會忽略這次凱旋巡城的象徵性意義，並認為耶穌這次凱旋進城是仿效羅馬的凱旋巡城。事實上，耶穌的這次凱旋進城，對羅馬宣揚其帝國統治的偉大造成威脅。

祂第一件要做的事，就是在十一章 2 節打發兩個門徒從村子裏牽一頭驢駒過來。耶穌指示門徒，若有人問，就說「主／ὁ κύριος」要用牠。「主」的意思是「主人」。究竟耶穌要說甚麼呢？祂應許不是說祂像別的「主人」一樣，否則就沒有人會把驢駒給祂了。祂必須要有某些地位才行。因此，當祂使用「主」一語時，乃是帶有王的意味。耶穌的話必定令人大吃一驚，因為說祂是主人或王會得罪很多人。首先，祂會得罪希律安提帕，他是

2. W. Barnes Tatum, "Jesus' So-Called Triumphal Entry," *Forum* 1 (1998), 133，此文視這敘事為嘲弄羅馬人。另一截然不同的研讀，是政治向度的研讀，參 Hans Leander, "With Homi Bhabha at the Jerusalem City Gates: A Postcolonial Reading of the 'Triumphant' Entry (Mark 11.1 ~ 11)," *Journal for the Study of the New Testament* 32 (2010): 318 ~ s331，此文認為耶穌的行動，既是模仿又是嘲弄羅馬帝國的力量。

3. Allan Georgia, "Translating the Triumph: Reading Mark's Crucifixion Narrative against a Roman Ritual of Power," *Journal for the Study of the New Testament* 36 (2013): 26.

當時統治著猶太人的王；其次，祂會直接得罪凱撒，因為祂居住在羅馬帝國境內；第三，祂會得罪宗教領袖，因為祂肯定不符合王的形象。然而，有別於一般的預期，當門徒在十章6節宣稱主要驢駒時，那些人讓門徒牽走牠。

逾越節近了，耶穌和門徒在這段時間進入耶路撒冷，這舉動是帶有政治意味的。在這個時候，耶路撒冷有很多朝聖者，因為逾越節是猶太人的民族節日，紀念耶和華在逾越節，建立了以色列國。若要脫離羅馬人的管治，這就是最好的時機！耶穌與其他平民百姓一樣進入耶路撒冷，但是祂並不只是加利利的平民，也不只是自稱的領袖。祂深受民眾歡迎，對可能早已監察著有否任何顛覆活動的羅馬人來說，這會造成更大的危險。

我們必須看看民眾為甚麼一開始就接受耶穌是王。除了一般的神蹟，耶穌還做了帝國無法做到的事。馬可記載了兩次餵飽眾人的事迹：餵飽五千人（六30～44）和四千人（八1～10）。單單這兩件事，就能夠說明耶穌配得作王。耶穌所做的事，是希律、凱撒或任何宗教領袖都無法做到的。某程度上，祂有點像摩西在曠野餵飽以色列人，只是宗教領袖大多都不認同二人很相似。

羣眾在十一章7至10節的反應十分熱烈，他們的反應是正面的。一般講員喜歡如此說：同一羣人很快就把耶穌釘十字架。但我無法確定這是否正確的詮釋。馬可福音中的羣眾包括很多人，當中也有不同的意見（八27～28）。若他們今天說相信耶穌是復活的施洗約翰或以利亞，翌日卻想殺死祂，那麼他們必定是有點失常了。不過，我們只能說，羣眾的意見和目的不一；而他們只有一個共通點，就是他們並不完全明白耶穌。

羣眾的反應很熱烈，像是在迎接國王。他們呼喊著詩篇一百一十八篇25至26節。這首詩篇幅很長，當中提到詩人的試煉和得勝，也宣告信靠以色列的上帝。以色列人世代以來都以這篇喜樂的詩篇作為信仰的認信。更重要的是他們所引述的經文——那是向以色列的上帝的祈禱。無論這些敘述是否不經意或刻意為之，這些呼喊表明羣眾承認耶穌是上帝作出改變的踐行者，無論他們的理解是否正確。他們向以色列的上帝祈求能夠有一位像大衞一樣的王在他們當中。

接下來的部分很有意思，因為耶穌在十一章11節真的進入了耶路撒冷，並去到聖殿。但是由於天色已晚，祂決定到附近的伯大尼去。馬可這樣記載，是為敘事的高潮鋪路。耶穌似乎有意往那裏去，祂應該有些事要做。馬可不單著重地點，也著重時間。那時天色已晚，馬可刻意提到這點，為要說明某個時間比別的時間好。好在哪裏呢？至少，聖殿是公共的空間，而耶穌想在完全適合的時間去做祂想做的事。祂希望下一件工作成為一件公眾事件。

往耶路撒冷的路，會引發其他事件。耶穌身為一個好猶太人（a good Jew），祂一定已多次往耶路撒冷去。因此，這個故事並非關於「一次性」（one-time）的耶路撒冷旅程，而是耶穌多次往返的旅程中最為獨特的一次耶路撒冷之旅。這就是通往耶路撒冷的主的道路（一1～3）。這個旅程之謎，很快就會一一解開。

反思及應用

雖然往耶路撒冷的旅程充滿政治含義，但是我們卻不可從現代革命或示威的角度來思考這裏的政治（雖然這可能對某些情境有其意涵）。我們必須從神學角度來思考，明白這次旅程所展示出的，是耶穌的國度，因為耶穌是王。時間和地點反映出耶穌既是一個好猶太人，也是一位君王。由於很多人正往耶路撒冷去，這正是在居民和來訪者面前公開展示祂角色的機會。很多來訪者都是散居各地的猶太人，即將來臨的逾越節吸引他們進入這城，如同被擄的人歸回，至少在象徵的角度上如此。耶穌（和那城）成為上帝透過十字架終極作工的核心所在。不過，對門徒而言，未來還是不確定的。他們不太清楚發生甚麼事，也很可能對未來存著誤解。

研讀這段經文時，我們必須明白，當中的應用是與不確定性有關的。人渴望確定的事情，但耶穌的道路是不確定的。事實上，福音的道路，無論是過去或現在，對耶穌的跟隨者而言，仍是一條不確定的道路，並無法保證今生最終會得到財富或成就。十字架的道路充滿著不確定，但這種不確定也不一定是壞事，因為它將鼓勵人要有更大的信心，而非失掉信心。門徒與我們的一大分別，在於我們有終末的盼望，相信上帝最終必會得勝。有了這個盼望，即使還是不確定，我們依然能靠著信心活出我們的信仰，期盼那天的來臨。那時候，上帝的兒子要稱我們為又良善又忠心的門徒，我們也得以讚美祂。

2. 神學詮釋：釋經的理性思考

終於，耶穌要抵達耶路撒冷了。耶路撒冷是耶穌從曠野出來，最終要到達的目的地。在馬可的筆下，他的聽眾、讀者早在敍述開始不久，就知道這個地方了。那時施洗約翰在曠野施洗，預備上主的道路，就有耶路撒冷的人來到他那裏承認自己的罪，領受他的洗。耶路撒冷是聖殿所在的地方，這代表了宗教制度與權柄之所在。耶路撒冷也是以色列君王居住的地方，這代表了政治的中心。然而，耶穌卻以王的身分進入耶路撒冷。

耶穌自稱為含有君王意義在內的「主」，自然引起民眾歡迎。一方面，耶穌以王者的身分，在逾越節這個以色列建國的日子，進入王者之城耶路撒冷，是脫離羅馬帝國獨立自主的大好機會。另一方面，耶穌過去先後餵飽五千人和四千人的神蹟，足以叫祂勝過希律、凱撒或任何宗教領袖，而配作君王。但是羣眾並不完全明白耶穌的身分。他們很熱烈地高聲喊叫著詩篇一百一十八篇 25 至 26 節，無疑顯示出他們承認耶穌是上帝差派來要改變事情、局面的那一位；耶穌就像大衛那樣的君王。

耶穌以主以王的姿勢騎驢駒進入耶路撒冷，一個宗教領袖的地方，一個希律安提帕的地方，一個凱撒的地方，祂會牽起一連串的衝突事件，叫人詫異祂究竟是誰。馬可這段故事的敍述，充分展示了耶穌的權柄，祂要在公開的場合展示祂的權柄。聖殿是這段敍述的中心點，在聖殿裏面，耶穌正面衝擊整個聖殿的宗教制度，潔淨聖殿只是個引子，引起的是：耶穌在聖殿裏面對祭司長、文士、長老質問祂的權柄，卻用比喻預告他們要殺害耶穌自己；祂被法利賽人與希律黨人以應否給凱撒納稅的問題陷害，卻巧妙地把問題轉移給他們，叫他們百辭難解……這一連串的衝突，都在聖殿之中發生。最後，馬可以耶穌在聖殿外邊對著聖殿教導門徒作結。這個結束指向了上帝對以色列人的審判，回應了起初耶穌潔淨聖殿的行動。這連串的事件，促進了捉拿、殺害耶穌的計謀。

耶穌從曠野出來，走向耶路撒冷，這是一條清除障礙讓上帝國度降臨的道路。耶穌這條道路來到了終點。在這個集宗教權柄與政治權柄於一身的耶路撒冷，耶穌要展開和完成祂在這條道路之上最後的事工。馬可正是環繞著聖殿這個充滿象徵意義的地方來進行敘事。耶穌進入耶路撒冷所作的一切，不是未經思索而隨意的。祂進了城要到聖殿去，但因為天色已晚，就出城到伯大尼去住宿。明顯地，耶穌要在大白天到聖殿，為的是公開的批判、審判聖殿的腐敗，它已經不是萬國禱告的殿，而是賊窩了，由此而對以聖殿為中心的宗教體制與權柄，開展攻擊。

二

耶穌展示權柄：直接譴責聖殿制度（十一12～25）

1. 敘事鑑別

這個段落將會看看耶穌要展示的是哪一類型的公共事件。這件公共事件很戲劇化：耶穌先在十一章 12 至 14 節咒詛無花果樹，之後在十一章 15 至 19 節潔淨聖殿。最後，整件事在十一章 20 至 25 節結束，這是一個更加令人困惑的結尾。

十一章 12 至 14 節實在令人摸不著頭腦。敘事者呈現的問題是耶穌餓了（十一 12），而當耶穌找甚麼吃時，無花果樹並未能解決耶穌的問題。相比起耶穌在加利利所行的大事，這是祂在耶路撒冷惟一一次的神蹟。這獨特的對比本身，已凸顯了與聖殿及耶路撒冷的交鋒。然後，敘事者再加上一句：這是因為那不是收割無花果的時候（十一 13）。耶穌要求一棵不在結果季節的無花果樹結果子，似乎不合情理。然而，耶穌期望得著果子，亦因此，祂在十一章 14 節咒詛那樹！這段敘事的用語消極負面，而這些用語的希臘文原文特別強調這種消極語氣，由此，我們可以把它譯作：「願無人再從你那裏吃果子！」（十一 14）這是整件無花果事件中，耶穌所說的惟一一句話。而這句說話，凸顯了耶穌的咒詛是最後和最決定性的。我們將會見到，耶穌的咒詛成為之後的聖殿事件的比喻。

耶穌接著進到聖殿，並趕出所有兌換銀錢的人和所有在殿裏做買賣的人。細心的讀者會把聖殿事件，連同之前的無花果樹事件一併解讀。格雷（Timothy Gray）把聖殿的問題，理解為它無法以禱告的殿這個身分結出果子。[4] 被趕出的人包括了那些賣鴿子的，而鴿子是窮人要獻的祭牲（利十四30）。經文提及被趕出的人包括了賣鴿子之人，正是耶穌為甚麼會這樣做的線索——耶穌把這些商人都趕出去，因為聖殿被利用來佔窮人的便宜，並成為了一處做買賣的地方。就如我在較早時說過，聖殿成為了欺壓人的體制。耶穌在十一章17節稱之為「賊窩」。博寧（Eugene Boring）指出，這個指控就當時的文化而言是很諷刺的，因為猶太人認為羅馬人是賊，而猶太人同胞不是賊。[5] 耶穌堅定地指出了祂那時代宗教制度所存在的種種問題。祂在十一章17節延續著以賽亞的主題，引用了以賽亞書五十六章7節。以賽亞書五十六章論到以色列的聖殿應該成為萬國的榜樣。很明顯，那才是正確的做法。假如我們根據以賽亞書的經文來理解，無花果樹事件的信息就會較為清楚。

無花果樹顯然不在結果的季節，同樣，聖殿也顯然不是在做它應該要做的事的時候。耶穌期望兩者都會結出果實。由於兩者都沒有結果（無論它們是否在適當的季節），它們都會同樣被斥責。兩者的分別在於無花果樹並非時值結果的季節，而根據以賽

4. Timothy Gray, *The Temple in the Gospel of Mark: A Study in Its Narrative Role* (Grand Rapids: Baker Academic, 2008), 41.
5. Eugene Boring, *Mark: A Commentary, New Testament Library* (Louisville: Westminster John Knox Press, 2006), 323.

亞書，聖殿卻應該在結果的季節。然而，聖殿卻沒有結果。正正是以色列宗教的失敗，導致第一次被擄。博寧的觀點也許是正確的，那棵樹代表著以色列，尤其是與結果有關的。[6] 對耶穌來說，就如祂引述以賽亞書五十六章，以色列再次處於被擄當中。因此，假如不在結果季節的無花果樹都被咒詛，聖殿豈非要受更大的咒詛？這似乎是耶穌的意思。於此，耶穌從較小的事物來論證較大的事物，以此帶出祂的教訓。[7] 由此，譴責聖殿乃聖殿終局的預告。羣眾的反應是預料中事，因為耶穌不但斥責聖殿中的買賣，更趕走了聖殿的生意。耶穌的信息和行動對宗教領袖有很大的影響，以致他們在十一章 18 節想法子除滅祂。惟一阻礙他們殺害耶穌的，是那些喜歡耶穌的話的人。這股張力在之後的事件中引發了更多衝突。

第二天，門徒再次經過那棵無花果樹，他們顯然是與耶穌一同往聖殿去的，並在十一章 20 至 21 節發現無花果樹枯死了。沒有人知道它在何時枯死，它就這樣死了。耶穌接著在十一章 22 至 25 節說了一些令人困惑的誇張說話，因為是完全與聖殿無關的。此外，十一章 12 至 14 節的無花果樹神蹟令人困惑之處，在於這是整卷福音書裏惟一一次的「負面」神蹟；而且，無花果樹一般在六月而非逾越節結果子，[8] 耶穌不是想在真正收割季節之前的收熟果子吧？無論如何，如前文所述，有一點是肯定的：這是聖殿被毀的宣告。馬可似乎的確在將耶穌描寫得有點嚴

6. Boring, *Mark*, 319.
7. 這是拉比常用的論證方式：最後才會提到最有力的論證。
8. Mary Beavis, *Mark* (Grand Rapids: Baker Academic, 2011), 170.

苛。大部分反對這個神蹟的人均認為耶穌不講理、殘忍。而這裏的圖畫似乎對此並沒有太多斡旋餘地。

有些學者認為耶利米書是整件事的背景。賴特（N. T. Wright）認為無花果樹的枯乾，是對耶利米書八章11至13節以色列的失敗的一種嶄新的象徵性詮釋；[9] 基斯瑪特（Sylvia Keesmaat）和華爾殊（Brian Walsh）更認為，耶利米書七章的聖殿詮釋是引起耶穌這番話的背後靈感泉源。[10] 然而，再一次，博寧的看法可能才是正確的。他指出耶穌所說的山（十一23），是錫安山，也就是聖殿的所在之處。[11] 或許，這裏的誇張法要表明一點：有一天聖殿將要被毀，到了那時候人就會明白耶穌的話是如此真確。或許，我們更可以將無花果樹事件理解為具諷刺意味的修辭？無花果樹不結果是正常的，但是聖殿呢？或許，最好是留意無花果樹與聖殿之間的分別，並視之為一個邏輯進程。樹不會一年四季都結果子，但聖殿卻應該這樣。假如不需要結果的樹也為嚴苛的耶穌所咒詛，那聖殿這處當人進去理應要結果子的地方，豈非要受更大的咒詛？因此，如前文所述，耶穌咒詛那可憐的無花果樹，是從較小的事物來論證較大的事物。信仰羣體也可以如相信耶穌的預言那樣，以同樣的信心來祈禱。耶穌似乎把無花果的故事推得太遠，但是我們必須留心，耶穌其實是延續著祂從十一章17節開始有關祈禱的討論。假如聖殿被咒詛，禱告的殿又會怎樣呢？

---

9. N. T. Wright, *Jesus and the Victory of God* (Minneapolis: Fortress, 1996), 421.
10. Sylvia Keesmaat and Brian Walsh, "'Outside of a Small Circle': Jesus and the Justice of God," in *Jesus, Paul and the People of God: A Theological Dialogue with N. T. Wright*, ed. Nicholas Perrin and Richard Hays (Downers Grove: InterVarsity Press, 2011) 77.
11. Boring, *Mark*, 324；另 Gray, *The Temple in the Gospel of Mark*, 52 也是相同的。

雖然祈禱似乎與這段經文沒有任何關係（除非我們小心地讀十一 17），但是耶穌甚具象徵性的行動卻終止了聖殿裏的一切活動。[12] 在十一章 16 節，耶穌不許人拿著器具從殿裏經過，有效地終止了所有禮儀上的活動。很明顯，祈禱是禮儀的一部分，但祈禱本身並沒有問題。這裏有關祈禱的討論，並非一般的祈禱教導，而是針對耶穌說聖殿是禱告的殿這個教導而言的。耶穌要說的是，祈禱能好好預備他們，有一日聖殿將不復存在，就如我們早已在十一章 17 節見到的，聖殿終將為萬國「禱告」的殿，終將留下來的宗教活動就只有祈禱。因此，耶穌這裏的祈禱教導非關乎祂祈禱叫無花果樹枯乾的種種，而祂並不是說，祂的祈禱導致無花果樹枯死，而我們亦必須將這些故事緊緊地扣連在一起，才能找出馬可想表達的意思。這些故事似乎鬆散地連在一起，但在馬可匠心獨運的鋪排下，它們有著密切的神學關係（更準確地說，是終末性的關係）。耶穌趁機將這件事連於祈禱，因為門徒羣體要成為將來的禱告的殿。而馬可藉這件事亦讓讀者一窺聖殿的將來。信徒羣體既知道耶穌的預言會成真，那麼，他們就必須信靠信實的主，成為新的以色列。之後，在十一章 22 至 25 節，耶穌論到兩個祈禱的原則：信心和復和。信心和復和要成為新以色列和新羣體的特徵。

反思及應用

在十一章 17 節，耶穌所引述的以賽亞書五十六章 7 節的神

---

12. Beavis, *Mark*, 169；比維斯（Mary Beavis）也認為這件事不可能在聖殿發生。

學向度是普世性的。祂要帶來的拯救不僅臨到猶太人，也要臨到外邦人，因為聖殿這個拯救的象徵將要臨到列國；不過，聖殿卻敗壞了，失去了普世拯救的功用。耶穌滿有權柄的宣告，展示出祂是耶和華的先知式僕人。這個宣告，從其修辭來看，聖殿未能使人避過被擄的厄運。因為聖殿未能履行它的職責，而上帝的子民本應為了正確的原因而到那裏聚集，但如今卻不一定這樣，所以聖殿就無法使被擄者和外邦人正確地敬拜上帝。被擄的神學建構，加上無花果樹的隱喻所帶出的嚴厲批評，展示了耶穌對整個宗教體制的終末審判（eschatological judgment）。擁有父所有權柄的上帝之子，在祂宣告聖殿理應要做甚麼時，祂同時也發出了嚴厲的終末警告。

這段經文要對我們說甚麼？——很明顯，我們並非在聖殿敬拜。很多人視耶穌為公民抗命或示威的榜樣，這也許行，也許不行——因為馬可從來都不是認為耶穌的裏裏外外，一言一行都能成為一種倫理上的模式（ethical model），直接仿效耶穌的一切行為舉止。我認為，我們需要更加留心的，看經文中的聖殿和無花果樹，而它們象徵著「正統」。雖然馬可的聽眾（可能）再沒有可能在聖殿中敬拜，但是他們肯定還會在當地的會堂或自己的信仰羣體中聚會。這個故事質問我們，我們的信仰羣體是否履行社會上的職責？我們有沒有接觸信仰羣體以外的人（例如：耶穌和馬可時代的外邦人）或窮人（留意窮人獻祭時所用的鴿子），並向他們作見證？我們是否成為我們理應要成為的人？換言之，這個故事在宣告：「讓上帝的教會成為教會！」（Let God's church be the church）當教會未有正常運作時，耶穌就以無花果樹作警告。假如耶穌可以在非收成季節要求收割果子，那麼這樹在收成季節豈不是要結出更多果子嗎？基督的教會並沒有非收成的季節；若我們不結果子，不與我們的救恩相稱，教會就會迅速、痛苦地死去。我並不是說，耶穌說教會將會消失，而是它的果效（好比聖殿）不會比一棵枯死的無花果樹好。若我們不讓教會成為教會，那我們又會變成甚麼？

2. 神學詮釋：釋經的理性思考

耶穌從曠野出來，最終要到達祂的目的地耶路撒冷，要公開審判聖殿的腐敗。馬可這個審判聖殿的開首的敍述，以三明治的方式呈現出來。耶穌還沒有進入聖殿，途中遇見無花果樹，因為不是結果子的季節，所以樹上找不到甚麼。可是耶穌卻當著門徒咒詛無花果樹。馬可藉著這個片段，預告耶穌對聖殿的批判。如果無花果樹在不結果子的季節卻被要求結果子，那麼上帝的子民應當恆常結果子但卻沒有任何果子，豈非更應受到批判、要承受更嚴厲的審判？耶穌對沒有結果子的無花果樹的咒詛，預告了祂隨後在聖殿中所作的。耶穌時代的聖殿已經淪為欺壓人的體制，沒有結出果子。耶穌把在殿裏那些售賣祭牲的商人與有關行業的人，都趕了出去，因為他們都是謀取暴利欺負窮人的。耶穌跟著引用以賽亞書五十六章7節來教導眾人：「我的殿必稱為萬國禱告的殿嗎？你們倒使它成為賊窩了。」昔日以色列沒結果子而被擄於外邦，應該銘記於心。可是，今天該是充滿禱告的聲音的聖殿，卻反過來全是叫賣的喊聲，難道他們這麼快就忘記了第一次被擄？在馬可的敍事底下，耶穌在聖殿的舉動與言說，乃是預先公開的審判，道出了聖殿的結局。事實上，耶穌潔淨聖殿，不久之後，被咒詛的無花果樹全然枯死。馬可這樣的敍述，無疑是表示聖殿必然被毀，而這審判式的結局將再一次在耶穌與宗教領袖連串辯論之後，被仔細預告出來。

聖殿具體展現了猶太人腐敗的宗教制度與生活；耶穌在當中審判式的驅趕與斥責，不單戳破聖殿的虛假，也損害了他們的利益。若不是喜歡耶穌的人多，祭司長和律法師早就除滅了祂。馬可的敍述一如過往，總是把耶穌的公開言說—行動跟祂私底下對門徒的教導，先後編排在一起，由此而讓他的聽眾、讀者更深入的明白耶穌的心意。耶穌在潔淨聖殿之後，再次經過先前被咒詛但已經枯萎的無花果樹，藉此而教導門徒正確而恰當的信仰活動，乃是祈禱。聖殿被毀，就在於不再是「萬國禱告的殿」了。耶穌所建立和帶領的新羣體，要成為祈禱之家，而祈禱的原則就是信心與饒恕，前者是對上帝的倚靠而非對人的倚靠，後者是與人復和而非活在仇恨敵對之中。信靠上帝、與人復和，是這個新羣體的生活方式。

然而，猶太人之中的祭司長、律法師並沒有加入這個新羣體之中。他們不相信耶穌，與耶穌敵對，甚至要除滅祂。這些人除滅耶穌的舉動，由連串對耶穌的挑戰開始。事實上，他們是想藉著連串的挑戰而抓到耶穌的把柄，好有理由除掉祂。只是他們每次的質疑或設局，都反過來為耶穌所利用，戳破他們的虛假面孔，使他們啞口無言，但這就更挑起他們的敵對、煽起他們的殺機。馬可很巧妙的把耶穌與宗教領袖的連串辯論編排一起，深刻地顯出這羣人殺害耶穌的心思意念，他們全然不明白耶穌是誰，是瞎眼的也是耳聾的；他們全然與腐敗的聖殿宗教制度連成一體，就是要除掉眼前這位衝著他們和聖殿而來的耶穌。這連串的挑戰，展示了這羣宗教領袖較不結果子的無花果樹更不可救藥。

這一連串的辯論，都在聖殿之中發生（十一 25 ～ 十二 44）；馬可更以耶穌責備聖殿欺壓窮寡婦的教導，結束這個段落的敍述，由此而呼應起初耶穌潔淨聖殿的審判式言說—行動，並下啟祂在聖殿外面對著聖殿預言聖殿的終局，教導新的門徒羣體應該在這樣的時刻怎樣生活。

三

耶穌展示權柄：與宗教領袖的直接衝突（十一27～十三37）

1. 敘事鑑別

馬可開始記載一連串有關宗教領袖與耶穌之間的衝突事件，這些衝突事件完全延續之前的事件。這次爭論關乎「權柄／ἐξουσία」（十一28），這是一個政治用語。耶穌與宗教領袖之間的權柄對比，一直都是馬可的關注（一22）。艾索爾（Bas van Iersel）正確地指出一個令人好奇的事實：即使那些將會與耶穌對立的文士（律法師）在一章22節尚未出現，馬可早已提到他們，他這樣做的目的是，當敘事將耶穌及宗教領袖作比較而令讀者感到不快時，馬可這樣做為要預備讀者能夠面對將要發生的衝突。[13] 我們務要留意的地方是，宗教領袖稱耶穌所做的事為「這些事／ταῦτα」。這些事只局限於耶穌在聖殿裏的作為，而不是指只有門徒聽到的咒詛無花果樹的事件。他們察覺到這些事是具爭

13. Bas van Iersel, *Mark: A Reader-Response Commentary* (Sheffield: Sheffield Academic Press, 1998), 134.

議性，甚至是涉及權柄問題的。他們不敢說耶穌是錯的，卻質疑祂的權柄是否合法。諷刺地，這些未能確當地展示權柄（那是由人賦予的權柄）的領袖，卻質疑耶穌的權柄（那是非由人賦予的權柄）。在十一章28節，他們的問題涉及兩方面：耶穌有的是哪種權柄，以及祂從哪裏得著這權柄。

耶穌在十一章30節的回答，是以約翰的洗禮來類比耶穌自己的權柄。耶穌所訂出的條件是：假如他們能回答到約翰從哪裏得到權柄，祂就會回答他們所有的問題。令人驚訝的是，宗教領袖竟然知道他們要面對甚麼選擇：約翰的洗禮若非從天上來，就是從人而來。其實他們想否定前者，確定後者，卻害怕喜愛約翰的百姓（十一31～32）。藉著說「我們不知道」，他們就不用回答了（十一33）。事實上，他們知道他們所信的是甚麼，但他們不願意坦承他們的不信。根據他們在十一章31節的話，這些領袖顯然不相信約翰，也肯定不相信耶穌。對著這些不信的人，耶穌不會回答他們問題。研讀整個馬可福音的敘事，十一章9節清楚表示至少有人認為耶穌是從上帝而來的，並且承認祂的權柄。而耶穌徹底地譴責聖殿，只有上帝才可以那樣做！從舊約中，我們可以列出很多有關譴責在聖殿中拜偶像的經文。上帝會使用祂的先知去傳遞這些譴責的話。約翰離世後，耶穌如今成為了新的先知。

即使他們拒絕耶穌的權柄，馬可也亟欲說明耶穌在延續一章1至3節的約翰的使命。在這裏，耶穌多次在聖殿——標誌著宗教勢力的地方——出現，顯示出祂所有的權柄。耶穌不會任由他們這樣回答就了事。下一個比喻記載耶穌回應他們的方式（十二1～12）。因此，假如我們在十一章33節結束詮釋，就無法明白我們可以從這個記載中得出甚麼來。

這個故事還在繼續。十二章 1 至 12 節記載了凶惡園戶的比喻，並在十二章 10 節以詩篇一百一十八篇 22 至 23 節的引文結束這個比喻。它的目的，是要回應宗教領袖在十一章 28 節的質問。這令宗教領袖更加厭惡耶穌，更加想要殺祂（十二 12）。這個故事的情節以常見的佃農習俗為基礎。一般來說，園主會有很多田地，他無法全都使用。與其任由肥沃的田地棄置一旁，園主會把田地租給那些沒有土地卻懂得耕種的農民，而園主會從中得到一部分收成作回報。

經文這裏的情境違反了那時的社會標準，描繪貪婪的農民想佔據園主的田地。這個故事記載園主差人去收葡萄園的果子，而這個葡萄園並不是一塊被荒廢的土地，相反，十二章 1 節記載這是一個圍上了籬笆、有一座守望樓的葡萄園。守望樓一般用來監視是否有賊人和強盜進來。諷刺地，真正敵人不是那些從外來的人。由於耶穌已到聖殿附近的區域，祂很可能用上了聖殿的建築物為例子。聖殿周圍有很多羅馬人的守望樓，稱為安東尼樓（Antony's Towers）。羅馬守衛會留守在那些守望樓上，看守著聖殿的建築物。猶太人一般認為那些守望樓很討厭，視之為外邦人對他們宗教的侵入。當中的諷刺之處，當然是猶太人無法建立自己的軍事力量以抵抗羅馬的入侵，因他們視羅馬人從外而來的外來者；假如猶太人可以建立守望樓，他們就會用它們來抵抗羅馬人。這個比喻或許不是論到以色列的普遍情況，而是明確地針對聖殿的體制。

在耶穌的故事裏，在收割的日子，身在他方的園主差僕人去收取他當得的分。而園戶卻是出乎意料地殘暴。敘事者最初詳述僕人被打和被攆走；但不多久園戶的暴行變本加厲。園戶最終不但打傷他們，甚至殺了一些僕人（十二 5），以為這樣園主不會再派人前來。園主最後差派出他的兒子。即此前園戶的反應是這樣，園主還是認為他們會尊敬他的兒子（十二 6）。

當葡萄園的保安是這樣的鬆懈時，在遠方的園主依然差他自己的兒子去，園主似乎很愚蠢，他似乎從沒有想過真正的敵人是「表面的人」。事實上，在守望樓上的人也無法恢復這地的秩序。可見，整片土地的工人都有問題。在我們歸咎於園主的愚蠢之前，我們也必須緊記，在耶穌時代，有條件的和有較高社會地位的人都會深受敬重。沒有人會針對園主的兒子，除非他有尋死的念頭，或至少他被人趕出那地。然而，他們卻在十二章 7 節做了一件無法想像的事 —— 殺死園主的兒子 —— 甚至沒有埋葬他。博寧進一步指出，這個故事與耶穌的死有一個共通點：耶穌的敵人甚至沒有履行猶太人的職責 —— 恰當地埋葬耶穌。[14] 他們的目的是要完全奪取那個葡萄園（十二 7）；然而，他們實在低估了園主的實力。

園主並沒有如這些惡人所願，把田地給予他們，園主在十二章 9 節展示出他的實力，除滅那些凶惡的園戶。這個故事理應在這裏結束，但是耶穌在十二章 10 至 11 節加上詩篇一百一十八篇 22 至 23 節的引文。耶穌以詩篇一百一十八篇來詮釋這個比喻，實在很有意思，因為羣眾在祂凱旋進城時歡唱著這詩篇（十一 9 ～ 10）。這段引文，是應該根據之前的敘事所引用的詩篇一百一十八篇引文來詮釋的。十一章 9 至 10 節的引文引自詩篇一百一十八篇 25 至 26 節；這裏則引自詩篇一百一十八篇 22 至 23 節。最有可能的是，所有猶太人都很熟悉詩篇，因為他們

14. Boring, *Mark*, 331.

時常在敬拜中頌唱詩篇。耶穌知道猶太人很熟悉詩篇，因此，在這情況下，耶穌便引用這段經文。於此，祂要說的是，他們看到最終的「凱旋」發生之前，兒子會遭拒絕。那位被拒絕的兒子的凱旋，並未見於在這個比喻之中，因為這個比喻只是「人」的故事而已。來到十二章10節，耶穌跳出了故事的框架，並把它應用在之後將要發生的現實中：死去的兒子將要復活，而人也會視之為希奇。而這裏詩篇一百一十八篇22至23節的引文，成為理解祂從進入耶路撒冷至此整個故事的關鍵。更重要的是，這個比喻，又或是馬可福音裏的任何比喻，都必須按著馬可福音四章（尤其是耶穌在四章13節所說的話）來詮釋。四章1至20節的撒種比喻，是理解馬可福音所有比喻的關鍵。撒種比喻的信息很簡單：結果子是好土的基本特性。這些園戶都是壞土。耶穌以這個比喻來反映出以色列的情況。

在這裏，賴特對以色列的詮釋是正確的，他認為有部分問題是在於宗教體制。[15] 很多註釋家都認為葡萄園象徵著以色列，認為這個舊約聖經的象徵是聽眾熟悉的（例如：賽五1～2）。[16] 更明確的是，這裏是以針對宗教權威為目標。十二章12節的回應，表示他們清楚明白箇中的信息。整個比喻的鋪排表明以色列最可怕的敵人並非從外而來，而是在他們當中！園戶（想必是指宗教領袖）正在變本加厲，愈來愈無法無天，這一點也在十一章12至19節進行買賣的方式中得見。當中最諷刺的是，他們似乎明白耶穌一直以來的話，這從他們轉為攻擊耶穌的權柄而非祂的

15. Wright, *Jesus and the Victory of God*, 421.
16. Boring, *Mark*, 328.

信息而得見。他們從來沒有質疑耶穌在馬可福音中的信息是否可信，卻常常質疑耶穌的權柄。諷刺的是，在馬可福音中這些「凶惡」的人完全明白耶穌公開對他們所説的話，卻從來沒有跟隨耶穌，反而是愈發拒絕祂；經常誤解耶穌的門徒，卻嘗試跟隨耶穌。有時候，那些明白得最大的，卻尋求得最少。對於他們所問的「給你這權柄的是誰呢？」耶穌透過比喻來回答他們：「我是仗著主人兒子身分的權柄。」

下一個事件是十二章13至27節的另一個「試探」。事實上，馬可福音十二章的其餘部分，都是一連串對耶穌不懷好意的人的試探。馬可福音裏的試探都是從撒但而來。撒但在一章13節試探耶穌，這些試探耶穌的人基本上延續著撒但的工作。在這裏的第一個試探中，試探耶穌的人嘗試從耶穌的話中找著把柄（十二13）。若非敍事者在十二章13節説明他們的目的，他們在十二章14至15節的開場白似乎真的很友善。耶穌也知道他們的目的，因為敍事者在十二章15節下半部分已説明耶穌知道他們的假意與偽善的。換言之，他們提出的問題並非出於真誠，而是出於詭詐。他們提出的問題涉及應否納税給凱撒。這是一個很狡猾的問題，因為它充滿著政治涵義。假如耶穌説「要」，他們就會告訴其他人耶穌是羅馬的傀儡；假如耶穌説「不要」，那麼他們就會説耶穌是叛亂分子。法利賽人和希律黨一同計劃這次試探。耶穌較早時已經在八章15節指出，門徒要提防法利賽人和希律黨，現在這事件便展示出法利賽人和希律黨的邪惡，也展示出耶穌的先知能力。門徒必定記起耶穌曾提及法利賽人和希律黨。所以這事件不僅展示了人的邪惡，也教導門徒耶穌的先知能力——應驗了八章15節所説的話。在這裏，馬可對耶穌的描繪是十分小心的：一方面祂在羅馬法庭上是個清白的人，另一方面祂是一個良好的猶太人。藉著展示出耶穌最好的一面，馬可表明真正的敵人是葡萄園的園戶、宗教領袖，而耶穌並不是在敵對羅馬政府或耶和華的宗教。

察看他們的問題時，我們也必須留意以下兩點：假如耶穌論到納稅給凱撒，法利賽人就可以找到祂的把柄；假如耶穌論到奉獻給上帝，希律黨也可以指控耶穌不愛國。耶穌很小心，並有智慧地留白，讓祂的聽眾自行判斷。

在十二章 16 至 17 節，耶穌察看錢幣並用凱撒的像的問題，勝過祂的敵人。猶太人並不太喜歡凱撒的像，因為凱撒不單是佔據了猶太人土地的殖民主義者，而且他在錢幣上刻了自己的像，相當於自表為神明。雖然我們仍然會問耶穌時代的凱撒敬拜是否真的已發展得這麼成熟？又或者會問在錢幣上刻像又是否真的將之奉若神明，但是耶穌的回答無疑指出當下的張力，而且祂沒有在政治上或宗教上作出任何妥協，因為耶穌的答案是一石二鳥的：第一，祂滿足了他們的提問，承認錢幣上的像。第二，祂說要把上帝的物歸給上帝；換言之，耶穌乃是在說：「你們為甚麼不去想想哪些是屬於上帝的？之後，就相應地將之歸給當得的那位吧！」這個回答——其實包含了更重要的問題——滿足了他們要把金錢歸給上帝或宗教體制的問題，不過，這段敘事之後，耶穌這裏提出的問題依然重要，因為耶穌會在十二章 41 至 44 節將繼續闡明箇中的意思。

敵人對於耶穌有這樣的回應感到很希奇。接著，另一羣與耶穌對話的人——撒都該人——在十二章 18 節出場了。值得我們留意的是，他們的問題並不切合他們的信念。敘事者清楚指出了撒都該的一個信念：不相信復活。然而，他們在 19 至 23 節的提問卻彷彿他們相信復活那樣。他們的提問和敘事者在 18 節的備註，顯示出他們的動機不純和對耶穌存著敵對的態度。務要留意的是，耶穌這裏的敵人幾乎包括了耶路撒冷的所有的政治與宗教羣體。於此，馬可或許無意說教，或許不是旨在教導有關復活、天使或類似的事，而是試圖藉著這段對話，描繪出耶穌走在主的路上要面對的艱辛景況。

撒都該人的問題基本上涉及叔娶寡嫂制（參申二十五5），意即死者若無後繼之人，律法容許其妻可與死者的兄弟結婚，藉此為死者留裔。在耶穌的時代，這個制度為何恢復實行，當中可能有不同的原因，但是，這並非這裏的重點所在；真正的問題是撒都該人違背了他們自己的信念——他們竟然問：在「復活」時，這個婦人是七個兄弟中哪一個的妻子。這實在是如假包換的「假設性問題」。耶穌在十二章24至25節先給予他們簡單的答案，說婚姻是為今世而非他世而設的。接著耶穌引述了另一段舊約經文，反駁他們對復活的理解：假如他們相信上帝沒有死去，列祖和其他人必然得到永生，因上帝除了是列祖的上帝，也是活人的上帝。耶穌這裏要向撒都該人證明「復活是真實的」。耶穌引述了《七十士譯本》出埃及記三章6節，把當中的現在時態理解為持續進行中的事，而不是過去的事。希臘文的現在時態與英語並不相同：英文的現在時態是關乎現時發生的事，而希臘文的現在時態是關乎事件的動體（aspect）——持續不斷發生的事或定時出現的事。而詹森（Gerald Janzen）在文法解釋以外，提供了另一個解釋。[17] 詹森指出出埃及記三章的原初背景十分重要，

17. Gerald Janzen, "Resurrection and Hermeneutics: On Exodus 3.6 in Mark 12.26," *Journal for the Study of the New Testament* 23 (1985): 43～58.

那裏把列祖描述為是活著的，這是那時代常見的描述。[18] 因此，要明白耶穌這裏的話，不單要顧及出埃及記三章 6 節的文法，也要顧及出埃及三章的背景。馬可福音九章摩西在登山變像中出現，來向門徒證實是有死人復活的。在討論這事時，馬可宏觀地教導有關初期教會對復活和永生的信念。因此，這裏的教導並非單單關乎復活 —— 復活早已在馬可福音九章出現了 —— 也關乎耶穌超越撒都該人。

然而，這個故事尚未結束。一個文士在十二章 28 節來到耶穌那裏，問祂認為甚麼是最大的誡命。在十二章 29 至 30 節，耶穌重複了申命記六章 4 至 5 節的宣言。猶太人每天都會誦讀申命記六章 4 至 5 節兩至三次。當然，耶穌所引述的話並非新事。那文士在 32 至 33 節的回應也重複了耶穌的話，並且加上一句論到愛比禮儀更重要的常話（參撒上十五 22；何六 6；彌六 6～8）。這是耶穌在一連串的衝突中首次直接回答的問題，而且，祂沒有指出文士的謬誤，亦沒有斥責那文士。祂在十二章 34 節正面地作出回應，並以他離上帝的國不遠來結束。

接下來，耶穌先發制人，繼續反駁文士針對祂的一些謠言（十二 35～40）。首先，祂在 35 至 37 節駁斥文士，接著在 38 至 40 節斥責他們。根據 28 至 33 節的描述，耶穌在 34 節的話，是在挖苦道貌岸然、自以為高人一等的文士。博寧對十二章 28 至 34 節的文士的看法是正面的，但我實在無法確定耶穌很喜歡這文士。[19] 馬可沒有記錄對話者的聲音，使敘事的藝術性

18. Janzen, "Resurrection and Hermeneutics," 46.
19. Boring, *Mark*, 343.

得以展現出來。對話者的沉默，使耶穌能在35至37節提出祂那難答的問題。敵對者如此的沉默，映襯出耶穌的修辭能力堪比古代的智者，讓對手沉默不語。修辭上的勝利是能力和智慧的記號。

耶穌先以他們在教導上的缺失來駁斥他們。耶穌問文士怎麼說基督是大衛的子孫（十二35）。這顯然是指著大衛的國而言。耶穌沒有否定大衛可以是基督的祖先，祂只不過質問文士怎會得出這樣的信息。如今，或許沒有人會否定耶穌是大衛後裔，問題反而是耶穌「怎麼」既是大衛的後裔，又是主。耶穌在十二章36節引述《七十士譯本》詩篇一百一十篇1節來挑戰文士的教導。雖然在馬可福音成書時，詩篇一百一十篇已經被視為一篇有關基督論的詩篇（Christological Psalm；參太二十二44，二十六64；徒二34～35；來一13等），但耶穌其實只是在玩簡單的小把戲，既沒有提供答案，且順利讓基督論的詮釋可以一直沒完沒了。[20] 博寧也留意到，詩篇一百一十篇1節是整本新約聖經最常引述的彌賽亞經文，[21] 但耶穌的用意根本不在提供答案，而是要點出文士的無能。耶穌的問題是：大衛怎會稱基督為主（假設文士相信基督就是主），而基督同時又是他的子孫。耶穌提出了他們無法解答的神學問題，除非他們能夠同時接受耶穌為主、上帝和大衛的子孫，並以此來理解整段經文。耶穌在這裏不是要不完全的回答來教導基督論，而是要以此開始令宗教權威閉嘴，再次

20. 比較 Boring, *Mark*, 348。博寧（Eugene Boring）相信詩篇一百一十篇中的詩人對彌賽亞的那份理解，在詩人的時期並不盛行，但是很多新約經文似乎表示並非這樣。
21. Boring, *Mark*, 348.

表明耶穌說話的權柄，並且得到最後的勝利和尊榮（參一 22）。羣眾喜歡聽耶穌的話，很可能就是因為祂能夠不無幽默地勝過宗教的權威。

下一幕敘事將會令宗教領袖十分忿怒。耶穌用一連串難題與弔詭的問題調侃他們一番後，然後便直接斥責他們。當耶穌繼續靠近聖殿時，下一段的敘事延續著此前一連串的交鋒。大部分的聖經譯本都會在十二章 41 節分段，彷彿「窮寡婦的奉獻」是鼓勵人奉獻的教導。不！這其實是一個叫人十分傷感的諷刺：她曾飽受宗教掠奪，卻還在奉獻給那些宗教掠奪者（十一 17 下，十二 40 上）。[22] 這樣的分段是非常嚴重的錯誤，因為耶穌教導的場景是一直延續著的。耶穌繼續譴責那些自負的文士（十二 38～39），怎樣利用自身的地位，侵吞寡婦的財產（十二 40 上）。耶穌在十二章 40 節表明他們的刑罰將會很嚴厲。

接著，耶穌立即在十二章 41 至 44 節以窮寡婦為例子。很多講員經常「望文生義」，將這段經文詮釋為這個寡婦怎樣成為信徒奉獻的榜樣等等。[23] 如果這段經文給放在十章 17 至 31 節的脈絡中，結論或會是這樣。相較馬可在這裏的重點並不是奉獻。馬可在這裏要反映的另一個更加重大的問題，奉獻只是個小問題。[24] 相反，馬可在這裏所關注的，是審判聖殿和相關的宗教領

---

22. Boring, *Mark*, 353；博寧指出這一點，當他繼續在這裏否定聖殿的爭論時，他卻未有更深入地討論。

23. 例如：Lawrence Willis, "Mark," in *The Jewish Annotated New Testament*, ed. Amy-Jill Levine and Marc Brettler (Oxford: Oxford University Press, 2011), 86。

24. 比較 Boring, *Mark*, 351～352。博寧認為耶穌在十二章 40 節結束祂的教導，但是那裏並沒有轉換地點，十三章 1 節耶穌繼續教導。不變的地點似乎告訴我們，這是教導場景的一部分。

袖，那是承接著十二章38至40節的講論的。整件事其實還未結束。窮寡婦的奉獻是耶穌往耶路撒冷之路的一部分，只不過耶穌抵達後，發現祂所譴責的事正正在祂眼前發生罷了。

故事是這樣的：耶穌看見財主把很多錢投進錢庫（十二41）。馬可假設讀者對聖殿的建築結構有點認識，因他並沒有詳細解釋錢庫實際在哪。或許錢庫位於東門，靠近美門和女院。之後，有一位窮寡婦來到，並把兩個面額最小的小錢投進錢庫。耶穌接著指出，當按著他們所擁有的與他們投入的，兩者的比例如何來衡量他們的奉獻孰多孰少（十二43～44）。至此，這看似是奉獻的故事，但是當我們再細看，就會發現這個被侵吞家產的窮寡婦（十二40），是因為受到宗教領袖的欺壓才會變得貧窮。我們還能說甚麼結論呢？祂的教導還未結束。

耶穌繼續發言攻擊聖殿。祂和門徒來到聖殿出口，門徒指出聖殿建築物有多宏偉（十三1）。整座建築物要到約公元六十三年才完成。當門徒在耶穌身旁走著時，他們可以見到這座建築物正在維修和修建。耶穌早已於十一章12節至十二章44節以行動和言說來指出聖殿的各種問題，如今祂從十三章2節開始論到聖殿被毀。馬可福音十三章表面上似乎是論說終末的日子，但是將之連於較宏闊的敘事脈絡來看，它要說的並不止於此。它主要是從人子的身分來譴責聖殿。耶穌為甚麼要這樣做呢？我們未必能百分百理解，但至少耶穌的聽眾和馬可的聽眾都必定大約知道耶穌在說甚麼。耶穌並不是談論遙遠抽象的未來，而是指涉接近祂時代的事情。對馬可的聽眾來說，這樣的毀滅很可能已在發生。最終，聖殿在公元七十年被燒毀。

門徒離開聖殿後，他們在對面的山上私下向耶穌提出問題

（十三 3）。[25] 他們的問題涉及聖殿被毀的時間和預兆。耶穌在十三章 5 節以一道命令來回答：「要謹慎／βλέπετε」。祂接著列舉出一連串與門徒有關、將會發生的事件，但我們要留意的是，「末期還沒有到」（十三 7 下）。這一連串的事件包括打仗（十三 7～8）、天災（十三 8），以及假先知（十三 22～23）。[26] 耶穌接著在十三章 24 至 25 節引述了以賽亞書十三章 10 節和三十四章 4 節，說明最終的走向將會是怎樣的。我們必須留意以賽亞書的經文是詩歌體裁。比維斯認為十三章 25 節的「天勢」可能是指天上的屬靈勢力。[27] 而這種詩歌體的表達，亦可以有其相應的平行事實。假如打仗和大火果真出現了，濃煙自會遮蔽太陽和月亮。整個耶路撒冷會在公元七十年的猶太戰爭中陷入火海。無論事實是否如這些表達的字面所指，這些表達大底上仍是沿用以賽亞書的思路：上帝審判不順服的猶大。在舊約聖經論到上帝顯現的記載中（出十九 16；哈三 11；詩十八 13～15），這些描述往往既

25. 十三章 3 節的次序有點含糊。Boring, *Mark*, 353；博寧認為這是在另一天發生的，而不是同一天。十三章 2 節的結束是開放的。博寧嘗試把這件事歸入受難週的星期二裏。

26. 一些可能的聖殿平行記載，見於但以理書七、九、十一、十二章（參《馬加比一書》一章 54 節）。有些人認為馬加比叛變（Maccabean revolt）歸咎於安提亞古四世伊波法利（Antiochus IV Epiphanes），他不單把宙斯的像放在聖殿裏，更在祭壇上獻上一頭豬。為甚麼在這裏討論那件事呢？耶穌正在作類比：我們也應該把十三章 12 至 13 節的背叛家人，理解為是對應耶穌較早時在十章 29 至 31 節論到作門徒的教導。Robert Snow, "Let the Reader Understand: Mark's Use of Jeremiah 7 in Mark 13:14," *Bulletin for Biblical Research* 21 (2011): 467～477；這篇文章指出，這個背景可能是以耶利米書七章為基礎的；而耶利米書那裏的情況，正正與以色列民因聖殿不潔的習俗而導致被擄到巴比倫，大有關連。這個理論幾乎與但以理書的理論一樣，因為它在馬可福音十二與十三章的敍事範圍內指控聖殿。

27. Beavis, *Mark*, 199.

是象徵性的，也是如實記下的。[28] 比斯里梅利（George Beasley-Murray）留意到，十三章 7 節的部分用語令人想起歷代志下十五章 6 節，那裏記載了上帝應許咒詛不順服的以色列。[29] 再一次，這裏的記載與舊約聖經有不少平行之處。例如如今聖殿的體制在不虔不敬之中運作，與舊日猶大的聖殿體制十分相似。主會報應他們的一切過犯。我相信，當我們稍後看到十字架的記述時，就會看見一個融貫一致的天勢故事情節（頁 421），而我們不需翻遍舊約聖經（除了賽十三 10，三十四 3）也能闡明箇中意思。

讀到上述的討論時，讀者很容易就會「看出」耶穌所宣告的「將來」。不過，即使是古代讀者，耶穌的話也可以是指向「將來」的，尤其是假如馬可是在公元七十年之前寫這卷書的。很多人又力言這些事情可以在今代多次應驗（multiple fulfillment）。其實耶穌的話並不需要這樣解讀才算為「真確」。只要古代讀者明白這一切已經發生了，而他們所等待的只是人子的再來，那麼馬可就已經表達了耶穌所要關注的事。無論如何，這段經文還有一些值得討論的細節。

第一，十三章 10 節有一句令人困惑的句子：「福音必須先傳給萬民」。門徒的使命還未完成。因此，這個講論並非資料性的，而是關乎作主門徒的踐行。很多現代詮釋者會把十三章 10 節應用在現代的宣教工作上，但耶穌乃是概略地談論宣教的概念，而不是明確地指出要接觸未得之民這種現代宣教情境。耶穌

---

28. George Beasley-Murray, *Jesus and the Last Days: The Interpretation of the Olivet Discourse* (Peabody: Hendrickson Publishers, 1993), 424.
29. Beasley-Murray, *Jesus and the Last Days*, 396.

的用意只是不希望門徒坐著乾等，守株待兔，而要出去傳講國度的信息。假如約翰和耶穌的來臨是為了宣講國度的信息，門徒就要延續基督的工作。第二，這段講論另一個值得留意的元素是耶穌的用語。這裏，耶穌描述門徒的使命乃沿用馬可一貫的方式（十三10//參六12）；與此同時，耶穌描述門徒的受苦乃沿用祂對自己受苦的描述（十三9/九31）。在希臘文原文中，經文的用語的相似之處，尤其明顯。事實上，耶穌究竟在說甚麼？祂基本上是說，發生在祂身上的事，也可以同樣發生在門徒身上。因此，這課堂並非旨在教導末期的預兆，而是旨在教導門徒怎樣在這樣艱難的日子中生活。第三，另一個值得討論的是十三章20節論到選民。哪些是選民呢？有兩個可能的答案：猶太人或相信耶穌的人。根據十三章27節，我們似乎難以把選民單單理解為猶太人，而不包括為相信耶穌的猶太人。第四，馬可和耶穌都是以視覺化的用語（visual language）來形容門徒的行動。在十三章1至2節，門徒與耶穌之間的問答是關乎「看見」聖殿；在十三章26、29節，耶穌以另一個用語來討論另一種「看見」。這兩個用來表達「看見」的用語，前者是用來表達門徒在耶穌講話時見到的事物，後者則用來表達不久將會見到的事物。因此，門徒不應單單留意預兆，更要留意聖殿過去的榮耀無法與人子將來的榮耀相比。耶穌的教導，暗示門徒一直以來都是很愚鈍的，他們一直只留意聖殿的榮耀，不留意人子的榮耀。他們如平常一樣，都是糊里糊塗的。

耶穌繼續討論「那日子」，以回答門徒的問題。十三章28至30節的教導，以無花果樹做比方。我們很容易會把有關這無花果樹的一切，連繫到十一章20節那棵枯死了的無花果樹。那棵無花果樹可能展示了聖殿的被毀，也很可能展示了隨之而來的宗教體制的衰敗；然而，耶穌這裏的重點並不是那棵枯死的樹，而是以樹木發芽類比這些事情的發生。這些預兆好像樹木發芽，提醒門徒耶穌預言的真確性。在農耕社會裏，農作物能否有收成在於農夫是否熟悉農耕曆法；在門徒羣體中，他們能否成功在於他們是否能看見耶穌應驗了關乎聖殿的預言。那麼，「這世代／γενεὰ」（十三 30）還沒有過去又是甚麼意思？耶穌可能是在談論祂的聽眾那一世代。然而，十三章 26 至 27 節還有一點未能令人完全釋懷：在「那世代」，那件事還未發生。我們可以把十三章 26 至 27 節理解為一些附加的評註，論到人子的再來，卻未有確實時間。這類與含糊有關的記載，也在十三章 32 至 37 節清楚得見。

耶穌接著以重複提及「警醒」這詞彙（十三 33、34、35、37）。耶穌指出只有上帝知道人子何時會再來，接著祂就在這裏以比喻作結。這個比喻與十二章 1 至 12 節的兇惡園戶比喻正好相反。在兇惡園戶的比喻裏，所有的園戶都是邪惡的；在這個比喻裏，參與者都是門徒，因為這個比喻是要他們警醒。這個比喻很有意思，因為每個細節都很配合這個比喻。耶穌論到每個僕人都各自有自己的職責，各人當做的工都不同。耶穌也說，看門的人要警醒，似乎是要各人輪流看守。「看門人」的職責是看守，由於各人要輪流看守，以致所有工人都有機會休息。這個比喻正正指出，看守的職責並不會落在一人身上，而是整個羣體一同合作。接著，耶穌便以這個好園戶的比喻來結束這段聖殿的敘事。

耶穌把這兩個園戶的比喻，一個放在聖殿敘事之前，一個放在聖殿敘事之後，有甚麼意思呢？很明顯，兇惡園戶的比喻，乃是譴責質疑祂權柄的宗教權威。耶穌以一連串的譴責斥責他們的邪惡建制後，預言了最可怕的惡夢——聖殿將要被毀。我們自然會問的是：「聖殿被毀後會怎樣？」耶穌以新的園戶比喻來回應。這些工人是祂所教導的人，祂的門徒羣體要取代聖殿的角色，他們是真正的以色列人。這些門徒接著要完成聖殿無法完成的工作。從整個聖殿段落這較宏闊的敍事脈絡來看，聖殿的主要工作是成為禱告的殿，吸引萬國到它那裏去（十一 17）。現在，門徒要警醒作工，就如聖殿所應該如此做的那樣。

表面上，耶穌針對聖殿的故事是論到祂走向十字架；然而，看過這兩個園戶的故事後，我們發現耶穌也嘗試在旅程中建立一個新羣體，取代舊有的宗教體制。假如我們把耶穌的事工理解為主道路的旅程，這個旅程就會有兩個層面：走向十字架與建立新羣體。耶穌把門徒的使命與祂自己的使命緊緊地連繫起來，由此為羣體奠下了基本的規範。

反思及應用

在這段聖殿講論中的一個鮮明神學主題就是「譴責」（condemnation）。然而，根據比喻，我們一定不可以忽略上帝審判背後祂那長期受苦的情性。我們留意到葡萄園的主人並沒有立即報復，即使有更多僕人被殺，主人還是不斷差派他的僕人到葡萄園去。無法正常運作的宗教體制，它們遺留下來的空缺將由耶穌的新羣體取代。到了馬可撰寫這卷福音書時，這個羣體已更加穩固了。

2. 神學詮釋：釋經的理性思考

耶穌在大白天進入了聖殿，要公開批判聖殿的腐敗。宗教領袖面對耶穌的審判，向祂提出了質問，針對的正是耶穌憑著甚麼的權柄審判聖殿，以及誰給耶穌這樣的權柄。這是一個關於合法性的質疑。耶穌針對這些不相信施洗約翰的人、也不相信耶穌的人，提出了他們不得不避免回答的問題：約翰的權柄從哪裏來，天上的，還是人間的？他們回答不知道，其實是要避免叫自己陷入更大的困局之中，而這個困局是源於他們對約翰和對耶穌的不相信，以及對羣眾勢力的顧忌。他們這樣的質疑，不過是要陷害耶穌，結果耶穌隨即以兇惡園戶的比喻，來戳破這些虛偽的宗教領袖心底裏的殺人念頭。上帝自己子民的聖殿體制，竟然就是殺害上帝兒子的兇手。這次行兇，沒有人阻止，就是在守望樓上守望賊人、強盜入侵的，也無法阻止。耶穌這個比喻甚至預告祂自己被殺死之後，沒有被埋葬。耶穌的敵人沒有履行猶太人的職責，恰當地埋葬他們所殺害的耶穌。可是，這些佔了園主的葡萄園的兇惡園戶，最終會被園主除滅；園主會把葡萄園轉給別人。耶穌引述猶太人十分熟悉的詩篇一百一十八篇 22 至 23 節，來指向耶穌雖然被棄，但祂將要從死裏復活；這是上帝叫人讚歎的作為。由此，詩篇一百一十八篇 22 至 23 節乃是理解耶穌進入耶路撒冷這個故事的關鍵。然而，耶穌的撒種比喻，卻是了解這個比喻、以至一切馬可福音的比喻的關鍵：結果子是好土的基本要求。因此，園戶都是壞土，這些宗教領袖不會結出果子，他們一直存心殺害園主的兒子。園主的兒子，就是上帝的兒子耶穌。

耶穌面對宗教領袖就祂權柄的質詢，直指這些人背後的不相信，並毫不留情的以比喻斥責他們殺害上帝兒子的機心。這些當權的宗教領袖不單沒有醒覺自己權柄的合法性才是問題所在，更不願承認耶穌才擁有真正的權柄，他們在聽了耶穌的針對性比喻之後，殺機再起，只是因為擁護耶穌的百姓眾多，不好下手，但是卻沒有就此放過耶穌，他們繼續發動法利賽人和希律黨人、撒都該人等借機來挑戰耶穌。這些人在平常的日子並不會聚集一起，但是因為他們都以耶穌為敵人，所以聯手一起對付耶穌，務求抓到耶穌的把柄，把祂拘捕治罪。是以，馬可繼續敘述納稅給凱撒、復活、最大誡命等問題的挑戰。

應否納稅給凱撒的問題，涉及了忠於上帝還是忠於凱撒的選擇，但任何一面的答案，都會觸犯任何一方：法利賽人或是希律黨。無疑，愛上帝就不能愛國、愛國就不能愛上帝。耶穌並不直接回答這個問題。祂只是承認錢幣上鑄有凱撒的像，然後表示要把上帝的歸給上帝。耶穌是要求法利賽人和希律黨人自己想清楚，哪些是屬於上帝的，哪些不是。這樣的回答，不單止住法利賽人和希律黨人的挑戰，叫他們無言以對，更連消帶打，進一步反過來斥責聖殿收取奉獻的制度，是為了上帝還是為了宗教領袖。這仍然是一個忠心的問題。在馬可的敘述底下，耶穌的回答延續著之前祂所講的園戶的比喻，就是所忠於的對象是誰？上帝？還是自己的利益？

撒都該人帶著他們自己的神學——沒有復活的事，前來挑戰耶穌。他們假設復活是此世生活的延續，因此提出復活時這個婦人是七個弟兄中哪一個的妻子的問題。可是，這樣的提問是建基在錯誤的假設之上，復活並非純粹此世的延續，耶穌的回答充分顯示這一點：婚姻是為今世而非他世而設的。而更為重要的是，耶穌引述了《七十士譯本》的出埃及記三章6節，是要指出我們所相信的上帝是活人的上帝而不是死人的上帝，並且一直以來也是如此，過去如是，現在如是，將來也如是。耶穌由此而言列祖是活著的，並且這不是耶穌自己的看法，也是祂那個時代常見的看法。馬可承繼這一傳統，早在耶穌登山變像顯出祂終末得榮耀時，摩西已然出現。在上帝面前，復活和永生是實在的。撒都該人的問題是，他們相信的上帝，究竟是怎樣的上帝？

這個對話進一步引起另一個律法師的提問。耶穌對這個律法師的回答，全然顯出律法的精神；申命記六章 4 至 6 節：「以色列啊，你要聽，主——我們的上帝是獨一的主。你要盡心、盡性、盡力愛主——你的上帝。」馬可不單記敘耶穌的引述，也記敘了這位律法師的重述，以及耶穌對他的正面回答：「你離上帝的國不遠了。」這難道不是強烈的對比嗎？跟這之前的祭司長和律法師、法利賽人與希律黨人、撒都該人相比，這律法師是惟一被耶穌正面回答的人：他是惟一離上帝國不遠的人。這就意味著，法利賽人與希律黨人、撒都該人並不真正認識上帝，也離上帝國很遠。

可是，故事沒有在這裏結束，因為馬可接著記述耶穌在聖殿裏當著眾人反駁及斥責律法師。這裏耶穌是在「沒有人敢再問祂甚麼」的情境底下，來提出祂那難以解答的問題：律法師說基督是大衛的子孫，但是大衛怎麼又稱基督為主呢？這涉及了基督為甚麼同時是大衛的後裔，又同時是大衛的主這個叫人難以解答的議題。耶穌引用了詩篇一百一十篇，來跟律法師的講法對照，並非為了要討論基督的身分，因為祂根本沒有回答祂自己所提出的難題。馬可在這裏記述耶穌這番對律法師的反問，是對應起初祭司長和律法師並長老就審判聖殿的權柄所作的質問。這些宗教領袖在耶穌面前，啞口無言、無言以對。正因這樣，祭司長和律法師並長老憑著甚麼權柄質問耶穌？耶穌的反問，終止了宗教領袖在聖殿之內尋找耶穌把柄的質問，卻開啟了祂對律法師及聖殿體制的無情批判。

耶穌這個無情的批判，在馬可筆下，是回應耶穌審判聖殿時引用以賽亞書所講的：「我的殿必稱為萬國禱告的殿嗎？你們倒使它成為賊窩了。」因為律法師侵吞寡婦的家產，因為窮寡婦把自己一切養生的都投入了聖殿的銀庫去了。律法師仗著自己優越的社會地位，侵吞寡婦的財而致富，耶穌預告他們得到的刑罰將會很嚴厲。因為律法師這些宗教領袖對窮寡婦羣體的欺壓，最終使得她們於奉獻時連自己僅有的也要奉獻給聖殿，因此耶穌進而發聲攻擊聖殿、預告聖殿被毀的終局。

馬可從耶穌進入聖殿開始，就以聖殿為中心來鋪排整幅圖畫。而所謂聖殿，並不只是聖殿這座建築物，更是整個以聖殿為中心的宗教體制、宗教領袖、宗教信仰。是以，耶穌對聖殿的斥責，以及預言，就是一籃子的斥責，以及預言。耶穌在橄欖山上對著聖殿坐下，門徒因著耶穌離開聖殿時發出了聖殿被拆毀的預告，而問到這事發生的時間和預兆，引起了耶穌對他們私底下的教導。在這個教導之中，耶穌開始即表示「你們要謹慎」，在中間及最後也三次講到「你們要謹慎」（十三 9、23、33），並且在結束時三次教導門徒要「警醒」。

耶穌要門徒謹慎甚麼呢？耶穌要門徒警醒甚麼呢？耶穌要門徒謹慎的是一連串將會發生的事件，這些事件都是末期以先要發生的，包括戰爭、天災、假先知。在這一切之後，耶穌引述以賽亞書十三章 10 節和三十四章 4 節，描述那終結的情況。以賽亞書的描述跟舊約經典相類似的經文，往往既是象徵的，也是如實的，表達了上帝在不同時代對上帝子民的審判，現在耶穌引用這些經文，就表示昔日曾經發生的審判，今日不久之後也會落在以聖殿為中心的宗教體制、宗教領袖、宗教信仰之上。在審判來到之前，耶穌吩咐門徒要謹慎，一方面會出現假先知、假基督，他們要迷惑門徒，使人偏離耶穌所開創的道路，另一方面是這個世界會迫害門徒，像耶穌所遇到的迫害那樣子。但耶穌的門徒還是要在審判終局來到之前，出去傳講上帝國度的好消息，延續耶穌的工作。

耶穌的教導沒有以「人子有大能力、大榮耀，駕雲降臨」作結。祂針對門徒愚鈍的心，提醒他們不要只是留意預兆，更要留意所預告的事必然發生。耶穌以無花果樹發嫩長葉而得悉夏天近了為比方，強調看見聖殿被毀，就當知道人子正在來臨中，只是未有確定時間。耶穌三次教導門徒要警醒。沒有人知道人子甚麼時候再來，正因為這樣，所以門徒要警醒。耶穌以另一個園戶比喻來表示僕人都各有當做的工，但各人卻要輪流看守警醒，等候家主回來。這個新的園戶比喻，無疑是回應耶穌在聖殿中所講的兇惡園戶比喻。兇惡園戶的比喻直指宗教領袖質疑祂的權柄的用心，由此而生起耶穌連串的斥責，最終預言可怕的聖殿審判式被毀，由此帶出了新園戶的比喻。以聖殿為中心的宗教羣體要被取代，他們並不認識上帝，更殺害上帝的兒子。這些兇惡的園戶要被新的園戶取代，耶穌的門徒羣體要成為新的祈禱之家，吸引萬國到它那裏，一起警醒地作門徒，等候人子再次回來。

耶穌這條通往十字架的道路，來到了尾聲。馬可讓我們看見，耶穌進入耶路撒冷、進入聖殿，祂的言說—行動全然是審判式的。祂的審判式言說—行動觸怒了以聖殿為中心的宗教領袖，再度引發了殺害耶穌的機心。耶穌清楚明白他們的心思，但卻毫不避忌地戳破他們的殺機。耶穌走上一條不可避免的十字架道路。與此同時，耶穌在這條道路上面，正在建立、構成一個新羣體，取代祂所審判的舊羣體。耶穌走在通往十字架的道路上面，祂對跟從祂的門徒羣體作出教導。祂以祂的言說—行動讓祂的門徒知道，不可以成為舊的宗教羣體的一分子；祂也私底下明明的向門徒預告舊的宗教羣體的最終結局，新的信仰羣體應當謹慎、警醒地跟隨耶穌來生活，因為他們也會跟耶穌同樣需要面對舊世界的迫害。

四

預備上十字架（十四1～42）

1. 敘事鑑別

之後的故事是耶穌預備上十字架的一連串記載。這些不單單是依時序來記下的故事，更是意味深長且往往富有象徵性的行動。第一件事件是耶穌在伯大尼被膏，之後的事件是祂的「最後晚餐」和祂在客西馬尼的時間。整體的場景肯定是為十字架作準備，因為馬可在十四章1至2節的評論，預告了前面的驚濤駭浪。

耶穌在伯大尼被膏的場景，描述得十分詳細。某程度上，這場景有力地總括了馬可的故事。在十四章3節上半部分，馬可巧妙地提到長大痲瘋的西門。熟悉當時背景的讀者會立即問：痲瘋病人怎可以接待人到他家裏吃飯呢？他觸摸到的一切都會成為不潔，只有瘋子才想與他一同吃飯！為甚麼他沒有被隔離呢？這是一件公開的事件，眾人都可以來。他的名字並非只是西門，而是長大痲瘋的西門，所有人都因為他的病患而認識他。這令人聯想到一章40至45節耶穌最初的事工：耶穌醫治了那個懇求祂醫治的痲瘋病人。當時可能有很多同樣可憐的痲瘋病人，西門只是其一而已。博寧認為他的痲瘋病完全沒有得到醫治，耶穌只不過是習慣與這些被人拒絕的人一同吃飯而已，但是，這是不可能的。[30] 即使耶穌不介意，其他人也會單單因為禮儀上的規條而拒絕他。在一章44節，耶穌要那痲瘋病人給祭司看他的身體，這是讓人重回社會所需的程序。我們依然無法確定痲瘋在耶穌的時代有甚麼意思，大部分學者把這個詞彙理解為各種皮膚病。[31] 回到我們的問題，他怎樣出來接待人吃飯呢？根據馬可一貫的敍事，他既然能夠如此公開活動，意即耶穌醫治他之後，祭司已確定他經已痊癒了。

即使死亡與耶穌非常接近，還是有人惦記著祂所做過的事。很多曾領受過祂的好處的人很感謝祂。除了西門之外，十四章3節下半部分還有另一個心存感激的人：一個女人拿著一瓶價值等於一年人工的香膏來膏耶穌（十四4～5）。比維斯說：「香膏的故事與窮寡婦的事件（十二41～44）成為了終末講論（eschatological discourse）的框架，這兩個婦人的委身行動獲得耶穌至高的表揚。」[32] 周圍的人不滿這裏的女人浪費了上好的香膏，有些人在十四章5節更說了一些要賙濟窮人的敬虔話。比維斯正確地指出，這是「那女人的洞見與旁觀者的謬誤之間的對

30. Boring, *Mark*, 382.
31. 見 John Wilkinson, "Leprosy and Leviticus: A Problem of Semantics and Translation," *Scottish Journal of Theology* 31 (1978): 153 ～ 166；E. V. Hulse, "The Nature of Biblical 'Leprosy' and the Use of Alternative Medical Terms in Modern Translations of the Bible," *Palestinian Exploration Quarterly* 107 (1975): 87 ～ 105；John Pilch, "Biblical Leprosy and Body Symbolism," *Biblical Theology Bulletin* 11 (1981): 108 ～ 113；Kenneth Mull, "Biblical Leprosy: Is It Really?," *Bible Review* 8, (1992): 32 ～ 39, 62。
32. Beavis, *Mark*, 209.

比」。[33] 耶穌從不反對幫助窮人，這從祂在馬可福音中會與被拒絕的人待在一起可見一斑。問題是做這些事的時機。耶穌將要上十字架，而那女人想在祂往那裏去之前，將最好的獻上。別人所說的浪費可能是指瓶子和香膏，因為在那個時代，人將香膏裝入密封了的瓶子裏，為要留給婚禮等特別日子之用。有些人認為那是她結婚用的香膏。不管怎樣，瓶子打碎了，香膏也澆到耶穌頭上了。

耶穌對這件事的回應是，祂不單稱讚她的行動為「美事／καλὸν ἔργον」，還以這件事來提醒所有人祂將要死去。很多聖經譯本將之直譯為“good work”（編按：如《英王欽定本》）。她所作的「美事」，不僅指道德上美，也指到它的質素。她所獻上的多寡說明了她與耶穌的關係有多好。耶穌可能不是說她知道一切關於祂將要死的事，但是她的行動著實為十字架鋪路。整卷福音書最高的表揚，就是屬於十四章 9 節的這個女人。無論在哪裏傳這福音，都要述說她所做的。換言之，她的行動標誌著一種對福音的恰當回應。我們並非純粹聽福音，也要回應福音。由於耶穌認為傳講福音是祂走主的道路的旅程的一部分，她的故事將會伴隨著每個傳講福音的人。

然而，因為加略人猶大在十四章 10 至 11 節背叛了耶穌，把祂交給祭司長，所以故事的結局並不愉快。亦由此，這就成為兩個人如何看金錢的故事了。那個女人把她很多的都給了耶穌，猶大卻渴望得到更多的金錢。某程度上，根據馬可關於物質的敘事傾向，猶大走上了十章 17 至 31 節那個財主的道路。不過，那個財主是本身有很多錢，想保留它，猶大則為了想要

---

33. Beavis, *Mark*, 210.

更多，公然為了錢而出賣他的主。雖然這個女人被人藐視，耶穌卻表揚她。當耶穌論到在前的將要在後時（十 31），猶大將要成為最後的那個。

當馬可在這裏表示猶大屬於十二門徒之一，我們必須從更宏觀的角度看馬可的敍事。事實上，馬可福音有兩類人：那些認識耶穌、值得表揚的人（例如：敍利亞腓尼基婦人〔七 24～30〕），以及那些誤解耶穌的人。十二門徒明顯是誤解耶穌的人。在這裏，假如猶大是十二門徒之一，那麼他的背叛就表明了誤解耶穌會帶來怎樣的嚴重後果。另一方面，這個女人得到耶穌的表揚，表示她對耶穌的埋葬有一定的理解（馬可並沒有說明那是怎樣的理解）。每個人的行動，展示出他們對耶穌有怎樣的理解。

在十四章 12 至 31 節，主餐的設立延續著耶穌的預備工作。十四章 1 至 11 節的吃飯場景，與十四章 12 至 31 節的吃飯場景並列，這樣的組合十分有意思，因為吃飯在那些日子十分重要。集體吃飯（尤其在家戶裏）是人與人溝通的時間。在第一餐，那個女人澆香膏在耶穌頭上，踐行福音，展示出福音中她的部分；最後的晚餐則展示出福音的其他部分。吃飯也是建立關係的機會。我們將會看見這個最後晚餐當所建立的關係，也會在稍後更廣闊地討論到馬可福音裏的吃飯場景。

馬可提到那是除酵節的第一天。這個節期是為了記念上帝拯救祂的子民出埃及（出十二 11～13），脫離為奴的日子而設立的，在當天黃昏的時候要獻上逾越羊羔。這個故事一開始，講述有兩個門徒進城，他們找到拿著一瓶水的男人。門徒最後會去到目的地，向房子的主人要求使用客房（十四 14）。拿著一瓶水的人可能是個奴隸，正要回到主人那裏去。細節並不重要，但是整個故事很重要，因為耶穌清楚知道門徒旅程的時間、他們將會遇到何人，以及他們會從房子主人得到的回應。這段記載，與十一章 3 節的記載平行。[34] 在耶穌凱旋地進城時，祂稱自己為「主」。馬可在這兩個記載中，嘗試把耶穌是主的身分連於祂「夫子」的角色（十四 14）。兩者其實是相同的。顯然耶穌的教導廣為人知，以致當門徒單單提到「那位夫子／ὁ διδάσκαλος」（十四 14；《和合本》省略了「那位」），房子的主人已知道他們所指的是誰。在十四章 16 節，馬可簡單記載門徒發現一切就如耶穌所說。在十四章 17 至 21 節，耶穌繼續應驗祂的先知職事。除了耶穌的話之外，馬可幾乎沒有提到其他對話細節。當然，馬可的讀者可能早已知道猶大已經背叛了耶穌，因為三章 19 節和十四章 10 節都有提及過，因此耶穌肯定早已知道猶大的事。背叛的影子早已出現（三 19）。馬可福音與其他福音書的記載相類似，均想指出耶穌的死並非意外，而祂被出賣的方式也是祂早已知悉和計劃好的。博寧留意到，在這段耶穌受難的段落中，祂受苦受害的色彩可說最為濃烈，但這段落卻又明顯彰顯著上帝的全權，祂掌管著一切。[35] 耶穌繼續應驗祂的先知職事，帶領著上帝的子民走向祂已經揀選了的目的地。

吃飯的時候，耶穌如常地擘餅和分杯（十四 22～23）。根據耶穌在十四章 22 節的話，這餅是祂的身體；而根據祂在十四章 24 節的話，這杯是祂立約的血。耶穌當中的意思不詳。在教會歷史中，一直因著耶穌的話十分精簡而對主餐多有爭論。無論

34. Boring, *Mark*, 388.
35. Boring, *Mark*, 379.

意思是怎樣的，耶穌的確提到這杯是祂立約的血。這不只是祂的血，也是祂的約。血和約的組合表明了耶穌的死在聖禮上的功用——為兩方定立協議（即是約）。這繼而把不尋常的節期晚餐變成更不尋常的東西。約的概念遍佈舊約聖經，而更重要的是這個字的功用。「約」是上帝工作的歷史標記。雖然信奉耶和華的人可能相信祂一直在歷史中工作，但是立約的時刻卻是這一神學事實的可見確認。那麼，這是一個怎樣的約呢？

耶穌並沒有給予這個約一個名稱，但是祂在十四章25節提及到上帝的國的來臨。這個國是屬於將來的，到那時候耶穌要喝新酒。讀到這段終末的講論時，要以彌賽亞筵席的角度來談論它，並不容易，因為耶穌和門徒正在面對快要來臨的厄困。雖然「約」並非馬可的主要關注，「約」的框架卻與馬可的敘事十分配合。耶和華與以色列立約，然而，根據全書所引述的以賽亞書引文來看（可一1～3，六9～10，七6～7，十一17，十二32），以色列卻處於某種被擄的狀況之中。聖殿和它的領袖慘敗，他們失敗的程度之大，使得耶穌要在祂的門徒中重建新的以色列。這從譴責聖殿和終末的講論中清楚得見。因此，「約」的用語，確認了門徒是耶和華在以色列中更新這約的領受者。馬可似乎較為著重主餐的終末論，多於主餐的實踐層面。在馬可福音裏，耶穌並沒有吩咐門徒要有任何記念的禮儀，只勸勉他們要對將來存著盼望。

吃飯的地點固然重要。吃飯可以按照羅馬人的習俗，在較為公開的地方進行，邀請多人參與。不過這裏吃飯的地點是在客房，意味著耶穌召集了祂的私人小組，為他們設立了一個禮儀。基於耶穌時代逾越節筵席的功用，這個特別的禮儀很重要。逾越節的筵席，是與自己的家庭成員一同享用的，而猶太人的家庭身分是連於出埃及的拯救的。這個特別的筵席是為了記念出埃及的事件，筵席的主人或一家之主會分派餅和酒，而耶穌在這裏就是扮演著筵席的主人的角色。與別的異教筵席不同之處，在於這是神聖的筵席（sacred meal）；然而，這個筵席的各樣事物都看似只是一場普通的筵席。一般來説，在真正的逾越節筵席中，參與者會遵照既定的步驟來進行某些儀式。馬可卻把這筵席描述為普通的一餐，就像是人每天所用的餐那樣。馬可可能刻意如此，為要説明逾越節的筵席可以怎樣在每天的用餐中出現。每次的筵席都在提醒信徒要有終末的盼望。耶穌的十字架已經滲入了信徒每天的生活裏。

這個特別的筵席，提醒讀者要把它與馬可福音其他吃飯的記載作比較。這個筵席是馬可福音中所有別的吃飯記載的高潮。在馬可福音，有兩個令人驚訝的用餐場景：餵飽五千人（六 30～44）和四千人（八 1～10），而我早已討論過六章 30 至 44 節和八章 1 至 10 節這兩個記載的分別。它們的共通點是餵飽了很多人。耶穌兩次展示出祂的能力比羅馬帝國大，羅馬帝國無法餵飽這樣龐大的羣眾。然而，更加重要的是吃飯的公共和私人的層面。餵飽眾人的事件是一件公共事件，但是這個逾越節筵席則是家人私底下的飯局，將委身於耶穌的使命的內圍核心成員，展現出來。雖然耶穌的工作會接觸到很多人，但是祂的工作依然是根植於一個小組之中。

現在讓我們用更廣闊的角度來詮釋這段逾越節晚餐的敘事，把這一幕場景看為是家戶的場景，並與其他馬可福音的家戶場景作比較。這事件是在家裏發生的，而家戶是歷史悠久的希羅體制，有其象徵性的含義。在一章 29 至 34 節，在彼得家裏，耶穌的同在使它成為醫治的中心，先為彼得的岳母帶來好處，之後是為更廣大的羣體帶來好處。因此，家有其優先次序，家裏的人會先得到好處，之後才是廣大的羣體。為甚麼呢？耶穌借用了家的意象，這與羅馬人的做法很相似。耶穌在三章20至30節論到家好像國度；祂在三章31至35節論到當中的成員。屬於那個國度的人會勝過撒但，他們同心遵行上帝的旨意。同樣地，馬可展示了門徒在逾越節的筵席中聯合而成為一個家，這個家且以耶穌為一家之主。

飯後，耶穌走向橄欖山，在那裏過了一晚，為被捕作好準備（十四26）。往那裏去的時候，耶穌在十四章27節預言所有門徒都會跌倒，這正正應驗撒迦利亞書十三章7節的預言。撒迦利亞書十三章7節的引文是描述被擄的詩的一部分，這首詩可能來自以色列的詩歌集。撒迦利亞的經文指向主的日子：先知預言，有一天，所有罪惡將會被消滅，主的審判要臨到以色列。藉著指向這個預言，耶穌基本上在說，十字架要成為終末的事件，指向主的審判和地動天搖的偉大作為。耶穌稱祂的跟隨者為羊，就像引文中的以色列一樣，耶穌清楚地表示門徒是新以色列；就連他們被分散（有如被擄），也在上帝的終末計劃中有其特別位置。當耶穌預言羊會分散，彼得如常地在十四章29節反駁耶穌（參八32）。接著在十四章30節，耶穌明確預言彼得會怎樣不認祂（即是在雞叫兩遍以先）。然而，彼得頑固地否定這個可能性。他在十四章31節提到死亡，實在很諷刺，因為耶穌真的將要受死，而彼得將要如耶穌較早時在八章34至38節最初預言祂自己受死時所說的那樣，他要救他自己的生命。

他們最後在十四章32節來到客西馬尼，那顯然是耶穌想去的地方。這個故事，記載耶穌在十四章34節吩咐祂的跟隨者要等候、警醒。其實，耶穌早已在十三章35、37節的僕人比喻中吩咐人要警醒，而同樣的用語也見於十四章37至38節。「時候」一語同樣見於十四章41節和十三章32節。這個用語在這兩節經文上的平行，說明了耶穌被捕與人子來臨同樣是終末的事件，因此，面對兩件事的態度應該一致。耶穌向父的祈禱，表達了祂在經歷求父撤去這杯和順從上帝旨意兩者間的張力（十四36）。這個祈禱可能是耶穌所說的話的總結。耶穌稱上帝為「阿爸」，十分特別。[36] 雖然舊約聖經把上帝描繪為以色列的父，但是這個稱呼並不見於猶太教。這段經文再次展示出耶穌有多特別。最終，祂的門徒已經睡著了。十四章37至42節三次提到門徒睡著了，這與彼得之後三次不認主平行。[37] 與彼得之後不認主一樣，他們無法自制。馬可的資料，或許來自彼得，他可能只是對耶穌這個較長的祈禱略知一二而已。門徒無法警醒，凸顯了他們不配成為終末的僕人，猶如十三章32至37節那些沒有警醒的人那樣。這樣，這個故事的重點關乎門徒要在面對逼迫時保持警醒，也關乎耶穌準確地知道門徒無法面對將要發生的事（十四27）。門徒這裏三次的失敗，預告了彼得不久便要三次跌倒。門徒欠缺警醒的心，甚至在他們半夢半醒之際，背叛者和敵人就來到了（十四41～42）。這裏與十三章9、12節門徒將要經歷的一樣，馬可再次在十四章41節使用了同樣的用語來描述耶穌被人拿住。由此，受難的敘事，很大部分都是與作主門徒有關的。

---

36. 見 Sam Tsang, "'Abba' Revisited: Merging the Horizons of History and Rhetoric through the New Rhetoric Structure for Metaphors," in *Exploring New Rhetorical Approaches to Galatians: Papers Presented at an International Conference University of the Free Statem, Bloemfontein, March 13～14, 2006*, ed. Donald Tolmie, (Bloemfontein: University of Free State, 2006), 121～141。

37. Beavis, *Mark*, 216.

反思及應用

主餐或逾越節筵席蘊含著豐富的神學價值。但馬可把這個描述簡化為常見的筵席，類似一般的家庭晚餐。為甚麼呢？這是因為一般的家庭晚餐要成為記念耶穌的犧牲的場合。然而，更重要的是，耶穌是主：人不單要記念耶穌的犧牲，也要記念祂是超然的主。耶穌以筵席為立約的記號，十分有意思。每個人都要吃喝，否則就會死去。耶穌正正使用了這個維持生命的基本元素，來表明祂的犧牲，以及祂與其跟隨者的關係是如此不可或缺！

終末性的用語把上帝的偉大計劃和作主門徒結合起來。馬可把耶穌的再來類比為受難，這不是說兩者是一樣的，而是說兩者有著一個共通點：它們都是上帝在末後的日子的計劃的一部分。由此，對馬可而言，「末後的日子」並不是遙遠的將來，而是十字架能決定性地宣告的末後的日子的開始，上帝真正的子民要警醒。馬可勸勉人要警醒，乃是不想人把一切責任推到耶穌身上；相反，馬可要所有門徒參與其中。人在末後的日子必須警醒。

2. 神學詮釋：釋經的理性思考

耶穌這條朝向十字架的道路，差不多要到尾聲了。祂進入耶路撒冷的聖殿，事實上並不只是進入一座龐大的建築物，更是進入一個龐大但已經腐敗的宗教體制。耶穌來是要帶領猶太人，以及外邦人脱離舊世界的捆綁，進入新世界過自由不一樣的生活。祂來是要清除障礙，可是最大的障礙，竟是猶太人，竟是以聖殿為中心的宗教體制。耶穌進入聖殿，正面的與這個腐敗的宗教體制交鋒，揭露當中的宗教領袖並不認識上帝，揭露他們心懷惡念，要想殺害耶穌。

耶穌從曠野出來，傳講上帝國度要在地上實現的好消息，呼喚回轉。耶穌正是帶來上帝國度的那一位，祂在傳講、呼召的道路上，開創、建立一個新羣體、新家庭，而有別於舊世界之中的任何一個國度、任何一個宗教羣體，包括耶穌所身處的羅馬帝國，以及以聖殿為中心的宗教羣體。耶穌的言說—行動，在耶路撒冷的聖殿之中，完全毫不留情地揭露並且審判這個已經腐敗不堪的宗教羣體，祂清楚地告訴門徒，他們這個新的羣體要取代舊的羣體，只是要謹慎、警醒，因為他們會有分於耶穌將要面對那來自舊的世界、舊的羣體的迫害。而耶穌，正是走上這在前頭等著祂的十字架。

馬可預先告訴他的聽眾、讀者，祭司長和律法師在逾越節和除酵節前兩天，就決定要捉拿、殺害耶穌了，不過為免民眾生亂，所以不在節日期間進行此事。他們要百分百完全控制事情的發生，不出亂子。因此，馬可的敍述，首先是逾越節和除酵節的前兩天，以及除酵節的第一天，他不單預告耶穌要被殺害，也透過這幾天發生的事情，鋪排了場景，為十字架吹起了前奏，這包括耶穌在伯大尼被膏、然後是祂的最後晚餐，以及客西馬尼的禱告。這一連串的事件的敍述，無不是引導聽眾、讀者朝向十字架進發。耶穌在伯大尼被膏，祂在長大痲瘋的西門家裏被膏，祂公開地與那位眾人都爭相走避的不潔的西門一起吃飯，接受這個在宗教禮儀上要保持距離的西門的款待。起初，耶穌從曠野出來，就打破潔淨的禮儀，在加利利醫治好長大痲瘋的病人。祂來到了在世生命的終點，仍然貫徹自己的使命，建立一個沒有等差的新羣體。這個長大痲瘋的西門已經被治好，否則不可能公開地接待耶穌，而且極有可能，他就是昔日耶穌醫治好的痲瘋病人。耶穌來到了在世生命的終點，祂曾經以醫治接待過的西門，反過來接待祂，而在這個場合之中，更出現兩類的對比：用香膏膏耶穌的女人，以及為了銀子而出賣耶穌的猶大。

這個對比涉及了馬可福音一直以來的兩類人，一類是恰當認識耶穌的人，另一類是錯誤地認識耶穌的人。耶穌將要上十字架了，應該如何回應？耶穌讚賞這個女人作在祂身上所作的事，耶穌明明白白的指出：「她所做的，是盡她所能的。」耶穌所說的是，這女人全然把自己所有的——瓶子和香膏，都獻給耶穌了。這女人可能並不知道耶穌即將被釘死在十字架上，但她卻是恰當地回應了耶穌。耶穌讚賞的是這女人的回應，稱之為「美事」，並要傳揚開去，因為這是個榜樣。反過來的，猶太就是個壞榜樣。雖然這個女人不一定曉得，她這樣把香膏澆在耶穌頭上，在這個時候有甚麼意思，但耶穌的解讀正好跟猶太出賣耶穌的舉動，緊密相連，並顯出猶大並不真正認識耶穌，甚至顯出一眾門徒都是如此，只是各人反應的方式不一。猶大的出賣，成就了耶穌對那女人所作的解說：「她是為我安葬的事把香膏預先澆在我身上。」

耶穌的被膏，實際上是在西門接待的吃飯場景之中出現的。這是耶穌在十字架上受死之前，馬可所記敘的第一餐吃飯。然後，緊接著的是第二餐晚飯，也是耶穌最後的晚餐。這最後的晚餐在除酵節的第一天進行。馬可告訴我們，這除酵節的第一天，是宰殺逾越羊羔的那一天。這樣的背景交代，豈不是承接之前的被膏與被賣所指向的耶穌被殺害的事件嗎？在記念以色列人離開埃及、擺脫為奴的日子，耶穌要像這節日獻上的羊羔那樣被殺。吃飯，原是建立關係的機會，可是耶穌在最後晚餐之中，卻指出門徒之中有一個要賣祂了。無疑，那個女人獻上一切澆膏耶穌以回應福音，而猶大卻為了金錢出賣耶穌，這是何其強烈的對比。只是，在馬可的筆下，這兩人的作為，都分別從不同的角度指向了耶穌的死亡，而最後的晚餐，更是把耶穌的死亡置於除酵節的第一天獻上羊羔的背景之中，從而讓聽眾、讀者不期然聯想耶穌的死亡，跟上帝的拯救有關。

面對猶大的出賣，耶穌沒有表示無奈，祂引述經上所記的，表明祂的被出賣是必然的。耶穌從曠野出來，要在舊的世界帶來上帝的國度，卻衝擊著墮落的宗教、社會，引起反抗，最終要置祂於死地。這一切都是必然的，耶穌最終被出賣被釘死是必然的。耶穌所遭遇的一切，不過是應驗祂先知的職事：祂預告自己必然走上的命途，並且親身義無反顧地走在祂自己所設定的命途上面。這是上帝自己設定的。從耶穌騎著驢駒以王以主的身分進城，到耶穌以王以老師的角色進城，無不是上帝早已設定下來的道路。在馬可的敘事底下，耶穌的再次進城，其實是踏上了必死的命途，成就祂自己的先知的職事。就如祂知道哪家的主人會借出樓房，讓門徒準備吃逾越節的筵席，而事情果然這樣發生。同樣地，耶穌也知道門徒之中哪一個會賣祂，而事情也果然這樣發生。

耶穌義無反顧地繼續走上這條必死的道路。祂在最後晚餐如常的擘餅和分杯，但是卻賦予了新的意思，明確地表示這餅是祂的身體，這杯是祂立約的血。門徒不單在生命上要跟耶穌的生命有分，也要知道這正是耶穌分餅的意思所在，然而這種有分，乃在於耶穌藉著分杯來與門徒羣體立約，並且這約所指向的上帝國度，要在將來才圓滿成就。昔日，上帝已經跟以色人立約，但是今日以色列卻仍處於某種墮落被擄的狀況之中，耶穌來到他們中間，要建立新的以色列羣體，擘餅分杯的立約表明了上帝持續在以色列中間工作，但卻是從門徒羣體的建立開始。耶穌在最後晚餐，立約的對象首先是門徒羣體，反過來説，門徒羣體是這約的首先領受者。但是耶穌卻強調，這約的圓滿成就，是終末的將來，而不是當下的此刻。由此，門徒羣體當懷著盼望地過今天的日子，而馬可的聽眾、讀者若是門徒羣體的一分子，也當如此。

事實上，在馬可的敍述之中，耶穌這最後的晚餐，並非如西門的公開筵席，而是私人的；也沒有逾越節筵席的禮儀，卻像家裏的日常用膳。耶穌是這家裏日常用膳的主人，祂要建立一個新的家庭新的羣體，這個新的家庭新的羣體，是祂與之立約的對象。耶穌要把上帝的國度帶來，就從這個新的家庭開始，祂是這個家庭的主。馬可的敍事提醒他的聽眾、讀者，耶穌在一頓日常的用膳之中立約，祂要在門徒的日常生活之中作他們的主，祂要祂的門徒在日常的用膳之中記念他們的主，祂要祂的門徒在日常用膳之中記得他們的主所帶來的國度在將來終必圓滿成就。這個新家庭的成員，因著跟隨耶穌，以祂為主，在地上生活難免要背負自己的十字架，但是因著每天在用膳之中都記念他們那被釘死於十字架上的主，也就懷著盼望來過每一天了。

事實上，馬可在這裏藉著記載耶穌的説話，架構起一個終末意義的場景，來審視最後晚餐之後所發生的一切事件，都是出於上帝的心意。十字架上所流出的血，是上帝與新的以色列所立下的約，要在終末的將來完全實現。十字架因而是終末的；藉著終末的十字架所立的約，因而是終末的約。上帝定意要成就這終末十字架的約。在這過程之中，耶穌早已知悉門徒都要跌倒，但祂引述撒迦利亞書 13 章 7 節，不純粹只是表達事情必定發生，更重要的是顯示出「羊就分散了」、這個新以色列分散了，在上帝的終末計劃之中有著其特別的位置，是上帝的終末計劃的一部分。即使是彼得三次的不認耶穌，也是如此。彼得滿有自信的表示：「我就是必須和你同死，也總不能不認你。」結果他不單預告了耶穌的死亡，並且應驗了耶穌早前第一次預告祂自己的死亡時所說的：人在面對自己的十字架時，卻要救自己的生命，不願捨己。事實上，其他門徒在面對耶穌被捕、審判的時候的反應，也不過是五十步笑百步。

面對這一即將來臨的景況，耶穌帶領門徒來到客西馬尼這個地方，祂自己要禱告，吩咐門徒要警醒。門徒跟隨耶穌，總要警醒，注目於所跟隨的耶穌，不要被別的東西分心，專注地遵照耶穌的吩咐去行。在馬可筆下，耶穌刻意吩咐他們要警醒，是要他們記得祂講的新園戶的比喻，門徒就是新園戶，他們要警醒園主會回來，現在舊園戶要殺害園主的兒子，那新園戶更加需要警醒，緊緊跟隨耶穌，免得心裏迷糊，跌倒背主。就是耶穌在面對這個即將來到要被逮捕的終末時候，祂也要懇切祈禱，順從上帝的心意而不是順從祂自己的心意。這樣的祈禱，正是顯出何謂警醒。只是門徒在耶穌竭力透過祈禱而警醒的時候，竟然睡著了。耶穌三次的提醒，門徒卻三次的睡著，他們難以自制地陷入軟弱之中，一如後來彼得三次的不認主那樣。也許，只有像耶穌跟上帝——祂稱祂為亞爸父——那麼親密的關係，門徒才能夠警醒，可以自制不為周遭的環境所改變。馬可的敍述，門徒在這刻的表現，的確好像新園比喻所警告的情況，無法保持警醒，結果就在他們半夢半醒之際，終末的迫害就臨到了。

五

受審與十字架（十四43～十五47）

1. 敘事鑑別

在十四章43至51節，耶穌被背叛之後，便遭到拘捕。這件事發生的地點，與之前客西馬尼園的場景一樣，而這件事是客西馬尼園的場景最後的一幕。十四章43節將猶大描述為十二門徒裏的一人，牧人被祂其中一個跟隨者背叛了。那些來捉拿耶穌的「一羣人」(參《呂振中譯本》)，被描繪成像是一羣暴民、動亂者一樣(另參十四48，耶穌說他們「如同強盜」)，因為他們都帶著武器；但令驚訝的是，他們是被宗教領袖差派來的。他們所做的竟與耶穌將要面對的控告一樣。

猶大的背叛顯示出他的狡猾和邪惡。十四章44至45節的親嘴，是地中海地區朋友間正常問安的方式，即使在今天也是一樣。以親嘴來背叛耶穌是最不會令耶穌起疑的方式。然而，馬可在十四章42節表明，耶穌清楚知道背叛的事件，也早已預備好面對這個悲劇。以親嘴來背叛耶穌表明他十分邪惡，利用這個標誌著真正友誼的標記，違反了地中海文化中的榮辱觀念(例如：林前十六20)。更甚的是，與很多耶穌跟隨者稱祂為「拉比」

或「夫子」(九5，十一21，十四45)一樣，猶大也稱耶穌為「拉比」。真正的門徒不會一方面說「拉比」，另一方面卻把他的老師交給帶著武器的暴徒。其中一個門徒的即時反應，就是砍掉大祭司的僕人的耳朵(十四46)。有別於路加福音二十二章51節的記載，馬可這裏並沒有交代之後發生甚麼事。

耶穌未有逃走，反而在十四章48至49節質問他們為甚麼要帶著武器來捉拿祂。採用這種逮捕方式，表示他們認定耶穌是一個造反的盜賊。但耶穌並不是這樣！耶穌也在十四章49節指出他們需要暗暗地行事，而有別於光明正大地在聖殿裏捉拿祂。然而，馬可早已清楚表明，他們害怕耶穌，不敢光天化日之下捉拿祂(十四1～2)。接著耶穌指出他們要這樣捉拿祂的原因：為要應驗經上的話。這是指甚麼經文呢？十四章27節似乎可以給我們答案：經文指出羊要分散；更確切地說，十四章50至51節顯示經上的話應驗了，羊的確分散了。十四章51節的記載，實在是既幽默，又可悲：一個少年人撇下一切，既非為了跟隨耶穌，也非為了背起祂的十字架，而是要逃走，拒絕跟耶穌上十字架。這正正是八章34節和十章21節的相反。格特拿(A. Edward Gardner)認為他是一個未完全跟隨耶穌的人。[38] 馬可很同情門徒，一直將他們描繪為不太明白耶穌的話，他們不太知道應該怎樣面對所學到的東西。當他們的老師被捉拿，他們再見不到盼望，因為他們還未明白耶穌所說的釘十字架或復活的彌賽亞究竟是甚麼意思。對他們來說，這就是最終的結局。他們怎會不逃

38. Edward Gardner, "Imperfect and Faithful Followers: The Young Man at Gethsemane and the Young Man at the Tomb in the Gospel of Mark," *Encounter* 71 (2010): 34.

跑呢？沒有人會想白白死去。然而，「應驗經上的話」，這種講法再一次確認了耶穌有權柄，只是祂選擇不去行使祂的權柄。

接著下來，敍事直接轉到大祭司那裏。在十四章53節，耶穌首先被帶到大祭司那裏，那裏還聚集了眾祭司長、長老與文士。縱然很多人會看不起彼得，但是敍事在十四章54節形容彼得遠遠地跟隨著耶穌，而其他人則早已完全離開（參八34，十21）。但無論如何，彼得身處大祭司院裏的描述，基本上是負面的，而當中最大的落差是彼得並沒有背十字架，他並沒有受苦，這暗示他最後跌倒了，就如耶穌在十四章30節所預言的。而他在遠方跟隨著，表明他只是旁觀者，而不是參與者。那麼，按耶穌對門徒的要求，他頂多只是比那些逃跑了的人稍為好一點而已。總括而言，馬可並不是旨在表明彼得是最差的一個門徒，不過，雖然彼得比大部分門徒稍為好一點點，但他還是未有達到耶穌的標準。

馬可的寫作風格，生動地將彼得和耶穌對比起來，將耶穌的受苦與彼得的不受苦作對比。在十四章55至65節中，當彼得在大祭司的院裏取暖時，耶穌正在受審。敍事不需要絕對依次記載，而可以作平行敍述。彼得的掙扎與耶穌的掙扎是同時發生的。耶穌的受審，都是環繞著「你是誰？」這問題。除了論到耶穌的身分之外，眾證人也論到耶穌的宣稱。這個審判總結了馬可福音有關耶穌的爭論，這個爭論基本上重複地問：「憑誰的權柄？」這個權柄當然與耶穌是誰有密切關係。

這次審判在公會（猶太人的法庭）舉行（十四53）。[39] 可悲的

39. Larry Hurtado, "Summary and Concluding Observations," in *'Who Is This Son of*

是，馬可在十三章9節曾用了同一個詞來形容門徒受試煉的地方。這次審判，為耶穌的跟隨者將來面對類似的受審奠定基礎，因為他們的敵人依然是一些宗教領袖。這個法庭要傳召證人來指控耶穌，但是似乎未有足夠證據去判耶穌死刑（十四55～56）。經文清楚指出，法庭的目的是要處死耶穌。在馬可的記載中，惟一給記錄下來的「見證」在十四章58節，這是與約翰福音二章19節平行的經文，但馬可福音的這個版本卻成了一本幾乎沒附有任何説明的總結。或許耶穌事實上不只一次説了這種話；或許證人聽到耶穌的解釋後，刻意扭曲這話，以致這話成為指控叛亂分子耶穌的證據。耶穌反對聖殿的言説，應該是按著希律建殿的背景來理解的（《猶太古史》15.380～425）。雖然聖殿正在運作，但是還未全部竣工。一直要到三十多年後尼祿在位之時工程才全部完成。[40] 聲稱有能力拆毀聖殿的人，若非有眾多跟隨者的超人，就是瘋子；而被綁著的耶穌肯定不像超人。馬可描繪的是多麼幽默的假見證，沒有人會相信這樣的見證（彼拉多也不例外），因為十四章58節的「見證」是一個令人吃驚的宣稱。彼拉多完全沒有回應他們的指控，也似乎對這些所謂見證很不屑。這個宣稱也配合馬可福音十三章的終末性譴責的一部分。當問到對指控有甚麼回應時，耶穌在十四章60節默不作聲。然而，被問到祂的身

Man?': The Latest Scholarship on a Puzzling Expression of the Historical Jesus, ed. Larry Hurtado and Paul Owen (London: Bloomsbury T & T Clark, 2011), 174ff，此文視人子為耶穌的稱號，並沒有將之與但以理書七章連繫起來，在一段有意義的對話中，持有與赫塔多（Larry Hurtado）相反的建議，參 Darrell Bock, "Did Jesus Connect Son of Man to Daniel 7 ? A Short Reflection on the Position of Larry Hurtado," *Bulletin for Biblical Research* 23 (2012): 401。

40. 有關希律的建築活動，見 Flavius Josephus, *Antiquitates Judaicae* 15.391～425。

分「你是基督嗎？」耶穌大膽地說「我是」。博寧認為，耶穌使用的「我是」是一種神聖的宣稱。[41] 這樣或許把太多約翰福音的元素讀進馬可福音了。假如馬可福音是最早的福音書，那麼馬可福音就是耶穌承認祂的身分的最早記錄了。然而，我們必須留意，耶穌並沒有做甚麼去救自己；事實上，祂的問題與回應似乎為自己帶來更多禍患。

耶穌不單承認自己是基督，更視自己為但以理書七章13至14節裏那要來的一位（十四62）。不但如此，耶穌這話與祂在十三章26節的教導平行。假如聽眾理解人子的角色，就會知道這話是宣稱擁有從上帝而來的權柄。這斷非只是一個含糊的「基督」的宣稱。雖則，公元一世紀對彌賽亞可以有很多不同的詮釋，然而，「人子」的講法顯然把整件事帶到另一個層次：耶穌成了最後的審判者，因祂是上帝差派來的。這話無疑更惹人反感，感到耶穌的話等同於褻瀆（十四63）。[42] 假如耶穌沒有宣稱祂是上帝，十四章63至64節又怎會是褻瀆呢？惟有當耶穌宣稱祂擁有上帝的權柄，這才算是褻瀆。也惟有這樣，耶穌的話才能如他們在十四章64節所說的，足以判祂死刑。他們也在十四章65節蒙著祂的臉，強逼祂說預言。他們的舉動，完全拒絕耶穌作為先知的職事。[43] 一些細心的馬可讀者，早已知道耶穌的預言並不需要驗證。祂在十四章27節有關羊羣分散的討論已經應驗

---

41. Boring, *Mark*, 413.
42. 有關「人子」的研究，可參考這份出色的調查：Larry Hurtado, "Fashions, Fallacies and Future Prospects in New Testament Studies," *Journal for the Study of the New Testament* 36 (2014): 307～313。
43. Boring, *Mark*, 415.

了；之後還會有更多事情會陸續應驗。

在下一個場景，十四章66至72節，這是以彼得不認主為焦點的。彼得的挑戰十分明顯。首先，耶穌在十四章67節下半部分被稱為拿撒勒人。大祭司的使女知道耶穌是個拿撒勒人。為了明白她知道甚麼，我們必須看看一系列有關馬可福音的敘事資料。拿撒勒在馬可福音中佔重要位置。在一章24節，污鬼指出耶穌從拿撒勒而來；在十章47節，瞎子巴底買也呼喊出耶穌的家鄉。雖然我們可以說污鬼有超自然能力，因此而得知此事，但是巴底買或許在呼喊之前查詢過有關耶穌的事。在馬可福音中，耶穌往往在加利利出現，那麼，這個使女怎樣知道呢？有兩個可能：第一，她可能是從大祭司那裏聽聞此事；第二，她可能在出來前聽到一部分的審訊。無論如何，我們可以說，她得知這事是因為她常在大祭司身旁。這也說明了大祭司和其他宗教領袖可能已花了不少時間去偵查他們亟欲殺害的耶穌的相關資料。她與彼得的首次對話，說明了更多關乎宗教領袖的事，而不是她或彼得的事。彼得當然否認他認識耶穌（十四68）。然後，她力言彼得是耶穌一黨的，彼得也再次否認（十四70）。

在十四章70節，「旁邊站著的人」對彼得第三次的挑戰同樣很明顯，他們稱彼得為加利利人。這是對耶穌的事工的最普遍理解。肯定的是，耶路撒冷的人，尤其是一些邪惡的宗教領袖，正在偵查著耶穌行蹤（參一5，七1）。他們不單追蹤耶穌，也追蹤門徒，且已追蹤了好一段時間。而且加利利人又可能會帶著不同的口音。彼得肯定是加利利人，因為他是在那裏的海邊蒙召的（一14～20）。那些宗教領袖留意到這個來自加利利的運動，已監察著它的一舉一動。彼得這次發咒起誓，否認自己與耶穌有任何關係（十四71）。

我們很容易會將「彼得不認主」這記述的重點，放在彼得不光彩的事上。然而，說話的主要是那個使女。敘事所展示的，更多是關乎宗教領袖圈子中所發生的事，而不是太著重那個使女或彼得心裏的想法。就整段敘事來看，耶穌早已預言了彼得會不認祂，因此彼得不認主並不會教人意外。假如彼得沒有不認主，那才教人意外呢！從這個故事的整體敘述來看，它並非馬可對彼得的評價，而是對耶穌的神聖全權和先知職事的闡釋。這個故事非旨在貶低彼得，而是要高舉耶穌，即使那是祂最無助的一刻。

根據一章1至3節，要走完主的道路實在困難。人可以輕易認出誰是追隨耶穌的人。彼得尚且沒有完全跟隨耶穌的腳蹤行。懦弱的人必定無法走到目的地。

耶穌的審訊在第二天繼續（十五1～15）。彼得的挑戰結束了，但耶穌的挑戰才剛開始。與典型的羅馬人審訊一樣，耶穌的審訊在早上開始；祂的審訊應驗了祂被交給羅馬人的預言（九31、十33）。[44] 這事件與十四章53至65節的敘事的分別是，這是在外邦人面前受審（參十三9）。宗教領袖與外邦法官合作，是個極不尋常的現象，但這早已在十二章13節計劃好了。羅馬人或許感到耶穌的確帶來威脅，這從彼拉多在十五章2節一開始的質問可見一斑：「你是猶太人的王嗎？」耶穌的回應類似：「如你所言。」[45] 馬庫斯（Joel Marcus）留意到，這是馬可福音首次直

44. Boring, *Mark*, 418.

45. Justin Meggitt, "The Madness of King Jesus: Why Was Jesus Put to Death, But His Followers Were Not?," *Journal for the Study of the New Testament* 29 (2007): 384；這文章主張耶穌被釘死，是因為祂是一個瘋子君王，文章的作者的焦點是癲狂。然而，無論耶穌聽來有多癲狂，羅馬人並不會釘死精神病患者。見 Joel Marcus, "Meggitt on the Madness and Kingship of Jesus," *Journal for the Study of the New*

接提到耶穌是王；而當這稱號在受難的故事中一次又一次重複，耶穌的形勢似乎也愈來愈惡劣。[46] 與祂之前在十四章 61 至 62 節的做法一樣，惟有被問到祂的身分，耶穌才會回答問題。耶穌肯定的回應，與彼得同樣肯定地否認（十四 68、70、71）形成強烈對比。至於其他的指控，耶穌與先前一樣（參十四 60），並沒有作出回應（十五 5）。彼拉多之所以對耶穌的回答並沒有立即回應，可能因為他認為這個猶太鄉下人沒有甚麼特別。事實上，這個爭論點，彼拉多之後在十五章 9 節正好拿來嘲笑猶太人。

彼拉多首先提到在節期釋放一個囚犯的習俗。學者對於是否有足夠證據確定這是耶穌時代的慣常習俗，眾說紛紜，但我們要留意的是，作亂者巴拉巴在十五章 7 節出現。巴拉巴（Barabbas）的出現十分諷刺，因為他的名字在亞蘭文的意思是「父之子」，「巴」（bar）解作「子」，而「亞巴」（abba）解作「父」。在馬可福音中，耶穌是首位稱上帝為「阿爸」（abba）的人（十四 36）。真正的兒子耶穌如今將要取代這另一位兒子死去，這正是馬可釘十字架事件的諷刺之處。作亂者「父之子」巴拉巴因著真正的兒子耶穌而得釋放。[47] 關於作亂者的論述，正預告了將要發生的事 —— 釘十字架 —— 羅馬人對作亂者的刑罰，也回溯十四章 43 節那「一羣」從大祭司那裏來並帶著武器捉拿耶穌的暴徒。誰是真正的作亂者呢？叛亂的問題，既指向猶太人要有自己的國，也

Testament 29 (2007): 421 ～ 424 的批評。

46. Joel Marcus, "Crucifixion as Parodic Exaltation," *Journal of Biblical Literature* 125 (2006): 73.

47. Dennis MacDonald, *The Homeric Epic and the Gospel of Mark* (New Haven: Yale University Press, 2000), 31.

指向耶穌的國與猶太人的國的區別。所有的用語都充滿了濃厚的政治—神學意涵。

彼拉多認為釋放耶穌並沒有問題(即是耶穌的確不像是危險的叛亂分子)，也明白宗教領袖心懷惡意，於是嘗試釋放耶穌(十五 9)。他的洞見，證實了馬可在之前多次的衝突中所暗示的宗教領袖的邪惡。在十五章 9 節，彼拉多就問他們是否要他釋放這個猶太人的王。這個問題應該會令猶太人感到不快，但彼拉多之所以這樣說，可能是為了嘲諷耶穌無法作王。換言之，他可能有這樣的意思:「看看祂吧!你們真的認為祂很危險嗎?為甚麼不放了祂呢?」然而，祭司長並沒有察覺到彼拉多這種幽默的修辭。在十五章 10 節，馬可也進一步指出彼拉多知道祭司長的心態——「因為嫉妒」才這樣對待耶穌。彼拉多怎樣知道他們嫉妒耶穌呢?或許當時眾所週知的事實是:雖然這班宗教領袖有權有勢，但他們仍不及耶穌那麼受羣眾愛戴和有權柄。哈格多爾(Anselm Hagedorn)和尼利(Jerome Neyrey)主張，耶穌得到的尊榮招人嫉妒。[48] 當然，馬可的重點放在眾領袖的罪，而且哈格多爾和尼利的研究指出了耶穌事工所引起的問題:祂對宗教領袖的尊榮造成威脅，就是把他們可以在羅馬人底下享有的有限好處挪走。耶穌三番四次攻擊他們的「遊樂場」——聖殿——揭露這些宗教領袖的真面目，令他們的邪惡無所遁形。於是，他們在十五章 11 節唆使眾人釋放巴拉巴。彼拉多接著在十五章 14 節問

48. Anselm Hagedorn and Jerome Neyrey, " 'It Was Out of Envy That They Handed Jesus Over' (Mark 15.10): The Anatomy of Envy and the Gospel of Mark," *Journal for the Study of the New Testament* 69 (1998): 17；整篇文章對理解這個處境中的嫉妒十分有幫助。

他們耶穌究竟做了甚麼惡事？但是羣眾拒絕回答，反而要把耶穌釘十字架。這樣，因著一小撮烏合之眾的邪惡計劃，耶穌最後被釘十字架。

把這羣人理解為在馬可福音十一章迎接耶穌的同一羣人，可能有點言過其實。不過，無論他們是甚麼人，這羣人都只是普通人，最可能只是一羣旁觀者；那些迎接耶穌和想跟隨祂的人，很可能沒有在耶穌受審時出來支持祂。因此，這羣人只是一羣在羅馬法庭中圍觀的嗜血者，可能未如博寧聲稱的「改變立場」。[49] 在這個情況下，祭司長能夠輕易唆使羣眾釘死耶穌並釋放巴拉巴。就這方面，這個故事極其量只能告訴我們，羣眾並不可靠。

下一個場景發生在衙門院裏（十五 16 ～ 20），那很可能是彼拉多辦公的地方的一部分。這個地點說明了，人可以很容易去到彼拉多那裏。衙門可能位於聖殿周圍的安東尼堡，難怪宗教領袖很容易就把耶穌帶到彼拉多那裏。這個地點也展示出宗教領袖與羅馬統治者關係密切。衙門的場景充滿了嘲諷，羅馬士兵給耶穌穿上王的衣服。這個場景是與十四章 65 節嘲諷宗教領袖的記載平行。博寧指出，在這裏嘲諷耶穌作猶太人的王，與十四章 65 節嘲諷耶穌說預言很相似。[50] 耶穌當然可以說預言或展示祂的王權，但祂兩次都沒有回應這些侮辱。紫袍荊冠都是嘲諷的武器。袍子標誌著穿上的人的王者地位，而在耶穌的時代，只有那些在位的人才可以穿上紫袍。由於這些兵丁是羅馬人，他們透過嘲笑耶穌來嘲諷猶太人無法立自己的王，而且感到樂在其中。這正是

49. Boring, *Mark*, 421.
50. Boring, *Mark*, 425.

諷刺之處。羣眾可能想要一位英勇善戰的君王。可當羣眾要求釘死耶穌，卻給了羅馬士兵上佳機會去藐視他們自己——這些羅馬殖民統治下的猶太人。他們的口號「恭喜，猶太人的王啊！」與向著凱撒呼喊的口號很相似。[51] 這個嘲諷也指向耶穌所受的指控：宣稱是猶太人的王，反對凱撒。對士兵來說，這象徵凱撒勝過猶太人的王。

當他們侮辱和折磨耶穌過後，就帶祂出去釘十字架。在路上，古利奈人西門——按經文描述，馬可的讀者應對他的兒子亞歷山大和魯孚有認識——代耶穌背起祂的十字架（十五 21）。囚犯往往被迫要背起自己的十字架，那是刑罰的一部分。馬可並沒有解釋為甚麼要有人代替耶穌背十字架，可能因為耶穌那時已很虛弱。馬可記載這個細節，亦令人聯想到八章 34 節的記載。八章 34 節提到有些人甘願背起自己的十字架跟隨耶穌，但這裏西門卻被迫為耶穌背起祂的十字架——而不是背起西門自己的十字架。耶穌原本要背起祂自己的十字架，若此，背起十字架就代表受死。假如我們再一次回想八章 34 節耶穌的話：背起自己的十字架，最終必喪掉自己的生命。在這裏，至少西門不會受死。然而，耶穌最後在十字架擔當了一切。這是十字架令人震驚的真相。

西門是誰呢？經文交代了他是北非的古利奈人，也提到他兒子的名字，此外沒有提供任何資料。經文沒有繼續交代，表示馬可的讀者或多或少都知道一些。就我們所能知道的，他應該是散居的猶太人，可能來耶路撒冷過節。他在錯誤的時候來到錯誤的

---

51. Beavis, *Mark*, 227；在羅馬凱旋巡城時，他們在處決戰敗的君王前，這樣的嘲諷是很普遍的現象，可參Georgia, “Translating the Triumph,” 30。

地方，被這件不幸的事件破壞了他慶祝節期的雅興。然而，假如馬可的羣體是認識他兒子的，那麼或許西門的家庭可能深受這件事影響，以致他們後來成了基督的跟隨者。可能這個新的效忠對象改變了他的家。這樣，背起基督的十字架去跟隨基督竟成了隱喻，並轉化成後來背起他們自己的十字架去跟隨基督。

釘十字架的地點是各各他，馬可在十五章22節解釋這個亞蘭文地名的意思，其意是髑髏地。這個解釋，當然是為馬可的外邦讀者添上去的。與此同時，這個解釋也為整段敘事添上一道令人不寒而慄色彩，指向受害者之死。敘事的步伐頗為迅速。在十五章22節，士兵拿沒藥調和的酒給耶穌喝，或許是嘲諷祂，又或許是為了減輕祂的痛楚。然而，耶穌卻不受（十五23），或許反映了十四章25節耶穌的講法。[52] 接著，他們把祂釘在十字架上。有別於很多現代改編了的電影，馬可並沒有記載太多細節。這些細節很可能是不必要的，就如現代讀者也未必需要巨細無遺的斷頭台細節。馬可接著提到士兵瓜分耶穌的衣服。囚犯顯然是要赤裸著釘十字架的。

釘十字架的時候是巳初，即是猶太人時間約早上九時。十五章26節記載，耶穌的罪名是祂宣稱自己是猶太人的王。這樣的指控表示，羅馬法庭是按耶穌的宣稱來把祂定罪，視之為叛亂分子而釘死祂。就如我之前所說，耶穌只回答了很少問題；不過，諷刺的是，祂在十五章2節的宣稱竟成了祂的罪名；更重要的是，耶穌答得如此小心的答案，最終都成為定罪的憑藉。除了耶穌自己的宣稱之外，那些在十五章29節辱罵耶穌的人，他們引

---

52. Beavis, *Mark*, 228.

述的正是十四章 58 節的假見證；而且，整個辱罵均連於耶穌在馬可福音十二至十三章聖殿的各種譴責。與耶穌同釘十字架的還有兩個強盜，他們很可能是叛亂分子。宗教領袖在十五章 31 節進一步侮辱耶穌，叫祂從十字架上下來，這如同在傷口上灑鹽。就連與祂同釘十字架的強盜，也都譏誚祂。我們必須從羅馬人釘十字架的背景來看這兩個強盜。在馬可福音中，最接近這些強盜的角色是巴拉巴。強盜的刑罰不應該是釘十字架的，[53] 因此這兩人並非一般強盜，如上所述，他們很可能是政治叛亂分子。馬可究竟要說甚麼呢？無論是上層社會的人（宗教領袖），抑或是社會的最底層的人（強盜），那時都拒絕了耶穌 —— 就連門徒也不在那裏。

被釘六小時後，耶穌就死了。值得留意的地方是，從耶穌在早上九時被釘到祂死亡，遍地黑暗。這個象徵強而有力地帶出了一點，就是因著耶穌的死，「黑暗」替代了白晝。耶穌的死確實標誌著一切都是「黑暗」的，甚至連整個宇宙也察覺；而我這種講法並非寓意釋經，因為比這象徵性的黑暗更重要的是，這個宇宙性的記號（cosmic sign）指向十三章 24 至 25 節的終末實在（eschatological reality）。耶穌在十三章 24 至 25 節早已預言了人子來臨的記號，正是天體要變黑。舊約先知書（例如：賽十三10，三十四 4）多以詩歌式的災難用語（poetically catastrophic language）來形容上帝的終末作為。天體變黑是隱喻性的文字表達方式，陳示上帝的終末作為。釘十字架是上帝在末後日子的偉大

53. Boring, *Mark*, 428；博寧指出約翰福音十章 8 節用來描述賊的用詞，與描述巴拉巴的用詞是一樣的。

作為的終極預示，也警告世人，人子之後要來審判祂的敵對者。

在十五章 33 至 34 節，耶穌以亞蘭文呼喊，問上帝為甚麼離棄祂。馬可再次給他的外邦讀者解釋這句亞蘭文説話的意思。這句亞蘭文説話生動地呈現了一齣正放映著釘十字架場景的戲劇，是馬可撰寫這個故事時所「聽到」的。這個呼喊，連於上文有關耶穌被拒絕的敘事。很多人聲稱這句話在神學上有某種甚麼意義，但這句話的敘事得與上下文緊扣：這是一個悲慘的場景。耶穌的話引自詩篇二十二篇 1 節，那是一首哀歌，這首詩篇提及敬虔人向上帝申訴，陳明他的感受。在耶穌時代的人，他們似乎從會堂和教會的頌唱中學習整卷詩篇，亦因此我們必須從整卷詩篇以及這首詩的語境來詮釋這句話，而詩篇二十二篇是以讚美上帝的公義作結。因此，此時耶穌是感到每個人都離棄了祂，連上帝也一樣，但祂仍心存盼望，期待著上帝最終的公義。詩篇斷非甚麼神學公式，而是充滿情感的表達，在人感到完全被棄絕時對上帝的求問。因此，我們不應該從一句簡潔、感性的引文中推測當中隱含著甚麼贖罪理論。於此，博寧正確地説：「馬可視耶穌之死為拯救性的行動，卻沒有提到任何贖罪的理論。」[54] 馬可沒有提出任何神學公式，他只是純粹地以最簡潔的詞彙來形容這個場景——也就是説，即使到了最後一刻，人還是誤解耶穌，以為祂在向以利亞呼求。有一人給耶穌醋喝，圖延長祂的性命（十五 36），但他並非為了拯救耶穌，而是要看看以利亞會否來救祂。這是耶穌死前的最後場景。

為配合聖殿的主題，馬可在十五章 38 節記載殿裏的幔子從

54. Boring, *Mark* 430.

上到下裂為兩半，就好像有隻無形之手把它撕開。很多時候，人會根據希伯來書九章 1 至 9 節的神學傳統來看上帝與人之間的區隔；很多講員會說，幔子裂開標誌著全新的神人關係。但是根據馬可這裏的整體的主題，幔子的裂開可能預視著聖殿的審判。而最大的諷刺是，惟一宣告耶穌是上帝兒子的人，竟然是十五章 39 節的羅馬百夫長。

當我們讀到百夫長的反應，相關的討論會出現了兩派思想。[55] 一派認為他真誠地說耶穌是上帝的兒子；另一派認為他只是與周圍的人一樣，尤其是像稱呼耶穌為猶太人的王的彼拉多那樣，嘲諷耶穌是上帝的兒子。我們無法確定他是否有足夠的資料去讓他明白這個宣告的意思，但是這並不重要。假如我們認為他傾向相信耶穌是上帝的兒子，那麼他的角色就與之前那些掌握正確資料卻拒絕耶穌的人，形成了強烈的對比。馬可在十五章 40 節也提到一羣婦女遠遠地觀看。馬可並沒有提供太多資料，可能因為他預計他的讀者認識這些婦人。按十五章 41 節的記載，她們是耶穌在加利利時跟隨和服事祂的人。

十五章 42 至 47 節記載耶穌安葬的事。這裏的主要角色包括猶太議會的成員亞利馬太的約瑟、彼拉多，以及百夫長。馬可在十五章 43 節形容約瑟是一個等候上帝國的人，這進一步顯示，並非所有猶太領袖都討厭耶穌。博寧指出，亞利馬太的約瑟

---

55. Kelly Iverson, “A Performance Critical Analysis of Mark 15: 39,” *Journal of Biblical Literature* 130 (2011): 329～350；這文章要展示的是，理解百夫長這個信仰宣稱的真正意思是何等困難。當中的真正意思，全視乎詮釋者所用的典範。另見 Marcus, “Crucifixion as Parodic Exaltation,” 73～87。然而，艾弗信（Kelly Iverson）似乎認為，馬可把這個信仰宣告戲劇化，主要是為了挑起聽眾的回應。歷史性的解釋並不重要，但歷史性的問題卻不應該避開。

要這樣迅速地買到細麻布是不可能的，[56] 約瑟很可能在很早之前已經預備好細麻布了。身為猶太議會的人，約瑟知道耶穌必定會被定罪。因此，大概約瑟會把事先預備好的細麻布帶來。見證耶穌之死的百夫長（十五 44），可能受彼拉多差派去看守囚犯的，而他可能就是在十五章 39 節宣告耶穌是上帝的兒子的那個人。當約瑟要求耶穌的身體，彼拉多便向百夫長詢問耶穌的事；彼拉多既確定耶穌已死，約瑟就在十五章 46 節開始埋葬的程序。墳墓入口有一塊石頭，可能是用來避免覓食的野獸破壞屍體的。耶穌在安息日被安放在墳墓裏。[57] 這是在諷刺安息日竟是這樣「守」的？，抑或旨在說明祂的死成就了安息日呢？馬可可能是按著二章 23 至 28 節的安息日故事來作出表達十五章 42 節有關安息日的記述：「當耶穌死後，祂就多有享受守安息日的機會了。」耶穌違反安息日的條例，促使宗教領袖立意殺害祂，可如今讓耶穌死去和完成祂使命的，正正也是安息日。安息日是耶穌成就祂命途的推動力，只是這個方式實在很不尋常和十分諷刺。十五章 40 節也提到兩位馬利亞——抹大拉的馬利亞和約西的母親馬利亞——她們也看見安放遺體的地方（十五 47）。

一章 1 至 3 節的主的道路在十字架上結束了。[58] 在這段敘事

---

56. Boring, *Mark*, 440.
57. Beavis, *Mark*, 207.
58. Joel Marcus, "Mark–Interpreter of Paul," in *Mark and Paul: Comparative Essays Part II For and Against Pauline Influence on Mark*, ed. Marie Becker, Troels Engberg-Pederson, and Mogens Muller (Berlin: Walter de Gruyter, 2014), 39。馬庫斯留意到，馬可福音那以十字架為中心的神學，是與馬可福音的保羅神學平行。這對於初期教會時期很多悔改歸信基督的猶太人來說，實在是一大問題。隨著馬可福音十六章的奇怪結局，馬庫斯的看法——馬可福音是徹底地展示出十架神學的——能維護類似保羅這類人所宣講的福音。

中，有些最意想不到的人竟去到這個目的地：被迫背起十字架的西門去到那裏，他的生命被改變；猶太人的領袖約瑟出乎意料之外，去到十字架那裏，埋葬耶穌（在耶穌的時代，其實並非所有猶太宗教領袖都是壞人）；接著，還有那些與彼得一樣在遠處觀看的婦女，她們並沒有逃走，因為沒有人問她們甚麼，畢竟，她們只是婦女，不被視為可靠的見證人。有誰想到以上的這些人物會以這樣怪異的方式跟隨耶穌呢？即使來到了十字架的最後一幕，仍充滿著諷刺意味。由此可見，耶穌的生命或主的道路一點都不尋常。

反思及應用

馬可的著作繼續把門徒的受苦連於耶穌的受苦。然而，耶穌的受苦與門徒的受苦有很大分別。耶穌是準確無誤的先知，被上帝差來，即使受苦，也宣告上帝的全權。與其探索耶穌受苦的種種歷史細節，我們從耶穌的整個敘事中——由最初的預備工作到最終的承受苦難——得見受苦的真正含義。但是，這個故事並非全然黑暗無光，因為它在基督最無力的時刻卻展示出祂的大能。這個故事不只關乎門徒的崎嶇之路（雖然那條路的確十分崎嶇），而且也使我們在絕望之外得見曙光，因為耶穌掌管著一切。

2. 神學詮釋：釋經的理性思考

耶穌這條朝向十字架的道路，要到尾聲了。耶穌來是要清除障礙，帶領猶太人，以及外邦人脫離舊世界的捆綁，進入新世界過自由和不一樣的生活。然而，祂最大的障礙竟然是耶路撒冷的聖殿——一個龐大但已經腐敗的宗教體制。耶穌與這個腐敗的宗教體制的正面交鋒，揭露當中的宗教領袖心懷惡念，要殺害耶穌。而果然，時候到了，猶太人的宗教領袖差派的人來了。

在整件耶穌被捕的事情之中，耶穌看似是被動的，主動的是猶大和那些從祭司長、律法師、長老而來的人，但耶穌卻說這一切「為要應驗經上的話」。馬可的敘事讓他的聽眾、讀者知道，這是指到耶穌在最後晚餐時對門徒所引用的撒迦利亞書十三章 7 節的話：「我要擊打牧人，羊就分散了。」不單耶穌被捉拿，並且跟著門徒四散、逃跑了。這一切都是上帝的心意。甚至，猶大的出賣，耶穌也早已經知道了。祂容讓猶大以朋友問安的親嘴為記號來出賣祂，祂容讓猶大稱祂為「拉比」，卻把祂交給帶著武器的暴徒，不像那個拿起刀來保護老師的門徒。但是最終，所有門徒都四散、逃跑，不再因為跟隨耶穌而願意背負自己的十字架。門徒就像那個丟下麻布赤身逃走的少年人一樣，從跟隨變成落荒而逃。門徒全都忘記了耶穌曾經向他們三次預告自己從死裏復活。他們以為一切都完了，他們再看不到盼望，一如這天的黑夜。這背叛、這捉拿、這離棄，全都在黑夜之中發生，來得那麼突然，但是在馬可的敘事之中，卻全然出於上帝的心意，為的是成全拯救。

上帝要在耶穌的命途上面成就祂那終末的心意，猶大的背叛、賣主只是開始，接下來的是猶太公會的審問，羅馬彼拉多的審問、定罪，兵丁的侮辱，耶穌的被釘死與埋葬，最後是耶穌的復活。耶穌在將要被賣時對門徒說：「時候到了」，又豈只是指到猶大的出賣與暴徒的捉拿，祂更是意指到上帝要完成的終末拯救事情的時候到了。是以，終末的時候到了，耶穌要走上這條終末的道路，迎向前面連串祂全然知道的事件：出賣、四散、審問、侮辱、釘死。這是連串離棄的傷痛事件。以大祭司為首的公會審判，交織著彼得的否認，一再顯示舊有宗教領袖並不認識耶穌是誰。羅馬的彼拉多和兵丁同樣不知道這個猶大宗教領袖要置之死地的耶穌，究竟是誰。同樣，追隨了耶穌三年的門徒，經常受到耶穌的私下教導，也是不大認識耶穌是誰。在馬可筆下，上帝讓耶穌處身在不同的人當中，無論在上位的審問、彼得的否認、兵丁的侮辱，全都是環繞著「耶穌是誰」這個問題來開展的。

猶大人的法庭（公會），耶穌早已告訴門徒，有一天跟隨耶穌的門徒會被帶到這個地方受審，只是現在他們所跟隨的主首先要被審問，找出證據以致可以定罪判刑。假見證自相矛盾，看來並不奏效，大祭司親自審問耶穌，要引導祂講出他認為僭妄的說話。他問祂說：「你是那當稱頌者的兒子基督不是？」耶穌說：「我是。你們必看見人子坐在那權能者的右邊，駕著天上的雲降臨。」耶穌不單承認自己是基督，更認自己為但以理書七章 13 至 14 節那要來的一位，擁有審判的絕對權柄。這無疑叫他們更加難以忍受，也為他們提供了褻瀆的證據，足以判耶穌死刑。這些猶太宗教領袖，徹頭徹尾並不相信耶穌的自我宣稱，而以之為褻瀆上帝的證據。他們嘲諷祂，要祂說預言，不過是拒絕祂那先知的職事而已。耶穌還須再說預言來證實祂自己的身分嗎？祂早前所說的：「我要擊打牧人，羊就分散了」，此刻不正實現嗎？牧羊人正被擊打，羣羊正在四散。

耶穌面對迫逼，坦然承受、絕不逃避，那麼，耶穌的門徒彼得呢？馬可早已告訴他的聽眾、讀者，耶穌知道彼得會不認主，並且是三次否認跟耶穌有甚麼關係。耶穌的預告，再一次實現，祂可是真正的先知，祂走在祂自己所容許發生的事情之中，處於生命最無助之中，不單被擊打，並且祂的羣羊也落荒而逃，離祂而去。但是，這一切事情的發生，卻反過來告訴我們，耶穌真的擁有神聖的主權，祂全然投身在這個祂早已設定、知道的命途之中。彼得的三次否認，只強化了耶穌的被棄絕、無助的處境這幅圖畫，也強化被棄絕、無助是出於耶穌自己的神聖主權這幅圖畫。彼得第三次起誓否認，立時雞叫了第二遍，他想起耶穌對他的說話：「雞叫兩遍以先，你要三次不認我。」彼得固然醒悟他自己的跌倒，但他可會意識到耶穌雖然落在這種景況，但卻全都在祂自己主權之內？恐怕他仍是未能全然認識耶穌是誰。

第二天早上，耶穌被交給羅馬帝國在當地的地方政府審訊。猶太宗教領袖與外邦政府合作，極不尋常，但卻應驗了耶穌自己第三次預言所說的。彼拉多問耶穌：「你是猶太人的王嗎？」作為羅馬政府的地方官員，彼拉多只關心背叛帝國勢力的萌芽，他面對猶太宗教領袖的控告並無興趣。耶穌在受審之中，也一如之前那樣，只回答關於祂身分的問題，卻對其他一切的指控毫不理會。在這裏，耶穌是第一次被問及祂是否猶太人的王，祂沒有直接的回答，只說：「是你說的。」(參《新漢語譯本》)是以，彼拉多並不相信耶穌是要起來叛反羅馬帝國的猶太人的王。很明顯，彼拉多要討好猶太宗教領袖，但自己又不想作出判罪的決定，於是趁著這個釋放囚犯的節期，把決定的責任交給眾人，看他們釋放的是誰。但是彼拉多卻以嘲諷的口吻對猶太人說：「你們要我釋放猶太人的王給你們嗎？」這句說話只會引起猶太宗教領袖更為憤恨的情緒，更加想要治死耶穌。這些猶太宗教領袖教唆羣眾向彼拉多要求釘死耶穌，釋放巴拉巴。結果，上帝真正的兒子取代叛亂分子父之子，被判罪、釘死在十字架上。猶太宗教領袖正是借刀殺人，既借羣眾之手也借彼拉多之手。彼拉多不是說耶穌是猶太人的王嗎？這不是背叛羅馬帝國的罪名嗎？這罪名足以把耶穌被釘死在十字架上。羣眾不是選擇了釘死耶穌釋放巴拉巴嗎？還有甚麼可說的。來到這裏，猶太宗教領袖終於可以除去他們的眼中釘，除去這位一再揭露、責備、破壞他們在羅馬政府的蔭庇底下獲取好處的耶穌。

然後，這個被稱為「猶太人的王」被押送進衙門，被裝扮成王者——紫袍荊冠，讓羅馬人作出極盡諷刺侮辱之能事：猶太人那有能力擁立一位王，看看，這位猶太人的王，可是猶太羣眾親自要求羅馬政府釘死的啊！羅馬帝國的凱撒，勝過猶太人的王耶穌。這位羅馬兵丁所恭賀的猶太人的王，最終還是要被羅馬帝國的凱撒所處決。外族的羅馬人恥笑、侮辱、折磨耶穌，以「猶太人的王」的名義來進行。同樣地，猶太羣眾和宗教領袖辱罵、戲弄這位被釘死的耶穌，也是以「猶太人的王」的名義來進行；祂十字架上釘有祂的罪狀：「猶太人的王」。只是，他們全都不相信耶穌是猶太人的王。然而，在馬可福音的敍事之中，耶穌真的是猶太人的王。耶穌作為猶太人的王，要在羅馬帝國、猶太民族中間建立全然不同的新羣體。可是，耶穌最終卻要背起自己的十字架，方才可以實現。雖然古利奈人西門曾短暫代替耶穌背起這十字架，但是他並不能代替耶穌棄絕自己的生命。耶穌最後仍是一力承擔起這建立不一樣的羣體的十字架。門徒沒有能力背起耶穌的十字架去跟隨耶穌，反倒是，門徒背起自己的十字架去跟隨耶穌。

耶穌以「猶太人的王」的罪名被釘在十字架上，祂拒絕喝那經沒藥調和的酒，衣服被羅馬兵丁瓜分；祂清醒卻赤著身體被釘在十字架上。耶穌這猶太人的王清醒地承受著極度的侮辱，被釘在十字架上。在馬可的鋪排之中，耶穌這猶太人的王跟另外兩個政治叛亂分子一起被釘，顯明了祂的背叛。這是耶穌自己選擇的罪名。猶太人的王的確是羅馬帝國的背叛者，但同時是那位來要譴責猶太宗教制度的腐敗而另外建立新的國度的君王。耶穌攻擊以聖殿為中心的宗教體制，因此招徠了羣眾的辱罵：「咳！你這拆毀聖殿、三日又建造起來的，可以救自己，從十字架下來吧！」以及宗教領袖的戲弄：「他救了別人，不能救自己。以色列的王基督，現在可以從十字架上下來，叫我們看見，就信了。」甚至同釘的叛亂分子也譏誚他。這也就是說，在耶穌被釘十字架這一刻，整個社會，從最上層的宗教領袖，到最底層的叛亂分子，全都離棄祂。在十字架底下的、在十字架兩旁的，以及不在十字架四周的，都離棄耶穌。

這離棄的場面，到了正午達到高潮，全地都黑暗了，直到下午三點鐘。耶穌的死，標誌著一切都是「黑暗」的。在馬可的敍事之中，宇宙的黑暗是個記號，指向上帝的終末作為；宇宙的黑暗是個記號，指向耶穌的十字架是上帝末後日子作為的終極預示，也警告世人，人子跟著要來審判祂的敵對者。耶穌的十字架，其所以「黑暗」，因為上帝要離棄耶穌；或者耶穌在十字架上大聲的呼喊：「我的上帝！我的上帝！為甚麼離棄我？」正正表達出這終末的黑暗。這終末的黑暗使得耶穌經歷最難以承受的傷痛，不單每一個人都離棄祂，來到這一刻就是上帝也離棄祂。然而，馬可的記述告訴我們，耶穌懷著盼望來喝下這祂早已知悉的苦杯。祂的呼喊是引述詩篇二十二篇 1 節，但是這篇詩篇卻以讚美上帝的公義來結束。換句話説，耶穌知道十字架的黑暗是要過去的，上帝國度那全然的臨在必定實現。但是，來到這一刻，人還是誤解耶穌，那個給耶穌醋喝的人，就是例子。不過，當聖殿裏的幔子從上到下裂為兩半，預示聖殿的審判，那個看著耶穌斷氣的羅馬百夫長竟然宣告：「這人真是上帝的兒子！」這個外邦人，對耶穌沒有甚認識，竟然相信耶穌真的是上帝的兒子，相對來說，那些每天都跟耶穌在一起的門徒，又或是相當熟悉耶穌一言一行的猶太宗教領袖，卻拒絕相信祂，甚至置祂於死地。這在馬可的敍事底下，不是十分諷刺的嗎？

耶穌被棄絕地死在十字架上面。然後祂被埋葬，在安息日被安放在墳墓裏。這是多麼難以想像的事情：耶穌的死亡成就了真正的安息。這讓人想起馬可更早之前記述耶穌的說話：「人子也是安息日的主。」耶穌作為人子，祂以自己的死亡帶來真正的安息，祂才是安息日的主。但是，耶穌的死亡，可也是因為祂違反猶太人安息日的條例所招致的。無論如何，耶穌這條朝向十字架的道路結束了。在這最後的旅程，馬可告訴他的聽眾、讀者意想不到的人物，竟然出現在十字架這個目的地。他們有被迫背起十字架的西門、見證耶穌為上帝的兒子的羅馬百夫長、埋葬耶穌的猶太人領袖約瑟，還有一直跟隨耶穌在遠處觀看的一羣婦女。所有這些人，他們各自都以十分不尋常的方式跟隨耶穌。在馬可筆下，耶穌的道路，從曠野到十字架，本來就是一條毫不尋常的道路，祂最後在安息日的終結，亦是如此。

第六章：跋（十六1～8）

經文

耶穌復活

16 1過了安息日，抹大拉的馬利亞和雅各的母親馬利亞並撒羅米，買了
香膏要去膏耶穌的身體。2七日的第一日清早，出太陽的時候，她們
來到墳墓那裏，3彼此說：「誰給我們把石頭從墓門滾開呢？」4那石頭原來很
大，她們抬頭一看，卻見石頭已經滾開了。5她們進了墳墓，看見一個少年人坐
在右邊，穿著白袍，就甚驚恐。6那少年人對她們說：「不要驚恐！你們尋找那
釘十字架的拿撒勒人耶穌，他已經復活了，不在這裏。請看安放他的地方。7你
們可以去告訴他的門徒和彼得，說：『他在你們以先往加利利去。在那裏你們
要見他，正如他從前所告訴你們的。』」8她們就出來，從墳墓那裏逃跑，又發
抖又驚奇，甚麼也不告訴人，因為她們害怕。*

*** 最古老和可靠、又載錄有馬可福音結尾部分的抄本，均沒有十六章9至20節的部分。故此筆者不會處理這些經文。**

一

敘事鑑別

一篇名為〈沉默的聲音〉(The Sound of Silence)的文章，總結了對墳墓旁的婦女的詮釋。[1] 這個記載似乎沒有意義。不同學派的總結如下：第一，嘗試協調十六章1至8節的奇怪經文，要看看它是否歷史事實。[2] 這涉及對其他墳墓記載的富想像力的解讀。第二，有些人採取較著重字義的進路，視她們為難免會犯錯的跟隨者，[3] 這樣的進路仍然將馬可福音的婦人理解為正面的角色。第三，有些人採取較為著重象徵意義的進路，認為這些婦女「進入墳墓」，就是「跟隨耶穌」。[4] 第四，有些人認為這是復活節的禮儀劇。[5] 第五，有些人認為這個故事是教會聖樂崇拜的一部分。[6]

---

1. Christine Joynes, "The Sound of Silence: Interpreting Mark 16:1 ～ 8 through the Centuries," *Interpretation* 65 (2011): 18 ～ 29.
2. Joynes, "The Sound of Silence," 18 ～ 19.
3. Joynes, "The Sound of Silence," 20.
4. Joynes, "The Sound of Silence," 21.
5. Joynes, "The Sound of Silence," 22.
6. Joynes, "The Sound of Silence," 24.

威廉斯（Guy Williams）探討婦人帶備香膏前往墳墓的原因，他的看法是正確的。[7] 其實答案頗為明顯：這班跟隨耶穌的婦人，她們根本不相信或不了解耶穌即將要復活的事實。她們缺乏信心，似乎顯得有點滑稽和諷刺；可是，當這班婦女面對墳墓時，就變得加更可笑了：在正常的情況之下，她們並無挪開墳墓石頭的能力。那麼，我們需要問的是，她們預計怎樣挪開那塊石頭嗎？

對現代和古代的詮釋者來說，在復活的描述中出現這些害怕的婦女，實在是令人尷尬的。無計可施之下，威爾斯（Garry Wills）便把這些害怕的婦女理解為馬可羣體中放棄信仰的人。[8] 只要某段經文對現代讀者來說實在是難以理解時，威爾斯都會一致地這樣詮釋。不過，當我們面對難解的經文，除了任意視之為是反映出馬可羣體的實況之外，必定有其他解釋的。道特（Sharyn Dowd）可能是正確的，他認為，當耶穌預言門徒會在加利利跟復活的耶穌見面時，這裏的詮釋其實還是相當是正面和滿有盼望的。[9] 耶穌總不會誤事。換言之，婦女和門徒都誤解了耶穌，但是祂對這些人的將來還是心存盼望。對馬可的聽眾而言，教會早已認為這些婦女和門徒是可靠的見證人，尤其是他們在其他福音書中的描述相對正面。[10] 約翰遜（Luke Johnson）正確地指出，馬

7. Guy Williams, "Narrative Space, Angelic Revelation, and the End of Mark's Gospel," *Journal for the Study of the New Testament* 35 (2013): 368.
8. Garry Wills, *What the Gospels Meant* (San Francisco: Harper, 2008), 56.
9. Sharyn Dowd, "Reading Mark Reading Isaiah," *Lexington Theological Quarterly* 30 (1995): 136.
10. 我並不是說其他福音書是在馬可福音之前寫成的，而是說門徒的權威，肯定早已在馬可成書時已經被確立。

可無意貶低這些見證人，而歷史已經證明了，這些見證人最終都應驗了耶穌對他們所存的盼望。[11]

對於這個看似未完結的故事，我還有些話要說。這樣的一個結局，是馬可對耶穌身處的世界的強力批判和冷嘲熱諷嗎？——在這樣的一個世界裏，與祂關係密切的門徒、宗教權威與家人都不知道祂是誰，反而污鬼和邊緣人士卻知道祂是誰。這個結局要表明十字架就是最後的嘉年華？還是要表明他們被復活嚇怕？還是馬可在暗示耶穌在十四章28節的預言，已暗示了馬可福音對耶穌復活後記載的留白？畢竟，馬可認為耶穌的所有預言終究都應驗了，[12] 那麼，婦女最後的失敗，可能只是在描述教會最終成就使命之前還會有暫時的失敗。醫治當然可以是即時的——除非別有目的。[13]

在這個空墳墓的故事，我們需要運用空間/地理的元素去闡述。在這個奇怪的結尾當中，有關空間的關係給我們提供了一個既有力又可靠的信息，而這信息是關乎耶穌及其事工的。我們試想想，普遍來說，要建造一個墳墓，我們會明白墳墓的作用是用來保存屍體，以及防備動物入侵。在墳墓裏，死亡被拘禁十六章3節的經文的描述還是如此。不過，墳墓也是耶穌曾勝過黑暗權勢的地方（五2、3、5），[14] 這塊石頭是註定要滾開的。若要挪開那塊石頭，就需要動用很多的人力物力；那裏亦沒有任何動物能

11. Luke Johnson, *Living Jesus: Learning the Heart of the Gospel* (San Francisco: Harper, 1998), 143.
12. Mary Beavis, *Mark* (Grand Rapids: Baker Academic, 2011), 244.
13. Beavis, *Mark*, 60.
14. Williams, "Narrative Space, Angelic Revelation, and the End of Mark's Gospel," 275.

夠幫助挪開那塊石頭。而敘事就是簡單交代墳墓的門已被打開，只餘空墳墓一個。而且，那裏並沒有發現屍體，只看到一個充滿活力的「少年人坐在右邊」（十六 6），宣佈有關生命的好消息（即是復活）。如果這個少年人說耶穌已不在那裏（而他並沒有劫墳），即表明他就是知道「祂」曾在那裏；如果這個少年人說耶穌已復活了，那麼他當是一個可靠的見證人，因他知道有關耶穌的種種憑證（十六 6）。墳墓裏的死亡已被釋放，因為耶穌已勝過死亡。還有甚麼需要疑慮呢？空墳墓這意象，理應不會令人感到猶豫；反而，這帶來了一個清晰的信息：墳墓並不能困住耶穌的身體，亦沒有動物曾「盜墓」。即使這個信息顯而易見，婦女依然是看不見。她們並沒有大聲宣告這信息，她們反而是保持靜默，感到害怕。這就是耶穌基督的跟隨者的本性，而她們的信心建立得很慢。

卡奇波爾（David Catchpole）在他充滿洞見的文章中指出，馬可福音十六章 7 節，與馬可福音一章 44 節平行，並且帶出了明顯的對比，[15] 而這樣的首尾對比，含義非常豐富。在馬可福音一章 44 節，耶穌治好了那個長大痲瘋的人，並囑咐他甚麼話都不可告訴人，只要去把身體給祭司察看，並獻上所吩咐的禮物。我們預期祭司能因此辨認出彌賽亞的作為，又認為那個長大痲瘋的人當時還不是最好的見證人。簡而言之，這個痲瘋病人的見證之所以還未完備，是因為他對耶穌的職事還未充分了解。他怎可能知道呢？當時耶穌還未受死，也未復活。來到我們這段經文，

15. David Catchpole, "The Fearful Silence of the Women at the Tomb," *Journal of Theology for Southern Africa* 18 (1977): 3 ~ 10.

婦女與長大痲瘋的人，完全不一樣，她們掌握了足夠的資訊，包括復活的資訊，那麼她們當是預備好去作見證的了。不過，當我們拿婦女的反應，跟長大痲瘋的人的反應作對比，當中的反差就頗堪玩味了。馬可福音一章45節表明了長大痲瘋的人沒有聽從耶穌的吩咐，倒說了許多話，把事傳開，而不只是把身體給祭司察看。來到馬可福音十六章，雖然少年人吩咐婦女要告訴門徒，她們也掌握了足夠的資訊，可以向別人述說耶穌的事，可她們卻從墳墓那裏逃跑，甚麼也不告訴人。這正是馬可福音諷刺之處。那不應該告訴別人的，倒出去說了許多話，那怕是不充分地；那應該告訴別人的，卻甚麼也不告訴人，那怕資料是多麼地充分。一直到馬可福音的末了，書中的門徒形象，還是叫人十分失望。人往往會做他們不應該做的事，不做他們應該做的事。遵行耶穌的命令確實毫不容易，特別各人的景況不同。在長大痲瘋的人的景況中，他述說耶穌之時所以「快而不全」，主因可能是他過度熱心。在那些婦女的景況中，她們所以失敗，總括而言，就是因為害怕。馬可告訴我們，門徒要順服上帝，有時得與自己的本能搏鬥。

正如包衡所言，婦女的沉默阻礙了故事的傳遞。[16] 然而，馬可卻撰寫了他的福音書。這說明了婦女最終傳遞了信息。雖然她們猶豫是否要這樣做，但是她們最終都聽從了。這成為了馬可的讀者的鼓勵：他們可能會猶豫，但是他們最終應會遵從，以致信息得以廣傳。

---

16. Richard Bauckham, *Gospel Women: Studies of the Named Women in the Gospels* (Grand Rapids: Eerdmans Publishing, 2002), 294.

二

神學詮釋：釋經的理性思考

意想不到的事情，並不就此終結。幾個婦女在七日的第一日來到耶穌的墳墓，發覺墓門的石頭已經滾開，她們進去只見一個穿白衣的少年在那裏，告訴他們耶穌已經復活了，不在這裏。婦女們就又發抖又驚奇，從墳墓裏跑出來，甚麼也不告訴人，因為很害怕。馬可記敘了一個叫人意想不到的結局。這個結局，好像沒有甚麼盼望，就是婦女仍然不太認識耶穌。然而，在馬可的敘事之中，耶穌一直以來都掌管著一切，祂所說的都一一實現了，那麼，少年人在這裏提醒婦女，耶穌早前已經告訴門徒：「但我復活以後，要在你們以先往加利利去」（十四 28），就必然實現。馬可沒有記載耶穌這話是否應驗，耶穌對這些見證人的盼望是否實現，但是馬可這樣的開放式結論，正是挑戰他的聽眾、讀者，是否相信耶穌仍掌管一切，是否相信耶穌被釘十字架之前所說的一切，終必成就。馬可自己相信耶穌所有預言都應驗了，而我們這些聽眾、讀者呢？